SHENJI ANLI FENXI YU SHIXUN

高等学校会计学与财务管理专业系列教材

审计案例分析与实训

主　编　朱锦余
副主编　陈　红　李玥萤　陈　敏

高等教育出版社·北京

内容提要

本书是高等学校会计学与财务管理专业系列教材，本书主要内容包括：审计思维方式和审计程序，财务报表审计案例，综合性财务报表审计案例，国家审计案例，书中提供了大量表格、图示以及视频资料来展示相关内容，可以帮助学生将审计基本理论应用于实务问题中，提高审计实务能力，培养审计经验。本书可作为会计学、财务管理、审计学等本科专业相关课程教材，也可作为MPAcc、Maud、MBA等专业研究生教材。

图书在版编目(CIP)数据

审计案例分析与实训 / 朱锦余主编. —北京 : 高等教育出版社，2021.8（2023.8 重印）

ISBN 978-7-04-056355-9

Ⅰ. ①审… Ⅱ. ①朱… Ⅲ. ①审计—案例—中国—高等学校—教材 Ⅳ. ①F239.22

中国版本图书馆 CIP 数据核字（2021）第 132275 号

策划编辑 郭昕宇 林 荫 **责任编辑** 林 荫 **封面设计** 张文豪 **责任印制** 高忠富

出版发行	高等教育出版社	**网 址**	http://www.hep.edu.cn
社 址	北京市西城区德外大街4号		http://www.hep.com.cn
邮政编码	100120	**网上订购**	http://www.hepmall.com.cn
印 刷	上海当纳利印刷有限公司		http://www.hepmall.com
开 本	787mm×1092mm 1/16		http://www.hepmall.cn
印 张	21.25		
字 数	495千字	**版 次**	2021年8月第1版
购书热线	010-58581118	**印 次**	2023年8月第2次印刷
咨询电话	400-810-0598	**定 价**	45.00元

本书如有缺页、倒页、脱页等质量问题，请到所购图书销售部门联系调换

物 料 号 56355-00

教师教学资源服务指南

教师可扫描下方二维码，关注微信公众号“高教财经教学研究”，免费申请课件和样书、下载试卷、观看师资培训课程和直播录像等。

课件申请

点击导航栏中的“教学服务”，点击子菜单中的“课件申请”，填写相关信息即可免费申请课件。

样书申请

点击导航栏中的“教学服务”，点击子菜单中的“免费样书”，填写相关信息即可免费申请样书。

试卷下载

点击导航栏中的“教学服务”，点击子菜单中的“免费试卷”，填写相关信息即可免费下载试卷，试卷涵盖基础会计学、中级财务会计、审计学、税法等多门课程。

教师培训

点击导航栏中的“教师培训”，点击子菜单中的“培训课程”，即可选择相应课程进行学习：

①点击“培训专栏”可以观看教师培训课程，由名师分享财会类课程的教学重点、难点及经验。

②点击“直播回放”可以回看“名师谈教学与科研直播讲堂”的直播录像。

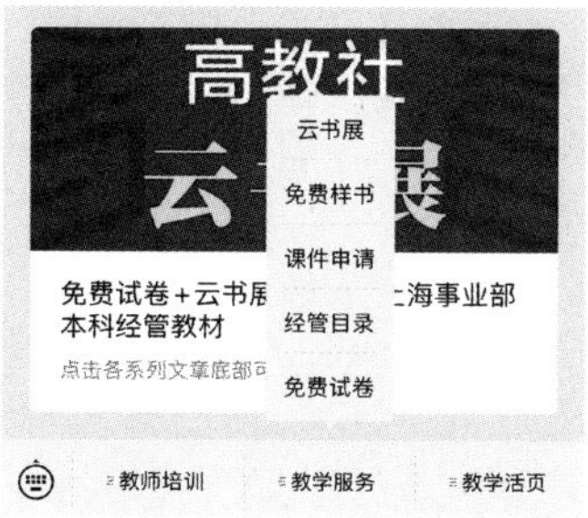

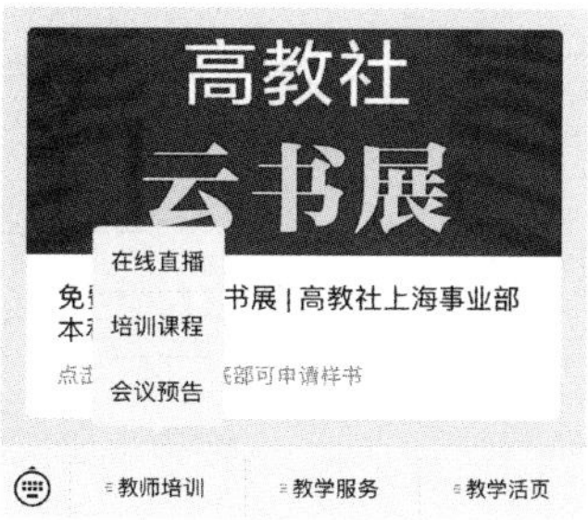

前　言

中共中央总书记、国家主席、中央军委主席、中央审计委员会主任习近平在2023年5月23日召开的二十届中央审计委员会第一次会议上强调，“审计是党和国家监督体系的重要组成部分，是推动国家治理体系和治理能力现代化的重要力量。”“在强国建设、民族复兴新征程上，审计担负重要使命，要立足经济监督定位，聚焦主责主业，更好发挥审计在推进党的自我革命中的独特作用。”做好新时代新征程审计工作的总要求之一是“在构建集中统一、全面覆盖、权威高效的审计监督体系，更好发挥审计监督作用上聚焦发力。”充分发挥审计监督作用，依赖全体审计人员积极主动高效作为，需要培养掌握现代审计理论和技能、政治思想素质过硬的审计人才。

审计学是培养学生掌握现代审计理论与技能的重要课程，也是一门实践性很强的学科，审计工作非常注重程序和规范。但目前审计学教材限于篇幅，只能注重审计理论阐述，缺乏相应的审计案例，如何将审计理论应用于实务之中，成为学生学习审计学的难点。为此，我们编写了本书。

本书由四部分构成：第一部分是审计思维方式和审计程序。本书在阐述审计思维方式、审计流程和审计要素的基础上，介绍了常用审计程序在实务中的运用，特别是介绍了分析程序、风险评估程序在财务报表审计中的运用以及如何编制财务报表审计总体策略（包括部分具体审计计划）、国家审计实施方案。第二部分是财务报表审计案例。本书以云南白药2018年度财务报表审计为情境，以销售与收款循环审计为例，并以其他业务循环审计为实训，展示如何实施财务报表审计，包括如何了解被审计单位的相关业务、如何实施控制测试、如何确定主要账户（财务报表主要项目）的审计目标和实质性程序、如何编制相应的审计工作底稿；以具体场景为基础，分析了财务报表审计中如何决策审计意见和编写审计报告，并选择了部分上市公司审计报告，分析其审计意见或强调事项的恰当性。第三部分是综合性财务报表审计案例。本书以利安达对连城兰花审计失败、YT所对A公司发债业务审计失败为例，综合分析了在审计实务中如何运用审计基本理论分析解决具体问题，特别是分析了注册会计师违反审计职业道德和审计准则的具体表现以及相关法律责任。第四部分是国家审计案例。本书主要以国家审计结果公告或者审计相关视频为基础，在阐述相关审计业务理论的基础上，重点分析了审计人员发现疑点进而查实弄虚作假、违法违规行为的审计程序。

本书内容具有实用性、综合性、新颖性等特点，书中提供了大量表格、图示以及视频资料来展示相关内容。

本书可以作为审计学课程的配套教材，也可以作为相对独立的审计案例的教材。主要面向大学会计学、审计学和财务管理专业学生，以及MPAcc、MAud、MBA、会计学硕士、审计学硕士，学习如何将审计基本理论运用于实务问题中，提高审计实务能力，培养审计实务经验。我们也相信,本书对审计学教师和审计实务工作者也会大有帮助。

本书由朱锦余担任主编,陈红、李玥萤、陈敏担任副主编,江磊、田军霞、杨静、郑漫、李相萌、王细韵、李向莉、左殊于、余秋宏、王康衍、刘弘、胡飞宇、李嘉欣、白雪等参与编写。朱锦余对全部内容进行了总纂和修改。

尽管我们十分用心地编写本书,但仍然可能存在缺憾,敬请读者朋友批评指正,以便进一步完善。

编 者

目 录

第一章　审计思维方式、流程和要素

［学习目标］

1. 理解审计思维方式，能够比较审计思维方式与其他思维方式的异同。
2. 理解注册会计师财务报表审计流程和国家审计流程，并能够理解两者的异同。
3. 理解审计六要素，能够分析不同审计业务之六要素的具体内容。

本章主要阐述审计思维方式、审计流程和审计要素。审计思维方式主要解决审计工作的方法论问题；审计流程主要解决审计工作的步骤和程序问题；审计要素贯穿在审计思维方式之中，是审计工作需要解决的核心问题。

一、审计一般思维方式

审计思维方式是典型的目标导向和问题导向。

（一）影响审计思维方式的主要因素

影响审计思维方式的主要因素有审计对象、审计目标、审计评价标准以及风险评估要求等。

审计对象是被审计单位与受托经济责任履行相关的行为活动与数据资料。其中，行为活动包括财务收支活动及其经营管理活动，数据资料包括财务报告和其他相关资料。审计对象的特定内容和形式影响审计师对其进行观察和认识的方法，进而影响审计思维方式。

审计的根本目标是通过审计监督、鉴证和评价被审计单位受托经济责任履行情况，确立或解除其经济责任，促进被审计单位更好地履行受托经济责任。审计的直接目标是评价审计对象的真实性与公允性、合规性与合法性、合理性与效益性、责任性与问责性。在不同类型审计中，由于审计的直接目标不同，进而审计领域、审计重点以及审计程序与方法不同。为实现直接审计目标，审计师需要围绕审计目标收集相关审计证据，根据既定的评价标准作出评价和判断，进而形成审计结论。

审计评价标准是审计师在对审计对象作出评价，形成审计结论过程中所运用的标准。审计评价标准外延较为广泛，既包括国家和主管部门制定的法律、法规和政策、法令等，也包括被审计单位自己制定的规章制度、编制的计划（预算）或定额，还包括被审计单位与其他单位签订的合同等。通常,审计师需要根据审计对象和审计目标选择恰当的审计评价标准,并加以熟悉和恰当运用。选择的审计评价标准不同,所需执行的审计工作也就不同。审计师应当将收集的审计证据与评价标准进行比较与核对,以确定两者之间的相符程度,进而形成审计结论。

现代审计是风险导向审计,需要将审计资源分配到高风险领域并实施重点审计,以便降低审计风险、提高审计效率。因此,审计师首先需要在了解被审计单位及其环境的基础上,识别与评估风险发生的领域和方式、发生的可能性以及风险是否重大。这里的风险包括被审计单位对外报告存在错报的风险;财务收支和相关经济活动存在弄虚作假、违规违法的风险;绩效低下、不能实现预期目标的风险等。风险评估要求审计师必须首先界定风险的性质和类型,进而识别与评估风险,并采取相应的审计程序应对这些风险。

(二)审计的一般思维方式

审计的一般思维方式:一是明确审计对象和审计目标;二是选择并确定恰当的审计评价标准;三是识别与评估被审计单位重大风险;四是确定实施应对风险的总体措施与进一步审计程序;五是采取适当的审计方法审查审计对象(包括相关行为活动和数据资料),收集和评价审计证据,以应对风险;六是将审计证据与审计评价标准进行比较和核对,确定两者的相符程度;七是形成审计结论,编写审计报告;八是将审计结论和报告传递给报告使用者。它们的逻辑结构如图 1-1 所示。

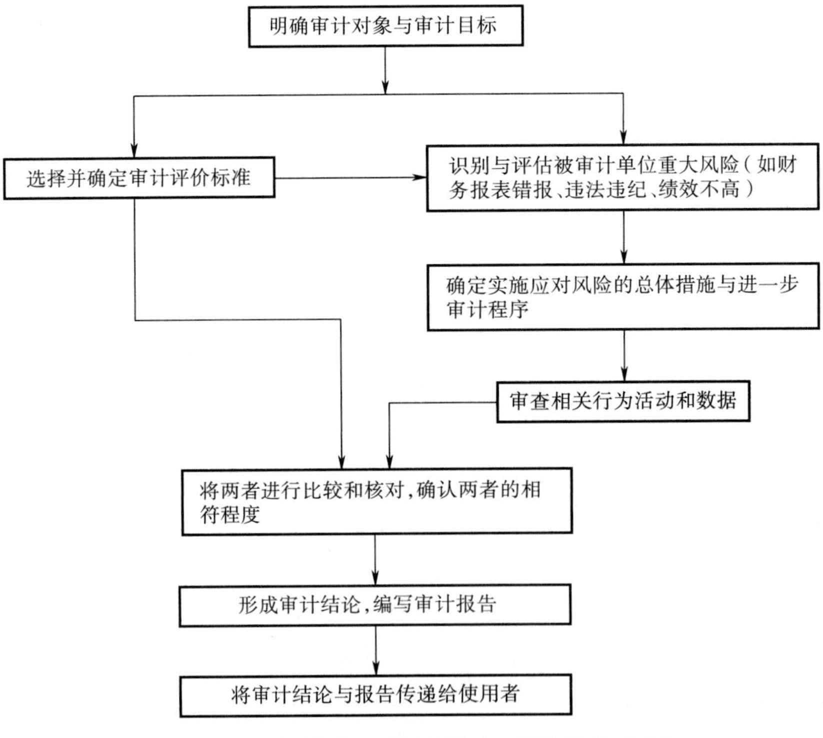

图 1-1　审计的一般思维方式逻辑结构图

二、审计业务基本流程

审计业务基本流程是审计从开始到结束的整个过程的总称，是审计思维方式的拓展和具体化。不同类型审计业务的流程虽然存在差异，但大体相同。

（一）注册会计师财务报表审计流程

注册会计师从事财务报表审计的业务流程大体分为三个阶段，即计划阶段、实施阶段、报告阶段。各阶段的主要工作及标志性工作成果，如表 1-1 所示。

表 1-1 注册会计师财务报表审计各阶段的主要工作及标志性工作成果

审计阶段	主要工作	标志性工作成果
计划阶段（也称风险评估阶段，即从确定审计项目开始至进驻审计单位之前）	1. 获取被审计单位相关背景资料，了解其基本情况，明确审计目标 2. 了解被审计单位及其环境（包括内部控制），实施风险评估程序，识别和评估财务报表层次和认定层次重大错报风险，确定总体应对措施 3. 评估审计风险，确定重要性水平 4. 制定总体审计策略和具体审计计划	1. 总体审计策略 2. 具体审计计划
实施阶段（也称外勤阶段或风险应对阶段，为注册会计师审计的核心阶段，即从审计组进驻被审计单位起至撤离被审计单位为止）	1. 召开进点座谈会 2. 了解被审计单位各业务循环，识别和评估认定层次重大错报风险 3. 实施控制测试，评价控制风险 4. 实施实质性程序（包括实质性分析程序和细节测试），发现认定层次重大错报	审计工作底稿（记录所实施的审计程序、获取的审计证据、形成的审计结论等）
报告阶段（从审计组撤离被审计单位起至完成全部审计工作为止）	1. 汇总、整理与评价审计证据 2. 形成初步审计结论和审计意见 3. 事务所审计质量复核 4. 与被审计单位管理层和治理层沟通审计结论和意见 5. 形成审计结论，编写并提交审计报告 6. 编写管理建议书 7. 整理审计档案	1. 审计沟通函 2. 审计报告 3. 管理建议书（如需要） 4. 审计档案

（二）国家审计流程

国家审计与注册会计师审计的区别在于审计机关拥有的权限不同，且国家审计需要履行法定职权。因此，国家审计的流程与注册会计师财务报表审计的流程也有所不同，具体表现在计划阶段，还包括了编制年度审计计划、下达审计通知书；在报告阶段，还包括了做出审计意见书和审计决定书、公告审计结果；还包括后续审计阶段，其核心是审计结果的运用，特别是督促被审计单位落实审计整改意见和决定。国家审计各阶段的主要工作如表 1-2 所示。

表 1-2 国家审计各阶段的主要工作

审计阶段	主要工作	标志性工作成果
计划阶段	1. 编制年度审计项目计划 2. 成立审计组 3. 根据审计内容与目标,了解被审计单位及其环境,评估其重大风险 4. 编制审计实施方案 5. 审计方案实施审批 6. 下达审计通知书	审计实施方案
实施阶段	1. 进驻被审计单位,召开审计座谈会 2. 进一步了解被审计单位,识别与评估重大风险领域 3. 了解与测试相关管理制度以及信息系统 4. 对重点领域实施实质性审计程序 5. 编制审计工作底稿 6. 对重点事项形成审计认定书	审计工作底稿
报告阶段	1. 汇总整理、分析与评价审计证据 2. 形成初步审计结论,编写审计报告初稿 3. 审计报告初稿审核,形成审计报告征求意见稿 4. 召开审计结果沟通会,征求被审计单位对审计报告的意见 5. 审计机关下达正式审计报告、审计意见书、审计决定书	审计报告、审计意见书、审计决定书
后续审计阶段	1. 审计机关公告审计结果 2. 审计档案归档保管 3. 督促被审计单位整改落实审计意见及决定,接受其整改方案和整改结果报告 4. 被审计单位公告整改结果 5. 将审计发现问题、整改情况作为下次审计重点领域	

三、审计六要素

审计通常包括三方关系人、审计对象、审计评价标准、审计目标、审计证据和审计结果报告这六大要素。各要素之间的关系如图 1-2 所示。

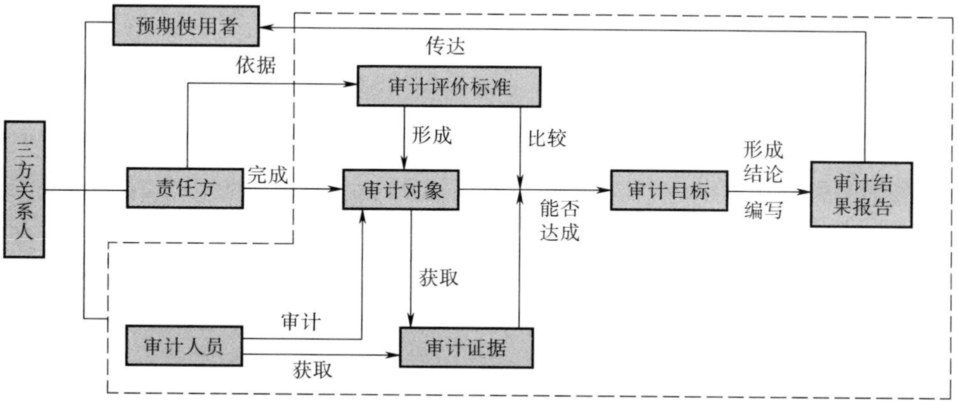

（说明：图中虚线部分为简要的审计过程。）

图 1-2　审计六要素之间的关系图

（一）三方关系人

三方关系人是指审计业务中涉及的三个方面的关系人，包括预期使用者、责任方和审计人员。

预期使用者是审计业务的服务对象和审计结果报告的使用者。审计的利益相关者通常为预期使用者，但在具体审计业务中的重要性和迫切性不同。如国家审计机关实施的预算执行审计，最重要的预期使用者就是本级人民代表大会常务委员会；注册会计师实施上市公司年度财务报表审计，最重要的预期使用者为上市公司投资者（包括股东和潜在投资者）和监管部门。

责任方是审计业务中对审计对象承担直接责任的单位和人员。在审计业务中，责任方也称为被审计单位或被审计人。如国家预算执行审计中的责任方为编制预算的各级政府以及执行预算的相关政府部门；上市公司年度财务报表审计中的责任方为上市公司管理层。

审计人员是执行审计业务、提供审计服务的主体，通常以审计项目组的形式出现，并以在审计报告中签字的审计师为代表。

（二）审计对象

审计对象也称为审计对象事项，通常包括被审计单位及其审计业务具体指向的行为活动和数据资料。行为活动是责任方为履行特定的责任所发生的行为或过程，如财政财务收支活动、生产经营活动、遵守法律法规的行为、履行经济合同的行为等。数据资料是责任方按照一定的标准负责编制完成的，可能为预期使用者获得的各种报告、报表以及其他相关资料。各种报告、报表资料包括对内、对外的财务报告和非财务报告，如预算执行报告、财务报告、经营分析报告、总经理工作报告、董事会报告、监事会报告、季度报告、半年度报告、内部控制自我评价报告、风险管理报告、可行性研究报告等；其他相关资料如经济合同、生产经营计划、发票、出库单、入库单、运输凭证、收货回执、对账单、记账凭证、会计账簿、会计记录、会议决议等。

（三）审计评价标准

审计评价标准是审计师用于评价被审计对象以便形成审计结论的标准。审计对象和审计目标不同，适用的评价标准就不一样。如上市公司年度财务报表审计，其审计评价标准就是适用的财务报告框架，如国际财务报告准则、中国企业会计准则等；我国上市公司内部控制审计，其审计评价标准就是我国《企业内部控制基本规范》及其应用指引。审计评价标准也是被审计单位对审计对象作出评价并编制报告的标准，或者开展经营管理活动的行为标准。

（四）审计目标

审计目标是审计人员作用于审计对象，完成审计工作后应当实现的目标。审计的根本目标就是促进被审计单位受托经济责任的有效履行，具体目标包括审查和评价被审计单位受托经济责任履行的真实性和公允性、合规性和合法性、合理性和效益性、责任性与问责性。

（五）审计证据

审计证据是审计人员在审计过程中收集的，以便证实审计对象、形成审计结论的所有资料。审计人员应当收集充分、可靠的审计证据，以便形成恰当的审计结论，将审计风险降至可接受的低水平。

（六）审计结果报告

审计结果报告是审计结论和结果的载体，通常由审计组织和审计人员以书面形式向预期使用者签发。注册会计师的审计结果报告通常只有审计报告，审计机关的审计结果报告除审计报告外，还包括审计意见书、审计决定书、审计移送书、审计结果公告、专题报告、综合报告等。

四、代表性审计业务的审计六要素分析

（一）国家审计机关代表性审计业务的六要素分析

国家审计机关当前开展的审计业务众多，如国家重大政策措施执行情况审计、财政财务收支审计、金融审计、税收征管审计、国有企业审计、固定资产投资审计、生态环境审计、自然资源资产审计、经济责任审计、社会保障审计、专项资金管理审计等。其中，国家审计机关开展财务收支审计和经济责任审计的六要素比较，如表 1–3 所示。

表 1-3 国家审计机关财务收支审计和经济责任审计的六要素比较表

审计要素		财务收支审计	经济责任审计
三方关系人	预期使用者	本级人大常委会、本级政府及相关部门、上级审计机关、被审计单位等	本级党委及组织部、纪委监委、本级政府及相关部门、上级审计机关、被审计领导干部及所在部门或单位等
	责任方	被审计单位管理层	被审计领导干部及所在部门或单位
	审计人员	国家审计机关及审计人员（包括聘请的专家）	国家审计机关及审计人员（包括聘请的专家）
审计对象		财务收支活动及相应的经济管理活动	领导干部应当履行的经济责任；财政财务收支活动及相应的经济管理活动
审计评价标准		与财务收支相关的法律法规	与财政财务收支相关的法律法规；被审计领导干部应当履行职责的相关规定
主要审计目标		以真实性、合法性为主，兼顾效益性和问责性	以真实性、合法性、责任性为主，兼顾效益性和问责性
常用的收集审计证据的方法		检查书面资料、盘点、观察、询问与访谈、函证、重新计算、分析程序、重新执行等	与财务收支审计方法类似，但更注重比较分析法、环境分析法、主客观原因分析法、会议记录查阅等，以便确定被审计领导干部应承担的责任
审计结果报告		审计报告、审计决定书、审计结果公告、审计移送书、审计专题报告、审计综合报告等	审计报告、审计决定书、审计结果公告、审计移送书、审计专题报告、审计综合报告等

（二）会计师事务所代表性审计业务的六要素分析

会计师事务所可以受托开展各类审计业务，典型的审计业务是年度财务报表审计和内部控制审计，其他审计业务如企业并购审计、企业发行债券业务审计、固定资产投资审计、工程结算和竣工决算审计、经济责任审计、经济合同审计、绩效审计、专项资金管理审计等。其中，注册会计师执行财务报表审计和工程竣工决算审计的六要素比较，如表 1-4 所示。

表 1-4 注册会计师财务报表审计和工程竣工决算审计六要素比较表

审计要素		上市公司年度财务报表审计	工程竣工决算审计
三方关系人	预期使用者	被审计上市公司股东及治理层、债权人、供应商和客户、员工、潜在的投资者和债权人；政府监管部门；社会公众	工程建设方（业主）
	责任方	被审计上市公司管理层	工程施工单位
	审计人员	会计师事务所及注册会计师（包括聘请的专家）	会计师事务所及注册会计师（包括聘请的专家）
审计对象		年度财务报表	工程竣工决算资料及其相关施工活动

续表

审计要素	上市公司年度财务报表审计	工程竣工决算审计
审计评价标准	企业会计准则及其应用指南； 上市公司年度财务报告编报规则	施工设计图；工程建设项目相关管理规定；建设项目定额管理办法等
主要审计目标	财务报表的合法性和公允性	工程竣工决算的真实性、合法性和准确性
常用的收集审计证据的方法	检查书面资料、盘点、观察、询问与访谈、函证、重新计算、分析程序、重新执行等	检查书面资料、盘点、观察、询问与访谈、函证、重新计算、分析程序、重新执行等；实地察看和测量、鉴定等
审计结果报告	审计报告	工程竣工决算审计（审核）报告

［复习思考与练习题］

1．比较注册会计师财务报表审计流程与国家审计流程的异同。

2．请根据内部审计特征，写出内部审计业务流程，并与注册会计师审计、国家审计业务流程比较。

3．审计机关或会计师事务所实施财政扶贫专项资金审计六要素的具体内容有哪些？

4．内部控制审计六要素的具体内容有哪些？

第二章 审计测试与审计程序

［学习目标］

1. 理解审计测试的性质、目的和主要程序。
2. 掌握常用审计程序的内容和具体运用方法。
3. 学会根据审计对象和目的来选择恰当的审计测试和审计程序。

审计中常用的测试有风险评估程序、控制测试和实质性程序；常用的审计程序（也称为审计方法）有检查书面资料（包括审阅与核对）、检查实物资产（也称为盘点、监盘）、观察、询问、函证、重新计算（包括调节）、重新执行、分析程序等。

一、审计测试

审计中常用的测试有风险评估程序、控制测试和实质性程序三种。但了解程序（即了解被审计单位及其环境，包括内部控制）既是风险评估程序的重要组成部分，又具有相对独立性，因而可将了解程序从风险评估程序中独立出来；实质性程序还可进一步分为实质性分析程序和细节测试（包括对各类交易或事项及其相关披露的细节测试、期末账户余额及其相关披露的细节测试）。审计测试的类型、主要目的和主要程序如表 2-1 所示。

表 2-1 审计测试的类型、主要目的和主要程序

审计测试的类型	主要目的	主要程序
了解程序	1. 评价所确定重要性水平的恰当性 2. 评价被审计单位会计政策选择和运用的恰当性 3. 评价被审计单位财务报表列报与披露的充分性和恰当性 4. 识别与评价被审计单位财务报表层次和认定层次可能存在的重大错报风险 5. 确定进一步审计程序、审计证据的恰当性	1. 了解被审计单位所在行业相关状况、法律环境与监管环境以及其他外部因素 2. 了解被审计单位的性质 3. 了解被审计单位对会计政策的选择和运用 4. 了解被审计单位的目标、战略以及相关经营风险 5. 了解被审计单位财务业绩的衡量和评价 6. 了解被审计单位的内部控制

续表

<table>
<tr><th colspan="3">审计测试的类型</th><th>主要目的</th><th>主要程序</th></tr>
<tr><td colspan="3">风险评估程序</td><td>识别和评估财务报表层次和认定层次重大错报风险，以便采取恰当的总体应对措施和进一步审计程序</td><td>1. 询问管理层和内部其他相关人员
2. 考虑舞弊风险因素
3. 实施分析程序
4. 实施观察与检查
5. 考虑其他信息
6. 项目组讨论</td></tr>
<tr><td colspan="2" rowspan="2">控制测试</td><td>设计测试</td><td rowspan="2">评价内部控制设计与执行的有效性，以便评估控制风险，确定进一步审计程序的性质、范围与时间安排</td><td rowspan="2">1. 询问相关人员
2. 检查相关书面文件
3. 观察相关控制活动
4. 重新执行相关控制活动</td></tr>
<tr><td>执行测试</td></tr>
<tr><td rowspan="3">实质性程序</td><td colspan="2">实质性分析程序</td><td>识别和评估认定层次重大错报风险，确定需要重点审计的项目和领域</td><td>1. 比较分析（与以前年度、计划或预算、审计师的预期、同行业平均或先进水平、非财务数据的比较）
2. 比率分析
3. 趋势分析
4. 结构分析
5. 其他分析，如战略风险分析（PEST 分析、五力分析、SWOT 分析、画布分析）和经营风险分析等</td></tr>
<tr><td rowspan="2">细节测试</td><td>交易细节测试</td><td>发现各类交易可能存在的金额错报和描述性错误</td><td rowspan="2">1. 检查书面文件（包括审阅、核对、追踪等）
2. 检查实物资产
3. 函证
4. 观察
5. 询问
6. 重新计算</td></tr>
<tr><td>余额细节测试</td><td>发现各账户余额可能存在的金额错报和描述性错误</td></tr>
</table>

二、审计程序

审计程序也称审计方法，通常包括检查书面资料、核对、重新计算、询问、函证、检查实物资产。

（一）检查书面资料

1. 检查书面资料的含义及应用方法

检查书面资料，是指审计人员审查和阅读会计凭证、账簿和报表以及计划、预算、合同、各类报告、管理制度、会议记录等书面资料，借以查明该资料及其所反映的经济业务的真实性与合法性、相关会计处理的正确性，从中发现错误、弊端或疑点。审阅与核对是在审计中检查书面资料时运用最为广泛的技术方法。

在财务审计中，主要是审阅会计凭证（包括原始凭证和记账凭证）、会计账簿和财务报表以及计划、合同、报告、管理制度、会议资料等。以工业企业销售业务为例，需要检查的书面资料包括：

（1）制度类，主要是销售与收款循环内部控制，如销售与收款管理制度、应收账款管理制度、客户关系管理制度、销售价格管理制度等。

（2）合同类，如销售合同、运输合同、仓储保管合同等。

（3）业务管理类，如销售计划或预算、销售订单、出库单、运输凭证、销售发票、结算凭证、收款凭证、销售台账等。

（4）会计核算类，如销售日记账、销售明细账和总账、应收账款明细账和总账、应收票据明细账（日记账）和总账、预收账款明细账和总账、银行存款日记账和总账等。

（5）报告和报表类，如销售月报（日报、周报、季报）、应收账款定期核对明细表、应收账款账龄分析表、应收账款清理报告以及财务报表及附注。

这些资料可构成一个完整的证据链，支撑销售业务的真实性，并可验证销售业务的真实性（发生）、完整性、准确性、分类、截止、列报与披露等审计目标。在审计中，审计人员通常需要检查全部或部分资料，以实现与销售业务相关的审计目标。

2. 检查原始凭证

原始凭证是企业经济业务发生过程中获得或编制的、记录经济业务情况的各种资料。在检查原始凭证中，需要注意以下四个方面：

（1）有无涂改或伪造现象。

（2）记载的经济业务是否合理合法。

（3）相关手续是否完善。

（4）有无其他资料相互支撑等。

［案例 2-1］　审计人员对 A 公司 2020 年度财务收支进行审计，在审阅 2020 年 5 月“管理费用”明细账时，注意到一笔报销办公用品 6 972.20 元的支出，由于金额较大，就决定抽查该笔业务。图 2-1 至图 2-5 是该笔业务的记账凭证及所附原始凭证①。其中：原始凭证包括 1 张费用报销单、1 张增值税专用发票和相应的 2 张销售货物清单、8 张入库单。

审计人员根据被审计单位的基本情况，重点从以下方面对该业务进行审计：

（1）检查该笔业务是否真实、合理合法（发生目标）。重点关注是否经过了相应审批、所购物品是否合理、发票是否真实合法、货物清单是否与发票一致，并需要核对入库单与发票、费用报销单的内容是否相符，包括日期的逻辑顺序是否一致，产品的名称、数量、价格是否与发票清单一致，有无少入库情况。通常入库单上的验收日期一般应迟于发货票上的日期。

（2）检查相关手续是否完善，检查费用报销单上的审批程序及签字是否完善。

（3）检查入库单、费用报销单有无涂改或伪造现象。

① 原始凭证来自真实业务。书中对公司名称、相关审核人员做了脱密处理。

记账凭证

单位：A公司　　2020年05月06日　　第00001号　　附件：18张

摘要	科目名称	借方	贷方
蒋明报销办公用品费用	管理费用-办公费-综合办-外部通用单位	6,170.11	
收到待认证发票（03573591）	应交税费-待认证进项税额	802.09	
蒋明报销办公用品费用	银行存款-建设银行-建行昆明白龙路支行-外部通用单位-支付的其他与经营活动有关的现金		6972.20
合计大写	陆仟玖佰柒拾贰元贰角整	6,972.20	6,972.20

会计主管：李四　　记帐：张三　　制单：张三

图 2-1　A 公司记账凭证

[redacted]有限公司

费用报销单

部门：综合部　　经办人：王五　　领款人：网银　　日期：2020年4月29日

内　　容	附件张数	金额
报销公办用品费	22	6,972.20
合　　计	22	6,972.20
合计（大写）：	陆仟玖佰柒拾贰元贰角	
部门负责人审核	赵六 29/4	总经理审批
财务部审核	发票已核，金额相符 郭出纳 30/4 / 孙会计 30/4 李四 30/4	吴经理 30/4
分管领导审批	钱总监 30/4	
财务总监审批	同意，周总监 30/4	

图 2-2　A 公司原始凭证——费用报销单

5300193130　　云南增值税专用发票　　№ 03573591　5300193130 03573591

发票联

开票日期：2020年04月25日

购买方	名　称：[redacted]有限公司 纳税人识别号：91[redacted]56F 地址、电话：云南省[redacted]西路83号 0871-[redacted] 开户行及账号：中国建设银行[redacted]支行 53[redacted]41	密码区	-580*5-1+89<1379++61/--950< 1>05>/16-277->69*>3/-89+601 219>7596*//45>831-3*<8751<2 84825/25>176+0733>48835-28+

货物或应税劳务、服务名称	规格型号	单位	数量	单价	金额	税率	税额
(详见销货清单)					6170.11	13%	802.09
合　计					¥6170.11		¥802.09
价税合计（大写）	⊗陆仟玖佰柒拾贰圆贰角整				（小写）¥6972.20		

销售方	名　称：昆明浩斌商贸有限公司 纳税人识别号：915301125945579643 地址、电话：云南省昆明市新城高新技术产业基地（马金铺）高登街789号 0871-64159186 开户行及账号：富滇银行股份有限公司昆明景星支行 925011010001070610	备注	

收款人：尹艳梅　　复核：唐光斌　　开票人：旦建丽

第三联：发票联　购买方记账凭证

税总函〔2019〕144号中钞光华印制有限公司

图 2-3　A 公司原始凭证——增值税专用发票

销售货物或者提供应税劳务、服务清单

购买方名称：[redacted]有限公司

销售方名称：昆明浩斌商贸有限公司

所属增值税专用发票代码：5300193130　号码：03573591　　共 2 页 第 1 页

序号	货物（劳务）名称	规格型号	单位	数　量	单　价	金　额	税率	税　额
1	*密封用填料*双面胶带		卷	1	19.469026549	19.47	13%	2.53
2	*塑料制品*意见箱		个	1	88.495575221	88.50	13%	11.50
3	*文具*修正液		支	10	3.5398230088	35.40	13%	4.60
4	*纸制品*卷纸		提	3	28.318584071	84.96	13%	11.04
5	*纸制品*面巾纸		提	6	9.5575221239	57.35	13%	7.45
6	*纸制品*擦手纸		件	1	194.69026549	194.69	13%	25.31
7	*纸制品*卷纸		卷	60	3.5398230088	212.39	13%	27.61
8	*纸制品*擦手纸		件	4	194.69026549	778.76	13%	101.24
9	*配电控制设备*插座		个	5	49.557522124	247.79	13%	32.21
10	*纸制品*卷纸		提	2	28.318584071	56.64	13%	7.36
11	*洗涤剂*消毒液		瓶	15	22.123893805	331.86	13%	43.14
12	*纸制品*复印纸		件	6	110.61946903	663.72	13%	86.28
13	*塑料制品*纸篓		个	5	15.92920354	79.65	13%	10.35
14	*纸制品*档案袋		个	30	0.5309734513	15.93	13%	2.07
15	*计算机配套产品*鼠标		个	1	66.371681416	66.37	13%	8.63
16	*计算机配套产品*无线鼠标		个	1	28.318584071	28.32	13%	3.68
17	*文具*档案盒		个	10	3.0973451327	30.97	13%	4.03
18	*塑料制品*垃圾桶		个	1	30.973451327	30.97	13%	4.03
19	*纸制品*复印纸		箱	8	110.61946903	884.96	13%	115.04
20	*纸制品*擦手纸		件	2	194.69026549	389.38	13%	50.62
21	*纸制品*抽纸		盒	5	9.5575221239	47.79	13%	6.21
22	*纸制品*复印纸		件	4	110.61946903	442.48	13%	57.52
23	*计算机配套产品*鼠标		个	2	66.371681416	132.74	13%	17.26
24	*文具*印油		瓶	2	7.9646017699	15.93	13%	2.07
25	*计算机配套产品*鼠标垫		块	10	6.1946902655	61.95	13%	8.05
小计						4998.97		649.83
总计						4998.97		649.83
备注								

销售方（章）：昆明浩斌商贸有限公司 915301125945579643 发票专用章　　填开日期：2020年04月25日

销售货物或者提供应税劳务、服务清单

购买方名称：[redacted]有限公司

销售方名称：昆明浩斌商贸有限公司

所属增值税专用发票代码：5300193130　　号码：03573591　　　　共 2 页 第 2 页

序号	货物（劳务）名称	规格型号	单位	数量	单价	金额	税率	税额
26	*塑料制品*笔筒		个	5	7.9646017699	39.82	13%	5.18
27	*印刷品*笔记本		本	20	17.699115044	353.98	13%	46.02
28	*印刷品*笔记本		本	20	15.92920354	318.58	13%	41.42
29	*文具*抽杆夹		个	20	1.3274336283	26.55	13%	3.45
30	*日用杂品*杯托		个	24	1.4159292035	33.98	13%	4.42
31	*纸制品*台牌		个	20	15.92920354	318.58	13%	41.42
32	*纸制品*凭证纸		包	2	26.548672566	53.10	13%	6.90
33	*纸制品*凭证封面		个	10	2.6548672566	26.55	13%	3.45
小计						1171.14		152.26
总计						6170.11		802.09
备注								

销售方（章）：昆明浩斌商贸有限公司 91530112594557964З 发票专用章　　　　填开日期：2020年04月25日

图 2-4　A 公司原始凭证——销售货物清单

入　库　单　　№ 0302621

科目　　　　2020年 4 月 25 日　　对方科目

名称	单位	数量	单价	百	十	万	千	百	十	元	角	分	用途或原因
维达120软抽	提	6	10.8					¥	6	4	8		
维达200抽擦手纸	件	1	220				¥	2	2	0			
维达1S+5S卷纸	卷	60	4				¥	2	4	0			
维达200抽擦手纸	件	4	220				¥	8	8	0			
合计人民币（大写） ⊗佰 ⊗拾 ⊗万 壹仟 肆佰 零拾 肆元 捌角 零分 ¥：1404.8													

①白 ②记帐凭证（红） ③回执（绿）　　附件　张

主管　　会计　　保管员　　经手人

图 2-5　A 公司原始凭证——入库单

（4）检查转账支票上的付款金额及收款单位是否与发票相符。

（5）检查产品名称是否都是属于办公用品，有无借购买办公用品之名购买其他用品，同时检查产品名称是否和同类产品价格一致，是否存在价格过高。

（6）检查记账凭证的编制是否正确，如摘要是否清晰准确、所使用的会计科目（包括明细科目）是否恰当（分类目标）、金额是否正确（准确性目标）、入账日期是否恰当（截止）等。

经过审计后，审计人员认为该业务真实合法、手续完备、相应会计处理正确，但认为一次性购买同类用品数量偏多，可能存在浪费情形。

3. 检查记账凭证

记账凭证是会计人员根据审核无误的原始凭证或原始凭证汇总表编制的，登记明细分类账和总分类账的依据。在检查记账凭证中，需要注意以下四个方面：

（1）合规性审查。审查相应的原始凭证是否合规，业务是否合法，记账凭证是否合规。

（2）完整性审查。审查记账凭证的审批传递手续是否符合规定程序，有关人员是否全部签章。

（3）正确性审查。审查记账凭证的填制是否符合要求，如记账凭证上载明的所附原始凭证张数是否与原始凭证张数一致、记账凭证与自制凭证是否连续编号、所列会计分录是否正确、与其所反映的经济业务是否一致、是否正确计入总账和明细账等。

（4）证证核对。检查记账凭证的有关内容与原始凭证所载内容是否一致。

［案例 2-2］ 审计人员审查 A 公司 20×1 年收入时，有一张记账凭证记录如图 2-6 所示。

转账凭证

20×1 年 12 月 20 日　　　　　　转账第 113 号

摘要	借方科目		贷方科目		金额								记账符号
	总账科目	明细账科目	总账科目	明细账科目	十	万	千	百	十	元	角	分	
出售 A 产品	应收账款	前进工厂	主营业务收入		6	0	0	0	0	0	0	0	
合计金额					6	0	0	0	0	0	0	0	

附原始凭证 0

会计主管：　　记账：　　复核：　　出纳：　　制证：

图 2-6　A 公司记账凭证

经审阅，从分录和摘要来看都没有问题，但审计人员发现该转账凭证未附任何原始凭证，也没有办理任何手续和签章，是一张空头转账凭证。审计人员又追查了应收账款的账簿记录，发现 A 公司在 20×2 年 1 月又填制了一张相反的转账凭证，冲销上年的应收账款和销售收入。审计人员最后查明，该公司当年因未完成利润计划，所以做了一笔虚增收入的分录，又在次年冲销。

审计意见：冲减 20×1 年的“主营业务收入”及“应收账款”，并相应调整“坏账准备”账户。

4. 检查会计账簿

检查会计账簿的重点是审阅明细账。审阅内容如下：

（1）审阅各种账簿的启用、期初和期末余额的结转、承前页、转下页、月结和年结是否合规，并核对是否正确。

（2）审阅账簿登记的要素是否齐全。

（3）审阅账簿的摘要栏，特别要注意多栏式明细账簿的摘要栏是否真实、明确，是否与该项经济业务相符。

（4）审阅账簿借贷方登记是否正确，栏次是否登记正确。

（5）审阅明细账或日记账中记载的内容是否合理合法，有无弄虚作假、违规违法行为。

［案例 2-3］ 审计人员审查 A 公司“销售费用”，其明细账如图 2-7 所示。

销售费用明细账

20×1 年		凭证号	摘要	包装费	运输费	装卸费	保险费	广告费	展览费	其他	合计	转出	金额
月	日												
5	1	（略）	支付 A 产品包装费	2 500							2 500		
	3		支付报刊广告费					3 000			3 000		
	5		支付展览公司展览费						9 500		9 500		
	8		支付销售产品运费		650						650		
	10		招待客户用餐							1 050	1 050		
	12		支付装卸费			400					400		
	16		支付赔偿金							6 000	6 000		
	18		支付销货合同违约金							4 000	4 000		
	22		支付运输保险费				1 480				1 480		
	25		支付门市部职工工资							2 650	2 650		
	30		支付门市部差旅费							1 200	1 200		
	31		计入损益转出									32 430	
			合　　计	2 500	650	400	1 480	3 000	9 500	14 900	32 430		0

图 2-7　A 公司销售费用明细账

经审阅，发现“招待客户用餐”“支付的赔偿金”以及“支付销货合同违约金”记入“销售费用”账户，可能存在不当，即“分类”不正确。审计人员进一步抽查这三笔业务的相关会计凭证，证实这三笔业务是真实发生的，相关手续齐全、合规。

审计意见：将招待客户用餐记入“管理费用——接待费”，支付赔偿金及违约金记入“营业外支出”。相关调整分录为：

借：管理费用——接待费	1 050	
营业外支出——赔偿金	6 000	
——违约金	4 000	
贷：销售费用——其他		11 050

5. 检查财务报表

检查财务报表，重点关注以下四个方面：

（1）财务报表编制是否符合企业会计准则及国家其他相关法规的规定。

（2）财务报表各项目是否与其所依据的账簿记录一致，即检查报表项目金额填列的准确性。

（3）财务报表之间的勾稽关系，即检查应有勾稽关系的报表项目是否存在勾稽关系。

（4）财务报表附注是否合规，且表述清楚，易于理解，并检查与报表项目的列报、相关会计记录是否一致。

6. 检查其他相关资料

（1）检查计划、预算和定额时，可结合上期拟订的计划、预算及定额和实际执行结果及完成情况，审阅计划、预算、定额的制订偏高还是偏低，是否适度，有无冒进或保守的情况；还要根据本期的计划、预算和定额的执行情况，分析各项指标是否完成。

（2）检查合同时，主要审阅合同的签订是否合法，是否有效；审阅合同内容是否符合合规合法，合同条款是否齐全，签订手续是否完备，实际执行结果是否与合同一致等。

（3）检查管理制度时，主要审阅单位内部制定的各项规章制度是否符合国家相关法律法规、内部控制规范的规定（即合法性），是否符合被审计单位实际情况（即合理性）；审阅内部控制制度是否健全、有效（即有效性）等。

［小贴士］

审计中需要检查的书面资料及相关注意点，如图 2-8 所示。

（二）核对

核对是指将被审计单位历史记录中两个或两个以上的有关数据进行对照比较，用以确定其是否正确的一种审计方法。通过这种对照比较，可以查明证证、账证、账账、账表、表表之间是否相符，从而发现错误，揭露舞弊行为。审计中常用的核对方式及其含义，如表 2-2 所示。

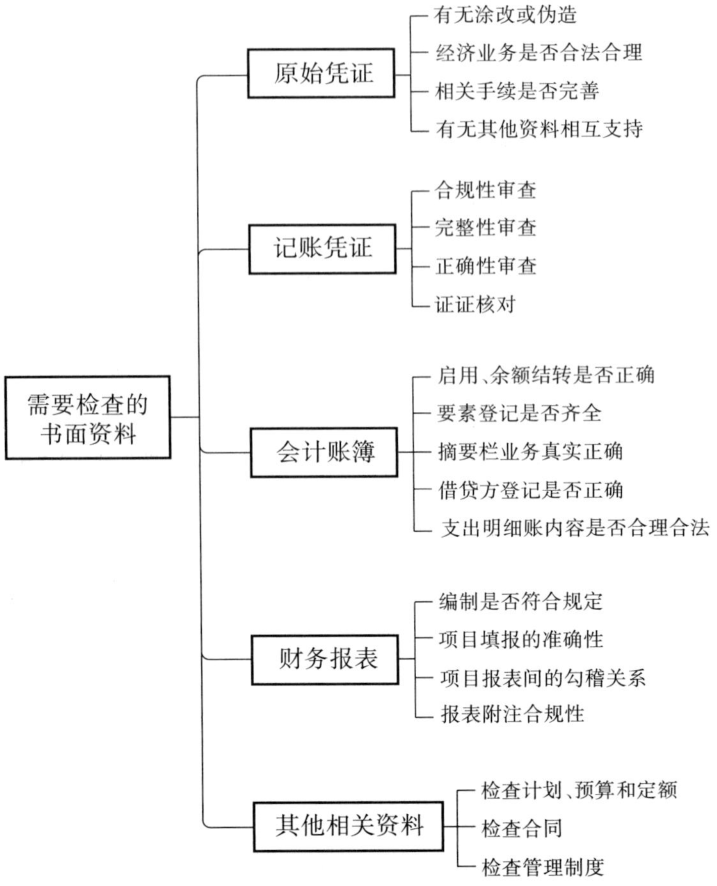

图 2-8　审计中需要检查的书面资料

表 2-2　审计中常用的核对方式、含义及实例

方式	含义	实例
原始凭证之间的核对	核对相关原始凭证之间有关数据是否相符	如购货发票与验收单之间品种、规格、数量、单价、金额是否一致。又如核对销货发票与其存根是否相符，有无缺号现象
	核对原凭证汇总表与原始凭证之间是否一致	如凭证张数、金额合计及内容等是否相符
证证核对	核对记账凭证是否与其原始凭证一致	如凭证张数、金额合计及内容等是否相符
账证核对	核对记账凭证是否已恰当记入有关明细分类账或日记账，借贷方向是否一致	如核对记账凭证在明细分类账的登记情况，验证两者是否一致
账账核对	核对总账期末余额是否与所属明细账户期末余额之和相符	如对总账和明细分类账进行核对
账表核对	核对财务报表项目列报金额是否与其所依据的总分类账和有关明细分类账相符。通常用于核对财务报表列报金额、附注披露的准确性	如资产负债表中“应收账款”列报金额是否等于全部“应收账款”明细账借方余额之和＋全部“预收账款”明细账借方余额之和－“坏账准备－应收账款”贷方余额；财务报表附注中“应收账款”的详细说明是否与“应收账款”明细账记录一致等

续表

方式	含义	实例
表表核对	核对各财务报表之间应当存在勾稽关系的项目是否一致	如现金流量表中的“期初(期末)现金及现金等价物余额”是否与资产负债表中现金及现金等价物项目[①]之和相符;股东权益变动表中的项目是否与资产负债表中股东权益相关项目相符
内外核对	核对企业记录是否与外部相关单位记录相符	如将企业银行存款日记账记录与开户银行对账单核对;将应收账款明细账记录与客户记录核对;将应付账款明细账记录与供应商记录核对等
内部各部门之间的核对	财务部门和其他相关部门的账目记录核对是否相符	如核对财务部门的记录是否与相关资产管理部门的记录一致,如财务部固定资产明细账是否与资产管理部门的固定资产账、卡、物相符;财务部存货明细账是否与仓库保管部门的仓库明细账相符等

审计人员运用核对法时,应对已经查核过的资料进行标记,表明这些账目已经审查,以免重查或漏查。审计中常用的三种核对标记分别是:①对账标记。审计人员用铅笔在被查资料数字右旁,核对结果正确的,作“√”标记,核对结果错误的作“×”标记,有疑问的作“?”标记。②查讫戳记。审计人员在核查后盖上“查讫”字样的图章,表示这些报表和账簿已经查讫。③小标记。例如,审计人员在核对完毕,在未发现问题的凭证单据上方画“○”,表示这些凭证已审查完毕。

[案例2-4] 审计人员审查A公司20×1年5月份原始凭证,经核对,发现一张购买水泥发票与相应验收单金额不同,发票上注明购买水泥160吨,单价300元,验收单上注明入库水泥却是100吨。

审计人员通过进一步调查,包括查阅相关的水泥采购合同、询问采购部经理、查阅所购水泥的去向及数量,并向供应水泥单位进行函询等,证实实际购买水泥100吨。采购人员私自篡改,将“100吨”涂改成“160吨”,并据以报销,贪污现金18 000元。审计人员就是通过核对法核对相关凭证的有关数据,揭露了上述舞弊行为。

审计意见:建议A公司进行账项调整,并对采购人员作出相应处理。

(三)重新计算

重新计算是指审计人员对被审计单位记录或文件中的数据计算进行验算和核对,如对会计凭证、会计账簿、财务报表有关数据的乘积、合计、百分比、比率值及其他指标进行重新计算,以验证原计算是否正确。具体包括以下三个方面:

① 企业会在财务报表附注中说明其“现金及现金等价物”的确认标准。通常,“现金及现金等价物”的确认标准是“库存现金,可随时用于支付的存款,以及持有的期限短、流动性强、易于转换为已知金额现金、价值变动风险很小的投资”。在多数企业,现金及现金等价物余额 = 资产负债表中“货币资金”项目列报金额 - 银行存款和其他货币资金中被限定用途的金额之和。

（1）原始凭证的重新计算。如验算其数量与单价的乘积是否等于金额；金额合计是否正确；大小写是否一致。

（2）会计账簿的重新计算。如验算本期发生额合计、期末余额的计算是否正确。

（3）财务报表的重新计算。如验算表中各项目数字之和是否等于小计、合计数，以及表中百分比、比率值等指标的计算是否正确。

此外，重新计算广泛用于固定资产折旧费用、无形资产摊销费用、发出存货计价和期末存货计价、各种税费的计算、各类资产减值准备的计提等，并与被审计单位已入账金额核对，验证被审计单位有无多算或少算金额。

［特别提示］ 在实务中，核对与重新计算往往同时运用于被查资料。

［案例 2–5］ 审计人员审查 A 企业在产品成本，收集到的有关资料如下：

（1）该企业采用约当产量法计算甲在产品成本。

（2）甲产品本月完工 120 件，月末在产品 60 件。

（3）甲在产品的投料率为 80%，完工率为 50%。

（4）生产成本明细账如表 2–3 所示。

表 2–3　生产成本明细账

产品名称：甲产品　　　　20×1 年 5 月

20×1 年		摘要	直接材料	直接人工	制造费用	合计
月	日					
5	1	月初在产品成本	12 000	3 000	4 500	19 500
5	31	本月生产费用	55 200	7 500	19 500	82 200
5	31	生产费用合计	67 200	10 500	24 000	101 700
5	31	结转完工产品成本	38 000	7 000	17 200	62 200
5	31	月末在产品成本	29 200	3 500	6 800	39 500

根据上述资料，审计人员抽查有关会计凭证，并与产品成本明细账核对，账证相符；盘点在产品实物数量，符合实际情况；验证投料率和完工率，也符合实际情况。根据成本计算单，验证在产品成本如下：

$$直接材料=\frac{67\ 200}{120+60\times 80\%}\times(60\times 80\%)=19\ 200（元）$$

$$直接人工=\frac{10\ 500}{120+60\times 50\%}\times(60\times 50\%)=2\ 100（元）$$

$$制造费用=\frac{24\ 000}{120+60\times 50\%}\times(60\times 50\%)=4\ 800（元）$$

在产品成本合计 =19 200+2 100+4 800=26 100（元）

与生产成本明细账核对，发现如下多计费用：

多计直接材料费 =29 200−19 200=10 000（元）

多计直接人工费 =3 500−2 100=1 400（元）

多计制造费用 =6 800−4 800=2 000（元）

多计在产品成本合计 =10 000+1 400+2 000=13 400（元）

验算结果表明，该企业多计在产品成本，造成少转完工产品成本 13 400 元，经向有关会计人员询问，证实是因计算失误而发生的差错。

审计意见：建议企业补转完工产品成本，调整账目。调整分录为：

借：库存商品——甲产品　　13 400

　　贷：生产成本——甲产品　　13 400

（四）询问

询问是指审计人员对审计过程中所发现的疑点和问题，通过向有关人员口头或书面询问方式来获取审计证据。在应用本方法时，应注意以下几个方面：①要向知情人询问；②要有明确目的，并事先拟订好询问提纲；③做好记录；④如果作为重要证据使用，则应当请被询问者签名；⑤询问法获得的证据只能作为辅助证据，为进一步审计提供帮助。

［案例 2-6］ 审计师在对云南白药进行 2018 年度财务报表审计时，就会计政策变更情况询问财务部经理 ××× 先生，相关询问记录如图 2-9 所示。

时间：2019/03/12 上午 9：20　　地点：云南白药会议室（审计现场）

被调查者：××× 先生　　职务：财务部经理

主题：云南白药在 2018 年度是否发生了会计政策变更

审计师问 1：**云南白药在 2018 年度是否已发生了会计政策和会计估计变更？变更原因？**

××× 先生：本公司根据财政部 2018 年 6 月发布了《关于修订印发 2018 年度一般企业财务报表格式的通知》（财会〔2018〕15 号），根据相关要求按照一般企业财务报表格式（适用于尚未执行新金融准则和新收入准则的企业）编制财务报表，因而改变了部分会计政策。但没有发生会计估计变更。

审计师问 2：**会计政策具体变更范围有哪些？采用了什么会计处理方法？**

××× 先生：①原“应收票据”和“应收账款”项目，合并为“应收票据及应收账款”项目；②原“应收利息”“应收股利”项目并入“其他应收款”项目列报；③原“固定资产清理”项目并入“固定资产”项目中列报；④原“工程物资”项目并入“在建工程”项目中列报；⑤原“应付票据”和“应付账款”项目，合并为“应付票据及应付账款”项目；⑥原“应付利息”“应付股利”项目并入“其他应付款”项目列报；⑦原“专项应付款”项目并入“长期应付款”项目中列报；⑧进行研究与开发过程中发生的费用化支出，列示于“研发费用”项目，不再列示于“管理费用”项目；⑨在财务费用项目下分拆“利息费用”和“利息收入”明细项目；⑩股东权益变动表中新增“设定受益计划变动额结转留存收益”项目。本公司根据上述列报要求相应追溯重述了比较报表。由于上述要求，本期和比较期间财务报表的部分项目列报内容不同，但对本期和比较期间的本公司合并及公司净利润和合并及公司股东权益无影响。

审计师问 3：**这些会计政策变更在财务报表附注中披露了吗？**

××× 先生：已充分披露。请参见财务报表附注之“33. 重要会计政策和会计估计变更”之“（1）重要会计政策变更”。

审计师：好的　谢谢您！

审计人员：张　军　　复核人员：王光明　　时间：2019/03/15

图 2-9　询问记录

（五）函证

函证是指通过向有关单位发函来了解情况取得审计证据的一种方法，一般用于往来款项、银行存款、对外投资的查证。

函证法有肯定式函证和否定式函证两种方式。肯定式函证又称积极式函证，要求收信人（被函证人）对询证函中的事项给予回函答复。对于重要事项的函证一般应采用肯定式函证。否定式函证则要求收信人对询证函中的事项有异议时才复函。询证函中应注明复函期限，过期后未复函则认为收信人对函证事项无异议。

函证工作应由审计人员直接办理，函件应由审计人员直接寄发和收取，不得委托被审计单位代办。询证函内容应简明扼要，便于对方答复。

［案例 2-7］ 审计师获得的兴园垦植场 2020 年 12 月 31 日应收账款明细及账龄分析表（见表 2-4）。审计师对应收账款的函证决策及函证过程控制如下：

1. 函证方式与样本选择

样本选择依据：年末余额大的（超过应收账款总额 5%）的账户、账龄超过 3 年的账户、可能存在纠纷的账户全部函证，并采用积极式函证；其他账户，随机选择函证，其中余额较大的选择积极式函证，余额小的选择消极式函证。

函证总量控制：函证账户不少于全部明细账户的 30%，函证总额不少于应收账款总额的 70%。

表 2-4 兴园垦植场应收账款账龄分析表

截止时间：2020 年 12 月 31 日 单位：元

客户	摘要	金额	账龄				是否函证
			1 年以下	1～2 年	2～3 年	3 年以上	
西南销售公司	销售	178 000.00				√	积极式
阳光五金批发站	销售、种植	56 000.00			√		积极式
曲峰市城建局	销售	224 380.00		√			积极式
延海无线电二厂	销售	9 000.00		√			消极式
兴乐民族乐器厂	销售种植	1 200.00	√				消极式
高原园林局	销售	78 000.00	√				积极式
预州联合大学	销售、养护	51 200.00		√			积极式
…………							
中州股份有限公司	销售	1 986.00				√	积极式
西南机械厂二分厂	销售	860.00	√				不函证
大中木业有限公司	销售	658.00	√				不函证
合　计		1 597 80.00					

编制人：王 明　　　　复核人：赵 军

2. 询证函的填写与寄发

积极式询证函样本（包括回函）如图 2-10 所示。

询　证　函

致：西南销售公司

本公司聘请的大众会计师事务所正在对本公司财务报表进行审计。按照《中国注册会计师审计准则》的要求，应当询证本公司与贵公司的往来账项。下列数额出自本公司账簿记录，如与贵公司记录相符，请在本函下端“信息证明无误”处签章证明；如有不符，请在“信息不符”处指正。无论是否相符，均请尽快回函为谢！回函请直接寄至大众会计师事务所。

地址：×× 市云新北路 128 号　　邮编：650000　　电话：0871-65151145

［本函仅为询证之用，并非催收款项］

截止日期	贵公司欠	欠贵公司	备　注
2020 年 12 月 31 日	178 000 元		

若款项在上述日期之后已经付清，仍请及时函复为盼。

兴园垦植有限公司（公司印鉴）

2021 年 2 月 22 日

信息证明无误

签章：西南销售公司

日期：2021 年 3 月 4 日

信息不符：

签章：

日期：

图 2-10　积极式询证函

［**特别提示**］ 询证函的填写可以由被审计单位人员协助，但寄发和回收不能被审计单位人员代办，只能由审计师办理。

3. 函证过程控制

审计人员应根据函证的情况，编制函证过程控制表（见表 2-5）。

表 2-5　函证过程控制表

函证编号	债务人名称	债务人地址	账面金额	函证日期		收到回函日期	函证结果	差异金额及说明	审定金额
				第一次	第二次				
01	西南销售公司	略	178 000.00	2021/2/22		2021/3/10	相同		178 000.00
02	阳光五金批发站	略	56 000.00	2021/2/22		2021/3/10	相同		56 000.00
03	曲峰市城建局	略	224 380.00	2021/2/22		2021/3/10	相同		224 380.00
04	延海无线电二厂	略	9 000.00	2021/2/22		2021/3/10	相同		9 000.00
	……			……					

（六）检查实物资产

检查实物资产也称监盘，是指审计人员对被审计单位各项财产物资进行实地清查、盘点，以确定其数量、品种、规格等实际状况，验证该实物资产是否存在、账实是否相符。监盘主要应用于查明实物资产在某一时点的实有数量，如库存现金、有价证券、存货、固定资产等。

1. 盘点库存现金

对库存现金进行盘点，是审计人员判断库存现金是否存在、账实是否相符的主要方法。盘点应采用突击方式，由单位指定人清点，出纳人员和会计主管必须在场，审计人员监盘。如果盘存数与账面数有差异，应查明是否存在未入账的收支凭证，经过调整后仍有差额即为现金盘盈或现金盘亏。对于差异，必须查明原因，如借款凭证抵库的，应当要求被审计单位及时入账，进而调整账面数。

由于库存现金盘点日往往不是资产负债表日（报表日），因此，要根据盘点日账面数加、减自报表日至盘点日的现金支出数和收入数，推算报表日应有的库存现金余额，与报表日库存现金数核对相符。库存现金盘点与核对的过程，通常以库存现金盘点表进行记录。

［案例2-8］ 20×3年1月15日，审计人员赵强、孙利对XYZ股份有限公司20×2年12月31日财务报表进行审计。经查，20×2年12月31日的“现金日记账”余额为24 508.80元；20×3年1月15日现金日记账账面余额为18 379.40元。1月16日上午8时，赵强、孙利对该公司的库存现金进行了突击盘点。盘点结果如下：

（1）库存现金实有数17 442.20元。

（2）库中有已收款未入账的凭证共两张，金额共计2 562.80元；有已付款未入账的凭证一张，金额为200元。

（3）库中还发现借据一张，金额为1 500元，借款人为公司职工李力，未经批准，也没有说明用途。

（4）经核对20×3年1月1日至1月15日的收付款凭证和现金日记账，核实自1月1日至1月15日现金收入数为65 338元，现金支出数为71 778.60元，正确无误。

（5）经了解得知，银行核定该公司的库存现金限额为20 000元。

盘点结束后，赵强、孙利编制了库存现金盘点表，如表2-6所示。

2. 盘点存货

根据存货审计要求，年终存货应进行盘点。盘点由被审计单位负责。由于存货盘点比较复杂，一般事先应有盘点计划，盘点计划应通知审计师，以便派人监盘。审计师在存货监盘中注意盘点人员是否严格执行存货盘点计划。在必要时，审计师应对盘点结果进行抽查，并编制存货抽查情况表，作为确认存货存在的依据。

存货抽查情况表用来检查存货盘点的正确性，以便对盘点结果进行认定。如果审计师没有参与盘点工作，则抽查比例要高一些。如果企业年末未进行盘点，则可根据账面数抽查验证，但抽查比例应更高一些。

表 2-6　库存现金盘点表

单位名称：XYZ 股份有限公司　　　　　　　　　　　　盘点日期：20×3 年 1 月 16 日

检查核对记录			实有现金盘点记录		
项目	行次	人民币（元）	面额（元）	张（枚）数	金额（元）
企业库存现金账面余额	a	18 379.40	100	100	10 000.00
盘点日未记账传票收入金额	b	2 562.80	50	120	6 000.00
盘点日未记账传票付出金额	c	2 000.00	10	140	1 400.00
白条抵库数	d	1 500.00	5		
盘点日账面应有余额	e=a+b−c−d	17 442.00	2	20	40.00
盘点日实有现金数额	f	17 442.00	1		
盘点日应有金额与实际金额差异	g=e−f	0	0.5		
差异原因分析			0.2	10	2.00
			0.1		
追溯至报表日账面结存额：报表日至盘点日现金付出总额（+）		71 778.60			
追溯至报表日账面结存额：报表日至盘点日现金收入总额（−）		65 338.00			
追溯至报表日账面结存额：报表日库存现金应有余额		23 882.80			
报表日“现金日记账”余额		24 508.80	合计		17 442.00

审计结论：

1. 该公司盘点日库存现金账实相符，没有发生盘盈或盘亏。

2. 该公司现金管理中有不合法现象存在：一是违反现金管理制度，有白条抵库现象，应要求出纳限期退回；二是违反现金限额的有关制度，超限额留存现金，20×2 年 12 月 31 日超限额 3 882.80 元。

3. 报表日库存现金应有余额 23 882.80 元，与资产负债表“货币资金”项目的库存现金数 24 508.80 元不符，应进一步查明原因后做出相应处理。

会计主管：黎　明　　出纳：李　力　　监盘人员：赵　强、孙　利　　复核人员：王　英

［案例 2-9］ 20×2 年 1 月 1 日，审计人员对 XYZ 股份有限公司的存货，进行抽查，并编制存货抽查情况表，如表 2-7 所示。

表 2-7　存货抽查情况表

抽查日期：20×2 年 01 月 01 日

单位名称：xyz 股份有限公司　　仓库名称：原材料仓库　　存货类型：原材料

陪同人员：王刚　张伟　　抽查人员：赵强　孙利

存货名称和规格	单位	单价	盘点前账面记录数量	尚未入账数量		应结存数量	盘点记录数量	抽查记录数量	抽查结果差异	品质状况（正常 / 残次 / 毁损 / 接近或已过有效期）
				入库	发出					
1	2	3	4	5	6	7=4+5−6	8	9	10=9−7	11
ABS	kg	4.20	1 750			1 750	1 750	1 750		正常
BBC	kg	8.50	440			440	440	440		正常
PP4	kg	5.02	750			750	750	750		正常
PNA	kg	1.00	1 000			1 000	1 000	1 000		正常
QRJ	kg	1.00	2 250			2 250	2 250	2 250		正常
……		…								
合计										

抽查结果汇总：

抽查金额：98 100.50　　应存账面金额合计：195 575.16

抽查比率：50.16%

正确金额：98 100.50　　抽查正确率：100%

审计说明：2012 年 1 月 15 日进行原材料抽查并追溯至 2011 年 12 月 31 日账面记录，抽查正确率 100%；

仓储保管情况良好，物资堆放整齐有序，标签清晰，原材料保管状况良好。

查验人员：赵　强　孙　利　　日期：20×2/01/05　　复核人员：王　英　　日期：20×2/01/09

注：存货抽查情况表应按每类材料编制一张，这里只列出原材料的抽查情况，其他各类从略。

3. 盘点固定资产

审计人员对被审计单位固定资产的存在和所有权的查证通常是通过编制固定资产数量检查情况表来完成。审计人员用实物盘点的方法，抽查年初余额和本年增加固定资产是否账实相符，并检查所有权凭证；本年增加的固定资产还要核对原始凭证，检查其手续是否齐全，计价是否正确；抽查本年减少的固定资产是否已经注销，凭证手续是否齐全。如果检查结果表明手续齐全，账实相符，则固定资产年末余额可以确认。

通常，审计人员按固定资产大类编制固定资产数量检查情况表，但如果被审计单位固定资产种类不多，每年增加或减少业务很少，则固定资产数量检查情况表可以按整个固定资产编制。

[案例 2-10]　20×3 年 1 月 15 日，审计人员对 XYZ 股份有限公司的固定资产进行抽查盘点，并编制固定资产数量检查情况表，如表 2-8 所示。

表 2-8　固定资产数量检查情况表

单位名称：XYZ 有限责任公司　　　　20×2 年度

陪同人员：杨兰　　　　金额单位：元

序号	名称	规格	编号	账面原值	账面数量	实盘数量	账实相符	入账凭证号	计价正确	手续完备	具有所有权	备注
	1	2	3	4	5	6	7	8	9	10	11	12
	年初余额											8-11 栏不填
1	起重机	PL-1	412-01	11 045.40	2	2	√					
2	升降平台	TC6	449-12	16 500.00	1	1	√					
3	进口电焊机	WZ04	401-22	79 040.00	1	1	√					
.	…	…	…									
20	油漆线配套	TP-32	049-06	119 734.36	1	1	√					
	合计			1 758 685.43								
	本年增加											各栏都填
1	油漆检测仪	OX-41	249-04	109 638.57	1	1	√	2 月转 113	√	√	√	
2	电阻冷焊机		452-02	21 500.00	1	1	√	3 月转 120	√	√	√	
.	…	…	…									
20	科技大楼			23 095 90.43	1	1	√	12 月转 130	√	√	√	“在建工程”转入
	合计			24 187 44.42								
	本年减少											5、6、7、11 栏不填
1	办公用柜	FX-52	302-04	12 000.00				8 月转 310	√	√		出售
2	锅炉设备	GT-17	407-01	19 601.90				9 月转 130	√	√		转入清理
.	…	…	…									
	合计			55 271.75								

审计说明：

根据固定资产明细账实地抽查盘点。由于固定资产内部控制测试表明固定资产内部控制有效，控制风险低，年初余额只抽查 20 笔，重点抽查本年增加、本年减少数。本年增加抽查 12 笔，占本年增加总金额的 29.5%；本年减少抽查 8 笔，占本年减少总金额的 25%。抽查结果，未发现差错。

审计结论：

固定资产年末余额可以确认。

查验人员：董　波　李　航　　日期：20×3.1.12　　复核人员：王　英　　日期：20×3.1.15

4. 盘点银行存款

对银行存款实存数的盘点审查，通常需向开户银行进行函证，并编制银行存款余额调节表，对“未达账项”进行增减调节。银行存款余额调节表通常根据企业不同的银行账户及货币种类分别编制。

［案例 2–11］ 审计人员在审查 XYZ 股份有限公司 20×2 年 12 月 31 日的资产负债表“货币资金”项目时，发现该公司 20×2 年 12 月 31 日的银行存款账面余额为 1 130 350 元。从银行对账单上显示该公司 20×2 年 12 月 31 日的银行存款余额为 1 127 000 元。经过逐笔核对后，查明有如下未达账项：

（1）12 月 31 日公司送存转账支票一张，票面金额 16 000 元，银行尚未入账。

（2）12 月 30 日公司开出转账支票一张，票面金额 400 元，持票人尚未到银行办理转账手续。

（3）12 月 30 日委托银行收款 12 500 元，银行已收款入账，但收款通知尚未到达公司。

（4）12 月 30 日银行代公司支付水费 250 元，付款通知单尚未到达公司。

根据上述资料，编制银行存款余额调节表，如表 2–9 所示。

表 2–9　银行存款余额调节表

20×2 年 12 月 31 日

单位名称：XYZ 股份有限公司　　　币种：人民币　　　开户银行：中国银行 ×× 分行

项　目	金额	项　目	金额
银行对账单余额	1 127 000	企业银行存款日记账余额	1 130 350
加：企业已收，银行尚未入账金额	16 000	加：银行已收，企业尚未入账金额	12 500
其中：1. 送存支票银行未入账	16 000	其中：1. 委托收款，通知未到公司	12 500
2.		2.	
减：企业已付，银行尚未入账金额	400	减：银行已付，企业尚未入账金额	250
其中：1. 持票人未办理转账手续	400	其中：1. 代付水费，通知未到公司	250
2.		2.	
调整后银行对账单余额	1 142 600	调整后企业银行存款日记账余额	1 142 600

审计结论：调整后，XYZ 公司 20×2 年 12 月 31 日银行存款的数额两方都为 1 142 600 元，相符。XYZ 公司银行存款账面余额 1 130 350 元可以确认。

审计人员：赵　强　孙　利　　　会计主管：黎　明　　　会计人员：张　敏　　　出纳：王　伍

［复习思考与练习题］

1. 检查书面材料的应用对象主要有哪些？在应用中应分别注意哪些事项？

2. 如何应用询问程序？在应用询问程序的过程中，应注意哪些事项？

3. 函证的应用对象有哪些？如何确定函证样本？在函证的过程中，应注意哪些事项？

4. 库存现金盘点为什么通常采用突击方式进行？

5. 审计人员在运用盘点程序查证现金、有价证券、存货、固定资产等的实有数时，通常对哪些项目进行全查？对哪些项目进行抽查？为什么？

6. 利用云南白药2018年度报告，检查云南白药2018年度财务报表之间的勾稽关系；财务报表列报内容是否与附注内容一致，是否与年度报告中的其他信息如“经营情况分析与讨论”中的相关内容一致。

第三章　分析程序案例

［学习目标］

1. 理解分析程序的含义及其在审计不同阶段运用的目的。
2. 掌握分析程序的类型及其具体运用方法。
3. 学会运用分析程序识别和评估财务报表层次和认定层次的重大错报风险。

“总体分析、发现疑点、分散核实、系统研究”，是现代审计模式的基本特征。运用数据挖掘、智能分析等，探索数据之间的关联关系，可以捕捉高风险及重点审计领域，提高审计效率。分析程序就是研究数据之间的关系，用以识别高风险和重点审计领域。

一、分析程序的含义及应用

分析程序是指审计师通过分析不同财务数据之间以及财务数据与非财务数据之间的内在关系，对财务信息作出评价，并获取审计证据。分析程序还包括调查识别出的、与其他相关信息不一致或与预期数据严重偏离的波动和关系。在不同审计阶段，审计师都可以应用分析程序，具体内容如表 3-1 所示。

分析程序常用方法有比较分析法、比率分析法、结构分析法和趋势分析法。

表 3-1　分析程序在审计中的应用方法与目的

审计阶段	应用方法与目的
计划阶段	用作风险评估程序，以了解被审计单位及其环境，识别和评估财务报表层次重大错报风险
实施阶段	用作实质性程序，以识别和评估认定层次重大错报风险，即重要项目或异常变动项目，将其作为审计重点，查明其合理性和正确性
报告阶段	对财务报表进行总体复核，评估已审计财务报表整体反映的公允性，判断是否还存在重大错报风险。对于可能存在重大错报风险的报表项目，复核其是否已获取充分、适当的审计证据排除嫌疑，以评价审计结论的恰当性

二、比较分析法

比较分析法，是指通过某一财务报表项目与其既定标准的比较，以发现重要或异常变动项目。比较分析法是分析程序中最常用的分析方法，通常可采用五种比较对象，以便识别相应的异常情况，具体内容如表3-2所示。

表3-2　审计中采用的比较分析及可能识别的异常情况

序号	本期未审计数的比较对象	可能识别的异常情况
1	上期已审计数	识别与上期比较的异常情况
2	本期计划或预算数	识别与本期计划比较的异常情况
3	同行业标杆、平均水平或先进水平	识别与同行业比较的异常情况
4	审计师预期结果	识别与审计师对被审计单位预期结果比较的异常情况
5	非财务数据	识别与非财务数据比较的异常情况

在比较分析中，审计师需要根据对被审计单位的了解以及自身实践经验，运用职业判断，识别异常情况。通常，比较差异幅度在10%以内的，重大错报风险较低；超过30%的，重大错报风险就较高，需作为重点审计领域或项目。在结构分析中，所占比重在2%以内的，可以不作为重点审计领域；超过6%的，就需作为重点审计领域或项目。

［案例3-1］ 本年未审计数与上年已审计数的比较分析。

（1）资产负债表比较分析。表3-3列示了云南白药2018年12月31日资产负债表与其2017年12月31日的比较分析，通过比较其增减变动金额和百分比来初步分析其资产负债表项目变动的合理性，识别重大错报风险，并确定需要重点审计的资产负债表项目。

表3-3　云南白药2018、2017年末资产负债表比较分析①

金额单位：万元

项目	2018年12月31日（已审数）	2017年12月31日（已审数）	增减变动		审计策略
	金额	金额	金额	百分比	
货币资金	301 713.08	266 632.64	35 080.44	13.16%	增幅较大，一般审计
交易性金融资产	726 483.63	674 938.16	51 545.47	7.64%	增幅较小，一般关注

① 除特别说明外，本书所引用的云南白药集团股份有限公司（下文简称云南白药）来自其2018年度报告。

续表

项目	2018年12月31日（已审数）	2017年12月31日（已审数）	增减变动		审计策略
	金额	金额	金额	百分比	
应收票据	317 374.43	429 335.08	−111 960.65	−26.08%	减幅较大，一般审计
应收账款	185 337.78	123 381.03	61 956.75	50.22%	增幅重大，重点审计
预付款项	60 214.78	41 796.03	18 418.75	44.07%	增幅大，重点审计
其他应收款	32 350.12	20 252.84	12 097.28	59.73%	增幅重大，重点审计
存货	999 401.22	866 327.85	133 073.37	15.36%	增幅较大，一般审计
其他流动资产	105 475.09	87 692.07	17 783.02	20.28%	增幅较大，一般审计
流动资产合计	2 728 350.13	2 510 355.70	217 994.43	8.68%	
可供出售金融资产	12 473.47	12 463.47	10.00	0.08%	增幅较小，一般关注
长期股权投资	110.56	76.80	33.76	43.96%	增幅大，重点审计
投资性房地产	22.15	28.24	−6.09	−21.57%	减幅较大，一般审计
固定资产	171 529.06	174 537.17	−3 008.11	−1.72%	减幅较小，一般关注
在建工程	61 051.31	14 480.73	46 570.58	321.60%	增幅重大，重点审计
无形资产	31 183.80	31 937.42	−753.62	−2.36%	减幅较小，一般关注
商誉	1 356.54	1 356.54	0	0	没有变动，一般关注
长期待摊费用	5 182.57	728.86	4 453.71	611.05%	增幅重大，重点审计
递延所得税资产	24 456.42	22 735.66	1 720.76	7.57%	增幅较小，一般关注

续表

项目	2018年12月31日（已审数）	2017年12月31日（已审数）	增减变动		审计策略
	金额	金额	金额	百分比	
其他非流动资产	2 042.98	1 552.46	490.52	31.60%	增幅大，重点审计
非流动资产合计	309 408.86	259 897.35	49 511.51	19.05%	
资产总计	3 037 758.99	2 770 253.05	267 505.94	9.66%	
重大错报风险分析及应对审计策略	比较分析云南白药2018、2017年末资产负债表，其中应收账款、预付款项、其他应收款、长期股权投资、在建工程、长期待摊费用、其他非流动资产增幅重大，超过了30%，应当将其作为重点审计项目。 结合营业收入增长9.83%、归属于母公司净利润增长5.14%分析，云南白药2018年度财务报表重大错报风险较低				

［**特别提醒**］

①此处重点说明审计中如何运用比较分析识别重大错报风险和重点审计领域，书中仅保留了资产部分的比较分析，负债和股东权益部分的比较分析类似，在此从略。

②在审计实务中，是需要将2018年末（年度）未审数与2017年末（年度）已审计数进行比较分析，以识别和评估未审计财务报表的重大错报风险。由于只能获得2018年末（年度）已审计数，因此，分析中采用的是2018年末（年度）已审计数与2017年末（年度）已审计数（下同），但审计方法和思维方式是相同的。

③本表"审计策略"仅考虑与上期比较的增减变动结果分析，通常最终审计策略的确定还需考虑结构分析、趋势分析等的结果。

（2）利润表比较分析。表3-4列示了云南白药2018年利润表与其2017年的比较分析，通过比较其增减变动金额和增减变动百分比来初步分析其利润表项目变动的合理性，识别重大错报风险，并确定需要重点审计的利润表项目。

表3-4　云南白药2018、2017年度利润表比较分析

金额单位：万元

项目	2018年度（已审数）	2017年度（已审数）	增减变动		审计策略
			金额	百分比	
一、营业总收入	2 670 821.35	2 431 461.40	239 359.95	9.84%	
营业收入	2 670 821.35	2 431 461.40	239 359.95	9.84%	
其中：主营业务收入	2 668 015.31	2 424 898.78	243 116.53	10.03%	增幅较大，一般审计
其他业务收入	2 806.03	6 562.63	−3 756.60	−57.24%	减幅重大，重点审计

续表

项目	2018年度（已审数）	2017年度（已审数）	增减变动		审计策略
			金额	百分比	
二、营业总成本	2 329 104.03	2 110 888.22	218 215.81	10.34%	
营业成本	1 854 943.36	1 673 157.52	181 785.84	10.86%	
其中：主营业务成本	1 853 805.52	1 667 098.23	186 707.29	11.20%	增幅较大，一般审计
其他业务成本	1 137.84	6 059.29	−4 921.45	−81.22%	减幅重大，重点审计
税金及附加	17 625.43	16 965.29	660.14	3.89%	增幅较小，一般关注
销售费用	392 159.48	368 351.24	23 808.24	6.46%	增幅较小，一般关注
管理费用	31 206.69	30 272.78	933.91	3.08%	增幅较小，一般关注
研发费用	11 030.41	8 403.54	2 626.87	31.26%	增幅大，重点审计
财务费用	16 331.19	7 254.35	9 076.84	125.12%	增幅重大，重点审计
其中：利息费用	19 430.66	12 788.26	6 642.40	51.94%	增幅重大，重点审计
利息收入	6 202.93	7 809.64	−1 606.71	−20.57%	减幅较大，一般审计
资产减值损失	5 807.47	6 483.50	−676.03	−10.43%	减幅较大，一般审计
加：其他收益	9 093.60	7 837.36	1 256.24	16.03%	增幅较大，一般审计
投资收益（损失以“—”号填列）	28 212.51	27 691.16	521.35	1.88%	增幅较小，一般关注
公允价值变动收益（损失以“—”号填列）	4 171.44		4 171.44	100.00%	新增项目，重点审计
资产处置收益（损失以“—”号填列）	4.39	5 971.10	−5 966.71	−99.93%	减幅重大，重点审计

续表

项目	2018 年度（已审数）	2017 年度（已审数）	增减变动		审计策略
			金额	百分比	
三、营业利润（损失以“-”号填列）	383 199.26	362 072.81	21 126.45	5.83%	
加：营业外收入	742.89	703.51	39.38	5.60%	增幅较小，一般关注
减：营业外支出	1 325.96	591.56	734.40	124.15%	增幅重大，重点审计
四、利润总额（亏损总额以“-”号填列）	382 616.18	362 184.75	20 431.43	5.64%	
减：所得税费用	53 641.58	48 931.34	4 710.24	9.63%	增幅较小，一般关注
五、净利润（净亏损以“-”号填列）	328 974.60	313 253.41	15 721.19	5.02%	
重大错报风险分析及应对审计策略	从比较分析云南白药 2018、2017 年度利润表可以看出，增减幅度大的项目较多，其中财务费用增长 125.12%、营业外支出增长 124.15%，资产处置收益减少 99.93%、其他业务成本减少 81.22%、其他业务收入减少 57.24%，公允价值变动收益是新增项目，需要重点审计。 结合营业收入增长 9.83%、归属于母公司净利润增长 5.14% 分析，云南白药 2018 年度财务报表重大错报风险较低				

（说明：为节省篇幅，本书省略了利润表中的综合收益、每股收益等内容。）

［案例 3-2］ 同行业比较分析。

（1）同行业营业收入比较分析。表 3-5 列示了云南白药与同行业中具有代表性的两家医药企业（白云山、同仁堂）在 2018 年与其 2017 年的营业收入和收入增长率，通过两年间收入增长变动百分比的比较，来初步分析云南白药营业收入增长的合理性，评估云南白药营业收入的重大错报风险，确定相应审计策略。

表 3-5　云南白药 2018、2017 年度与同行业收入增长率比较表

金额单位：万元

项目	云南白药		白云山		同仁堂	
	2018 年	2017 年	2018 年	2017 年	2018 年	2017 年
营业收入	2 670 821.35	2 431 461.40	4 223 383.81	2 095 422.52	1 420 863.64	1 337 596.63
收入增长率	9.84%	8.50%	101.55%	4.58%	6.23%	10.63%
重大错报风险分析及应对审计策略	在 2017—2018 年度，同行业医药类公司的营业收入都处于增长态势。其中云南白药营业收入处于稳定增长水平，表明云南白药 2018 年度营业收入增长合理，重大错报风险较低，一般关注					

（2）同行业销售毛利率比较分析。 表3-6列示了云南白药、白云山、同仁堂在2018年与2017年度营业收入、营业成本、主营业务收入、主营业务成本、净利润、销售毛利率、销售净利率。通过比较，用销售毛利率、销售净利率，评估云南白药这些项目的重大错报风险，确定相应审计策略。

表3-6 云南白药2018、2017年度与同行业销售毛利率比较表

金额单位：万元

项目	云南白药		白云山		同仁堂	
	2018年	2017年	2018年	2017年	2018年	2017年
营业收入	2 670 821.35	2 431 461.40	4 223 383.81	2 095 422.52	1 420 863.64	1 337 596.63
营业成本	1 854 943.36	1 673 157.52	3 216 439.17	1 306 322.93	756 652.42	719 133.60
营业毛利率	30.58%	31.27%	23.99%	37.96%	47.05%	46.53%
主营业务收入	2 668 015.31	2 424 898.78	4 198 037.75	2 078 941.61	1 411 790.86	1 329 247.27
主营业务成本	1 853 805.52	1 667 098.23	3 210 605.51	1 302 339.78	755 271.11	718 039.02
净利润	328 974.60	313 253.42	353 371.62	211 875.56	182 253.40	174 171.73
主营业务毛利率	30.52%	31.25%	23.52%	37.36%	46.50%	45.98%
销售净利润率	12.32%	12.88%	8.37%	10.11%	12.83%	13.02%
重大错报风险分析及应对审计策略	在2017—2018年度，与医药类竞争对手的销售毛利率、销售净利润率等相关指标的比较，云南白药的经营状况处于中上水平且较为稳定，表明云南白药2018年度这些项目的重大错报风险较低					

（3）同行业经营活动现金流量比较分析。 表3-7列示了云南白药、白云山、同仁堂在2018年与2017年的销售商品、提供劳务收到的现金、主营业务收入、销售收现率。通过比较，用销售收现率来反映云南白药销售收现能力与销售质量是否合理，评估云南白药主营业收入和销售商品、提供劳务收到的现金的重大错报风险以及财务报表重大错报风险，确定相应审计策略。

表3-7 云南白药2018、2017年度与同行业经营活动产生的现金流量净额比较表

金额单位：万元

项目	云南白药		白云山		同仁堂	
	2018年	2017年	2018年	2017年	2018年	2017年
销售商品、提供劳务收到的现金	3 187 375.43	2 806 290.41	3 938 410.38	1 632 627.35	1 495 239.27	1 340 643.86
主营业务收入	2 668 015.31	2 424 898.78	4 198 037.75	2 078 941.61	1 411 790.86	1 329 247.27
销售收现率	119.47%	115.73%	93.82%	78.53%	105.91%	100.86%
重大错报风险分析及应对审计策略	在2017—2018年度，与同行业主要竞争对手相比，云南白药的销售收现率处于行业较高、较稳定水平，这也表明云南白药2018年的销售收现能力与销售质量较高，主营业务收入和销售商品、提供劳务收到的现金的重大错报风险较低					

（4）同行业净利润现金率比较分析。 表 3-8 列示了云南白药、白云山、同仁堂在 2018 年与 2017 年的经营活动产生的现金流量净额、净利润、净利润现金率。通过比较，用净利润现金率来反映云南白药净利润是否合理，评估云南白药营业收入和净利润的重大错报风险，确定相应审计策略。

表 3-8 云南白药 2018、2017 年度与同行业净利润现金率比较表

金额单位：万元

项目	云南白药		白云山		同仁堂	
	2018 年	2017 年	2018 年	2017 年	2018 年	2017 年
经营活动产生的现金流量净额	262 980.72	115 568.99	521 688.85	183 369.07	192 837.90	147 295.90
净利润	328 974.60	313 253.42	353 371.62	211 875.56	182 253.40	174 171.73
净利润现金率	79.94%	36.89%	147.63%	86.55%	105.81%	84.57%
重大错报风险分析及应对审计策略	在 2017—2018 年度，医药类同行业主要竞争对手的净利润现金率都有大幅度增长，虽然云南白药的净利润现金率较低，但其净利润现金率变动趋势跟行业保持一致，经营活动产生的现金流量净额稳步上升，表明云南白药 2018 年度的净利润合理，营业收入、净利润重大错报风险较低，财务报表重大错报风险较低					

（5）同行业关键财务比率比较分析。 表 3-9 列示了云南白药、白云山、同仁堂在 2018 年与 2017 年的关键财务比率。通过比较，来反映云南白药经营状况和财务成果，评估其财务报表重大错报风险，确定相应审计策略。

表 3-9 云南白药 2018、2017 年度与同行业关键财务比率指标比较表

指标及计算公式		云南白药		白云山		同仁堂	
比率指标	计算公式	2018 年（已审数）	2017 年（已审数）	2018 年（已审数）	2017 年（已审数）	2018 年（已审数）	2017 年（已审数）
流动比率	流动资产 ÷ 流动负债	2.68	3.34	1.60	2.60	3.31	3.29
资产负债率	（总负债 ÷ 总资产）× 100%	34.42%	34.51%	55.05%	31.97%	29.05%	29.61%
应收账款周转率（次数）	销售收入 ÷ 平均应收账款	17.30	21.65	7.05	18.86	12.00	12.75
存货周转率（次数）	销售收入 ÷ 平均存货	2.86	3.12	6.53	6.47	2.33	2.38
销售毛利率	（主营收入 − 主营成本）÷ 主营收入 × 100%	30.52%	31.25%	23.52%	37.36%	46.50%	45.98%

续表

指标及计算公式		云南白药		白云山		同仁堂	
销售净利率	（净利润 ÷ 销售收入）× 100%	12.32%	12.88%	8.37%	10.11%	12.83%	13.02%
总资产净利润率	（净利润 ÷ 平均总资产）× 100%	11.33%	11.98%	8.86%	7.82%	9.30%	9.74%
重大错报风险分析及应对审计策略		在2018年度，云南白药的流动比率、应收账款周转率、存货周转率等指标相比于自身有下降，但相对于同行业主要竞争者是处于稳定较高的水平；资产负债率在行业中也处于一个稳定的中等水平，表明云南白药2018年度经营状况和财务成果良好，财务报表重大错报风险较低					

三、比率分析法

比率分析法，是指通过财务比率进行比较分析，识别重要或异常变动项目。通常，结合比较分析法使用就更能发现问题。如通过计算毛利润率，并与以前年度、行业平均毛利润率、合理毛利率等比较，就可判断被审计年度毛利率水平是否有重大问题，从而评估主营业务收入、主营业务成本的重大错报风险，确定相应审计策略。

［案例3-3］ 关键财务比率指标分析。表3-10列示了云南白药2018年度与其2017年度的关键财务比率指标，通过比较其增减变动百分比，来初步分析各指标的合理性和财务报表的重大错报风险。

表3-10 云南白药2018、2017年度关键财务比率比较分析表

比率指标	计算公式	2018年（已审数）	2017年（已审数）	增减变动	增减变动趋势及合理性分析
一、偿债能力					
1. 流动比率	流动资产 ÷ 流动负债	2.68	3.34	−19.72%	虽变差，但均处于较好水平，整体较好
2. 速动比率	速动资产 ÷ 流动负债	1.59	2.07	−22.95%	
3. 现金比率	（货币资金 + 交易性金融资产）÷ 流动负债	1.01	1.25	−19.34%	
4. 资产负债率	（总负债 ÷ 总资产）× 100%	34.42%	34.51%	−0.26%	
二、营运能力					
1. 应收账款周转率（次数）	销售收入 ÷ 平均应收账款	17.30	21.65	−20.09%	减幅大，重点审计
2. 存货周转率（次数）	销售收入 ÷ 平均存货	2.86	3.12	−8.27%	减幅小，一般审计
3. 流动资产周转率（次数）	销售收入 ÷ 平均流动资产	1.02	1.03	−1.09%	增幅小，一般审计

续表

比率指标	计算公式	2018年（已审数）	2017年（已审数）	增减变动	增减变动趋势及合理性分析
三、盈利能力					
1. 营业毛利率	（主营收入－主营成本）÷主营业务收入 ×100%	30.52%	31.25%	−2.35%	减幅小，一般审计
2. 营业净利率	（净利润 ÷ 营业收入）×100%	12.32%	12.88%	−4.39%	减幅小，一般审计
3. 总资产净利润率	（净利润 ÷ 平均总资产）×100%	11.33%	11.98%	−5.45%	减幅小，一般审计
4. 净资产净利润率	（净利润 ÷ 平均净资产）×100%	17.28%	18.43%	−6.23%	减幅小，一般审计
重大错报风险分析及应对审计策略	通过分析云南白药2018年度与其2017年度的关键财务比率指标，其增减变动百分比总体较低，因而云南白药2018年度各指标重大错报风险较低，因此财务报表重大错报风险较低				

四、结构分析法

结构分析法，是指通过计算财务报表的每一个项目是某一项目的百分比，确定各个项目重要性程度并确定审计策略。在资产负债表结构分析中，一般以资产总额为基础，计算各项目占资产总额的百分比；在利润表中，一般则以主营业务收入总额为基础，分别计算各项目占主营业务收入的百分比。通常在结构分析中，所占比重在2%以内的，可以不作为重点审计领域；比重超过6%的，就需作为重点审计领域项目。

［案例3-4］ 结构分析法在财务报表审计中的应用。

表3-11列示了云南白药2018年12月31日资产负债表与其2017年12月31日的结构分析，通过比较来初步分析其资产负债表项目变动的合理性，并确定需要重点审计的资产负债表项目。

表3-11　云南白药2018、2017年度资产负债表结构分析

金额单位：万元

项目	2018年12月31日（已审数）		2017年12月31日（已审数）		审计策略
	金额	占资产总额百分比	金额	占资产总额百分比	
货币资金	301 713.08	9.93%	266 632.64	9.62%	所占比重大，增幅小，重点审计
交易性金融资产	726 483.63	23.92%	674 938.16	24.36%	所占比重大，减幅小，重点审计

续表

项目	2018年12月31日(已审数)		2017年12月31日(已审数)		审计策略
	金额	占资产总额百分比	金额	占资产总额百分比	
应收票据	317 374.43	10.45%	429 335.08	15.50%	所占比重大,减幅大,重点审计
应收账款	185 337.78	6.10%	123 381.03	4.45%	所占比重大,增幅大,重点审计
预付款项	60 214.78	1.98%	41 796.03	1.51%	所占比重较小,增幅大,一般关注
其他应收款	32 350.12	1.06%	20 252.84	0.73%	所占比重较小,增幅大,一般关注
存货	999 401.22	32.90%	866 327.85	31.27%	所占比重大,增幅小,重点审计
其他流动资产	105 475.09	3.47%	87 692.07	3.17%	所占比重较大,增幅小,一般审计
流动资产合计	2 728 350.13	89.81%	2 510 355.70	90.62%	
可供出售金融资产	12 473.47	0.41%	12 463.47	0.45%	所占比重较小,减幅小,一般关注
长期股权投资	110.56	0.00%	76.80	0.00%	所占比重很小,增幅大,一般关注
投资性房地产	22.15	0.00%	28.24	0.00%	所占比重很小,减幅小,一般关注
固定资产	171 529.06	5.65%	174 537.17	6.30%	所占比重较大,减幅小,一般审计
在建工程	61 051.31	2.01%	14 480.73	0.52%	所占比重较大,增幅大,一般审计
无形资产	31 183.80	1.03%	31 937.42	1.15%	所占比重较小,减幅小,一般关注
商誉	1 356.54	0.04%	1 356.54	0.05%	所占比重很小,一般关注
长期待摊费用	5 182.57	0.17%	728.86	0.03%	所占比重较小,增幅大,一般关注
递延所得税资产	24 456.42	0.81%	22 735.66	0.82%	所占比重较小,减幅小,一般关注
其他非流动资产	2 042.98	0.07%	1 552.46	0.06%	所占比重很小,增幅小,一般关注

续表

项目	2018 年 12 月 31 日（已审数）		2017 年 12 月 31 日（已审数）		审计策略
	金额	占资产总额百分比	金额	占资产总额百分比	
非流动资产合计	309 408.86	10.19%	259 897.35	9.38%	
资产总计	3 037 758.99	100.00%	2 770 253.05	100.00%	
重大错报风险分析及应对审计策略	从云南白药 2018、2017 年末资产负债表结构分析可以看出，其最重要的资产项目（占比超过 6%）依次为存货（占 32.9%）、交易性金融资产（占 23.92%）、应收票据（占 10.45%）、货币资金（占 9.93%）、应收账款（占 6.10%），需要重点审计；其他较重要的资产项目（占比 2%~6%）有固定资产（占 5.65%）、其他流动资产（占 3.47%）、在建工程（占 2.01%）；其他占比超过 1% 的资产项目依次为预付款项（占 1.98%）、无形资产（占 1.03%）、其他应收款（占 1.06%），一般关注即可。由于 2018 年末情况与 2017 年末情况类似，因此，云南白药 2018 年度财务报表重大错报风险较低。 通常认为，在制造业中，占资产总额比重较高的资产项目是固定资产、存货、应收票据、应收账款、货币资金等，其他流动资产占比应当较低，云南白药符合制造业的一般规律，因而其财务报表的重大错报风险较低				

五、趋势分析法

趋势分析法，是指通过对连续若干期某一财务报表项目的变动金额及其百分比，分析该项目的增减变动方向和幅度，以获取有关审计证据和进一步审计线索。一般说来，进行趋势分析，需要连续 3-5 期的资料，这样才能揭示其发展变化趋势。

［案例 3-5］ 财务比率指标趋势分析。

表 3-12 列示了云南白药 2016—2018 年度的部分重要财务比率指标，通过比较各比率的总体变化方向和波动程度，来分析其 2018 年财务报表需要重点审计的项目、高风险领域和整体重大错报风险水平。

表 3-12 云南白药 2016—2018 年度部分重要财务指标趋势分析表

比率指标	2018 年（已审数）	2017 年（已审数）	2016 年（已审数）	分析结论及审计策略
流动比率	267.84%	333.63%	327.68%	虽然流动比率总体向较差方向变化，但均远高于 200% 的理想状态，意味着 2018 年末流动资产和流动负债重大错报风险较低，一般审计
资产负债率	34.42%	34.51%	35.56%	资产负债率总体向较好方向变化，且均远好于 50% 的理想状态，意味着 2018 年末资产总额和负债总额重大错报风险较低，一般审计

续表

比率指标	2018年（已审数）	2017年（已审数）	2016年（已审数）	分析结论及审计策略
应收账款周转率（次数）	17.30	21.65	21.66	应收账款周转率总体向较差方向变化，且降幅较大，这意味着2018年度营业收入和应收账款重大错报风险（高估风险）较高。但总体来说，云南白药应收账款周转率还是比较高的，2018年度营业收入和应收账款重大错报风险不太高
存货周转率（次数）	2.86	3.12	3.57	存货周转率总体向较差方向变化，但降幅不大；总体来说，云南白药存货周转率比较高，这意味着2018年度营业成本和存货的重大错报风险（高估风险）较低
主营业务毛利率	30.52%	31.25%	29.88%	虽然云南白药销售毛利率有波动，但总体较为均衡，波动不大，且主营业务毛利率较高，这意味着2018年度营业收入、营业成本重大错报风险不高
销售净利率	12.32%	12.88%	13.08%	虽然云南白药销售净利率有波动，但总体较为均衡，波动不大，且销售净利率较高，这意味着2018年度营业收入、净利润的重大错报风险不高
净资产净利率	17.28%	18.43%	19.96%	虽然云南白药净资产净利率有波动，但总体较为均衡，波动不大，且净资产净利率较高，这意味着2018年度净资产、净利润的重大错报风险不高
重大错报风险分析及应对审计策略	通过云南白药2016—2018年部分重要财务比率指标比较发现，虽然流动比率、应收账款周转率变动幅度较大，且总体向较差的方向变动，但均好于理想标准或保持较高指标；资产负债率、存货周转率、销售毛利率、销售净利率、净资产净利率波动幅度不大，且保持较好的态势和维持较高水平，说明云南白药2018年度财务报表整体重大错报风险较低，实施常规审计程序即可			

无论营业收入和应收账款重大错报风险评估结果如何，均需将其作为高风险领域，实施重点审计。上述这些分析方法同样可用于对一些主要用账户的发生额和期末余额进行分析，此时，通常称为实质性分析程序，如对主营业务收入、主营业务成本、应收账款、材料采购、管理费用、销售费用、制造费用等发生额进行分析，初步确定其构成、发展变动趋势是否正常，并确定进一步审计线索。

六、综合分析法

[案例 3-6] 综合分析法在财务报表审计中的应用。

表 3-13 列示了云南白药 2017—2018 年的利润表与现金流量表交叉分析，通过比较其增减变动金额和增减变动百分比，来初步分析其关联项目变动的合理性，并确定各项目指标增长是否相互协同，验证营业收入、净利润等的合理性。

表 3-13 云南白药 2017—2018 年度利润表与现金流量表交叉分析

金额单位：万元

项目	2018 年度（已审数）	2017 年度（已审数）	2018 年比 2017 年	
			增减金额	增减百分比
营业收入	2 670 821.35	2 431 461.40	239 359.95	9.84%
净利润	328 974.60	313 253.41	15 721.19	5.02%
销售商品、提供劳务收到的现金	3 187 375.43	2 806 290.41	381 085.02	13.58%
购买商品、接受劳务支付的现金	2 351 941.35	2 131 057.55	220 883.80	10.36%
支付给职工以及为职工支付的现金	133 818.51	127 826.33	5 992.18	4.69%
支付的各项税费	177 588.57	187 772.16	−10 183.59	−5.42%
经营活动现金净流量	262 980.72	115 568.99	147 411.73	127.55%
分配股利或利润及偿付利息支付的现金	166 917.04	93 079.27	73 837.77	79.33%
销售收入收现率	119.34%	115.42%	增加 3.92 个百分点	
净利润现金率	79.94%	36.89%	增加 43.05 个百分点	
重大错报风险分析及应对审计策略	通过比较，云南白药经营活动现金流量主要项目均呈同向增长趋势，且增幅高于营业收入增幅，销售收入收现率、净利润现金率均较高且趋好，这意味着其营业收入和净利润的重大错报风险较低。 云南白药在营业收入和净利润均增加的情况下，支付的各项税费不增反降，主要原因是国家实施了“减税降费”的政策			

表 3-14 列示了云南白药 2016—2018 年的关键会计数据与财务指标分析，通过比较分析其变化趋势，可分析其 2018 年度营业收入、净利润、经营净现金流三者之间是否具有协同关系和财务报表是否存在重大错报风险。

表 3-14　云南白药 2016—2018 年关键会计数据与财务指标分析

金额单位：万元

项目	2018 年	2017 年	2018 年比 2017 年增减	2016 年	2017 年比 2016 年增减
营业收入	2 670 821.35	2 431 461.40	9.84%	2 241 065.44	8.50%
归属于上市公司股东的净利润	330 656.43	314 498.14	5.14%	291 987.68	7.71%
归属于上市公司股东的扣除非经常性损益的净利润	291 776.06	278 126.06	4.91%	270 004.87	3.01%
经营活动产生的现金流量净额	262 980.72	115 568.99	127.55%	298 475.77	−61.28%
基本每股收益（元 / 股）	3.18	3.02	5.14%	2.80	7.86%
稀释每股收益（元 / 股）	3.18	3.02	5.14%	2.80	7.86%
加权平均净资产收益率	17.37%	18.55%	−1.18%	20.03%	−1.48%
重大错报风险分析及应对审计策略	在 2017—2018 年度，云南白药的营业收入均保持了较高的增长率；归属于上市公司股东的净利润、归属于上市公司股东的扣除非经常性损益的净利润也同步保持了较高的增长率；2017 年经营活动产生的现金流量净额年相比于 2016 年有所下降。但 2018 年的营业收入、净利润、经营净现金流三者之间保持了符合商业逻辑的协调关系，表明其财务报表层次重大错报风险比较低				

七、分析程序的主要结论

综上分析，云南白药 2018 年度财务报表重大错报风险较低，但下列项目需要重点审计：

（1）2018 年末资产负债表中的应收账款、预付款项、其他应收款、长期股权投资、在建工程、长期待摊费用、其他非流动资产，变动幅度超过了 30%；同时存货、交易性金融资产、货币资金占资产总额比重超过 6%，需要重点审计。

（2）2018 年利润表中财务费用增长 125.12%、营业外支出增长 124.15%、资产处置收益减少 99.93%、其他业务成本减少 81.22%、其他业务收入减少 57.24%，公允价值变动收益是新增项目，需要重点审计；同时主营业务收入占营业收入总额 99.89%、主营业务成本占 69.41%、销售费用占 14.68%，需要重点审计。

云南白药 2018 年年度报告

白云山 2018 年年度报告

同仁堂 2018 年年度报告

[复习思考与练习题]

1. 比较分析法中常用的比较对象有哪些？可分别揭示被审计单位在哪些方面的重大错报风险？

2. 以云南白药2018年度财务报表审计为例，你能够列举一些财务数据与非财务数据比较的例子吗？可揭示哪些重大错报风险？

3. 以云南白药2018年度财务报表审计为例，如何将结构分析与比较分析结合运用？将比率分析与比较分析结合运用？可分别揭示哪些重大错报风险？

4. 以云南白药2018年度财务报表审计为例，运用分析程序，识别和评估财务报表层次和认定层次的重大错报风险。

第四章　审计业务承接与审计业务约定书案例

［学习目标］

1. 理解注册会计师在承接审计业务过程中需要考虑的主要因素及形成的工作底稿。
2. 了解审计业务约定书的基本内容。

一、审计业务承接

审计业务承接，是指会计师事务所与潜在（现有）客户进行接触与沟通，就是否承接（保留）审计业务开展初步业务活动，并作出承接（保留）审计业务的决策。

（一）初步业务活动的目的及内容

1. 初步业务活动的目的

注册会计师开展初步业务活动，最终目的是作出承接（保留）审计业务的决策，具体包括：①评价事务所是否具备执行审计业务所需要的独立性和专业胜任能力；②评价是否存在因管理层诚信问题而影响承接业务意愿的情况；③与被审计单位就业务约定条款是否达成一致。

2. 初步业务活动的内容

初步业务活动的内容通常包括三方面：①针对是否承接（保留）审计业务实施相应的质量控制程序，包括被审计单位的主要股东、关键管理人员和治理层是否诚信；项目组是否具备执行审计业务的专业胜任能力以及必要的时间和资源；会计师事务所和项目组能否遵守职业道德规范。②评价遵守职业道德规范的情况，特别是评价独立性。③就业务约定条款与被审计单位达成一致。

（二）审计业务承接案例

ABC 会计师事务所对云南白药 2018 年财务报表审计业务开展初步业务活动，相关内容如样例 4-1 所示。

［样例 4-1］

初步业务活动工作底稿

1. 最初接触途径

往年年度报告审计，往年审计接触。

2. 云南白药要求提供审计服务的目的

（1）出具 2018 年度财务报表审计报告。

（2）出具 2018 年度内部控制审计报告。

（3）出具 2018 年度控股股东及关联方资金占用情况专项审核报告。

3. 云南白药要求出具审计报告的日期

初步确定年报公告日期为 2019 年 3 月 28 日。

4. 关键人员

（1）治理层及管理层关键人员（见表 4-1）。

表 4-1　治理层及管理层关键人员名单

姓名	职务	性别	年龄	任期起始日期	任期终止日期
王明辉	董事长	男	57	2015-11-27	2018-11-26
王建华	董事	男	63	2017-05-26	2018-11-26
……	……	……	……	……	……

受篇幅限制，表 4-1 只列举了部分治理层及管理层关键人员信息，具体内容见云南白药 2018 年度报告之“第八节　董事、监事、高级管理人员和员工情况”。

（2）主要财务人员（见表 4-2）。

表 4-2　主要财务人员名单

姓名	职位
吴伟	财务总监
唐华翠	财务经理

5. 集团层面描述

（1）控制。云南白药管理层负责按照企业会计准则的规定编制财务报表，使其实现公允反映，并设计、执行和维护必要的内部控制，以使财务报表不存在由于舞弊或错误导致的重大错报。

在编制财务报表时，管理层负责评估云南白药的持续经营能力，披露与持续经营相关的事项（如适用），并运用持续经营假设，除非管理层计划清算云南白药、终止运营或别无其他现实的选择。

治理层负责监督云南白药的财务报告过程。

（2）合并范围。合并财务报表的合并范围以控制为基础予以确定，包括本公司及全部子公司截至 2018 年 12 月 31 日的年度财务报表。

6. 审计范围是否受限

项目组可以不受限制地接触集团治理层和管理层、组成部分治理层和管理层、组成部分信息和组成部分注册会计师（包括集团项目组需要获取的相关审计工作底稿），以及可以对组成部分财务信息执行必要的工作。

7. 前任会计师事务所

本所自 2014 年担任云南白药财务报表审计机构。

云南白药根据云国资统财〔2013〕288 号通知的内容，基于国资委公开招投标所确定的省属企业 2014—2018 年年报审计业务的中介机构范围改聘本会计师事务所（特殊普通合伙）。本所综合实力较强，在云南省注协行业综合排名和省国资委招投标排名中多年名列第一，充分具备为上市公司提供审计服务的经验和能力。为保证审计工作的顺利进行，云南白药继续聘任本所为公司 2018 年度的审计机构（含内部控制审计）。

最近三年未曾变更会计师事务所。

8. 对客户及环境的了解

（1）客户诚信[①]。

①考虑因素。客户主要股东、关键管理人员、关联方及治理层的身份和商业信誉、客户的经营性质、客户主要股东、关键管理人员及治理层对内部控制环境和会计准则等的态度、客户是否过分考虑将会计师事务所的收费维持在尽可能低的水平、工作范围受到不适当限制的迹象、客户可能涉嫌洗钱或其他刑事犯罪行为的迹象、变更会计师事务所的原因、关键管理人员是否更换频繁。

②信息来源。与为客户提供专业会计服务的现任或前任会计人员进行沟通，并与其讨论；向会计师事务所其他人员、监管机构、金融机构、法律顾问和客户的同行等第三方询问；从相关数据库中搜索客户的背景信息；往年审计经验。

③评估过程及结论。云南白药主要股东为云南白药控股有限公司，持股比例达 41.52%。其经营范围涉及化学原料药、化学药制剂、中成药、中药材、生物制品、保健食品、化妆品及饮料的研制、生产及销售；医疗器械（二类、医用敷料类、一次性使用医疗卫生用品），日化用品等领域。云南白药是本所常年客户，历年审计均由本所进行，历年审计均未发现该客户不诚信的现象，本年度内，其所有者及关键管理人员未发生重大变动，也没有迹象表明管理层不够诚信；无外部证据表明其存在舞弊或违法行为；本次审计范围未受到任何限制。我们认为，云南白药是诚信的。

（2）经营风险。

①考虑因素。行业内类似企业的经营业绩、法律环境、监管环境、受国家宏观调控政策的影响程度、是否涉及重大法律诉讼或调查、是否计划或有可能进行合并或处置资产、客户是否依赖主要客户（来自该客户的收入占全部收入的大部分）或主要供应商（来自该供应商的采购占全部采购的大部分）、管理层是否倾向于异常或不必要的风险、关键管理人员的薪酬是否基于客户的经营状况确定、管理层是否在达到财务目标或降低所得税方面承受不

---

① 在此列出了“①考虑因素”和“②信息来源”，主要是发挥提示作用。下同。

恰当的压力。

②信息来源。媒体报道；管理层沟通；行业风险。

③评估过程及结论。在同行业中，同仁堂等品牌对云南白药造成一定威胁；云南白药不涉及重大法律诉讼或调查，管理制度健全可信，经营稳健，持续增长；本期业务性质无重大变化，具有持续经营能力。

（3）财务状况。

①考虑因素。现金流量或营运资金是否能够满足经营、债务偿付以及分发股利的需要；是否存在对发行新债务和权益的重大需求；贷款是否延期未清偿，或存在违反贷款协议条款的情况；最近几年销售、毛利率或收入是否存在恶化的趋势；是否涉及重大关联方交易；是否存在复杂的会计处理问题；客户融资后，其财务比率是否恰好达到发行新债务或权益的最低要求；是否使用衍生金融工具；是否经常在年末或临近年末发生重大异常交易；是否对持续经营能力产生怀疑。

②信息来源。2018 年前 3 季度财务报表，往年财务报表和审计报告。

③评估过程及结论。云南白药总体财务状况良好。根据我们对云南白药经营状况的了解以及内部控制的了解，我们认为其经营状况未发生重大变化；不存在未披露的重大关联方交易；未发现内部控制的重大缺陷；未发现不可靠的会计记录；采用的会计政策和税收政策符合国家相关法律法规规定，较为稳妥；无未解决的重大会计分歧。

9. 本所考虑事项

（1）项目组的时间和资源。根据本所目前的人力资源情况，拥有足够的具有必要素质和专业胜任能力的人员组建项目组；能够在提交报告的最后期限内完成业务。

根据项目需要，挑选合适的人员，建立项目组，初步确定项目组以下主要成员：

项目总负责人：×××

具体负责人：×××

现场负责人：×××

主要成员：×××，×××…………

（2）项目组的专业胜任能力。

①考虑因素。初步确定的项目组关键人员是否熟悉相关行业或业务对象；初步确定的项目组关键人员是否具有执行类似业务的经验，或是否具备有效获取必要技能和知识的能力；在需要时，是否能够得到专家的帮助；如果需要项目质量控制复核，是否具备符合标准和资格要求的项目质量控制复核人员。

②评估过程及结论。项目组的关键人员熟悉该云南白药及所处行业情况，拥有审计该行业及云南白药的丰富经验，熟悉云南白药业务并对于行业状况有着深入的了解，完全有经验、有能力完成审计工作。本所具备符合标准和资格要求的项目质量控制复核人员。

（3）独立性。

①考虑因素。本所或项目组成员是否存在经济利益对独立性的损害：与客户存在专业服务收费以外的直接经济利益或重大的间接经济利益；过分依赖向客户收取的全部费用；与客户存在密切的经营关系；过分担心可能失去业务；可能与客户发生雇佣关系；存在与该

项审计业务有关的或有收费。

②评估过程及结论。本所或项目组成员与云南白药不存在专业服务收费以外的直接经济利益或重大的间接经济利益；不存在过分依赖向云南白药收取的全部费用；不存在与云南白药存在密切的经营关系；不存在过分担心可能失去业务的情况；不存在可能与云南白药发生雇佣关系；不存在与该项审计业务有关的或有收费。

（4）自我评价。

①考虑因素。本所或项目组成员是否存在自我评价对独立性的损害：项目组成员曾是客户的董事、经理、其他关键管理人员或能够对本业务产生直接重大影响的员工；为客户提供直接影响财务报表的其他服务；为客户编制用于生成财务报表的原始资料或其他记录。

②评估过程及结论。本所或项目组成员不曾是云南白药的董事、经理、其他关键管理人员或能够对本业务产生直接重大影响的员工；不曾为云南白药提供直接影响财务报表的其他服务，或为其编制用于生成财务报表的原始资料或其他记录。

（5）关联关系。

①考虑因素。本所或项目组成员是否存在关联关系对独立性的损害：与项目组成员关系密切的家庭成员是客户的董事、经理、其他关键管理人员或能够对本业务产生直接重大影响的员工；客户的董事、经理、其他关键管理人员或能够对本业务产生直接重大影响的员工是本所的前高级管理人员；本所的高级管理人员或签字注册会计师与客户长期交往；接受客户或其董事、经理、其他关键管理人员或能够对本业务产生直接重大影响的员工的贵重礼品或超出社会礼仪的款待。

②评估过程及结论。本所或项目组成员没有关系密切的家庭成员是云南白药的董事、经理、其他关键管理人员或能够对本业务产生直接重大影响的员工；本所或项目组成员没有云南白药的董事、经理、其他关键管理人员或能够对本业务产生直接重大影响的员工是本所的前高级管理人员；本所的高级管理人员或签字注册会计师不曾与云南白药长期交往；本所或项目组成员接受云南白药或其董事、经理、其他关键管理人员或能够对本业务产生直接重大影响的员工的贵重礼品或超出社会礼仪的款待。

（6）外界压力。

①考虑因素。本所或项目组成员是否存在外界压力对独立性的损害：在重大会计、审计等问题上与客户存在意见分歧而受到解聘威胁；受到有关单位或个人不恰当的干预；受到客户降低收费的压力而不恰当地缩小工作范围。

②评估过程及结论。本所与云南白药的重大会计、审计等问题上不存在意见分歧，审计业务未受到有关单位或个人的不恰当干预，工作范围以前年度没有缩减；本所及项目组成员不存在外界压力对独立性的损害。

根据本所目前的情况，综合考虑上述事项，我们认为本所及项目组成员具有独立性和审计该客户的必要素质、专业胜任能力时间和资源。

10. 预计收取的费用

预计审计收费：× 万元。

11. 初步业务活动结论

最终结论：经初步业务活动评估，项目合伙人认为可以继续承接云南白药 2018 年度财务报表审计和内部控制审计工作。

二、审计业务约定书

（一）审计业务约定书的性质

审计业务约定书是指会计师事务所与客户签订的，用以记录和确认审计业务的委托与受托关系、审计工作的目标和范围、双方的责任以及出具报告的形式等事项的书面合同。注册会计师应当在审计业务开始前，与客户就审计业务约定条款达成一致意见，并签订审计业务约定书，以避免双方对审计业务的理解产生分歧。

（二）审计业务约定书的内容

审计业务约定书的内容可能因客户的不同而不同，但应当包括下列主要方面的内容：①财务报表审计的目标；②管理层对财务报表的责任；③管理层编制财务报表所适用的财务报告编制基础；④审计工作的范围，包括提及在执行财务报表审计业务时应当遵守的审计准则；⑤注册会计师拟出具的审计报告的预期形式和内容，以及在特定情况下出具的审计报告可能不同于预期形式和内容的说明；⑥由于测试的性质和审计的其他固有限制，以及内部控制的固有局限性，不可避免地存在着某些重大错报可能仍然未被发现的风险；⑦注册会计师没有限制地接触任何与审计有关的记录、文件和所需要的其他信息；⑧管理层为注册会计师提供必要的工作条件和协助；⑨注册会计师对执业过程中获知的客户信息保密；⑩签约双方法定代表人或其授权代表的签字盖章，以及签约双方加盖的公章。

注册会计师还应当考虑在审计业务约定书中列明下列内容：①执行审计工作的安排，包括出具审计报告的时间要求；②要求管理层对其作出的与审计有关的声明予以书面确认；③说明预期向客户提交的其他函件或报告；④收费的计算基础和收费安排。另外，如果情况需要，注册会计师还应当考虑在审计业务约定书中列明下列内容：①在某些审计方面对利用其他注册会计师和专家工作的安排；②与审计相关的客户内部审计人员和其他员工工作的协调；③在首次接受审计委托时，对与前任注册会计师沟通的安排；④对审计报告使用的限制；⑤与客户之间需要达成进一步协议的事项。

（三）审计业务约定书案例

ABC 会计师事务所（特殊普通合伙）与云南白药就 2018 年度财务报表审计签订的审计业务约定书，如样例 4-2 所示。

［样例 4–2］

审计业务约定书

甲方：云南白药集团股份有限公司

乙方：ABC 会计师事务所（特殊普通合伙）

兹由甲方委托乙方对 2018 年度财务报表进行审计，经双方协商，达成以下约定：

一、审计的目标和范围

1. 乙方接受甲方委托，对甲方按照企业会计准则编制的 2018 年 12 月 31 日的资产负债表，2018 年度的利润表、现金流量表、股东权益变动表以及相关财务报表附注（以下统称财务报表）进行审计。

2. 乙方审计工作的目标是对财务报表整体是否不存在由于舞弊或错误导致的重大错报获取合理保证，并出具包含审计意见的审计报告。合理保证是高水平的保证，但并不能保证按照审计准则执行的审计在某一重大错报存在时总能发现。错报可能由于舞弊或错误导致，如果合理预期错报单独或汇总起来可能影响财务报表使用者依据财务报表作出的经济决策，则通常认为错报是重大的。

3. 乙方通过执行审计工作，对财务报表的下列方面发表审计意见：①财务报表是否在所有重大方面按照企业会计准则的规定编制；②财务报表是否在所有重大方面公允反映了甲方 2018 年 12 月 31 日的财务状况以及 2018 年度的经营成果和现金流量。

二、甲方的责任

1. 根据《中华人民共和国会计法》及《企业财务会计报告条例》，甲方及甲方负责人有责任保证会计资料的真实性和完整性。因此，甲方管理层有责任妥善保存和提供会计记录（包括但不限于会计凭证、会计账簿及其他会计资料），这些记录必须真实、完整地反映甲方的财务状况、经营成果和现金流量。

2. 按照企业会计准则的规定编制和公允反映财务报表是甲方管理层的责任，这种责任包括：①按照企业会计准则的规定编制财务报表，并使其实现公允反映；②设计、执行和维护必要的内部控制，以使财务报表不存在由于舞弊或错误导致的重大错报。

3. 在编制财务报表时，甲方管理层负责评估甲方的持续经营能力，必要时披露与持续经营相关的事项，并运用持续经营假设，除非管理层计划清算、终止运营或别无其他现实的选择。甲方治理层负责监督甲方的财务报告过程。

4. 及时为乙方的审计工作提供与审计有关的所有记录、文件和所需的其他的信息（在 2019 年 1 月 31 日之前提供审计所需的全部资料，如果在审计过程中需要补充资料，亦应及时提供），并保证所提供资料的真实性和完整性。

5. 确保乙方不受限制地接触其认为必要的甲方内部人员和其他相关人员。

6. 为满足乙方对甲方合并财务报表发表审计意见的需要，甲方须确保：

（1）乙方和对组成部分财务信息执行相关工作的组成部分注册会计师之间的沟通不受任何限制。

（2）乙方及时获悉组成部分注册会计师与组成部分治理层和管理层之间的重要沟通（包括就值得关注的内部控制缺陷进行的沟通）。

（3）乙方及时获悉组成部分治理层和管理层与监管机构就与财务信息有关的事项进行的重要沟通。

（4）在乙方认为必要时，允许乙方接触组成部分的信息、组成部分管理层，并允许乙方对组成部分的财务信息执行相关工作。

7. 甲方管理层对其作出的与审计有关的声明予以书面确认。

8. 为乙方派出的有关工作人员提供必要的工作条件和协助，乙方将于外勤工作开始前提供主要事项清单。

9. 按照本约定书的约定及时足额支付审计费用以及乙方人员在审计期间的交通、食宿和其他相关费用。

10. 乙方的审计不能减轻甲方及甲方管理层的责任。

三、乙方的责任

1. 乙方按照中国注册会计师审计准则（以下简称审计准则）的规定执行审计工作。审计准则要求注册会计师遵守中国注册会计师职业道德守则。在执行审计的过程中，乙方需要运用职业判断，保持职业怀疑。

2. 乙方识别和评估由于舞弊或错误导致的财务报表重大错报风险，设计和实施审计程序以应对这些风险，并获取充分、适当的审计证据，作为发表审计意见的基础。由于舞弊可能涉及串通、伪造、故意遗漏、虚假陈述或凌驾于内部控制之上，未能发现由于舞弊导致的重大错报的风险高于未能发现由于错误导致的重大错报的风险。

3. 乙方了解与审计相关的内部控制，以设计恰当的审计程序。

4. 乙方评价管理层选用会计政策的恰当性和作出会计估计及相关披露的合理性。

5. 乙方对甲方管理层使用持续经营假设的恰当性得出结论。同时，根据获取的审计证据，就可能导致对甲方持续经营能力产生重大疑虑的事项或情况是否存在重大不确定性得出结论。如果乙方得出结论认为存在重大不确定性，应当在审计报告中提请报表使用者注意财务报表中的相关披露；如果披露不充分，乙方应当发表非无保留意见。乙方的结论基于截至审计报告日可获得的信息。然而，未来的事项或情况可能导致甲方不能持续经营。

6. 乙方评价财务报表的总体列报、结构和内容，并评价财务报表是否公允反映相关交易和事项。

7. 对不由乙方执行相关工作的组成部分财务信息，乙方不单独出具报告；有关的责任由对该组成部分执行相关工作的组成部分注册会计师及其所在的会计师事务所承担。

8. 乙方从与甲方治理层沟通过的事项中，确定对本期财务报表审计最为重要的事项（关键审计事项），并在审计报告中描述这些事项（如适用）。这些事项的应对以对财务报表整体进行审计并形成审计意见为背景，乙方不对这些事项单独发表意见。

9. 在审计过程中，乙方若发现甲方存在乙方认为值得关注的内部控制缺陷，应以书面形式向甲方治理层或管理层通报。但乙方通报的各种事项，并不代表已全面说明所有可能存在的缺陷或已提出所有可行的改进建议。甲方在实施乙方提出的改进建议前应全面评估其影响。未经乙方书面许可，甲方不得向任何第三方提供乙方出具的沟通文件，除非法律法规另有要求。

10. 由于审计和内部控制的固有限制，即使按照审计准则的规定适当地计划和执行审计工作，仍无法避免财务报表的某些重大错报可能未被乙方发现的风险。

11. 按照约定时间完成审计工作，出具审计报告。乙方应于2019年3月25日前出具审计报告。

12. 除下列情况外，乙方应当对执行业务过程中知悉的甲方信息予以保密：①法律法规允许披露，并取得甲方的授权；②根据法律法规的要求，为法律诉讼、仲裁准备文件或提供证据，以及向监管机构报告发现的违法行为；③在法律法规允许的情况下，在法律诉讼、仲裁中维护自己的合法权益；④接受注册会计师协会或监管机构的执业质量检查，答复其询问和调查；⑤向注册会计师协会或监管机构进行报备；⑥法律法规、执业准则和职业道德规范规定的其他情形。

四、审计收费

1. 本次审计服务的收费是以乙方各级别工作人员在本次工作中所耗费的时间为基础计算的。乙方预计本次审计服务的费用总额为人民币 × 万元。

2. 甲方应于本约定书签署之日起10日内支付60%的审计费用，其余款项于2019年3月18日（审计报告草稿完成日）结清。

3. 如果由于无法预见的原因，致使乙方从事本约定书所涉及的审计服务实际时间较本约定书签订时预计的时间有明显增加或减少时，甲乙双方应通过协商，相应调整本部分第1段所述的审计费用。

4. 如果由于无法预见的原因，致使乙方人员抵达甲方的工作现场后，本约定书所涉及的审计服务中止，甲方不得要求退还预付的审计费用；如上述情况发生于乙方人员完成现场审计工作，并离开甲方的工作现场之后，甲方应另行向乙方支付人民币 × 元的补偿费，该补偿费应于甲方收到乙方的收款通知之日起10日内支付。

5. 与本次审计有关的其他费用（包括交通费、食宿费等）由甲方承担。

五、审计报告和审计报告的使用

1. 乙方按照中国注册会计师审计准则规定的格式和类型出具审计报告。

2. 乙方向甲方致送审计报告一式 × 份。

3. 甲方在提交或对外公布乙方出具的审计报告及其后附的已审计财务报表时，不得对其进行修改。当甲方认为有必要修改会计数据、报表附注和所作的说明时，应当事先通知乙方，乙方将考虑有关的修改对审计报告的影响，必要时，将重新出具审计报告。

六、本约定书的有效期间

本约定书自签署之日起生效，并在双方履行完毕本约定书约定的所有义务后终止。但其中第三项第11段、第四、五、七、八、九、十项并不因本约定书终止而失效。

七、约定事项的变更

如果出现不可预见的情况，影响审计工作如期完成，或需要提前出具审计报告，甲、乙双方均可要求变更约定事项，但应及时通知对方，并由双方协商解决。

八、终止条款

1. 如果根据乙方的职业道德及其他有关专业职责、适用的法律法规或其他任何法定的要求，乙方认为已不适宜继续为甲方提供本约定书约定的审计服务，乙方可以采取向甲方提出合理通知的方式终止履行本约定书。

2. 在本约定书终止的情况下，乙方有权就其于终止之日前对约定的审计服务项目所做的工作收取合理的费用。

九、违约责任

甲、乙双方按照《中华人民共和国民法典》的规定承担违约责任。

十、适用法律和争议解决

本约定书的所有方面均应适用中华人民共和国法律进行解释并受其约束。本约定书履行地为乙方出具审计报告所在地，因本约定书引起的或与本约定书有关的任何纠纷或争议（包括关于本约定书条款的存在、效力或终止，或无效之后果），双方协商确定采取以下第（1）种方式予以解决：

（1）向有管辖权的人民法院提起诉讼。

（2）提交 × 仲裁委员会仲裁。

十一、双方对其他有关事项的约定

本约定书一式两份，甲、乙双方各执一份，具有同等法律效力。

云南白药集团股份有限公司（盖章）
授权代表：（签名并盖章）
2018 年 × 月 × 日

ABC 会计师事务所（特殊普通合伙）（盖章）
授权代表：（签名并盖章）
2018 年 × 月 × 日

［复习思考与练习题］

1. 注册会计师在承接审计业务前所需实施初步业务活动的主要目的及主要内容有哪些？

2. 审计业务约定书的性质及主要内容有哪些？

第五章　重大错报风险评估案例

［学习目标］

1. 理解重大错报风险评估的含义及目的、主要内容和主要程序。

2. 能够将风险评估基本理论运用于实践中，识别和评估财务报表层次和认定层次的重大错报风险。

3. 学会如何记录风险评估程序及其相应结论。

现代审计模式是风险导向审计。风险评估结果决定了风险应对的总体措施和进一步审计程序。掌握风险评估程序，是现代审计人员的必备技能。

一、重大错报风险评估

重大错报风险评估就是审计人员在了解被审计单位及其环境的基础上，对其财务报表层次以及认定层次重大错报风险的识别和评价过程，以便分析错报风险的发生领域、发生的可能性以及风险是否重大。重大错报风险评估的基本流程如图 5-1 所示。

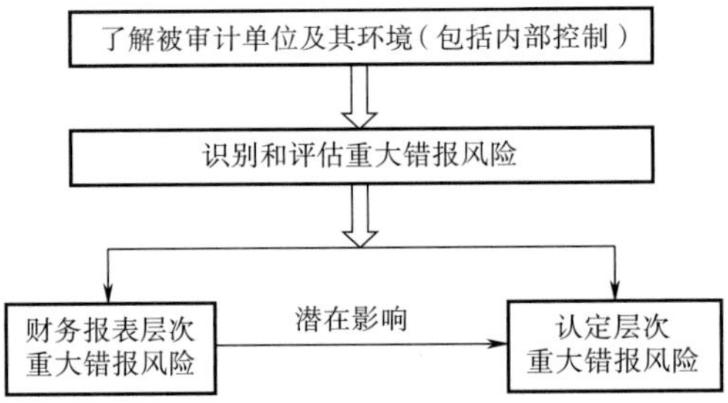

图 5-1　重大错报风险评估流程图

（一）了解被审计单位及其环境

1. 主要内容

了解被审计单位及其环境，至少应当包括以下六个方面：①被审计单位所在行业相关状况、法律环境与监管环境以及其他外部因素；②被审计单位的性质；③被审计单位对会计政策的选择和运用；④被审计单位的目标、战略以及相关经营风险；⑤被审计单位财务业绩的衡量和评价；⑥被审计单位的内部控制。其详细内容如表 5-1 所示。

表 5-1　了解被审计单位及其环境的详细内容

基本方面	需了解的内容	
	大类	具体内容
被审计单位的相关行业状况、法律环境与监管环境以及其他外部因素	相关行业状况	①所在行业的市场供求与竞争情况，包括生产能力与价格竞争情况 ②生产经营的季节性和周期性 ③产品生产技术的变化 ④能源供应与成本 ⑤行业的关键指标和统计数据
	法律环境与监管环境	①适用的财务报告编制基础和行业特定惯例 ②对经营活动产生重大影响的法律法规及监管活动 ③对经营业务产生重大影响的国家各种相关政策，如货币（包括外汇管制）、财政（包括财政激励政策，如政府援助等）、税收（包括关税）和贸易限制等政策 ④影响行业和被审计单位经营活动的环保要求
	其他外部因素	①宏观经济的景气度 ②利率和资金供求状况 ③通货膨胀水平及币值变动 ④国际经济环境和汇率变动
被审计单位的性质	所有权结构	①前十大股东及其持股比例 ②实际控制人或最终控制人 ③主要股东之间的关联关系 ④持股 5% 以上的股东的关联方等
	治理结构	①董事会、监事会、经理层的构成人员及其相关背景和胜任能力 ②董事会、监事会的运作情况以及对经理层的监督情况与效果 ③董事会下设战略、审计、提名、薪酬与考核委员会的构成及其运作情况 ④治理层是否能够在独立于管理层的情况下对被审计单位事务，以及财务报告作出客观判断
	组织结构	①以组织结构图的方式了解被审计单位的组织结构，考虑各部门之间的协调与制约关系 ②考虑各级分子公司之间的控制关系 ③考虑复杂组织结构可能导致的重大错报风险 ④包括财务报表合并、商誉减值、长期股权投资核算以及特殊目的实体核算等问题 ⑤特别关注其组织结构是否复杂，是否在多个地区拥有子公司或其他组成部分等

续表

<table>
<tr><th rowspan="2">基本方面</th><th colspan="2">需了解的内容</th></tr>
<tr><th>大类</th><th>具体内容</th></tr>
<tr><td rowspan="3">被审计单位的性质</td><td>经营活动</td><td>①主营业务的性质
②与生产产品或提供劳务相关的市场信息
③业务的开展情况
④联盟、合营与外包情况
⑤从事电子商务的情况，如网上销售与营销活动
⑥地区与行业分布
⑦生产设施、仓库的地理位置及办公地点
⑧关键客户
⑨货物与服务的重要供应商
⑩劳动用工情况
⑪研究与开发活动及其支出
⑫关联方交易</td></tr>
<tr><td>投资活动</td><td>①近期拟实施或已实施的并购活动与资产处置情况
②证券投资、委托贷款的发生与处置
③资本性投资活动，包括固定资产和无形资产投资，以及近期或计划发生的变动
④不纳入合并范围的投资</td></tr>
<tr><td>筹资活动</td><td>①主要子公司及其联营企业
②债务结构和相关条款，包括担保情况及表外融资、租赁安排等
③固定资产的租赁
④关联方融资
⑤实际受益股东及其关联方
⑥衍生金融工具的运用</td></tr>
<tr><td>被审计单位对会计政策的选择和运用</td><td>会计政策的选择和运用是否符合适用的财务报告编制基础，是否符合实际情况</td><td>①重要项目的会计政策和行业惯例
②重大和异常交易的会计处理方法
③在新领域和缺乏权威性标准或共识的领域，采用重要会计政策产生的影响
④会计政策的变更
⑤新颁布的财务报告准则、法律法规，以及被审计单位何时采用以及如何采用这些规定</td></tr>
<tr><td>被审计单位的目标、战略以及相关经营风险</td><td>目标、战略及相关经营风险</td><td>①行业发展
②开发新产品或提供新服务
③业务扩张
④新的会计要求
⑤监管要求
⑥本期及未来的融资条件
⑦信息技术的运用
⑧实施战略的影响，特别是由此产生的需要运用新的会计要求的影响</td></tr>
</table>

续表

基本方面	需了解的内容	
	大类	具体内容
被审计单位财务业绩的衡量和评价	财务业绩的衡量和评价	①关键业绩指标（包括财务的与非财务的）、关键比率、趋势和经营统计数据 ②同期财务业绩比较分析 ③预测、预算和差异分析 ④管理层和员工业绩考核与激励性报酬政策 ⑤分部信息与不同层次部门的业绩报告 ⑥与竞争对手的业绩比较 ⑦外部机构提出的报告
被审计单位的内部控制	整体层面和业务层面内部控制，包括设计和执行情况	①控制环境 ②风险评估 ③控制活动 ④信息与沟通 ⑤对控制的监督

2. 主要程序

了解被审计单位及其环境的主要程序包括询问被审计单位管理层和内部其他相关人员、分析程序、观察和检查、考虑其他信息、项目组讨论等。必要时，还需专门考虑舞弊风险因素。

（1）询问被审计单位管理层和内部其他相关人员。询问被审计单位管理层和内部其他相关人员，包括询问管理层、治理层、内部审计人员、处理和记录复杂与异常交易的相关人员、负责法律事务的人员、采购人员、生产人员、销售人员、普通职工和部门负责人等，以便全面了解被审计单位股权结构、治理结构和组织结构，经营活动、投资活动和筹资活动。

（2）实施分析程序。分析程序需要运用于被审计单位财务报表、主要业务和主要账户余额，以便识别异常交易或事项，以及对财务报表和审计产生影响的金额、比率和趋势。

（3）实施观察和检查程序。观察与检查程序可以印证对管理层和其他相关人员的询问结果，并可提供被审计单位及其环境的信息。主要包括：①观察被审计单位的生产经营活动；②检查文件、记录和内部控制手册；③阅读由管理层和治理层编制的报告，如中期管理层报告、中期财务报告、临时公告、管理层会议记录、董事会会议记录和决议等；④实地察看被审计单位的生产经营场所和设备；⑤追踪交易在财务报告信息系统中的处理过程（穿行测试）。

（4）考虑其他信息。需考虑的其他信息可能来源于项目组内部的讨论、客户承接或续约过程以及向被审计单位提供其他服务所获得的经验、询问被审计单位外部法律顾问，以及查阅证券分析师或信用评价机构的报告、财经报纸或杂志的相关文章等。

（5）实施项目组讨论。项目组讨论的内容应当包括：①被审计单位面临的经营风险及其导致财务报表重大错报的可能性；②财务报表容易发生错报的领域以及发生错报的方式；③由于舞弊导致财务报表重大错报的可能性以及在遇到哪些情形时需要考虑存在舞弊的可能性；④财务报表可能发生重大错报的迹象，以及追踪这些迹象的方法；⑤已了解的可能产生舞弊的动机或压力、提供舞弊机会、营造舞弊行为合理化环境的外部和内部因素；⑥已注意到的对被审计单位舞弊的指控、管理层或员工在行为或生活方式上出现的异常或无法解释的变化；⑦是否有迹象表明管理层操纵利润，以及采取的可能导致舞弊的操纵利润手段；⑧为应对舞弊导致财务报表重大错报可能性而选择的审计程序，以及各种审计程序的有效性；⑨如何使拟实施的审计程序的性质、时间和范围不易为被审计单位预见；⑩在整个审计过程中保持职业怀疑态度的重要性。

（6）考虑舞弊风险因素。舞弊风险因素是指审计师在了解被审计单位及其环境时识别的舞弊动机或压力、机会以及舞弊行为合理化解释。存在舞弊风险因素并不一定发生舞弊行为，但发生舞弊行为则通常存在舞弊风险因素。因此，审计师应当考虑舞弊风险因素对其评估重大错报风险可能产生的影响。

（二）可能表明存在重大错报风险的事项和情形

被审计单位财务报表存在较高重大错报风险，通常是因为存在导致财务报表重大错报风险的一些事项或情形，具体内容如表 5-2 所示。

表 5-2　重大错报风险的事项和情形类型

重大错报风险的事项和情形	导致重大错报风险的原因
（1）在经济不稳定的国家或地区开展业务	难以合理预期业务运行情况，资产、负债计量困难，金额波动大
（2）在高度波动的市场开展业务	难以合理预期业务运行情况，市场变化大，坏账损失风险大
（3）在严厉、复杂的监管环境中开展业务	难以合理预期业务运行情况，需要大量主观判断和估计
（4）持续经营和资产流动性出现问题，包括重要客户流失	持续经营能力存在重大疑虑；财务舞弊风险高
（5）融资能力受到限制	难以获取所需资金，持续经营能力存在重大疑虑，财务舞弊风险高
（6）行业环境发生变化	企业存货和固定资产等发生减值风险大，持续经营能力存在重大疑虑
（7）供应链发生变化	难以获取经营所需物资，导致存货短缺、成本高，持续经营能力存在重大疑虑
（8）开发新产品、提供新服务，或进入新的业务领域	难以适应新的市场，售后服务成本及相应或有负债增加
（9）开辟新的经营场所	新的经营场所带来的经营风险，进而导致财务报表重大错报风险
（10）发生重大收购、重组或其他非经常性事项	并购风险、合并财务报表风险等

续表

重大错报风险的事项和情形	导致重大错报风险的原因
（11）拟出售分支机构或业务分部	企业整体或局部持续经营能力存在重大疑虑；相关会计处理不当
（12）复杂的联营或合资	相应会计处理复杂，导致财务报表重大错报风险增加；或者蓄意构造复杂经营或合资，旨在隐藏成本费用、负债或损失等
（13）运用表外融资、特殊目的实体以及其他复杂的融资协议	相应会计处理复杂，导致财务报表重大错报风险增加；或者蓄意构造复杂经营或合资，旨在隐藏成本费用、负债或损失等
（14）重大的关联方交易	相应会计处理复杂，导致财务报表重大错报风险增加；或者存在利益输送、损害中小股东利益行为等；或者存在进行盈余管理
（15）缺乏具备胜任能力的会计人员	会计处理可能存在重大错误
（16）关键人员变动	企业经营存在困难或管理层存在重大分歧
（17）内部控制薄弱	内部控制不能实现预期目标，控制风险高；财务报表重大错报风险、违规风险增加
（18）信息技术战略与经营战略不协调	会计处理重大错误风险增加
（19）信息技术环境发生变化	新的 IT 环境可能存在瑕疵，从而导致会计处理及其他财务信息、财务报告重大错报风险增加
（20）安装新的与财务报告有关的重大信息技术系统	会计处理存在重大错误风险增加；财务报告重大错报风险增加
（21）经营活动或财务报告受到监管机构的调查	可能存在违法行为；财务报告存在重大错报风险的预警信号
（22）以往存在重大错报或本期期末出现重大会计调整	财务报告存在重大错报风险的预警信号
（23）发生重大的非常规交易	相应会计处理复杂，导致财务报表重大错报风险增加；或者蓄意构造非常规交易，旨在实施盈余管理和操纵财务报表
（24）按照管理层特定意图记录的交易	操纵财务报表的信号
（25）应用新颁布的会计准则或相关会计制度	可能因不太熟悉新会计准则而导致会计处理错误
（26）会计计量过程复杂	需要大量主观估计和判断，会计处理存在错误或不当，甚至被操纵的风险增加
（27）事项或交易在计量时存在重大不确定性	需要大量主观估计和判断，会计处理存在错误或不当，甚至被操纵的风险增加
（28）存在未决诉讼和或有负债	需要预计或有损失、或有负债。没有恰当预计负债、恰当进行会计处理和信息披露的风险增加

二、ABC 公司重大错报风险评估案例

（一）案例资料

注册会计师甲在审计 ABC 公司 2011 年度财务报表过程中，通过实施相关程序，以评价 ABC 公司财务报表重大错报风险并决策应对措施。甲了解到 ABC 公司存在以下情况：

（1）ABC 公司不注重诚信和道德，不重视胜任能力，重要岗位管理人员大多是大股东的亲属，并且治理层也对此置之不理。

（2）2011 年 1 月，ABC 公司与丙公司签订建造办公楼的合同，在建造过程中，由于 ABC 公司没有及时支付丙公司工程进度款，丙公司拒绝为 ABC 公司垫支工程款项，办公楼在 2011 年 6 月停建，到 2011 年末未复工，并且预计在未来 3 年内不会重新开工。

（3）ABC 公司管理层的薪酬与当年实现的利润总额挂钩。

（4）ABC 公司经营活动产生的现金流量净额已连续 3 年为负数。

（5）ABC 公司 2011 年末出现大量非常规销售交易，且截至 2012 年 3 月 10 日没有收到交易对方支付的款项。

（6）ABC 公司 2011 年 6 月、7 月分管销售的副总经理和财务总监分别离职，新任命的销售副总经理和财务总监雄心勃勃，但因受行业整体形势不佳的影响，实际成效并不如意。

（二）案例分析要求

（1）请分别说明甲注册会计师了解到上述情况可能采用的具体审计程序。

（2）根据甲注册会计师了解到的情况，评估 ABC 公司财务报表层次还是认定层次的重大错报风险？并具体说明涉及财务报表的哪个项目的哪项认定。

（3）分析上述资料是否表明 ABC 公司存在特别风险（舞弊风险）？如果认为存在，指出该特别风险可能导致的重大错报是什么？

（三）案例分析思路与要点

根据案例资料以及分析要求，对 ABC 公司财务报表重大错报风险进行评估，具体内容如表 5-3 所示。

表 5-3　ABC 公司财务报表重大错报风险评估

情况	获取该情况的主要审计程序 （要求 1）	报表层次 / 认定层次重大错报风险 （要求 2、要求 3）
（1）	a. 询问 ABC 公司相关人员，包括治理层、管理层成员和其他员工 b. 查阅 ABC 公司相关管理制度 c. 了解关键管理人员的背景，特别是其专业胜任能力、与大股东和主要管理层成员的关系等	财务报表层次重大错报风险；管理层诚信和道德风险、专业胜任能力风险。 ABC 公司存在特别风险

续表

情况	获取该情况的主要审计程序（要求 1）	报表层次 / 认定层次重大错报风险（要求 2、要求 3）
（2）	a. 询问 ABC 公司基建管理人员和财务部经理等人员，了解该办公楼实施情况 b. 询问丙公司相关人员，了解丙公司与 ABC 公司之间存在的分歧及其处理进展 c. 检查办公楼建造的相关文件 d. 实地察看办公楼建造现场等	在建工程的存在、计价错报风险。 ABC 公司将相关借款费用继续资本化，可能导致在建工程成本计量错误
（3）	询问 ABC 公司管理层薪酬制度，并查阅该制度	财务报表层次重大错报风险。 ABC 公司可能为了完成业绩考核目标，故意错计收入、成本费用、资产减值损失等
（4）	查阅 ABC 公司现金流量表，并实施相应的分析程序	财务报表层次 / 认定层次重大错报风险。 ABC 公司可能存在盲目扩大信用以增加营业收入、虚增营业收入等风险，以及应收账款坏账准备增加的风险；持续经营能力存在重大疑虑
（5）	a. 询问与销售业务相关的管理人员，如销售副总经理、销售部经理、财务部销售主管会计等 b. 检查期末非常规销售交易 c. 检查期后回款情况	财务报表层次 / 认定层次（营业收入的发生、准确性、截止）重大错报风险。 ABC 公司可能是为了完成业绩考核指标而在期末大量销售，或者虚构销售业务。 表明 ABC 公司存在特别风险
（6）	a. 询问管理层变动情况 b. 了解离职原因以及新任职管理层成员基本情况等	财务报表层次重大错报风险。 新任财务总监可能不熟悉业务，新任销售副总经理可能为完成业绩而盲目赊销或提前确认、虚构销售业务等，导致财务报表重大错报。 表明 ABC 公司存在特别风险

情形（1）（5）（6），表明 ABC 公司存在特别风险，包括诚信风险和道德风险、财务舞弊风险等，这可能导致财务报表整体存在较高的重大错报风险。

三、云南白药重大错报风险评估案例

如果实施云南白药 2018 年度财务报表审计，注册会计师应当首先对云南白药 2018 年度财务报表实施风险评估程序，识别其财务报表层次和认定层次重大错报风险。我们在此以相关审计工作底稿的方式重点展示如何了解云南白药及其环境（包括内部控制），以识别其重大错报风险。需实施的分析程序，请参见第 3 章。

［说明］

（1）工作底稿编号规则是：1-，了解被审计单位所在行业相关状况、法律环境与监管环境以及其他外部因素；2-，了解被审计单位的性质；3-，了解被审计单位对会计政策的选择和运用；4-，了解被审计单位的目标、战略以及相关经营风险；5-，了解被审计单位财务业绩的衡量和评价；6-，了解被审计单位的内部控制，等等。如表 5-4 至表 5-19 所示。

（2）为减少篇幅，工作底稿的表头部分仅保留了 1-1，其他均类似而删除。

（3）工作底稿中“了解的内容”栏目的内容来自“重大错报风险的识别和评估”审计准则及其指南。会计师事务所通常会有相应工作底稿模板。

（4）工作底稿中“实际了解到的情况”栏目，系注册会计师实施风险评估程序所获取的信息。我们根据云南白药 2018 年度报告以及其他相关资料填写，旨在模拟实施风险评估程序，并形成相应工作底稿（请勿与实施云南白药 2018 年度财务报表审计的注册会计师及其所在会计师事务所产生关联）。

表 5-4　1-1 了解被审计单位行业状况（B11）

客户名称：云南白药集团股份有限公司　财务报表期间：2018 年度　　工作底稿索引号：B11

编制人及复核人员签字：

编制人：×××	日期：2018.12
复核人：	日期：
项目质量控制复核人（如适用）：	日期：

了解的内容	实际了解到的情况	备注
1. 所在行业的市场供求与竞争		
（1）被审计单位所处行业的总体发展趋势是什么	当前，国际医药市场正处在重构过程中，医疗、医药新技术的应用重新构建了行业内企业的经营形态和商业模式，传统的医药产品和服务难以满足个性化、精准化的市场需求情况，以新型个体为主题的系统化诊疗服务开始逐步兴起，人工智能和大数据在医疗领域的应用正在颠覆现有的以医生为中心的诊疗模式，未来的医疗行业将由经验驱动向数据驱动转变；同时，规模优势不再成为竞争优势，竞争方式逐渐转变为在某几个领域持续深耕，打造难以替代的核心竞争力，这对公司发展提出了新的挑战，也创造了新的机遇	
（2）处于哪一发展阶段，如起步、快速成长、成熟（产生现金流入）或衰退阶段	成熟阶段	
（3）所处市场的需求、市场容量和价格竞争如何	全球医药行业呈增长态势，中国人口基数庞大，医疗卫生市场需求潜力很大；中国医药市场中化学药物一直占据最大的市场份额，化学药的市场容量正不断扩大；医药价格也整体呈现出增长的态势，价格竞争已全面铺开，逐渐转向成本竞争	

续表

了解的内容	实际了解到的情况	备注
（4）谁是被审计单位最重要的竞争者，以及他们所占的市场份额是多少	云南白药的产品中，白药系列受到国家政策的保护，但是非白药系列（原生药材和日化、养生、保健等产品），竞争对手逐渐增多，如白药牙膏最大的竞争对手是黑人牙膏，2017 年黑人的市场份额为 19.7%，白药牙膏的市场份额为 18.3%	
（5）被审计单位及其竞争者主要的竞争优势是什么	云南白药的白药系列产品因其独有配方为其带来了巨大的竞争优势，非白药系列产品如白药牙膏主打牙龈出血或止血，而黑人牙膏主打的是美白及清新等功效，各自产品的市场定位明晰准确	
（6）竞争者是否采取了某些行动，如并购活动、降低销售价格、开发新技术等，从而对被审计单位的经营活动产生影响	未知，不太明显	
2. 生产经营的季节性和周期性		
该行业是否受经济周期波动的影响，以及采取了什么行动使波动产生的影响最小化	医药行业受经济周期波动影响较小	
3. 产品生产技术的变化		
注册会计师了解被审计单位行业状况的内容主要包括： （1）该行业受技术发展影响的程度如何？ （2）是否开发了新的技术	医药制造业是一个多学科先进技术和手段高度融合的高科技产业，受技术发展影响的程度高；2018 年，国产 1 类新药上市申请数量创下过去十多年来的新高，预计全年会有 8-10 个国产新药获批	
4. 能源供应与成本		
了解主要能源供应情况及主要成本构成情况	主要能源为电力。主要成本以原材料成本为主，价格均基本稳定；次要成本为人工薪酬等	
5. 行业的关键指标和统计数据		
被审计单位业务增长率和总体财务业绩与行业平均水平及主要竞争者相比如何，以及存在重大差异的原因是什么	由于国内药品、健康产品重复性、同质化生产众多，且各大生产企业、药商的营销模式、推广和促销方法趋于雷同，但云南白药因其白药系列产品的独特配方以及长久以来品牌影响力较大，整体而言，云南白药略优于行业平均水平	

续表

了解的内容	实际了解到的情况	备注
6. 其他		
注册会计师在该底稿中应当记录了解被审计单位及其环境方法。比如:(1)询问被审计单位管理层和内部其他相关人员;(2)分析程序;(3)观察和检查	已询问管理层,了解同行业发展状况,同时分析对比了医药行业的情况,结果显示云南白药在同行业中处于上升阶段	
初步风险评估结论: 云南白药所处行业发展正常,在同行业中处于较好水平,经营风险不高,财务报表重大错报风险不高。		
复核:		

表 5-5　1-2 了解被审计单位所处的法律环境及监管环境(B12)

了解的内容	实际了解到的情况	备注
1. 适用的会计准则、会计制度和行业特定惯例	《企业会计准则——基本准则》、各项具体会计准则及相关规定,无行业特定惯例	
2. 对经营活动产生重大影响的法律法规及监管活动	《中华人民共和国药品管理法(2015 年修订)》;《中华人民共和国药品管理法实施条例(2016 年 2 月 6 日修正版)》;《药品生产质量管理规范(2010 年修订)》等多条法律法规	
3. 对开展业务产生重大影响的政府政策,包括货币、财政、税收和贸易等政策	“两票制”;“4+7”城市药品集中采购等政策	
4. 与被审计单位所处行业和所从事经营活动相关的环保要求	云南白药不属于环境保护部门公布的重点排污单位,并严格按照环评要求进行污染防治设施建设,目前环保审批手续齐全,未出现超标排放等情况	
5. 其他		
注册会计师在该底稿中应当记录了解被审计单位及其环境方法。比如:(1)询问被审计单位管理层和内部其他相关人员;(2)分析程序;(3)观察和检查	询问管理层法律环境和监管环境的变化是否对公司产生影响。查找与公司有关的法律制度和监管制度,对比检查是否对公司产生影响	
初步风险评估结论: 云南白药所处的法律环境及监管环境良好,当前法律和监管都在不断完善,重大错报风险较低		
复核:		

表 5-6 1-3 了解被审计单位经营的其他外部因素(B13)

了解的内容	实际了解的情况	备注
1. 宏观经济的景气度	2018 年,全球经济整体维持复苏态势,各经济体分化态势明显,贸易摩擦和地缘政治加剧。国内经济总体运行平稳,房地产调控政策趋紧,原材料价格高位运行,人民币汇率大幅波动	
2. 利率和资金供求状况	运营成本持续上涨,资金周转压力加大	
3. 通货膨胀水平及币值变动	2018 年全年度平均通胀率为 3.13%;人民币汇率从 6.5 贬值至 6.86,贬值幅度达到 5.4%	
4. 国际经济环境和汇率变动	2018 年世界经济延续温和增长,但动能有所放缓。全球的失业率仍然保持在低位,充分就业状况和大宗商品价格上涨促使各国通货膨胀率有所提高。同时,世界经济还表现出国际贸易增速放缓、国际直接投资活动低迷、全球债务水平持续提高和金融市场出现动荡等特征。美元明显升值,2018 年 10 月底美元指数升至 128 以上,较年初升值 8.5%;土耳其、阿根廷、巴西、印度、俄罗斯等新兴市场货币则明显贬值,汇率下跌和资本外流向越来越多发展中国家扩散	
初步风险评估结论: 云南白药所在行业受国家政策、宏观环境、市场波动等多因素的影响,外部因素受到一定影响,重大错报风险中等		
复核:		

表 5-7 2-1 了解被审计单位的性质——所有权结构、治理结构、组织结构(B14)

了解的内容	实际了解的情况	备注
1. 所有权结构		
应当了解企业类型、母公司如何控制、股东情况、股东与其他人员或单位之间的关系等	云南白药控股股东是云南白药控股有限公司,云南白药控股无实际控制人。新华都实业集团股份有限公司持有云南白药 3.39% 的股份,其实际控制人陈发树同时持有云南白药 0.86% 的股份,其余股东之间是否存在关联关系或《上市公司持股变动信息披露管理办法》规定的一致行动的情况不详	详见《云南白药 2018 年度报告》“第六节 股份变动及股东情况”
2. 治理结构		
应当了解董事会的构成情况、董事会内部是否有独立董事;治理结构中是否设有审计委员会或监事会及其运作情况等	云南白药董事会的人数和人员构成符合法律法规的要求,目前公司共有董事 11 名,其中独立董事 4 名,各董事能够以认真负责的态度出席董事会和股东大会,认真履行职责。公司董事会下设战略委员会、审计委员会、提名委员会、薪酬与考核委员会四个专门委员会,各专门委员会运作规范、各司其责,发挥了相应职能;对定期报告的编制过程、董事、监事和高级管理人员薪酬制订、考核实施过程等进行有效监督	详见《云南白药 2018 年度报告》“第八节 董事、监事、高级管理人员和员工情况”和“第九节 公司治理”

续表

了解的内容	实际了解的情况	备注
应当了解董事会的构成情况、董事会内部是否有独立董事；治理结构中是否设有审计委员会或监事会及其运作情况等	公司监事会向股东大会负责，严格执行《公司监事会议事规则》；监事会的人数和人员构成均符合法律法规的要求；监事会的召集、召开等事项均符合相关法律法规的要求。监事会成员能够认真履行法律、法规规定的职责和义务，积极参与公司重大事项审议，列席公司股东大会和董事会，检查公司财务状况并对董事会编制的定期报告、重大投资、吸收合并等重要议案进行审核，切实维护公司及股东合法权益	详见《云南白药2018年度报告》“第八节　董事、监事、高级管理人员和员工情况”和“第九节　公司治理”
3. 组织结构		
应当取得组织结构图，充分了解职能部门设置情况，子公司、合营企业、联营企业或其他成员单位的数量、所处区域等	公司结合管理所需，合理设置业务与职能部门，如药品事业部、健康产品事业部等部门，形成了分工明确、职能健全清晰的内部机构，并建立了定期的内部机构优化机制。云南白药直接或间接控股子公司共34家，联营企业3家，无合营	云南白药组织结构图及控股子公司情况表详见《云南白药2018审计计划》第一部分“基本概述”之二“组织结构”所示
4. 其他		
注册会计师在该底稿中应当记录了解被审计单位及其环境方法。比如：①询问被审计单位管理层和内部其他相关人员；②分析程序；③观察和检查	询问管理层，了解云南白药的所有权结构、治理结构、组织结构，并实地走访职能部门设置情况	
初步风险评估结论： 云南白药的所有权结构合理，治理结构、组织结构健全，重大错报风险较低		
复核：		

表5-8　2-2了解被审计单位的性质——经营活动（B15）

了解的内容	实际了解的情况	备注
1. 主营业务的性质		
例如，是否属于生产商、批发商、银行、保险或其他金融服务、进出口贸易、公用事业、交通运输或者提供技术产品和服务等	云南白药业务性质和经营活动主要包括：化学原料药、化学药制剂、中成药、中药材、生物制品、医疗器械、保健食品、食品、饮料、特种劳保防护用品、非家用纺织成品、日化用品、化妆品、户外用品的研制、生产及销售；橡胶膏剂、贴膏剂、消毒产品、电子和数码产品的销售；信息技术、科技及经济技术咨询服务；货物进出口；物业经营管理（凭资质证开展经营活动）等	详见《云南白药2018年度报》“第三节　公司业务概要”

续表

了解的内容	实际了解的情况	备注
2. 与生产产品或提供劳务相符的市场信息		
例如，主要客户和合同、付款条件、利润率、市场份额、竞争者、出口、定价政策、产品声誉、质量保证、营销策略和目标、生产流程等	1. 主要客户统计前五名，累计销售金额为35.7亿元，占年度销售总额比例为13.38% 2. 合同记录了托管、承包、租赁事项的情况，以及重大担保、委托他人进行现金资产管理情况等 3. 销售净利率为12.32%，市场份额约为18.1%，公司在资本市场的声誉良好，并且优化绩效导向，提升运营质量 4. 公司采用“1+1合作共同体”的营销策略，并结合专属IP资源的支持 5. 2018年，云南白药以315.23亿元排名胡润品牌榜总榜单第42位，位列医疗健康行业第一，连续十年入围此榜单，是口碑、诚信与责任的突出代表	详见《云南白药2018年度报》“第三节　公司业务概要”和“第四节　经营情况讨论与分析”
3. 业务的开展情况		
例如，生产过程、业务分部的设立情况、产品和服务的交付、衰退或扩展的经营活动的详情等	工业产品（自制）以“客户为导向”，采用“订单制”的生产模式，强调生产与销售的匹配性；优化工作流程和制度，建立了从上到下、逐层逐级的安全生产管理机构体系，使生产的各环节和程序更加规范化和标准化，保证了产品生产和质量的可控性和稳定性	详见《云南白药2018年度报》“第三节　公司业务概要”和“第四节　经营情况讨论与分析”
4. 联盟、合营与外包情况	公司有三家联营企业；无合营企业；外包车间（仓库）的账面价值为172.5万元	
5. 从事电子商务的情况		
例如，是否存在通过互联网销售和营销活动	公司存在在互联网上进行销售的情况。在采购方面，与阿里巴巴共同搭建云南白药1688采购平台，执行精准采购	
6. 地区与行业分布		
例如，是否涉及多种经营和跨地区经营，各个地区和各行业分布的相对规模以及相互之间是否存在依赖关系	公司分为药品板块、健康板块、中药资源板块、医药商业板块等，并在全省各地州市探索轻资产合作模式。通过进一步优化完善组织结构，明确界定各部门的职责关系，形成部门间协调配合机制，使各部门相互协调、相互合作，发挥合力，从而实现公司协调运转	
7. 生产设施、仓库的地理位置及办公地点	办公地址为云南省昆明市呈贡区云南白药街3686号。生产基地和仓库等分布在云南省内多个地州	

续表

了解的内容	实际了解的情况	备注
8. 关键客户		详见《云南白药2018年度报》“第三节　公司业务概要”和“第四节　经营情况讨论与分析”
例如，销售对象是少量的大客户还是众多的小客户；是否有被审计单位高度依赖的特定客户（如超过销售总额的10%的顾客）；是否有造成高回收性风险的若干客户或客户类别（如正处在一个衰退市场中的客户）；是否与某些客户订立了不寻常的销售条款或条件	销售对象众多，前五名客户其账面余额占应收账款总额的比例分别为9.05%、6.86%、4.57%、3.24%、3.13%，比例均在10%以下，无高度依赖的客户。 工业产品（自制）方面，主要采用的是“先款后货”的原则，与经销商签订年度协议，约定付款期限等事项。公司渠道管理直达重要终端，对终端把控能力较强。商业以批发为主，兼有零售业务。批发业务主要面向医疗机构、商业公司等采购量较大、长期稳定的客户，采用“先货后款”的原则；零售业务板块，采用“现款现货”的原则，概不赊销。没有造成高回收性风险的若干客户或客户类别，也没有与某些客户订立了不寻常的销售条款或条件	
9. 重要供应商		
例如，是否签订长期供应合同；原材料供应的可靠性和稳定性、付款条件，以及原材料是否受重大价格变动的影响	签订长期供应合同；公司前五大供应商的采购额占全年采购总额的9.94%；采购较为分散，原材料供应的可靠性和稳定性较好	
10. 劳动用工情况		
例如，分地区用工情况、劳动力供应情况、工资水平、退休金和其他福利、股权激励或其他奖金安排以及与劳动用工事项相关的政府法规	公司配合吸收合并同步推出了员工持股计划，由上市公司采用集中竞价、大宗交易及法律法规允许的方式从二级市场回购不超过2 000万股社会公众股，并在股份回购完成后实施员工持股计划。公司劳动力供应充足，共有8 068名员工，建立企业年金，企业缴费每年按本公司上年度职工工资总额的5%~8.33%缴纳，此外公司还为职工提供了离职后福利和辞退福利、其他长期职工福利	详见《云南白药2018年度报》“第八节　董事、监事、高级管理人员和员工情况”
11. 研究与开发活动及其支出	报告期内，公司将创新研发中心与战略委员会办公室实现机构合署办公，建立了以项目为核心的绩效考核体系，将考核的对象从科室转变为项目组，将研发中心管理的重点从项目过程控制转变为评估项目立项及项目成果。2018年公司研发投入11 030万元，占公司2018年度营业总收入的2.87%	详见《云南白药2018年度报》“第三节　公司业务概要”和“第四节　经营情况讨论与分析”
12. 关联方交易		

续表

<table>
<tr><th>了解的内容</th><th>实际了解的情况</th><th>备注</th></tr>
<tr><td>例如，有些客户或供应商是否为关联方；对关联方和非关联方是否采用不同的销售和采购条款。此外，还存在哪些关联方交易，这些交易采用怎样的定价政策</td><td>公司的客户和供应商中均有关联方；对关联方和非关联方采用相同的销售和采购条款。此外，还存在关联方租赁、担保情况、关联价格、决策程序等</td><td>详见《云南白药2018年度报》“第十一节 财务报告”之“十二、关联方及关联交易”</td></tr>
<tr><td colspan="3">初步风险评估结论：
云南白药的客户群体庞大且稳定，业务活动繁多，联盟与合营、外包情况都良好。从总体评估，重大错报风险较小</td></tr>
<tr><td colspan="3">复核：</td></tr>
</table>

表 5-9 2-3 了解被审计单位的性质——投资活动（B16）

<table>
<tr><th>了解的内容</th><th>实际了解的情况</th><th>备注</th></tr>
<tr><td colspan="2">1. 近期拟实施或已实施的并购活动与资产处置情况</td><td rowspan="8">详见《云南白药2018年度报》“第五节 重要事项”</td></tr>
<tr><td>包括业务重组或某些业务的终止。注册会计师应当了解并购活动如何与被审计单位目前的经营业务相协调，并考虑它们是否会引发进一步的经营风险。例如，被审计单位并购了一个新的业务部门，注册会计师需要了解管理层如何管理这一新业务，而新业务又如何与现有业务相结合，发挥协同优势，如何解决原有经营业务与新业务在信息系统、企业文化等各方面的不一致</td><td>2018年公司开展了反向吸收合并控股股东白药控股的重大资产重组专项工作。通过吸收合并白药控股，公司将缩减管理层级、提高运营效率，推动企业治理机制扁平化、精简组织架构，激发运营活力和内生动力。吸收合并完成后，上市公司将作为产业并购、整合的唯一平台，有利于整合云南白药体系内优势资源，引入增量资金用于产业并购，与上市公司形成发展合力，显著提升公司在产业升级和整合中的竞争力及话语权。同时，本次交易完成后，云南白药还将进一步整合白药控股下属的茶叶、康养等优质的产业链资产，发挥各板块间的协同效应，打造具备较强核心竞争力的医药健康产业上市平台。本交易引发进一步的经营风险的可能性较低</td></tr>
<tr><td>2. 证券投资、委托贷款的发生与处置</td><td>公司报告期不存在证券投资和委托贷款</td></tr>
<tr><td colspan="2">3. 资本性投资活动</td></tr>
<tr><td>例如，固定资产和无形资产投资，近期发生或计划发生的变动，以及重大的资本承诺等</td><td>公司报告期有云南白药集团文山七花有限责任公司搬迁扩建项目一期工程、云南白药集团股份有限公司健康产业项目（一期）等三项固定资产投资</td></tr>
<tr><td colspan="2">4. 不纳入合并范围的投资</td></tr>
<tr><td>例如，联营、合营或其他投资，包括近期计划的投资项目</td><td>云南白药中草药科技有限公司等三家联营企业不纳入合并范围</td></tr>
<tr><td colspan="2"></td></tr>
<tr><td colspan="3">初步风险评估结论：
云南白药相关投资活动情况都良好，无异常。从总体评估，重大错报风险较小</td></tr>
<tr><td colspan="3">复核：</td></tr>
</table>

表 5-10　2-4 了解被审计单位的性质——筹资活动（B17）

<table>
<tr><th>了解的内容</th><th>实际了解的情况</th><th>备注</th></tr>
<tr><td>1. 债务结构和相关条款，包括担保情况及表外融资</td><td rowspan="2">公司获得的信贷额度满足营运需要；被审计单位得到的融资条件及利率与竞争对手相似；公司对云南云呈医院管理有限公司的债务实行连带责任保证；报告期内无表外融资情况</td><td></td></tr>
<tr><td>例如，获得的信贷额度是否可以满足营运需要；被审计单位得到的融资条件及利率是否与竞争对手相似，如不相似，原因何在；是否可能存在违反借款合同条款的情况；是否承受重大的外汇与利率风险</td><td></td></tr>
<tr><td>2. 固定资产的融资租赁</td><td>报告期内不存在固定资产融资租赁情况</td><td></td></tr>
<tr><td>3. 关联方融资</td><td rowspan="2">报告期内不存在关联方融资的情况</td><td></td></tr>
<tr><td>例如，关联方融资的特殊条款</td><td></td></tr>
<tr><td>4. 实际受益股东</td><td rowspan="2">实际受益人为国内，其商业声誉和经验更加符合公司发展所需，会对公司的发展产生积极影响</td><td></td></tr>
<tr><td>例如，被审计单位的实际受益股东是国内的，还是国外的，其商业声誉和经验可能对被审计单位产生的影响</td><td></td></tr>
<tr><td>5. 衍生金融工具的运用</td><td rowspan="2">报告期内不存在衍生金融工具</td><td></td></tr>
<tr><td>例如，衍生金融工具是用于交易目的还是套期目的，以及运用的种类、范围和交易对手等</td><td></td></tr>
<tr><td colspan="3">初步风险评估结论：
云南白药相关筹资活动情况都良好，无异常。从总体评估，重大错报风险较小</td></tr>
<tr><td colspan="3">复核：</td></tr>
</table>

表 5-11　3-1 了解被审计单位对会计政策的选择和运用（B18）

了解的内容	实际了解的情况	备注
1. 重要项目的会计政策和行业惯例 例如，重要的会计政策包括收入确认、存货的计价方法、投资的核算、固定资产的折旧方法、坏账准备、存货跌价准备和其他资产减值准备的确定、借款费用资本化方法、合并财务报表的编制方法等。除会计政策以外，某些行业可能还存在一些行业惯例，注册会计师应当熟悉这些行业惯例。当被审计单位采用与行业惯例不同的会计处理方法时，审计人员应当对此予以重点关注	云南白药采用的会计政策无特殊性，均为常见的通用会计政策，符合医药行业惯例	详见《云南白药 2018 年度报》“第十一节　财务报告”“五、重要会计政策及会计估计”
2. 重大和异常交易的会计处理方法 例如，本期发生的企业合并的会计处理方法。某些企业可能存在与其所处行业相关的重大交易。例如，银行向客户发放贷款、证券公司对外投资、医药企业的研究与开发活动等	本期无重大和异常交易发生 反向收购的会计处理。	
3. 在新领域和缺乏权威性标准或共识的领域，采用重要会计政策产生的影响 例如，对于互联网上的收入确认问题，在有关会计处理缺乏权威性的标准或共识时，审计人员应当关注被审计单位选用了哪些会计政策，为什么选用这些会计政策以及选用这些会计政策产生的影响	不存在此种情形	
4. 会计政策的变更 本准则第三十三条规定，如果被审计单位变更了重要的会计政策，注册会计师应当考虑会计政策变更的原因及其适当性，即：①会计政策的变更是否符合法律、行政法规或者适用的会计准则和相关会计制度的规定；②会计政策的变更能否提供更可靠、更相关的会计信息。除此之外，审计人员还应当关注会计政策的变更是否得到恰当披露	财政部于 2018 年颁布了《财政部关于修订印发 2018 年度一般企业财务报表格式的通知》（财会〔2018〕15 号），云南白药已按照上述通知编制 2018 年度的财务报表，比较财务报表已相应调整。该会计政策变更已得到恰当披露	详见《云南白药 2018 年度报》“第十一节　财务报告”“五、重要会计政策及会计估计”“33. 重要会计政策和会计估计变更”
5. 被审计单位何时采用以及如何采用新颁布的会计准则和相关会计制度 例如，最新发布的企业会计准则自 2014 年 7 月 1 日起在上市公司施行，并鼓励其他企业执行。审计人员应考虑被审计的上市公司是否已按照新会计准则的要求，做好衔接调整工作，并收集执行新会计准则需要的信息资料	◆云南白药已按照新会计准则的要求，做好衔接调整工作，并收集执行新会计准则需要的信息资料	

续表

了解的内容	实际了解的情况	备注
除上述与会计政策的选择和运用相关的事项外，审计人员还应对被审计单位下列与会计政策运用相关的情况予以关注：①是否采用激进的会计政策、方法、估计和判断；②财会人员是否拥有足够的运用会计准则的知识、经验和能力；③是否拥有足够的资源支持会计政策的运用，如人力资源及培训、内部系统、信息技术的采用、数据和信息的采集等。 注册会计师应当考虑被审计单位是否按照适用的会计准则和相关会计制度的规定恰当地进行了列报，并披露了重要事项	◆会计政策运用未曾采用激进的会计政策、方法、估计和判断；财会人员拥有足够的运用会计准则的知识、经验和能力；拥有足够的资源支持会计政策的运用 ◆云南白药已按照企业会计准则和上市公司年度财务报表列报相关规定恰当列报和披露财务报告，并披露了所有重要事项	
6. 其他		
审计人员在该底稿中应当记录了解被审计单位及其环境方法。比如：①询问被审计单位管理层和内部其他相关人员；②分析程序；③观察和检查		
初步风险评估结论： 云南白药会计政策合规，并符合行业和公司实际情况；本期根据财政部相关规定，变更了部分财务报表项目列报方式，其变更合法，披露充分；无其他对财务报表产生重大影响的事项。财务报表总体重大错报风险不高		
复核：		

表 5-12 4-1 了解被审计单位的目标、战略及相关经营风险（B19）

了解的内容	实际了解的情况	备注
1. 了解被审计单位的目标和战略	云南白药目标：继承品牌——传播国药新文化；锤炼品牌——增强市场竞争力；发展品牌——提升企业知名度。 战略："新白药、大健康"的多元化发展战略	
目标指被审计单位的经营目标。企业管理层或治理层一般会根据企业经营面临的外部环境和内部各种因素，制定合理可行的经营目标。战略是企业管理层为实现经营目标采用的总体层面的策略和方法		
2. 是否存在与下列方面有关的目标和战略，并考虑相应的经营风险		

续表

了解的内容	实际了解的情况	备注
（1）行业发展，及其可能导致的被审计单位不具备足以应对行业变化的人力资源和业务专长等风险	以改革创新为抓手，不断突破自我，依托现有业务和品牌优势，持续优化升级产品结构，巩固提升药品、健康品、中药资源、医药商业四大现有业务板块的规模，围绕中长期发展战略打造大健康平台和生态圈，主动适应国际化、现代化的竞争态势。在医药行业，云南白药的业务能力较强，人力资源充足，风险较低	
（2）开发新产品或提供新服务，及其可能导致的被审计单位产品责任增加等风险	云南白药稳健推出新产品，并对新产品责任增加的风险采取了相应的、恰当的会计处理	
（3）业务扩张，及其可能导致的被审计单位对市场需求的估计不准确等风险	云南白药采取稳健的业务扩张策略，相关风险不高	
（4）新颁布的会计法规，及其可能导致的被审计单位执行法规不当或不完整，或会计处理成本增加等风险	无	
（5）监管要求，及其可能导致的被审计单位法律责任增加等风险	无	
（6）本期及未来的融资条件，及其可能导致的被审计单位由于无法满足融资条件而失去融资机会等风险	无	
（7）信息技术的运用，及其可能导致的被审计单位信息系统与业务流程难以融合等风险	本期没有运用新的信息技术	
初步风险评估结论： 云南白药行业发展方向未发生重大变化，战略和目标的制定符合其当前情况，其战略风险和经营风险不高，财务报表重大错报风险不高		
复核：		

表 5-13　5-1 了解被审计单位财务业绩的衡量和评价（B20）

了解的内容	实际了解的情况	备注
1. 关键业绩指标（包括财务的与非财务的）、关键比率趋势、经营统计数据等	营业收入、利润总额、净利润、经济增加值（EVA）、总资产报酬率、净资产收益率、每股收益及相应增长率等；市场占有率、新产品开发数量等	
2. 同期财务业绩比较分析	业绩呈稳步上升趋势。详见“第 3 章　分析程序”相关内容	
3. 预测、预算和差异分析	云南白药预测、预算与实际完成情况接近，差异较小	
4. 管理层和员工业绩考核与激励性报酬政策	管理层：公司董事会下设薪酬与考核委员会，根据高级管理人员管理岗位的主要范围、职责、重要性以及其他相关企业相关岗位的薪酬水平制定薪酬计划或方案，依照年度考核目标及完成情况，进行相应的奖惩。按绩效评价标准和程序，对高级管理人员进行绩效评价并对其进行定期考评，根据考评结果决定薪酬和奖惩等事项。 员工：薪酬机制设计，以岗位价值、业绩贡献及能力付薪基础上，通过薪酬激励机制设计，遵循市场化原则，薪酬激励机制的侧重点从效率提升转向价值增值，配合更加灵活的绩效考核方式，强调价值贡献，营造高绩效文化，激励员工创新思维、挑战更高目标，挖掘突破口，提升并创造更多的价值贡献	
5. 分部信息与不同层次部门的业绩报告	云南白药分事业部、子公司等核算和报告业绩	
6. 与竞争对手的业绩比较	在 2018 年度，云南白药的流动比率、应收账款周转率、存货周转率等指标相比于自身有所下降，但相对于同行业主要竞争者是处于稳定较高的水平；资产负债率在行业里也处于一个稳定的中等水平。详见“第 3 章　分析程序”相关内容	
7. 外部机构提出的报告	无	

表 5-14　6-1 了解被审计单位内部控制——控制环境（B21-3）

项目	了解方法①	了解情况②	初步评价③
一、对诚信和道德价值观念的沟通与落实方面			
1. 被审计单位是否有书面的行为规范并向所有员工传达	询问 / 检查 / 观察	是	良好
2. 被审计单位的企业文化是否强调诚信和道德价值观念的重要性，如果违反，是否会受到惩罚	询问 / 检查 / 观察	是	良好
3. 管理层是否身体力行，高级管理人员是否起表率作用	询问 / 检查 / 观察	是	良好

① 含询问、检查、观察、穿行测试。

② 若适合用询问方式，可在本列填写是或否等相关内容，否则填列相关索引号。

③ 若适合用询问方式，可在本列填写相关评价内容，否则填列相关索引号。

续表

项目	了解方法	了解情况	初步评价
4. 对违反有关政策和行为规范的情况，管理层是否采取适当的行动	询问 / 检查 / 观察	未发现。若发现，管理层会采取适当行动	良好
二、对胜任能力的重视方面			
1. 财会人员以及信息管理人员是否具备与被审计单位业务性质和复杂程度相称的足够的胜任能力和培训，在发生错误时，是否通过调整人员或系统来加以处理	询问 / 检查 / 观察	是	良好
2. 管理层是否配备足够的财会人员以适应业务发展和有关方面的需要	询问 / 检查 / 观察	是	良好
3. 财会人员是否具备理解和运用会计准则所需的技能	询问 / 检查 / 观察	是。财会人员中具有本科和硕士学位人员、中高职称人员占比高，综合能力强	良好
三、治理层的参与程度方面		参见《云南白药 2018 年度报》“第九节公司治理”	
1. 董事会是否建立了审计委员会或类似机构	询问 / 检查	是	良好
2. 董事会、审计委员会或类似机构是否与内部审计人员以及注册会计师有联系和沟通，联系和沟通的性质以及频率是否与被审计单位的规模和业务复杂程度相匹配	询问 / 检查	是	良好
3. 董事会、审计委员会或类似机构的成员是否具备适当的经验和资历	询问 / 检查	是	良好
4. 董事会、审计委员会或类似机构是否独立于管理层	询问 / 检查	是	良好
5. 审计委员会或类似机构会议的数量和时间是否与被审计单位的规模和业务复杂程度相匹配	询问 / 检查 / 观察	是	良好
6. 董事会、审计委员会或类似机构是否充分地参与了财务报告的过程	询问 / 检查 / 观察	是	良好
7. 董事会、审计委员会或类似机构是否对经营风险的监控有足够的关注，进而影响被审计单位和管理层的风险评估进程（包括舞弊风险）	询问 / 检查 / 观察	是	良好

续表

项目	了解方法	了解情况	初步评价
8. 董事会成员是否有很高的流动性	询问 / 检查	比较稳定	良好
四、管理层的理念和经营风格方面			
1. 管理层是否对内部控制，包括信息技术的控制，给予了适当的关注	询问 / 检查	是	良好
2. 管理层是否由一个或几个人所控制，而董事会、审计委员会或类似机构对其是否实施有效监督	询问 / 检查 / 观察	不是。董事会、审计委员会能够对管理层实施有效监督	良好
3. 管理层在承担和监控经营风险方面是风险偏好者还是风险规避者	询问 / 检查	根据公司实际情况选择恰当的风险管理方法，总体上属于风险规避者	良好
4. 管理层在选择会计政策和作出会计估计时是倾向于激进还是保守	询问 / 检查	根据国家规定和公司实际情况选择恰当的会计政策，总体上趋于保守	良好
5. 管理层对于信息流程以及会计职能部门和人员是否给予了适当关注	询问 / 检查	恰当关注	良好
6. 对于重大的内部控制和会计事项，管理层是否征询注册会计师的意见，或者经常在这些方面与注册会计师存在不同意见	询问 / 检查	与注册会计师保持密切沟通，善于听取注册会计师建议	良好
五、组织结构及职权与责任的分配方面			
1. 在被审计单位内部是否有明确的职责划分，是否将业务授权、业务记录、资产保管和维护，以及业务执行的责任尽可能地分离	询问 / 检查 / 观察	是。参见其组织机构图	良好
2. 数据处理和管理的职责划分是否合理	询问 / 检查 / 观察	是	良好
3. 是否已针对授权交易建立适当的政策和程序	询问 / 检查 / 观察	是	良好

续表

项目	了解方法	了解情况	初步评价
六、人力资源政策与实务方面			
1. 被审计单位是否在招聘、培训、考核、晋升、薪酬、调动和辞退员工方面都有适当的政策和程序（特别是在会计、财务和信息系统方面）	询问 / 检查	是	良好
2. 是否有书面的员工岗位职责手册，或者在没有书面文件的情况下，对于工作职责和期望是否作了适当的沟通和交流	询问 / 检查	是	良好
3. 人力资源政策与程序是否清晰，并且定期发布和更新	询问 / 检查 / 观察	是	良好
4. 是否设定适当的程序对分散在各地区和海外的经营人员建立和沟通人力资源政策与程序	询问 / 检查 / 观察	是	良好
存在的重大缺陷和影响	本所在 2018 年 3 月对云南白药 2017 年末内部控制出具了标准无保留意见审计报告。2018 年度，云南白药内部控制无重大变化，执行情况一直保持良好。 本所也将同时实施云南白药 2018 年末内部控制审计。 云南白药 2018 年度内部控制自我评价报告认为，其内部控制有效。 我们通过对云南白药 2018 年度内部控制的询问、检查相关文件和记录及报告、观察等程序，没有发现云南白药 2018 年度内部控制环境存在重大 / 重要缺陷的迹象		

在实务中，审计师还需要了解被审计单位的风险评估过程、信息系统与沟通（特别是会计信息系统、计算机系统或信息系统）、控制活动、对控制的监督等，其基本思路和方法类似，在此从略，可参见后附的二维码资料。

了解被审计单位风险评估过程（B21-4）

了解被审计单位的信息系统与沟通

信息系统与沟通——会计系统

信息系统与沟通——计算机系统

了解被审计单位控制活动

了解被审计单位对控制的监督

表 5-15 6-2 了解被审计单位的内部控制——货币资金循环（B21-8）

控制环节	对控制的了解	控制是否存在[①]	了解的方法[②]	防止和发现舞弊的控制	重要账户或列报	完整性	存在/发生	准确性	截止	计价/分摊	权利/义务	分类	内部控制程序设计是否有效[③]	与管理层沟通[④]
1. 职务分离控制	货币资金业务不相容岗位是否相互分离，是否存在一人办理货币资金的全过程业务的现象	√ 不相容职务严格分离	询问/检查	√									√	
	单位负责人、会计主管人员的直系亲属有无担任出纳岗位工作，是否实行回避制度	√	询问/检查	√									√	
	银行存款月末对账及余额调节表的编制，是否由出纳员或独立的稽核人员担任；如由出纳员担任，是否需由独立的稽核人员进行复核	√	询问/检查	√									√	

①③【√/×】
②【询问/检查/观察/穿行测试等】
④【针对有问题的控制而言】

续表

控制环节	对控制的了解	控制是否存在	了解的方法	防止和发现舞弊的控制	重要账户或列报	完整性	存在/发生	准确性	截止	计价/分摊	权利/义务	分类	内部控制程序设计是否有效	与管理层沟通
1. 职务分离控制	货币资金结算票证和财务主管名章、财务专用章是否分人保管并加盖	√	询问/检查	√									√	
	保险库钥匙是否由出纳员和计划财务部部长分别保管	√	询问/检查	√									√	
2. 授权批准	是否建立货币资金业务的授权批准制度，明确审批人对货币资金业务审批的权限、程序、责任	√	询问/检查/观察/穿行测试等	√									√	
	审批人应根据货币资金授权批准制度的规定，在授权范围内进行审批，有无超越审批权限。未经授权的部门和人员有无办理货币资金业务	√	询问/检查/穿行测试等	√									√	

续表

控制环节	对控制的了解	控制是否存在	了解的方法	防止和发现舞弊的控制	重要账户或列报	完整性	存在/发生	准确性	截止	计价/分摊	权利/义务	分类	内部控制程序设计是否有效	与管理层沟通
2. 授权批准	对重大项目性资金支付业务，是否执行公司计划，实行集体决策和审批制度，有无个人自行决定划转巨额货币资金	√	询问/检查/观察/穿行测试等	√									√	
3. 支付资金	货币资金是否实行预算管理，每月按生产需求制定货币资金计划上报计财部，批准后按预算执行	√	询问/检查/观察/穿行测试等	√									√	
	货币资金的使用部门是否提前向相关审批人提出货币资金支付申请，注明货币资金支付的用途、理由、金额、预算、支付方式等	√	询问/检查/观察/穿行测试等	√	现金、银行存款、其他货币资金		√	√	√	√		√	√	

续表

控制环节	对控制的了解	控制是否存在	了解的方法	防止和发现舞弊的控制	重要账户或列报	完整性	存在/发生	准确性	截止	计价/分摊	权利/义务	分类	内部控制程序设计是否有效	与管理层沟通
3. 支付资金	授权审批人是否根据其授权权限和相应的程序对相关业务的真实性、合法及原始凭证的合规性进行审批，并书面批示	√	询问/检查/观察/穿行测试等	√	现金、银行存款、其他货币资金		√	√	√	√		√	√	
	会计人员是否对经过批准的支付申请进行复核，复核内容包括支付申请批准的程序是否正确，手续及相关单证是否齐备，金额计算是否正确、支付方式是否妥当等，合格后，会计人员在附有支付申请的借款单据上签字并填制付款凭证	√	询问/检查/观察/穿行测试等	√	现金、银行存款、其他货币资金		√	√	√	√		√	√	

续表

控制环节	对控制的了解	控制是否存在	了解的方法	防止和发现舞弊的控制	重要账户或列报	完整性	存在 / 发生	准确性	截止	计价 / 分摊	权利 / 义务	分类	内部控制程序设计是否有效	与管理层沟通
3. 支付资金	出纳人员是否根据复核后的借款单据或付款凭证对上述复合事项进一步审核，确保无误后按规定办理手续，并在付款凭证及相关的原始凭证上加盖“付讫”章	√	询问 / 检查 / 观察 / 穿行测试等	√	现金、银行存款、其他货币资金		√	√	√	√			√	
	会计核算相关岗位是否审核借款审批单、费用报销单或收取现金开具的收据等，编制记账凭证	√	询问 / 检查 / 观察 / 穿行测试等	√	现金、银行存款、其他货币资金		√	√	√	√			√	
4. 收入资金	货币资金收入是否及时入账，是否将出售的废料收入、罚款收入等零星收入作账外记录	√	询问 / 检查 / 观察 / 穿行测试等	√	现金、银行存款、其他货币资金	√	√	√	√	√			√	

续表

控制环节	对控制的了解	控制是否存在	了解的方法	防止和发现舞弊的控制	重要账户或列报	完整性	存在／发生	准确性	截止	计价／分摊	权利／义务	分类	内部控制程序设计是否有效	与管理层沟通
4. 收入资金	收款日记账与银行存款通知书以及汇款通知书核对一致	√	询问／检查／观察／穿行测试等	√	银行存款	√	√	√	√				√	
5. 资金保管	确定库存现金限额和现金使用范围，出纳岗位每天检查库存现金余额是否超限额，如超过限额，送存银行	√	询问／检查／观察／穿行测试等	√	现金	√	√	√	√		√	√	√	
	出纳人员是否每日盘点现金并编制库存现金盘点表，核对库存现金与现金日记账的余额是否一致，财务部门负责人是否定期或不定期进行监督盘点	√	询问／检查／观察／穿行测试等	√	现金	√	√	√	√	√	√	√	√	

注：在了解被审计单位业务流程的内部控制时，除了解货币资金循环外，还需了解销售与收款循环、采购与付款循环、仓储与存货循环、生产循环、工薪与人事循环、融资循环、投资循环、工程项目、担保、财务报告等业务流程的内部控制。此处不一一列举，请参见 P97~P98 附的二维码资料。

表 5-16　6-3 了解被审计单位的内部控制——业务流程内部控制评价表（B21-18）

业务循环	控制设计			控制执行			可否依赖		
	好	中	差	完全	部分	无	高度	基本	不可
1. 货币资金	√			√			√		
2. 销售与收款	√			√			√		
3. 采购与付款	√			√			√		
4. 仓储与存货	√			√			√		
5. 生产循环	√			√			√		
6. 工薪与人事	√			√			√		
7. 融资与投资	√			√			√		
8. 工程项目	√			√			√		
9. 担保	√			√			√		
10. 财务报告流程	√			√			√		
内控严重缺陷或不合理之处的简述：	无								
结论	可高度信赖			可基本信赖			不可以信赖		
	√								

表 5-17　7-1 被审计单位可能存在重大错报风险的事项或情况（B22）

项目	简要描述
1. 在经济不稳定的国家或地区开展业务	不适用
2. 在高度波动的市场开展业务	不适用
3. 在严厉、复杂的监管环境中开展业务	监管环境没有发生重大变化
4. 持续经营和资产流动性出现问题，包括重要客户流失	持续经营和资产流动性良好
5. 融资能力受到限制	云南白药融资能力良好
6. 行业环境发生变化	行业政策环境发生变化：国家在医药行业落地新的政策方针，实行三医联动、零差率、处方外流、二次议价等政策，压低医药占比，导致药价下跌，医院处方外流严重，药占比降低，中成药在医院中的生存难度进一步加大。由于云南白药品牌影响力较大，可采取有效措施应对风险，故行业政策的变化并未给公司带来重大风险
7. 供应链发生变化	无重大变化

续表

项目	简要描述
8. 开发新产品或提供新服务，或进入新的业务领域	新产品开发和投入市场稳健推进
9. 开辟新的经营场所	2018 年度没有开辟新的经营场所
10. 发生重大收购、重组或其他非经常性事项	2018 年，云南白药开展反向吸收合并控股股东云南白药控股的重大资产重组专项工作。2018 年 10 月 31 日，公司第八届董事会 2018 年第六次会议审议通过了《关于云南白药集团股份有限公司吸收合并云南白药控股有限公司的方案》《关于〈云南白药集团股份有限公司吸收合并云南白药控股有限公司暨关联交易预案〉及其摘要的议案》等与本次重大资产重组相关的议案。公司拟向云南省人民政府国有资产监督管理委员会、新华都实业集团股份有限公司及江苏鱼跃科技发展有限公司发行股份的方式吸收合并云南白药控股有限公司
11. 拟出售分支机构或业务分部	不存在
12. 复杂的联营或合资	公司拥有三家联营企业，联营企业主营业务与云南白药主营业务相近，无合资企业，不存在重大错报风险
13. 运用表外融资、特殊目的实体以及其他复杂的融资协议	不存在
14. 重大的关联方交易	关联交易决策程序合规，相关信息披露充分、合规
15. 缺乏具备胜任能力的会计人员	会计人员均具有专业胜任能力，整体水平高
16. 关键人员变动	本期关键人员没有变动
17. 内部控制薄弱	内部控制健全有效
18. 信息技术战略与经营战略不协调	不存在此迹象
19. 信息技术环境发生变化	线上线下协同发展，网购兴起，互联网业务兴起
20. 安装新的与财务报告有关的重大信息技术系统	不存在此情形
21. 经营活动或财务报告受到监管机构的调查	无此情形
22. 以往存在重大错报或本期期末出现重大会计调整	无此情形
23. 发生重大的非常规交易	无此情形
24. 按照管理层特定意图记录的交易	无此情形

续表

项目	简要描述
25. 应用新颁布的会计准则或相关会计制度	财政部于2018年颁布了《关于修订印发2018年度一般企业财务报表格式的通知》(财会〔2018〕15号),多个报表项目列报发生变化。2018年,云南白药及其子公司已根据上述通知编制2018年度财务报表,并相应调整比较财务报表
26. 会计计量过程复杂	云南白药主要以制造和销售以白药为主的医药、健康类产品,种类繁多且销售业务频繁,销售量巨大,收入确认和计量不复杂,但存货分布广泛,准确计量较为复杂
27. 事项或交易在计量时存在重大不确定性	无此情形
28. 存在未决诉讼和或有负债	无此情形
结论: 云南白药产品种类繁多,分布地域广泛,且销售业务频繁,销售量巨大,对于收入和存货的准确计量较为复杂,可能存在重大错报风险,但财务报表总体重大错报风险不高	

表5-18　7-2评估财务报表层次的重大错报风险(B23)

重大错报风险	是否属于特别风险	总体应对措施
一、了解被审计单位及其环境(不包括内部控制)所识别的风险汇总		
国际医药市场正处在重构过程中,医疗、医药新技术的应用重新构建了行业内企业的经营形态和商业模式,传统的医药产品和服务难以满足个性化、精准化的市场需求情况,以新型个体为主题的系统化诊疗服务开始逐步兴起,人工智能和大数据在医疗领域的应用正在颠覆现有的以医生为中心的诊疗模式,未来的医疗行业将由经验驱动向数据驱动转变;同时,规模优势不再成为竞争优势,竞争方式逐渐转变为在某几个领域持续深耕,打造难以替代的核心竞争力。这对公司发展提出了新的挑战,也创造了新的机遇。云南白药总体情况良好,财务报表重大错报风险不高	否	1. 向项目组强调保持职业怀疑的必要性 2. 指派具有医药行业经验的审计人员 3. 提供恰当的督导
二、了解被审计单位内部控制所识别的风险汇总		
云南白药对内部控制进行了自我评价,认为在2018年12月31日,按照《企业内部控制基本规范》和相关规定,在所有重大方面保持了有效的内部控制	否	1. 执行内部控制测试

续表

重大错报风险	是否属于特别风险	总体应对措施
本所在2018年3月对云南白药2017年末内部控制出具了标准无保留意见审计报告。2018年度，云南白药内部控制无重大变化，执行情况一直保持良好。本所也将同时实施云南白药2018年末内部控制审计。 我们通过对云南白药2018年度内部控制实施询问、检查相关文件和记录及报告、观察等程序，没有发现云南白药2018年度内部控制存在重大或重要缺陷的迹象	否	2. 执行财务报告内部控制审计，并出具审计报告
三、影响报表层次的舞弊风险汇总		
未识别出舞弊风险		
四、评估财务报表层次的重大错报风险结论 云南白药2018年度财务报表重大错报风险不高，考虑其为重要上市公司，监管部门和投资者比较关注，因此将其财务报表重大错报风险评估为中		

表5-19　7-3评估认定层次的重大错报风险（B24）

重大账户	认定	识别的重大错误风险	风险评估结果	制定的审计策略
			重大错报风险	
列示重大账户，例如应收账款	列示相关的认定，例如存在、完整、计价和分摊等	汇总所有之前程序所识别的与该重大账户的该认定相关的重大错报风险	评估该认定的重大错报风险水平	
销售收入	发生、完整、准确性、截止	云南白药2018年度营业收入约为267亿元，其中主营业务收入约为266亿元，占营业收入总额的99.89%；由于主营业务收入金额重大且为关键业绩指标，从而存在管理层为了达到特定目标或期望而操纵收入确认的固有风险	初步判断收入确认方面存在重大错报风险	1. 了解销售业务活动及其相关的内部控制，并测试相关内部控制的有效性 2. 复核收入确认政策是否符合企业会计准则的要求并且一贯应用 3. 对营业收入实施分析程序，判断本期收入、毛利率变动的合理性 4. 抽样检查年度销售合同、出库单、发票、运输凭证、收货回执等支持性文件与相应的会计记录，验证收入确认金额的正确性 5. 对重要客户的销售额及应收账款实施函证程序，并抽查期后回款情况 6. 执行销售业务截止测试，确定是否存在重大跨期情况 7. 检查营业收入在财务报表中列报与披露的恰当性

续表

重大账户	认定	识别的重大错误风险	风险评估结果 重大错报风险	制定的审计策略
应收账款及坏账准备	准确性，计价、分类	截至2018年12月31日云南白药应收账款余额约20亿元，已计提坏账准备约1.4亿元，应收账款净值约18.5亿元，对财务报表整体具有重要性。同时坏账准备的确认涉及管理层运用重大会计估计和判断	初步判断应收账款坏账准备存在重大错报风险	1. 测试和评价管理层对应收账款日常管理，评估相关内部控制的有效性 2. 对于单项金额重大的应收账款，抽样复核管理层评估可收回性的相关考虑及依据的客观证据 3. 对于按照账龄分析法计提坏账准备的应收账款，根据公司历史数据并参考同行业可比公司情况，评估管理层确定坏账准备计提比例的合理性 4. 取得管理层编制的应收账款账龄明细表，抽查样本，复核应收账款账龄明细表的准确性 5. 取得应收账款坏账准备计提表，检查是否按照坏账政策一贯执行；在抽样测试账龄划分正确性的基础上，重新计算坏账准备计提金额是否准确 6. 对应收账款期末余额实施函证程序 7. 抽样检查应收账款期后回款情况 8. 检查应收账款和坏账准备在财务报表中列报与披露的恰当性
在建工程	存在、准确性，计价与分摊	云南白药涉及在建期间的重点工程有云南白药集团健康产业项目（一期）、文山七花有限责任公司搬迁扩建项目等17项，项目较多。2018年末在建工程余额约6亿万元，与年初余额1.4亿元相比，同比增加321.62%变动比例极大。 建设资金来源由专门借款、一般借款及自有资金三类构成，每年利息支出金额较大（2018年利息支出总额为1.9亿元），对借款费用资本化和费用化的区分，存在管理层的判断及较为复杂的计算过程	认为在建工程计价存在重大错报风险	1. 了解在建工程基本情况及相关内部控制，并测试内部控制的有效性 2. 抽查在建工程的相关会计记录，并与施工方（设备供应商）、监理、公司共同确认的工程量及产值报告（包括工程量签证单及汇总表、工程月进度结算报表、设备验收表）以及工程施工合同、设备采购合同、发票进行核对 3. 检查借款费用的会计处理政策，复核利息资本化的合规性 4. 查阅公司在建工程月报表以及监理报告，实地察看在建工程建设情况 5. 检查在建工程在财务报表中列报与披露的恰当性

续表

重大账户	认定	识别的重大错误风险	风险评估结果 重大错报风险	制定的审计策略
财务费用	发生、准确性、分类	由于利息支出与银行手续费增加，公司2018年财务费用合计约为1.6亿元，与2017年（约0.7亿元）相比，同比增加125.12%，变动极大	认为财务费用存在重大错报风险	1. 获取财务费用明细表，复核其准确性 2. 结合可获取的信息，评价作出预期数值的可靠性，并比较已记录的金额和预期值，关注已记录金额和预期值的差异，进一步调查差异 3. 抽取重大的财务费用凭证，追查相应的合同、发票等支持性文件，验证其会计处理的恰当性 4. 检查财务费用在财务报表中列报和披露的恰当性
研发费用	发生、完整	公司持续加大研发力度，以巩固核心竞争力，2018年公司研发投入约1.1亿万元，占公司2018年度营业总收入的2.87%。与2017年（约0.8亿元）相比，同比增加31.26%，变动较大	认为研发费用存在重大错报风险	1. 了解云南白药研发活动及其相关内部控制，并测试内部控制的有效性 2. 获取本年度研发费用明细表并复核其准确性，并与上年度比较，分析其变动原因和总体合理性 3. 检查重要研发费用发生的相关凭证，验证业务发生的真实性和相关会计处理的恰当性，重点关注是否存在不符合规定的研发活动被计入的情况 4. 检查研发费用资本化和费用化的相关处理是否恰当 5. 关注研发活动涉及的税费、折旧等会计处理是否正确 6. 检查研发费用在财务报表中列报与披露的恰当性
存货	存在、准确性，计价和分摊、权利与义务	存货种类繁多，准确计量较为复杂	认为存货存在重大错报风险	1. 了解云南白药存货相关业务活动及其相关内部控制，并测试内部控制的有效性 2. 复核年末存货余额明细表的准确性，比较本年末与上年末存货余额变化情况，分析其变动原因，判断其总体合理性 3. 分析本年度存货周转天数和预期值、上年度之间的差异，调查存在重大差异的原因，分析长期挂账存货的原因，获取计价与分摊有关的证据

续表

重大账户	认定	识别的重大错误风险	风险评估结果 重大错报风险	制定的审计策略
存货	存在、准确性，计价和分摊、权利与义务	存货种类繁多，准确计量较为复杂	认为存货存在重大错报风险	4. 实地监盘存货，并与期末存货记录核对，并关注是否有代为保管的存货，获取存货存在、完整性和权利与义务的证据 5. 对于存放地点不同的同类存货同时监盘；对于异地存货，可以进行函证或聘请当地注册会计师代为监盘 6. 检查重要存货的原始凭证与记账凭证，审查其增减变动的恰当性，并关注是否有挂账或无发票的存货且查明原因 7. 复核发出和期末存货的计价，复核期末存货减值准备计提的恰当性 8. 检查存货在财务报表中列报与披露的恰当性

四、昆明机床2013年度财务报表重大错报风险评估案例

（一）中国证监会的行政处罚决定书摘录

2018年2月5日，中国证监会公布了对沈机集团昆明机床股份有限公司（以下简称昆明机床，股票代码：600806）及其董监高的行政处罚决定书。在该决定书中认定昆明机床在2013—2015年存在虚增收入、少计提辞退福利和高管薪酬、隐瞒存货等财务舞弊行为。其中认定：昆明机床2013年至2015年通过跨期确认收入、虚计收入和虚增合同价格三种方式虚增收入48 308.0万元。中国证监会查明：

2013年至2015年，昆明机床通过虚构合同、虚构发货单、虚构运输协议、设置账外产成品库房、提前确认销售收入等，以跨期确认收入和虚计收入的方式虚增收入，涉及客户123户，交易417笔，其中跨期确认收入222笔，虚计收入195笔。

2013年至2015年，昆明机床与相关经销商或者客户签订真实的销售合同，在经销商或客户支付部分货款后，产品未发货前即提前确认收入，将当年未实际按合同履约生产、发运机床的收入跨期确认至该年度，以达到虚增当年利润的目的。此外，昆明机床还存在将2014年实际履行合同取得的3笔收入调整确认至2015年度的情况。经查，昆明机床2013年跨期确认收入56笔，共计7 626.8万元；2014年跨期确认收入59笔，共计4 123.0万元；2015年跨期确认收入107笔，共计14 146.1万元。

2013 年至 2015 年，昆明机床与部分经销商或客户签订合同，经销商或客户虚假采购昆明机床产品并预付定金，但最终并不提货，后期将定金退回客户，或者直接按照客户退货进行处理，完成虚假销售。在此过程中，昆明机床虚构合同、发货单、运输协议等单据，通过虚构交易的方式来虚计收入，以达到虚增当年利润的目的。为配合虚构销售业务，昆明机床采用在账外设立库房的方式，将存货移送至账外库房；要求出租外库的出租人将租金业务发票开具为运输费用发票。昆明机床 2013 年虚计收入 115 笔，共计 12 235.3 万元；2014 年虚计收入 46 笔，共计 7 946.0 万元；2015 年虚计收入 34 笔，共计 2 020.4 万元。

此外，2013 年至 2014 年，昆明机床还通过单边虚增合同价格的方式虚增收入 210.6 万元。其中，2013 年昆明机床虚增合同价格 148.6 万元，涉及客户 14 户，机床 44 台；2014 年虚增合同价格 62.0 万元，涉及客户 10 户，机床 22 台。

综上，昆明机床 2013 年至 2015 年通过跨期确认收入、虚计收入和虚增合同价格三种方式虚增收入共计 48 308.0 万元，其中 2013 年虚增收入 20 010.6 万元，2014 年虚增收入 12 131.0 万元，2015 年虚增收入 16 166.4 万元。昆明机床虚增 2013 年度、2014 年度、2015 年度营业收入金额分别占公开披露的当期营业收入的 19.44%、13.98%、20.82%。

（资料来源：《中国证监会行政处罚决定书（沈机集团昆明机床股份有限公司、王兴、常宝强等 23 名责任人员）》〔2018〕9 号，2018 年 2 月 5 日。）

（二）补充资料

（1）根据昆明机床对外披露的年度报告，其对外披露的主要财务数据项目如表 5-20 所示。

表 5-20　昆明机床 2011—2015 年度财务数据摘要

金额单位：万元

财务报表项目	2011 年度	2012 年度	2013 年度	2014 年度	2015 年度
营业收入	180 485.8	108 631.1	106 283.5	86 788.9	77 659.5
归属于上市公司股东的净利润	5 456.7	−7 322.0	744.0	−20 409.1	−19 638.5
归属于上市公司股东的扣除非经常性损益的净利润	5 189.8	−8 493.3	−2 509.4	−22 416.6	−21 858.3
经营活动产生的现金流量净额	65.5	757.1	−7 758.8	−13 225.6	−16 356.9
归属于上市公司股东的净资产	140 213.8	131 829.6	132 573.7	108 555.8	88 917.2
总资产	255 866.4	254 875.2	279 327.0	218 512.2	279 614.4

（资料来源：昆明机床 2012—2015 年度报告。昆明机床在 2014 年对其 2012 年、2013 年度财务报表进行了重述，本表为重述前的数据。）

（2）阅读昆明机床2013年度报告，获取昆明机床及机床行业相关信息。在昆明机床2013年度报告“第四节 董事会报告”中有如下表述，“2013 年以来，在全球经济环境再平衡、国内经济总体放缓依然低迷的困难条件下，中国机床工具行业延续了近两年来的下行趋势，行业回暖待期。同时，机床市场需求结构发生了巨大变化，对机床行业产生了全面而深刻的影响，行业发展在结构调整、转型升级方面的特征更加明显。”“机床类产品的销售收入，受市场因素、价格因素及库存因素的影响。①市场因素：宏观经济调控使经济减速，固定资产投资减少，下游行业不景气，并且没有特别需求亮点；机床增量需求下滑，行业高增长后的滞待效应在显现。机床订单量减少，部分客户资金状况不良好及开工率不足，订购的机床产品延期提货或暂不提货，造成库存积压，影响销售收入。②价格因素：市场竞争加剧，为了抓住市场，赢得订单，机床行业销售单价较去年有所降低，销售量受市场环境的影响，也有所下降，影响了销售收入。③库存因素：客户延期提货或暂不提货，机床商品出现积压情况，库存占用资金加大，影响了再投入生产及运转。为了消减库存，对部分现货实行降价销售，影响销售收入。”

（3）根据我国股票上市规则规定，上市公司连续两年亏损，则股票将被实施“特别处理风险”警示，即股票名称将改为“STXX”；若连续三年亏损，则股票将被实施退市风险警示，股票名称将改为“*STXX”。

（三）案例分析

要求：假如你是昆明机床2013年度财务报表审计的主审注册会计师（即项目负责人），请你对昆明机床2013年度财务报表重大错报风险进行识别与评估，并简要说明理由。

（四）分析思路与要点

风险评估中，审计师应当首先了解被审计单位及其环境，然后实施询问被审计单位管理层和内部其他相关人员、分析程序、观察和检查、考虑其他信息、项目组讨论等程序，以便以识别与评估财务报表层次和认定层次的重大错报风险。

根据本案例中所给的资料，我们可以通过了解昆明机床及其环境、对昆明机床进行舞弊风险因素分析、实施分析程序等，来识别和评估昆明机床是否存在财务报表重大错报风险。

（1）了解昆明机床及其环境，表明昆明机床财务报表重大错报风险较高。从补充资料（2）中得知，昆明机床财务报表在2013年度存在很高的重大错报风险，且表明其2013年度在销售量和销售单价双双下降，意味着其营业收入、净利润和经营活动净现金流方面比以前年度要严重下滑。

（2）从舞弊风险因素分析，昆明机床在2013年度有很强烈的虚增其净利润的财务舞弊动机和压力。因为昆明机床2012年度亏损7 332万元，若2013年度继续亏损，其股票将被“ST”。

（3）实施分析程序。

①对昆明机床会计数据和财务指标实施分析程序，如表5-21所示。

表 5-21　昆明机床 2011—2013 年度财务数据比较分析表

金额单位：万元

财务报表项目	2011 年度		2012 年度		2013 年度		简要比较分析结论
	金额	比上年增加	金额	比上年增加	金额	比上年增加	
营业收入	180 485.8	12.97%	108 631.1	−39.81%	106 283.5	−2.16%	2012 年度比 2011 年度减少约 40%；2013 年度比 2012 年度仅减少 2%，不符合机床行业趋势，也不符合其 2013 年度报告中表述的“销售量、价双降”的情况
归属于上市公司股东的净利润	5 456.7	−69.40%	−7 322.0	−234.18%	744.0	由大额亏损转为大额盈利	2013 年度营业收入比 2012 年度减少约 2%，且在其 2013 年度“销售量、价双降”的情况下，由 2012 年度净利润 −7 322 万元变为 2013 年度净利润 744 万元，净利润增加了 8 066 万元，不符合一般制造业的行业规律，也不符合所了解到的行业情况和昆明机床情况。净利润的重大错报风险很高
归属于上市公司股东的扣除非经常性损益的净利润	5 189.8	−69.06%	−8 493.3	−263.65%	−2 509.4	减亏总额较大	2013 年度净利润比扣除非经常性损益的净利润高 3 243 万元，表明其净利润主要来源于非经常性损益，存在较高的盈余管理风险
经营活动产生的现金流量净额	65.5	−99.49%	757.1	1056.23%	−7 758.8	由净流入变为大额净流量	2013 年度净利润为 744 万元，但经营净现金流为 −7 758.6 万元，表明其净利润没有相应的经营净现金流，盈利质量不高；与 2012 年度比较，2012 年度是亏损 7 322 万元，但经营净现金流 757 万元，2013 年度则刚好相反。这表明昆明机床 2013 年度净利润存在重大错报风险较高，且表明是虚增利润
归属于上市公司股东的净资产	140 213.8	2.04%	131 829.6	−5.98%	132 573.7	0.56%	
总资产	255 866.4	13.83%	254 875.2	−0.39%	279 327.0	9.59%	

（资料来源：昆明机床 2013 年度报告）

［提示］这是在对昆明机床 2013 年度财务报表审计时的分析程序及其提示的重大错报风险，且只将 2013 年度财务报表与 2012 年度的比较分析。在实务中，最好还要做与 2013 年度计划的比较、与同行业比较、将财务数据增减趋势与相关业务数据增减趋势比较等。

②非经常性损益项目和金额比较分析，如表 5-22 所示。

表 5-22　扣除非经常性损益项目和金额

金额单位：万元

非经常性损益项目	2013 年度	2012 年度	2011 年度
非流动资产处置损益	112.36	-46.48	139.36
计入当期损益的政府补助，但与公司正常经营业务密切相关，符合国家政策规定、按照一定标准定额或定量持续享受的政府补助除外	422.23	1536.94	255.24
应付账款债务调整利得	2147.25	—	—
应收账款债权转让利得	1455.55	—	—
债务重组损益	—	—	-90.54
除上述各项之外的其他营业外收入和支出	-263.05	-78.12	12.40
少数股东权益影响额	-581.15	-29.17	-1.99
所得税影响额	-39.76	-211.85	-47.56
合计	3253.43	1171.33	266.92

资料来源：昆明机床 2013 年度报告。

分析结论：2013 年度非经常性损益主要是应付账款债务调整利得和应收账款债权转让利得，应作为重点审计项目。

③昆明机床 2013 年度行业、产品或地区经营情况分析，如表 5-23 所示。

表 5-23　昆明机床 2013 年度主营业务分类情况

金额单位：万元

主营业务分行业情况						
分行业	营业收入	营业成本	毛利率（%）	营业收入比上年增减（%）	营业成本比上年增减（%）	毛利率比上年增减
机床	91 599.52	72 939.3	20.37	1.91	0.63	增加 1.01 个百分点
节能型离心压缩机业务	14 684	10 798.9	26.46	-21.71	-30.62	增加 9.45 个百分点

续表

主营业务分行业情况						
分行业	营业收入	营业成本	毛利率(%)	营业收入比上年增减(%)	营业成本比上年增减(%)	毛利率比上年增减
卧式铣镗床	26 682.49	26 032.58	2.44	15.36	15.34	增加 0.44 个百分点
落地式镗铣床	28 340.2	21 187.27	25.24	−6.68	−8.96	增加 2.24 个百分点
刨台式镗铣床	14 072.21	10 225.43	27.34	2.45	−3.97	增加 5.34 个百分点
卧式加工中心	2 688.98	1 402.97	47.83	−73.4	−78.52	增加 12.83 个百分点
龙门镗铣床	8 139.83	6 245.19	23.28	−1.19	−9.24	增加 7.28 个百分点
节能型离心压缩机业务	14 684	10 798.90	26.46	−21.71	−30.62	增加 9.45 个百分点
其他	11 675.82	7 845.87	32.8	173.26	204.64	减少 7.20 个百分点

资料来源:昆明机床 2013 年度报告。

分析结论:卧式铣镗床、刨台式镗铣床和其他机床的营业收入在增长,与了解到的“机床行业销售单价较去年有所降低,销售量受市场环境的影响,也有所下降,影响了销售收入”存在严重不符,重大错报风险很高,应该作为重点审计项目。

综上分析,昆明机床在 2013 年度财务报表存在较高的虚增收入、虚增利润的重大错报风险。由于昆明机床管理层存在强烈的虚增利润的财务舞弊动机,因此,这种重大错报风险属于需要特别考虑的管理层舞弊风险。

了解被审计单位的内部控制——销售与收款循环

了解被审计单位的内部控制——采购与付款循环

了解被审计单位的内部控制——仓储与存货循环

了解被审计单位的内部控制——生产循环

了解被审计单位的内部控制——工薪与人事循环

了解被审计单位的内部控制——融资与投资循环

了解被审计单位的内部控制——工程项目

了解被审计单位的内部控制——担保业务

了解被审计单位的内部控制——财务报告

[复习思考题]

1. 风险评估的主要目的、主要内容和主要程序是什么?

2. 以风险评估基本理论为理论框架,利用本章云南白药2018年度财务报表重大错报风险评估的工作底稿模板,到巨潮资讯网(http://www.cninfo.com.cn)下载一份最新的云南白药(或者其他上市公司)年度报告,模拟实施对其最新年度财务报表审计的重大错报风险评估程序,识别和评估其财务报表层次、认定层次重大错报风险。

3. 以自己就读大学或就职工作单位最新年度财务收支审计为例,模拟实施风险评估程序,识别和评估其财务收支重大违法违纪风险。

第六章　审计计划案例

［学习目标］

1. 理解财务报表审计计划的含义、内容与编制方法。
2. 编制云南白药 2018 年财务报表审计总体策略与具体审计计划。
3. 理解国家审计实施方案基本内容与编制要求，并学会编制国家审计实施方案。

审计计划对确保高效执行审计业务、提高审计质量至关重要，也是审计准备（计划）阶段的标志性成果。

一、财务报表审计计划

财务报表审计计划包括总体审计策略和具体审计计划。

（一）总体审计策略

总体审计策略包括确定的审计业务范围、重要性水平、报告目标与时间安排及所需沟通、审计人员与时间安排、利用内部审计人员和专家的工作等，并用于指导制定更为详细的具体审计计划。其中：

审计业务范围是根据审计业务特征确定的，包括适用的财务报告编制基础、适用的审计准则、与财务报告相关的行业特别规定、被审计单位组成部分及其分布、需要阅读的其他信息、制定审计总体策略需要考虑的其他因素等。

重要性水平是确定的计划重要性水平，包括财务报表层次重要性水平和主要账户认定层次重要性水平。

报告目标与时间安排及所需沟通包括本次审计业务需提供的对外报告的类型及时间、计划的审计工作时间安排、所需沟通的内容与方式及其时间安排，包括中期和年度财务报告的最后期限，预期与管理层和治理层沟通的重要日期等。

审计人员与时间安排包括项目组主要成员的姓名、职位以及在本次审计业务中的职责，与项目质量控制复核人员的沟通范围、内容及时间安排等。

利用内部审计人员和专家的工作包括是否利用内部审计人员、其他注册会计师、其他专家的工作及其相应安排等。

在制定审计总体策略中需要考虑影响审计业务的重要因素，以确定项目组工作方向，包括初步识别可能存在重大错报风险的领域，初步识别重要组成部分和账户余额，评价是否需要针对内部控制的有效性获取审计证据，识别被审计单位、所在行业、财务报告要求及其他相关方面最近发生的重大变化及其对审计的影响等。此外，还应考虑初步业务活动的结果，以及为被审计单位提供其他服务所获得的经验。

（二）具体审计计划

具体审计计划是针对总体审计策略中所识别的不同事项制定的详细的审计实施方案，包括具体审计目标以及为获取充分、适当的审计证据拟实施的审计程序的性质、时间安排和范围，通常使用标准的审计程序表来描述具体审计计划。其中：审计目标是针对特定审计项目拟实现的具体审计目标；审计程序是为实现审计目标应当实施的具体程序，通常包括风险评估程序、计划实施的进一步审计程序和其他审计程序；其他相关内容包括具体审计计划的执行人及执行日期、审计工作底稿索引号、其他有关内容，如执行情况说明、审计结论与说明、复核结论与说明等。

注册会计师财务报表审计计划的编制流程如图 6-1 所示。

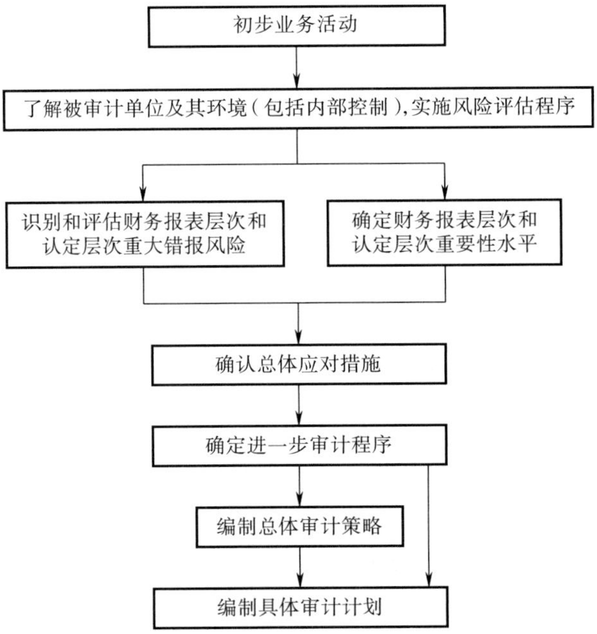

图 6-1　注册会计师财务报表审计计划编制流程

二、云南白药 2018 年度财务报表审计总体策略和部分具体计划

根据第 3 章对云南白药 2018 年度财务报表实施分析程序的结果以及第 5 章对云南白药 2018 年度财务报表重大错报风险实施风险评估程序结果，考虑其他相关因素，编制云南白药 2018 年度财务报表审计总体策略和部分具体计划。

云南白药集团股份有限公司
2018年财务报表审计总体策略和部分具体计划

ABC会计师事务所（特殊普通合伙）

2018年12月

云南白药集团股份有限公司
2018年财务报表审计总体策略和部分具体计划

为了做好云南白药集团股份有限公司（以下简称云南白药）2018年财务报表审计工作，根据《企业会计准则——基本准则》和各项具体会计准则、企业会计准则应用指南、企业会计准则解释及其他相关规定，《公开发行证券的公司信息披露编报规则第15号——财务报告的一般规定》《中华人民共和国注册会计师法》《中国注册会计师审计准则》等法律法规，结合2018年云南白药的实际情况和相关监管机构的要求以及以前年度审计的相关经验，我们制定了云南白药2018年财务报表审计总体策略和部分具体计划。

第一部分　基 本 概 述

一、基本情况

（一）基本信息

公司的中文名称：云南白药集团股份有限公司

公司的中文名称缩写：云南白药

公司英文名称：YUNNAN BAIYAO GROUP CO.,LTD

公司英文名称缩写：YUNNAN BAIYAO

公司注册地址：云南省昆明市呈贡区云南白药街3686号

公司办公地址：云南省昆明市呈贡区云南白药街3686号

邮政编码：650500

网址：www.yunnanbaiyao.com.cn

电子信箱：ynby@yunnanbaiyao.com.cn

公司法定代表人：王明辉

公司董事会秘书：吴　伟

联系地址：云南省昆明市呈贡区云南白药街3686号

联系电话：0871-66324159

传真：0871-66324159

公司指定信息披露的报纸：《证券时报》《上海证券报》《中国证券报》

中国证监会指定登载公司报告网址：http://www.cninfo.com.cn

公司股票上市交易所：深圳证券交易所

股票简称：云南白药

股票代码：000538

公司首次注册日期地点：1993年11月30日，昆明

组织机构代码：9153000021652214×

公司聘请的会计师事务所名称：ABC 会计师事务所（特殊普通合伙）

办公地址：×× 市 ×× 区 ×× 路 ××× 号

云南白药集团股份有限公司（下文简称云南白药）前身为成立于 1971 年 6 月的云南白药厂。1993 年 5 月 3 日经云南省经济体制改革委员会云体（1993）48 号文批准，云南白药厂进行现代企业制度改革，成立云南白药实业股份有限公司，在云南省工商行政管理局注册登记。1996 年 10 月经临时股东大会会议讨论，公司更名为云南白药集团股份有限公司。公司被评为“2009 年全国国有企业典型”，是历次评选中唯一入选的云南企业和医药行业企业。

云南白药创制于 1902 年，名列首批国家创新型企业，是享誉中外的中华老字号品牌。1971 年根据周恩来总理指示建厂，1993 年作为云南首家上市公司在深交所上市，1999 年成功实施创业再造，2005 年推出“稳中央、突两翼”产品战略，2010 年开始实施“新白药、大健康”产业战略，在几代白药人的辛勤耕耘下，公司逐渐形成从药材选育、种植、研发、制造到健康产品及服务的全产业链市场价值体系，形成三产融合贯通、多板块互利发展的经济生态圈，公司也从一家传统中成药企业逐步发展成为我国大健康产业领军企业之一。

（二）控股股东情况

云南白药的控股股东为云南白药控股有限公司，于 1996 年 9 月 19 日成立。

企业名称：云南白药控股有限公司

企业类型：有限责任公司

企业地址：云南省昆明市呈贡区云南白药街 3686 号

法定代表人：陈发树

注册资金：312 194.73 万元人民币

经营范围：植物药原料基地的开发和经营；药品生产、销售（限所投资企业凭许可证生产、经营）、研发；医药产业投资；生物资源的开发和利用；国内、国际贸易。

二、组织结构

（一）公司组织结构图（见图 6–2）

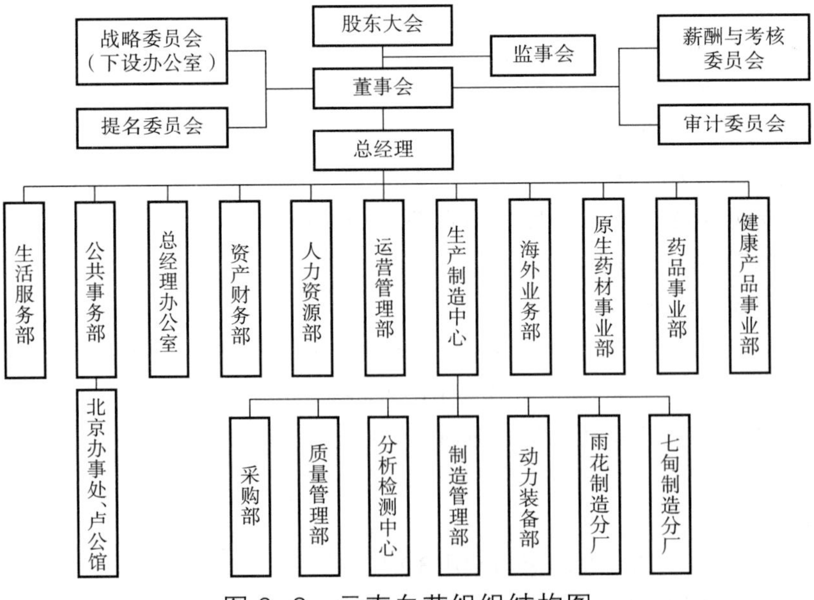

图 6–2　云南白药组织结构图

（二）公司控股及参股公司

1. 控股及参股公司关系图（见图 6-3）

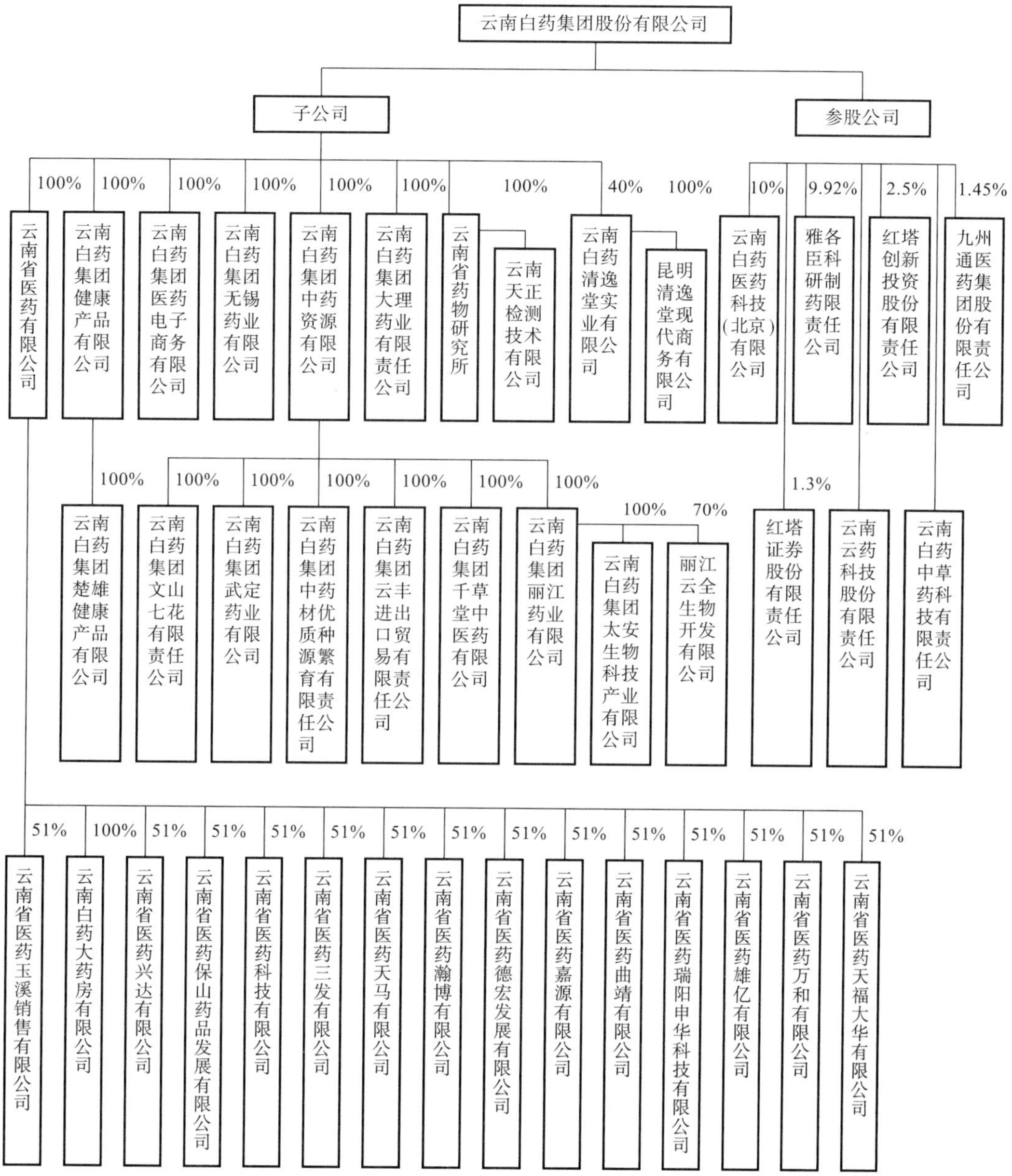

图 6-3 云南白药控股及参股公司关系图

2. 子公司基本情况

云南白药直接或间接控股子公司共 34 家，情况如表 6-1 所示。

表 6-1　云南白药控股子公司情况表

子公司全称	企业类型	注册地	法定代表人	注册资本（人民币）	持股比例（%）	统一社会信用代码
云南白药集团大理药业有限责任公司	有限责任公司	大理	王锦	1 551.5 万元	100	91532900218671552P
云南白药集团医药电子商务有限公司	有限责任公司	昆明	顾明	3 000 万元	100	9153000071940396××
……	……	……	……	……	……	……

（由于篇幅限制，表 1 只列举了部分子公司，具体内容见云南白药 2018 年度报告）

3. 合营企业和联营企业基本情况

云南白药无合营企业，有 3 家联营企业，相关情况，如表 6-2 所示。

表 6-2　云南白药联营企业情况表

联营公司全称	公司类型	注册地	法定代表人	注册资本	直接持股比例（%）	统一社会信用代码
云南白药中草药科技有限公司	有限责任公司（中外合资）	昆明	朱兆云	285 万美元	41	915300007452593672
云南天正检测技术有限公司	其他有限责任公司	昆明	何昆云	2 000 万元人民币	35	91530121080449800C
云南白药清逸堂香港有限公司	私人股份有限公司	—	—	—	—	—

三、财务情况

云南白药 2018 年度财务情况，如表 6-3 所示。

表 6-3　云南白药 2018 年度财务报表（部分）①

金额单位：万元

项目	期末金额	期初金额	变动额	变动率	备注
货币资金	301 713	266 633	35 080	13.16%	
以公允价值计量且其变动计入当期损益的金融资产	726 484	674 938	51 545	7.64%	
应收票据②	317 374	429 335	−111 961	−26.08%	
应收账款	185 338	123 381	61 957	50.22%	

① 限于资料，这里引用的云南白药 2018 年度财务报表期末（年度）金额为审计后的金额，引自云南白药 2018 年度报告。在实务中，应用的金额为未审计数。

② 根据财政部关于 2018 年年度企业会计报表格式的通知，应收账款和应收票据合并成一项披露，云南白药在年报中同时披露了分项数据。下文应付账款和应付票据同样。

续表

项目	期末金额	期初金额	变动额	变动率	备注
预付款项	60 215	41 796	18 419	44.07%	
其他应收款	32 350	20 253	12 097	59.73%	
存货	999 401	866 328	133 073	15.36%	
其他流动资产	105 475	87 692	17 783	20.28%	
固定资产	171 529	174 537	−3 008	−1.72%	
在建工程	61 051	14 481	4 657	32.16%	
无形资产	31 184	31 937	−754	−2.36%	
递延所得税资产	24 456	22 736	1 721	7.57%	
资产总额	3 037 759	277 025	2 675	9.66%	
短期借款	—	—			
应付票据	139 348	98 596	4 075	4.13%	
应付账款	422 205	358 384	6 382	1.78%	
预收款项	85 907	108 831	−229	0.21%	
应付职工薪酬	17 149	14 747	2 402	16.29%	
应交税费	42 093	27 411	1 468	5.36%	
其他应付款	132 026	144 467	−124	−0.86%	
一年内到期的非流动负债	179 908	0	179 908	100.00%	
递延收益	24 546	21 827	2 718	12.45%	
负债总额	1 045 510	955 961	8 954	9.37%	
股本	104 140	104 140	0	0.00%	
资本公积	124 722	124 722	0	0.00%	
盈余公积	104 786	94 037	1 074	1.14%	
未分配利润	1 644 550	148 085	1 636	1.10%	
股东权益总额	1 992 249	181 429	1 779	9.81%	
项目	本年度金额	上年度金额	变动额	变动率	备注
营业收入	2 670 821	243 146	2 393	9.84%	
营业成本	1 854 943	167 315	1 817	1.09%	
税金及附加	17 625	16 965	660	3.89%	
销售费用	392 159	368 351	2 380	6.46%	
管理费用	31 207	30 273	934	3.08%	

续表

项目	本年度金额	上年度金额	变动额	变动率	备注
研发费用	11 030	8 404	2 627	31.26%	
财务费用	16 331	7 254	9 077	125.1%	
营业利润	383 199	362 073	2 112	5.83%	
利润总额	382 616	362 185	2 043	5.64%	
所得税费用	53 642	48 931	4 710	9.63%	
净利润	328 975	313 253	1 572	5.02%	
基本每股收益	3	3	0	5.30%	
销售商品、提供劳务收到的现金	3 187 375	2 806 290	381 085	13.58%	
购买商品、接受劳务支付的现金	2 351 941	2 131 058	220 884	10.36%	
支付给职工以及为职工支付的现金	133 819	127 826	5 992	4.69%	
支付的各项税费	177 589	187 772	−10 184	−5.42%	
经营活动产生的现金流量	262 981	115 569	147 412	127.55%	
收回投资收到的现金	315 229	672 556	−357 328	−53.13%	
购建固定资产、无形资产和其他长期资产支付的现金	53 962	19 321	34 641	179.30%	
投资支付的现金	334 930	775 428	−440 498	−56.81%	
投资活动产生的现金流量	−85 881	−35 180	−50 701	144.12%	
吸收投资收到的现金	4 974	0	4 974	100.00%	
分配股利、利润或偿付利息支付的现金	166 917	93 079	73 838	79.33%	
筹资活动产生的现金流量净额	−161 982	−91 173	−70 809	77.67%	

四、经营状况[①]

（一）行业发展趋势

当前，国际医药市场正处在重构过程中，医疗、医药新技术的应用重新构建了行业内企业的经营形态和商业模式，传统的医药产品和服务难以满足个性化、精准化的市场需求情况，以新兴个体为主题的系统化诊疗服务开始逐步兴起，人工智能和大数据在医疗领域的应

① 本部分详细内容可参见《云南白药2018年度报告》“第三节　公司业务概要”和“第四节　经营情况讨论与分析”。

用正在颠覆现有的以医生为中心的诊疗模式，未来的医疗行业将由经验驱动向数据驱动转变；同时，规模优势不再成为竞争优势，竞争方式逐渐转变为在某几个领域持续深耕，打造难以替代的核心竞争力，这对公司发展提出了新的挑战，也创造了新的机遇。

（二）经营情况概述

公司受益于重组改革引擎的持续助推，公司围绕“新白药，大健康”战略，凝聚产业力量，夯实基础、提质增效，以产品创新、技术创新、商业模式创新、管理创新为抓手，谋战略、调结构、促转型，着力于重构价值体系、组织模式、流程机制、产业布局，在巩固和提升综合实力的同时，产业结构进一步优化，发展活力和经济效益稳步提升。

2018 年公司实现营业收入 267.08 亿元，较上年同期的 243.15 亿元净增 23.94 亿元，增幅 9.84%；实现利润总额 38.26 亿元，较上年同期的 36.22 亿元净增 2.04 亿元，增幅 5.64%；归属于上市公司股东的净利润 33.07 亿元，较上年同期的 31.45 亿元增长 1.62 亿元，增幅为 5.14%；加权平均净资产收益率是 17.37%，年度各项经营管理指标持续稳健增长，竞争优势和盈利能力逐步提升，实现了产品能级提升、业务资源整合和发展动力集聚。

（三）2018 年工作情况

1. 吸收合并整合资源，增强核心竞争力

云南白药 2018 年度开展了反向吸收合并控股股东云南白药控股的重大资产重组专项工作，目前已有条件通过中国证券监督管理委员会上市公司并购重组审核委员会的审核。通过吸收合并云南白药控股，将缩减管理层级、提高运营效率，推动企业治理机制扁平化、精简组织架构。

2. 完善激励机制，推出员工持股计划

云南白药配合吸收合并同步推出了员工持股计划，由上市公司采用集中竞价、大宗交易及法律法规允许的方式从二级市场回购不超过 2 000 万股社会公众股，并在股份回购完成后实施员工持股计划。

3. 积极应对市场变化，调整策略布局新品

集中力量调目标、调结构、强终端、强服务、降库存，为未来市场的良性增长和继续发展打下基础。努力培育和打造新品，不断地挖掘产品的内在特性，提炼新的产品卖点，寻找产品的新增长点。

4. 拓宽市场营销思路，创新渠道全面布局

加速营销资源整合，持续推动渠道建设，在优化原有营销渠道基础上，努力拓展市场渠道，在夯实重点市场的同时，加速渠道下沉，深化核心区域市场建设，IP 场景化营销、打造“渠道 – 营销 – 传播”全链路资源集约效应最大品牌生态圈、推进新零售体系的构建等各项工作稳步推进。公司分药品、健康、中药资源三个不同的板块，运用创新的营销方式，开展一系列的活动，提升云南白药品牌的影响力。

5. 狠抓综合管理，夯实企业发展根基

公司以严谨的管理理念，构筑企业有序运营的坚实基础。通过进一步优化完善组织结构，明确界定各部门分工和权限，理顺各部门的职责关系，合理配置调控部门职能，形成部门间协调配合机制，使各部门相互协调、相互合作，发挥合力，从而实现公司协调运转，提高公司整体效率。从公司战略、人力资源、采购、生产、预算及财务管理、“三会”及信息披露、审

计及内控各方面入手，完善公司管理。

6. 重点项目稳步推进，助力工业技术转型升级

以文山七花公司整体搬迁项目、大健康产业项目、省医药二期物流中心项目等重点项目为抓手，以关键节点为目标，在保证安全、质量的前提下，高标准、严要求、全方位推进项目工程规划、建设。

五、初步业务活动

详见第4章　审计业务承接与审计业务约定书，在此从略。

第二部分　总体审计策略

一、审计目的

ABC会计师事务所（特殊普通合伙）接受云南白药委托，作为其2018年年报审计师，根据《中国注册会计师审计准则》的相关规定，并结合监管机构的相关要求，实现以下目标：

1. 根据证监会及上交所的相关要求，出具下列审计及其他鉴证报告：

财务报表审计报告、内部控制审计报告、控股股东及其他关联方占用资金情况的专项审计说明。

2. 根据国资委年报决算审计要求，出具下列专项报告：

财务报表审计报告、财务决算专项说明、管理建议书、审计情况说明。

二、审计范围

审计范围包括母公司及纳入母公司合并报表范围的全部子公司，详见第一部分“基本概述”之二“组织结构”。

三、以前年度审计情况

1993年云南白药A股首发上市，申报会计师为中审亚太会计师事务所，由其出具了1993年至2014年连续21年的审计报告。2015年云南白药根据云国资统财〔2013〕288号通知的内容，基于国资委公开招投标所确定的省属企业2014—2018年年报审计业务的中介机构范围改聘了ABC会计师事务所（特殊普通合伙），并由ABC会计师事务所（特殊普通合伙）出具了2015年至2017年标准无保留审计意见的审计报告。

2018年度审计，云南白药公司考虑年报工作的延续性、合作团队的了解及集团年报的对接等因素，经公司董事会、股东大会决议通过，由我所继续执行2018年审计工作。

四、审计业务特征

公司的主营业务为药品、健康品、中药资源和医药商业四大业务板块，主要收入来自药品和自制工业产品的销售收入，主营业务成本以产品原材料成本为主，占总营业成本的比例为86%。

与其他制造业相比，医药制造行业不仅分类复杂，而且产品品种众多，同时因为药品的特性，长期滞销导致过期会对企业收入产生重要影响，必须保证存货具有较高的流通速度，因此增加了存货确认、计量的风险。

公司在报告期内新设了15家子公司，在其组成部分中，子公司、各级孙公司较多，会计核算主体多。

五、重要组成部分确定原则

鉴于上述公司的业务特征，同时考虑到公司资产、业务在各子公司间分布不均衡等特

点，此次审计的重要组成部分的确定原则如下：

1. 无境外主要经营实体。

2. 无重大的连续亏损经营实体。

3. 组成部分是否具有财务重大性的原则，主要根据以下财务指标进行判断，满足其中一项即考虑确定为重要组成部分：

（1）资产总额占公司合并资产总额 10% 以上单位。

（2）2018 年营业收入占公司合并营业收入 10% 以上单位。

（3）按绝对值计算，2018 年税前利润占公司合并税前利润 10% 以上单位。

对于识别出的云南白药财务报表重要组成部分，需要进行重点审计。

六、重要性水平的确定

重要性水平的确定应遵循《中国注册会计师审计准则第 1221 号——计划和执行审计工作时的重要性》《中国注册会计师审计准则第 1401 号——对集团财务报表审计的特殊考虑》等的相关规定，合理评估所选定的重要性水平，并且不能简单地认为在重要性水平之下的错报金额就不重要，还要同时考虑错报的性质以及较小金额错报的累计结果可能对财务报表产生的重大影响。

（一）合并报表层次重要性水平的确定

合并财务报表整体的重要性水平 = 基准 × 经验百分比

重要性水平的确定基准包括总资产、净资产、营业收入、费用总额、利润总额等。一般情况下，重要性水平按照相关比率确定，如表 6-4 所示。

表 6-4　云南白药 2018 年度重要性水平确定比率

可选择的方法	比率	方法的适用范围
利润表——营业收入	0.5%~1%	基于收入的实体
利润表——税前利润	5%~10%	基于利润的实体
资产负债表——总资产	1%~2%	基于资产投资的实体

云南白药近年经营稳定、连续盈利，考虑投资者、国资委、母公司云南白药控股及其他潜在报告使用者评价财务业绩关注重点为利润总额，初步确定以税前利润作为重要性水平的基准，重要性水平比率为 5%。公司不存在较大的经营风险以及财务风险，财务报表风险评估结果的整体风险为“中”。结合风险系数评估，选取风险因素系数 65% 确定实际执行重要性水平的比例。

云南白药 2018 年度合并报表（未审）的利润总额为 382 616.18 万元，实际执行的重要性水平具体计算如下：

382 616.18 万元 ×5%×65%=12 435.35 万元，取整为 12 000 万元。

（二）组成部分重要性水平的分配

合并范围内子公司财务报表整体重要性水平的确定：

子公司单体财务报表整体重要性水平 = 基准 × 经验百分比

对于各级子公司单位财务报表整体重要性水平，正常经营的企业选取税前利润的绝对值作为基准，重要性比率确定为5%。

各级子公司实际执行重要性水平的风险因素系数为50%~75%，根据对其财务报表重大错报风险高低的初步判断确定。

（三）审计差异的调整界限（设定临界值）

低于财务报表整体重要性水平3%的不予调整；介于财务报表整体重要性水平的3%至各层级单位实际执行重要性水平的，汇总后统一考虑是否超过财务报表整体重要性水平，进行相应调整；单笔差异超过各层级单位实际执行重要性水平的，应当调整。

七、识别的重大错报风险及应对措施

R1　合并报表编制存在重大错报风险

云南白药的组织架构复杂，合并报表包括3级子公司；物资采购供应公司与主体形成大量的内部交易等，因此，初步判断合并报表的编制方面存在重大错报风险。

关键应对措施：

1. 了解云南白药合并报表编制相关流程及内部控制，并测试其有效性。

2. 获取公司合并报表，复核编制合并过程。

3. 了解和检查子公司的会计政策与估计是否与母公司保持一致，当不一致时，检查是否对子公司报表按母公司会计政策与估计进行了调整。

4. 复核内部交易、内部往来数据的完整性和准确性，检查抵销金额的完整性和准确性。

5. 检查是否存在内部交易未最终对外实现的情形，如存在未实现的销售毛利，会计处理是否正确。

6. 检查外币报表折算汇率是否准确，外币折算差额的会计处理是否正确。

7. 检查合并报表会计政策披露的恰当性。

R2　主营业务收入存在重大错报风险

R3　应收账款与坏账准备存在重大错报风险

R4　在建工程存在重大错报风险

R5　财务费用存在重大错报风险

R6　研发费用重大错报风险

R7　存货

［说明］ 为减少重复，此处省略了R2—R7判断其存在重大错报风险的理由及其关键应对措施。请参见“第5章　重大错报风险评估案例”之“三、云南白药重大错报风险评估案例”之“7-3　评估认定层次重大错报风险”。

八、其他重点审计领域及事项

（一）货币资金

云南白药商品去向广泛，销售渠道多，资金往来频繁、金额较大且期末余额也较大，但现金往来较少。因此，将银行存款作为重点审计领域。

主要的应对程序：

1. 了解云南白药与货币资金相关的流程及内部控制，并测试其有效性。

2. 获取云南白药银行开户清单，确认其银行账户是否完整并分析其开设的合理性，结合其他相关细节测试，关注已提供银行账户清单的完整性，并要求云南白药提供银行存款账户完整性的书面声明。

3. 严格按照审计准则要求实施所有银行账户的函证程序，结合函证及其他科目审计，关注资金受限情况，对银行出具的资信证明实施银行网页验证真伪程序。

4. 索取加盖银行印章的对账单，与云南白药账面截至2018年12月31日银行存款日记账核对，查看是否存在未达账项并编制银行存款余额登记表，对未达账项实施期后查验，高度重视长期未达账项，查看是否存在挪用资金等事项，并考虑是否需要审计调整。

5. 抽查大额银行存款收支的原始凭证，检查原始凭证的真实性和完整性、业务发生的合理性、审批程序的合规性、账务处理的正确性等，并与银行对账单进行双向核对，检查是否存在漏记、多记或错记情况。

6. 关注货币资金收付业务内容以及与日常经营业务收支的相关性，包括关注交易对方名称、关联方关系及业务属性，以识别云南白药转移资金或者出借银行账户的情况。

7. 检查货币资金在财务报表中列报与披露的恰当性。

（二）税收优惠

云南白药及其子公司目前税收优惠项目较多，如受西部大开发税收优惠、高新技术企业税收优惠、农产品初加工所得部分享受免征企业所得税优惠、小微企业所得税优惠等，故云南白药的税收优惠及执行作为本次重点审计领域。

主要的应对程序：

1. 检查云南白药的税收优惠文件，了解其报告期内所享受的税收优惠，核对税收优惠适用期间及审批，是否存在超期及越权审批等情况。

2. 检查云南白药纳税申报表、缴款单与账面记录的已缴税费信息，并进行勾稽核对。

3. 结合优惠税率，测算云南白药主要税种——增值税、城建税及所得税，并与账面记录比较分析。

4. 复核云南白药由中介机构出具的所得税汇算资料，核对税收优惠计算是否正确。

5. 检查报告期内缴税税款单据，单据所载的税率、金额是否与优惠文件及账面记录一致。

6. 检查应交税费在财务报表中列报与披露的恰当性。

（三）职工薪酬

公司目前在岗员工约8 068人，2018年发生应付职工薪酬13.6亿元，期末余额为1.7亿元。公司营业成本的主要构成项目除原材料外，还有制造费用及直接人工薪酬等；营业成本中原材料占86%，直接职工薪酬占3.83%。研发费用中薪酬成本约占40%；管理费用中薪酬成本约占70%。因此，将职工薪酬作为重点审计领域。

主要的应对程序：

1. 了解和测试云南白药薪酬相关的业务流程及内部控制。

2. 比较云南白药员工人数的变动情况，检查分析各部门各月工资费用的发生额是否有异常波动。

3. 比较本期与上期工资费用总额，分析其增减变动原因。

4. 核对人力资源部记录的工资清单表与出纳记录的工资支付数的相关数据是否相符，

检查发放金额是否正确，追查至工资代发凭证。

5. 检查报告期内工资、奖金、津贴和补贴的计提是否正确，依据是否充分，将执行的工资标准与有关规定核对。

6. 检查报告期内职工薪酬分配方法与上年是否一致，是否按受益对象进行了恰当的处理。

7. 检查社会保险费、住房公积金、工会经费和职工教育经费等计提和支付的会计处理是否正确，依据是否充分。

8. 获取年终奖金的计算依据，复核年终奖金计提是否合理，是否计入正确的会计期间。

9. 检查云南白药是否存在内退职工情况，并检查其相关的内退政策及其执行情况、内退职工相应的薪酬及福利计提及会计处理是否正确。

10. 检查应付职工薪酬在财务报表中列报与披露的恰当性。

（四）重要会计政策变更的影响

财政部于2018年颁布了《关于修订印发2018年度一般企业财务报表格式的通知》（财会〔2018〕15号），该通知的实施涉及多个报表项目列报的变化。2018年，云南白药及其子公司将根据上述通知编制2018年度的财务报表，并相应调整比较财务报表。本年度审计中，我们将对云南白药及其子公司运用该通知进行编制的报表及其影响进行审核。

（五）关联方交易

云南白药与众多关联方都具有频繁的业务往来，且业务种类繁多，故将关联方交易作为本次审计工作的重点审计领域。

主要应对程序：

1. 检查云南白药合并相关的合同和文件，查看文件中关于合并范围的划分情况，对比查看其处理是否得当。

2. 关注并识别可能表明存在管理层以前未识别出或未向注册会计师披露的关联方关系或交易的安排或信息，确定相关情况是否能够证实关联方关系或关联方交易的存在。

3. 询问云南白药与识别出的关联方之间的关系的性质，同时向其他熟悉了解情况的主要代理商、主要业务代表、担保人等外部人士询问。

4. 查看关联方交易相关的合同或协议、条款和条件，查看对投资损益的确认是否合规，分析关联方交易是否按照使用的财务报表编制基础进行恰当的披露和处理，以及是否与实际情况存有差异。

5. 如果对云南白药关联方存疑，应主动向知情的部门，人员了解云南白药及关联方的情况，注意云南白药是否存在隐瞒子公司、关联方等情况。

6. 检查关联方及其交易在财务报表附注中披露的恰当性。

（六）应付票据、应付账款及预收账款

云南白药应付票据所占比重小，增幅大；应付账款增幅较大；预收账款减幅较大；都存在较高的错报风险。

主要的应对程序：

1. 获取或编制应付票据、应付账款、预收账款明细表。

2. 对应付票据、应付账款、预收账款明细余额进行分析并作必要的重新分类，结合以前年度审计情况，对应付账款明细余额进行调查分析是否存在负数余额；是否将本应在“其他应付款”“预付账款”等科目中核算的账项一并在“应付账款”科目核算。如存在此类问题应作重新分类处理。

3. 对应付票据、应付账款、预收账款实施必要的函证程序。

4. 查找有无未入账的应付账款，如询问相关会计和采购人员，查阅资金预算、工作通告单和基建合同等。

5. 抽取未能函证、期末余额变动较大以及函证未果的明细账户进行替代测试。

6. 检查应付票据、应付账款、预收账款在财务报表中列报和披露的恰当性。

（七）营业外支出

公司 2018 年对外捐赠支出较 2017 年相比同比增长 346%，增幅变动极大。

鉴于营业外支出对报表当期利润影响较大，将营业外支出科目作为本次的重点审计领域，逐笔核对报告期内每笔精准扶贫的支出，检查付款审批、银行回单等单据，判断公司实际支付情况与承诺情况是否相符，对于未按承诺支付的金额是否进行了适当的会计处理。

（八）资产重组

为深化和延续云南白药混合所有制改革，整合资源提升产业并购话语权，以做强做大做优上市公司。本年度公司开展了反向吸收合并控股股东白药控股的重大资产重组专项工作。2018 年 10 月 31 日，公司第八届董事会 2018 年第六次会议审议通过了《关于云南白药吸收合并云南白药控股有限公司的方案的议案》《关于〈云南白药吸收合并云南白药控股有限公司暨关联交易预案〉及其摘要的议案》等与本次重大资产重组相关的议案。公司拟向云南省人民政府国有资产监督管理委员会、新华都实业集团股份有限公司及江苏鱼跃科技发展有限公司通过发行股份的方式吸收合并云南白药控股有限公司。

重点关注本次资产重组涉及股权变动情况，检查相关合同和文件，重新计算加计目前股权，持续关注本次重组事项。

（九）重大担保

报告期内，我们应关注公司抵押、担保、重大未决诉讼或仲裁、商业承兑汇票贴现、合同纠纷等或有事项情况。

主要的应对程序：

1. 向云南白药取得抵押、担保、诉讼清单，并与企业信用报告进行核对，以确定其完整性。

2. 检查抵押担保合同、诉讼、票据备查簿等相关资料，并与账面记录进行核对，以确定是否按照或有事项相关规定进行处理。

3. 对云南白药诉讼情况向律师进行函证，并向律师了解败诉的可能性及可能产生预计负债的金额。

4. 检查与抵押、担保、诉讼、纠纷等相关的期后事项。

5. 检查与抵押、担保、诉讼、纠纷等相关事项在财务报表附注中披露的恰当性。

（十）期后事项

关注并形成期后事项审计底稿。拟实施如下主要应对程序：

1. 获取期后对2018年度收入最终清算结果，关注是否与原确认收入是否存在重大差异，进一步追查原因及合理性，并考虑对财务报表的影响。

2. 出具正式报告之前，持续关注云南白药发生的重大期后事项，包括但不限于重大的投资及融资、大额债权收回、对外担保、主要资产的处置出售、重大合同签订撤销及重大的承诺、重大的灾害或事故、股利分配预案等，考虑对财务报表的影响以及报表附注的披露。

第三部分　内部控制审计实施计划

一、总体要求

云南白药的业务性质和经营活动主要包括：化学原料药、化学药制剂、中成药、中药材、生物制品、医疗器械、保健食品、食品、饮料、特种劳保防护用品、非家用纺织成品、日化用品、化妆品、户外用品的研制、生产及销售；橡胶膏剂、贴膏剂、消毒产品、电子和数码产品的销售；信息技术、科技及经济技术咨询服务；货物进出口；物业经营管理（凭资质证开展经营活动）等，主要收入来自工业产品（自制）和药品的销售收入。云南白药已建立良好的内部控制规范体系，并对其内部控制的有效性进行自我评价。根据财办会〔2012〕30号规定，我们对其财务报告内部控制的有效性进行审计。在内部控制审计过程中，我们会注意云南白药非财务报告内部控制是否存在重大缺陷。内部控制审计程序包括整体层面、各重要组成部分、各重要业务循环的内部控制了解及测试（包括穿行测试及控制测试）。

二、具体执行

（一）信息系统了解与控制测试

1. 执行信息系统的了解与一般控制测试

云南白药信息与沟通机制及信息系统的建设，充分考虑内部控制相关要求并与其实际控制相结合，减少了人为因素，促进了云南白药生产经营管理信息在内部各管理层级之间的有效沟通和利用，提高了工作效率，本次在股份公司及子公司执行信息系统安全测试。

2. 信息系统应用控制测试范围

本次仅对股份公司销售及应收账款循环涉及的信息系统安全管理进行控制测试。

（二）具体业务层面业务流程的了解与控制测试

了解与测试的对象如表6-5所示。

三、测试样本量的选择

（一）穿行测试

穿行测试的目标是为了验证内部控制是否得到执行，对内部控制的有效性进行初步评价。因此，只需选择少量样本进行测试。在实施测试程序时，应当对该选取的样本或交易，沿着关键流程追溯下去，穿行测试每个重大业务流程和重大列报流程。

表 6-5　业务流程了解与测试对象

内部控制循环	云南白药集团股份有限公司	云南白药集团大理药业有限责任公司	云南白药集团中药资源有限公司	云南白药清逸堂实业有限公司	云南省药物研究所	云南省医药三发有限公司	云南白药集团太安生物科技产业有限公司	云南省医药玉溪销售有限公司	云南白药集团医药电子商务有限公司
财务报告循环	√	√	√	√	√	√	√	√	√
采购与付款循环	√	√	√	√		√	√	√	√
筹资与投资循环	√								
工薪与人事循环	√	√	√			√	√		
固定资产和其他长期资产循环	√	√	√	√	√	√	√	√	
生产	√	√	√	√			√		
销售与收款	√	√	√	√	√	√	√	√	√
货币资金	√	√	√	√	√	√	√	√	√
全面预算	√	√	√	√	√		√	√	√
存货管理	√	√	√	√	√	√	√	√	
工程项目	√	√				√			
合同管理	√	√	√	√	√	√	√	√	√

（二）控制测试

控制测试的目标是对内部控制是否得到一贯执行，即内部控制的有效性作出评价。根据《中国注册会计师审计准则第 1314 号——审计抽样和其他选取测试项目的方法》以及 ABC 事务所出具的《内部控制审计操作手册》要求，运用职业判断选择控制测试样本量。样本的选择运用计算机随机公式选择样本，底稿中记录详细的样本选择过程及结果，以及样本量的确定依据。

样本量的确定可参考表 6-6。

表 6-6 控制测试样本量的确定标准

控制运行频率	控制运行总次数	测试的最小样本规模区间
每年 1 次	1	1
每季 1 次	4	2
每月 1 次	12	2—5
每周一次	52	5—15
每天一次	250	20—40
每天多次	大于 250 次	25—60

四、执行控制测试的考虑

（一）选定样本不适用时的考虑

我们应对每个选定的样本执行控制测试。如果执行控制测试时发现选定的样本不适用，则应选取一个替代性样本进行测试。对于一个选定的样本或替代性样本，如果无法执行我们所设计的控制测试或适当的替代性测试，则我们应认为该样本是一项控制例外情况，并需要确定适当的应对措施。

（二）评价控制偏差

控制偏差是指在内部控制测试中，我们选择进行测试的某个控制没有按照控制设计的要求被有效执行或者没有被执行。当识别出一项控制偏差后，我们应调查控制偏差的属性以及形成原因，即确定该项控制偏差是系统性的还是随机性的。如果该项控制偏差被确认为是随机性的，则应该扩大测试样本。

五、控制测试结论

（一）系统性偏差

如果我们确认控制偏差是系统性的，则无需再扩大样本量，而是直接将该项控制偏差视作一项内部控制缺陷。

（二）随机性偏差

如果我们扩大样本量后并没有识别出新的控制偏差，则认为尽管存在一项控制偏差，但测试范围内的错误率在可容忍范围内且该控制偏差不具有代表性，进而可以得出该项内部控制运行有效的结论；如果我们扩大样本量识别出了新的控制偏差，则应得出该项内部控制运行无效的结论。

第四部分 时间及人员安排

一、具体审计时间安排

我们于 2018 年 12 月 11 日进场预审，2018 年 12 月 20 日 -2019 年 1 月 10 日对企业存货及固定资产等资产进行监盘，2019 年 1 月对银行存贷款、往来款等进行函证，预计 2 月中旬结束现场审计。

云南白药各分子公司区域跨较大，结合本计划第二部分至第四部分的要求，资产盘点的时间按项目现场工作计划，与云南白药协商确定。在审计时，按时完成审计工作，初步定于

2019 年 2 月 27 日完成审计报告初稿，召开项目组总结会以及与云南白药管理层沟通。具体审计工作时间及进度安排如表 6-7 所示。

表 6-7　具体审计工作时间及进度安排

时间安排	工作内容
2018 年 12 月 11 日	项目组正式进驻现场，项目预备会
2018 年 12 月 11 日	与被审计单位进行第一次沟通
2018 年 12 月 21 日至 2019 年 1 月 30 日	内部控制审计、财务报表审计
2019 年 2 月 1 日至 2019 年 2 月 4 日	整理汇总底稿，项目组小结会议、编制审计总结、合并报表及附注，撰写报告初稿
2019 年 2 月 5 日至 2019 年 2 月 28 日	质量控制复核、修改审计报告
2019 年 2 月 27 日	召开项目组总结会以及与云南白药管理层沟通
2019 年 3 月 5 日	与云南白药治理层沟通
2019 年 3 月 16 日	出具正式审计报告

二、审计工作人员安排

结合云南白药实际情况及本所审计资源的分配情况，在力争保持上年参加过的审计人员本年仍能参加的基础上，我们制定了如下的主要审计人员及工作安排，如表 6-8、表 6-9 所示。

表 6-8　项目组主要成员表

姓名	职级	主要职责
A	合伙人	项目合伙人、签字会计师
B	合伙人	项目负责人、风险评估、签字会计师
C	业务经理	内部审计组现场负责人
D	项目经理	财务报表审组现场负责人、合并报表、撰写报告、现金流量复核、风险评估等
高级审计人员 8 名	高级审计员	财务报表审计组项目成员（具体名单和职责从略）
初级审计人员 15 人	审计员	
高级审计人员 5 名	高级审计员	内部控制审计组项目成员（具体名单和职责从略）
处级及助理审计人员 8 名	审计员	

表 6-9　质量控制复核人员表

姓名	职级	主要职责
V	合伙人、业务所长	三审、报告签发
W	质控负责人	二审再复核
X	质量复核	二审
Y	高级经理	一审

ABC 会计师事务所（特殊普通合伙）
2018 年 12 月

三、国家审计实施方案

国家审计机关是行政机关，可以依法实施审计，因此，审计机关应当根据法定的审计职责和审计管辖范围，编制年度审计项目计划，并在此基础上编制审计实施方案。

（一）年度审计项目计划

编制年度审计项目计划应当服务大局，围绕政府工作中心，突出审计工作重点，合理安排审计资源，防止不必要的重复审计。审计机关可从下列方面调查审计需求，初步选择审计项目：①国家和地区财政收支、财务收支以及有关经济活动情况；②政府工作中心；③本级政府行政首长和相关领导机关对审计工作的要求；④上级审计机关安排或者授权审计的事项；⑤有关部门委托或者提请审计机关审计的事项；⑥群众举报、公众关注的事项；⑦经分析相关数据认为应当列入审计的事项；⑧其他方面的需求。

审计机关年度审计项目计划的内容主要包括：①审计项目名称；②审计目标，即实施审计项目预期要完成的任务和结果；③审计范围，即审计项目涉及的具体单位、事项和所属期间；④审计重点；⑤审计项目组织和实施单位；⑥审计资源。可以采取文字、表格或者两者相结合的形式。

（二）审计实施方案

审计机关应当在实施项目审计前组成审计组，实行审计组组长负责制；审计组组长由审计机关确定，审计组组长可以根据需要在审计组成员中确定主审，主审应当履行其规定职责和审计组组长委托履行的其他职责。

审计组应当调查了解被审计单位及其相关情况，评估被审计单位存在重要问题的可能性，确定审计应对措施，编制审计实施方案。审计实施方案的内容主要包括：①审计目标和方式；②审计范围；③审计内容、重点及审计措施，包括审计事项及审计应对措施；④审计工作要求，包括项目审计进度安排、审计组内部重要管理事项及职责分工等。

（三）审计机关预算执行审计实施方案案例

YN 省审计厅 2020 年审计 ABC 单位的审计实施方案如表 6-10 所示。

表 6-10 审计实施方案

单位：YN 省审计厅　　编写人：王 ××　　2020 年 03 月 18 日

被审计（调查）单位	ABC 单位
审计目标和方式	审计目标：通过审计，重点揭示预算编制、预算执行、预算绩效管理、财政财务收支、国有资产管理、非税收入征管、决算草案编制、政府会计改革等方面存在的突出问题，注重从体制机制制度层面分析问题和提出建议，切实增强审计监督的整体性、宏观性和建设性。促进科学从严编制预算，强化预算刚性约束，规范财政收支行为，提升绩效管理水平，推动完善标准科学、规范透明、约束有力的预算制度。夯实政府财务报告核算基础，推动政府会计改革，促进部门财务管理水平提高，积极助推我省经济高质量跨越式发展 审计方式：就地审计
编制依据	《中华人民共和国预算法》《审计署贯彻落实〈关于人大预算审查监督重点向支出预算和政策拓展的指导意见〉的意见》《中共 YN 省委审计委员会关于深入推进审计全覆盖的实施意见》《中共 YN 省委 YN 省人民政府关于全面实施预算绩效管理的实施意见》《YN 省推进政府会计改革实施方案》
审计的范围	（一）部门决算草案审计 1. 本级决算草案情况。重点审查各部门编制决算的依据是否充分、合规；是否按决算编报的规定编制本级决算；各类决算报表的收支数额是否真实、准确，内容是否全面、完整；有无虚列支出、随意结转、决算不实的问题。 2. 汇总所属单位决算草案情况。重点审查各部门是否按规定汇总所属单位的决算；是否将所属单位的全部收支统一纳入汇总决算报表；是否存在重复列报财政收支的现象；汇总的决算报表是否以所属单位上报的会计数据为准，有无随意调整科目、弄虚作假、估列代编造成会计信息失真的问题。 （二）部门预算执行审计 重点审计业务管理情况、预算编制及执行情况、预算绩效管理情况、基本支出及项目支出情况（包括厉行节约压减一般性支出情况、经费支出情况、公务接待管理情况、公务用车配置和管理使用情况、因公出国（境）管理情况、会议、培训和考察活动管理情况、津贴补贴支出情况和项目资金支出情况）、非税收入征缴情况、国有资产管理情况、政府采购情况、存量资金情况、执行政府会计准则制度情况、重大政策措施落实情况、党费使用管理情况。 审计实施过程中，可追溯到以前年度或至审计时日止，延伸的下属单位数不少于 2 个

续表

预定的审计工作起止时间		××××年××月××日至××××年××月××日共××个工作日	
审计组人员及分工	姓名	职务和职称	具体分工意见
	张××	处长/高级审计师	审计组组长。全面领导审计项目的组织实施，负责审计项目现场工作的组织和协调，确定延伸审计的下属单位，并掌握整个项目进展情况。审核审计报告、审计决定等结果文书。预算执行审计中负责审计津贴补贴支出情况和执行政府会计准则制度情况。参与延伸审计。索引号：A
	王××	副处长/高级审计师	审计组组员。预算执行审计中负责审计业务管理情况。延伸审计中负责审计下属单位M1。索引号：B
	赵××	主任科员/审计师	审计组组员。决算草签审计中负责审计汇总所属单位决算草案情况。预算执行审计中负责审计基本支出情况，重点关注厉行节约压减一般性支出情况、经费支出情况、公务用车配置和管理使用情况、公务接待管理情况、因公出国（境）管理情况、会议、培训和考察活动管理情况。延伸审计下属单位M1。索引号：C
	钱××	副主任科员/审计助理	审计组组员。预算执行审计中负责预算编制及执行情况、基本支出及项目支出情况。延伸审计下属单位M2。索引号：D
	孙××	科员/审计助理	审计组组员。预算执行审计中负责国有资产管理情况、政府采购情况、非税收入征缴情况。延伸审计中负责审计下属单位M2。索引号：E
	李××	科员/助理审计师	审计组组员。担任项目廉政监督员。决算草签审计中负责审计汇总所属单位决算草案情况。预算执行审计中负责重大政策措施落实情况，重点关注减税降费、清理拖欠民营企业中小企业账款情况。延伸审计中负责下属单位M3。索引号：F
	江××	主任科员/审计师	审计组组员。决算草签审计中负责审计汇总所属单位决算草案情况。预算执行审计中负责审计党费的使用管理情况和预算绩效管理情况，预算绩效管理情况重点关注部门是否启动绩效管理制度体系建设；是否开展绩效目标的编制、审核、申报、批复、结果反馈和运用工作；是否组织实施绩效跟踪、绩效评价；是否按要求公开部门预算绩效目标、绩效自评报告以及重点项目绩效评价报告；支出绩效目标和指标设定是否合理、科学。延伸审计中负责下属单位M3。索引号：G
	田××	副主任科员/审计师	审计组组员。预算执行审计中负责审计预算绩效管理情况，重点关注项目资金使用效果是否达到项目支出绩效目标；绩效自评是否存在质量不高或者自评结果较好但实际上项目进展缓慢、未达目标或未发生支出形成结转，预算安排与绩效管理不衔接等问题；全面实施预算绩效管理有关数据是否真实准确；在实施绩效跟踪、绩效评价中发现的问题是否及时整改。延伸审计中负责下属单位M4。索引号：H

续表

审计组人员及分工	黄 ××	主任科员 / 高级审计师	审计组主审。负责采集 ××（单位名称）及下属单位的财务数据及业务数据等资料。负责起草审计实施方案、部门决算草案审签意见书、部门预算执行审计报告等审计文书，负责项目档案整理。决算草签审计中负责本级决算草案情况。部门预算执行审计中负责审计项目资金支出情况、存量资金情况，负责审计重大政策措施落实情况中深化“放管服”改革情况。延伸审计中负责下属单位 M5。索引号：J
被审计单位基本情况	ABC 是 ×× 机关，主要任务是 ××。核定政法编制 ×× 人，事业编制 ×× 人，合计 ××× 人。2019 年年末在职实有 ××× 人。下属 2 个二级预算单位、2 个三级预算单位。 （1）收入、支出和结余情况 2019 年部门预算 ×× 万元。本年收入决算数 ×× 万元，其中：财政拨款收入 ×× 万元，其他收入 ×× 万元，经营收入 ×× 万元。支出决算数 ×× 万元，其中基本支出 ×× 万元，项目支出 ×× 万元，经营支出 ×× 万元。年初结转和结余 ×× 万元，年末结转和结余 ×× 万元。 （2）三公经费和会议费、培训费支出情况 2019 年“三公”经费预算数 ×× 万元，支出数 ×× 万元，其中：因公出国费 ×× 万元，公务用车费 ×× 万元，公务接待费 ×× 万元。会议费支出 ×× 万元，与上年度相比减少 ×× 万元。培训费支出 ×× 万元，与上年度相比减少 ×× 万元。 （3）财政拨款收入、支出情况 2019 年财政拨款收入 ×× 万元。财政拨款支出 ×× 万元，其中基本支出 ×× 万元，项目支出 ×× 万元。 （4）资产、负债情况 2019 年末资产总额 ×× 万元，其中：流动资产 ×× 万元，固定资产净值 ×× 万元，在建工程 ×× 万元，无形资产净值 ×× 万元。负债总额 ×× 万元，其中流动负债万元，受托代理负债 ×× 万元			
审计内容及重点	一、部门决算草案审计 （一）本级决算草案情况 重点审查各部门编制决算的依据是否充分、合规；是否按决算编报的规定编制本级决算；各类决算报表的收支数额是否真实、准确，内容是否全面、完整；有无虚列支出、随意结转、决算不实的问题。 （二）汇总所属单位决算草案情况 重点审查各部门是否按规定汇总所属单位的决算；是否将所属单位的全部收支统一纳入汇总决算报表；是否存在重复列报财政收支的现象；汇总的决算报表是否以所属单位上报的会计数据为准，有无随意调整科目、弄虚作假、估列代编造成会计信息失真的问题。 二、部门预算执行审计 （一）业务管理情况 重点审查省级部门是否结合本部门实际制定省级部门项目库管理制度；是否定期对本部门项目库进行清理，实现对项目库的动态滚动管理；项目库建设、管理与预算编制是否衔接；项目库中项目的预期目标和支出方向是否有政策依据，是否体现了有关产业政策、区域发展政策等要求；是否将重复申报的项目、申报资料不实和弄虚作假的项目、需经有关部门审批（核准、备案）但尚未取得批复文件的项目纳入省级部门项目库；省直属主管部门是否对本部门专项转移支付资金进行内部监管，是否完善管理制度，加强监督检查。是否存在由于项目前期立项审批不充分，导致项目不具备实施条件或进度缓慢的问题；项目单位是否严格按照上级部门批复文件规定要求组织项目建设；已完工项目是否及时组织验收；完工项目是否达到预期效益，有无因立项不准、责任不清、管理不善或工程质量等原因造成损失浪费或事故隐患等问题			

续表

审计内容及重点	（二）预算编制及执行情况 重点审查部门预算是否贯彻落实党中央重大方针政策和决策部署及省委要求；部门预算编制是否合法、完整、真实；部门所有收入和支出是否纳入预算管理；项目支出预算是否与支出政策衔接匹配，是否存在项目立项随意性大、项目储备不足、项目支出内容不清晰等问题；是否将未进入省级部门项目库的项目编入部门年度预算、安排财政资金；项目支出预算是否细化分解到具体单位和可执行的具体项目；正版软件的购置经费是否纳入财政预算。 重点审查部门是否按照批复的预算执行，是否存在随意调整支出预算的行为；是否超预算、无预算安排支出；是否达到财政部门要求的预算执行进度目标；是否因预算编制不合理或者预算执行缓慢造成结转资金规模大、资金沉淀闲置等问题；是否无预算拨付资金；是否违规转移零余额账户资金。 （三）预算绩效管理情况 重点审查部门是否启动绩效管理制度体系建设；是否开展绩效目标的编制、审核、申报、批复、结果反馈和运用工作；是否组织实施绩效跟踪、绩效评价；是否按要求公开部门预算绩效目标、绩效自评报告以及重点项目绩效评价报告；支出绩效目标和指标设定是否合理、科学；项目资金使用效果是否达到项目支出绩效目标；绩效自评是否存在质量不高或者自评结果较好但实际上项目进展缓慢、未达目标或未发生支出形成结转，预算安排与绩效管理不衔接等问题；全面实施预算绩效管理有关数据是否真实准确；在实施绩效跟踪、绩效评价中发现的问题是否及时整改。 （四）基本支出及项目支出情况 1. 厉行节约压减一般性支出情况。关注落实厉行节约反对浪费条例、压减一般性支出、政府过“紧日子”情况，重点审查部门是否从严控制费用支出，“三公”经费是否在年初预算基础上压减 3% 并将压减经费及时交回省财政；除“三公”经费以外的其他支出是否压减 5% 以上并将压减经费及时交回省财政；是否存在年底突击调剂追加预算、超范围超标准开支和超进度超合同拨款等情况。 2. 经费支出情况。重点审查部门是否存在虚列支出、转移或套取预算资金的问题；是否超范围、超标准列支公务支出；是否向下级单位、企业、个人等转嫁公务支出费用；是否存在违规购置商业预付卡、虚假票据报销、决算数据不真实等问题；使用财政性资金举办年会、庆典和组织国际论坛中是否存在的铺张浪费、超标准接待等问题。 3. 公务接待管理情况。重点审查部门是否接待无公函的公务活动和来访人员；是否超规格组织迎送活动和安排陪同陪餐；是否安排超标准接待；是否在高消费娱乐场所消费、安排文艺演出或参观旅游景点；是否在会议费、培训费、差旅费、出国费等费用中列支接待费；是否存在赠送礼品、礼金、有价证券、纪念品和土特产品等问题。 4. 公务用车配置和管理使用情况。重点审查部门是否以特殊用途等理由变相超编制、超标准配备公务用车；是否以各种方式换用、借用、占用下属单位或者其他单位和个人的车辆；是否接受企事业单位和个人赠送的车辆；是否通过长期租车、以租代购等变相保留配备公务用车；是否违反用途使用或者固定给个人使用执法执勤、应急、机要通信等公务用车；是否以公务交通补贴名义变相发放福利；是否既领取公务交通补贴、又违规乘坐公务用车；是否严格执行定点保险、定点维修、定点租车的规定。 5. 因公出国（境）管理情况。重点审查部门是否超规定天数、超规定人数组团出国；是否变相公款旅游；是否自行改变出行地点或者绕道前往其他国家；是否持因私护照出国（境）执行公务活动；是否未经审批组织公务出国团组。 6. 会议、培训和考察活动管理情况。重点审查部门是否违反规定在高档宾馆、风景名胜区开会、培训；是否借举办会议、培训、考察及其他各类活动名义发放纪念品；是否使用虚假发票套取会议费、培训费、考察费等费用；是否超标准、超规格开办会议费；是否向下属机构、企事业单位、

续表

审计内容及重点	地方转嫁或摊派会议费；是否以举办会议、培训名义将资金转移至下属单位或经营实体；是否以虚报、冒领手段骗取会议费，虚报会议人数、天数等进行报销，违规扩大会议费开支范围；是否无会议通知、签到表、经费决算等资料报销会议费等问题。 7. 津贴补贴支出情况。重点审查部门行政单位和参公管理事业单位是否违规发放津贴补贴以及报销应由个人承担的手机话费等费用，是否违规领取评审费、验收费、咨询费、劳务费等报酬费用；事业单位是否在核定的绩效工资总量外超额发放绩效工资、自行发放津贴补贴和奖金。 8. 项目资金支出情况。重点审查是否按预算批复使用项目经费；是否存在虚列支出、套取项目经费的情况；是否按课题费管理要求使用课题经费，特别是党政机关和参公管理单位人员是否违规领取课题费。 （五）非税收入征缴情况 重点审查执收单位是否将非税收入纳入财政预算，实行“收支两条线”管理；是否按规定及时、足额征收非税收入；是否在规定时限内将收取的非税收入全部缴入省级国库；是否隐瞒、坐支、截留、挤占、挪用或者擅自减收、免收、缓收非税收入。此外，要特别关注行政单位和参公管理事业单位依法取得的国有资产有偿使用收入，包括资产处置收入、资产租赁收入、对外投资收益、对外合作、对外服务收入、对外担保收入、利息收入、利用公共资源和无形资产取得的收入以及利用国有资产取得的其他收入，是否按规定扣除相关税费后全额缴入省级国库；其他事业单位依法取得的国有资产有偿使用收入，是否纳入单位预算、统一核算、统一管理。 （六）国有资产管理情况 重点审查各项资产是否账账、账实相符；是否按规定将单位控制的公共基础设施、政府储备物资、保障性住房等资产以及单位受托管理的资产登记入账，确保国有资产信息全面完整；是否超标准配置资产；对外出租、出借国有资产是否按规定履行报批手续；是否出租、出借公务用车及办公用房；出租期限涉及动产的是否超过 3 年，涉及不动产的是否超过 5 年；是否向企业、个人及其他组织等非同级行政事业单位出借国有资产；国有资产处置是否履行审批手续；出现拍卖、有偿转让、置换国有资产等情形时，是否按规定委托具有评估资质的资产评估机构对相关资产进行评估；处置、租赁国有资产是否采取公开招标、招租等市场化方式进行；特别关注是否将达到资产管理条件的软件纳入资产核算管理；软件配置、使用、处置等是否执行国有资产管理相关制度；是否存在因管理不当造成软件资产流失或非正常贬值。 （七）政府采购情况 重点审查应当进行集中采购的项目是否委托集中采购机构代理采购；达到公开招标数额标准的货物、服务项目和工程是否采用公开招标方式进行采购；是否采取“化整为零”方式将应进行公开招标采购的项目变为其他方式采购；特别关注正版软件采购程序是否规范，在购置计算机办公设备时，是否采购预装正版操作系统软件的计算机产品；纳入政府集中采购目录的正版通用软件是否按规定实行政府集中采购。 （八）存量资金情况 1. 摸清部门财政存量资金底数。重点关注截至 2019 年底部门财政拨款累计结转和结余资金规模，分析部门财政存量资金结构和变动趋势，分析财政存量资金特别是结余资金形成原因。关注是否存在由于上缴省级财政的渠道不畅通或提出上缴申请后批复时间过长导致资金未能及时统筹，以及是否存在由于未及时办理竣工决算或竣工决算批复时间过长导致基建项目结余资金结存在项目单位等问题。 2. 重点审查部门财政存量资金统筹使用情况。关注是否存在项目执行完结的净结余资金以及沉淀在部门 2 年以上的项目结转资金未交回财政统筹使用的情况；除财政统一清理收回的存量资金外，是否存在大量应确认的存量资金未编入 2019 年预算；部门动用结余资金是否按规定报批；是否存在通过虚列支出、以拨作支等方式虚减财政存量资金规模等问题

续表

审计内容及重点	（九）执行政府会计准则制度情况 重点审查行政事业单位是否执行政府会计准则制度；是否按会计制度规定规范设置会计科目；新旧会计账套衔接是否准确；是否不再单独设立基建账，并将基建账并入单位统一的会计账进行核算；会计核算是否规范；是否按规定对固定资产计提折旧；事业单位是否按规定计提坏账准备。重点关注是否存在同一单位设立多套会计账进行会计核算、报送多套会计报表，导致会计信息不能全面反映单位预算执行和财务状况的情况；同一部门内部是否存在多个省级一级预算单位，导致会计信息不能全面反映部门预算执行和财务状况的情况。 （十）行业扶贫情况 结合本部门职能职责和我省实际，完善行业扶贫配套措施并推动落实到位；是否指导各贫困县贯彻落实具体要求。 （十一）重大政策措施落实情况 项目在实施过程中，注重与重大政策措施落实情况跟踪审计内容相结合，重点关注深化“放管服”改革、减税降费政策落实、清理拖欠民营企业中小企业账款等审计内容。 （十二）党费使用管理情况 在摸清上一年度党费收支总体情况的基础上，关注党费收入、支出情况，重点审查是否及时足额收取党费；支出审批制度是否健全，支出范围是否合规；是否及时足额上解上级组织，是否及时分解下拨下级党组织使用；重点审计党费财务管理情况，审查党费是否做到专人负责、专项管理；是否按规定在指定银行开设党费账户专账核算、专款管理；是否按规定通过党务公开对党费使用情况进行公示
具体实施步骤和方法	一、××××年××月××日送达审计通知书
	二、××××年××月××日至××××年××月××日，开展审前调查，收集××（单位名称）相关资料，了解××（单位名称）基本情况，编制审前调查表
	三、审计实施阶段 1. ××××年××月××日：资料收集及采集转换数据。 2. ××××年××月××日：根据被审计单位提供的相关资料掌握了解××（单位名称）整体情况，了解2019年度决算草案编制情况，并根据厅预算执行审计领导小组的要求完成审计实施方案，结合被审计单位实际情况进行科学合理的分工。 3. ××××年××月××日：审计组成员按照各自分工开展工作，重点审计××（单位名称）2019年决算草案编制过程中存在的问题，形成决算草案审签意见书，于年月日前将决算草案审签意见书（征求意见稿）提交审理督查处审理，年月日前正式出具部门决算草案审签意见书并送达被审计单位，同时报牵头处室。 4. ××××年××月××日：审计组成员按照各自分工进行全面详细的审计，延伸下属单位和相关事项。对审计中调查记录事项和取证材料进行汇总，检查是否存在遗漏的审计事项，按分工和审计事项汇总整理审计资料及审计证据；完成取证工作，编写审计工作底稿。 5. ××××年××月××日召开审计小组业务会议，审计组成员按照各自分工汇报审计情况，讨论问题的定性和处理意见，完成审计报告征求意见稿的撰写并及时上报分管领导，结束现场审计工作
	四、审计汇总、报告阶段 ××××年××月××日前将审计报告（征求意见稿）初稿送审理督查处审理，××××年××月××日前征求被审计单位意见。××××年××月××日前将正式审计报告、审计决定及审核无误的报表等材料（含电子文档）提交综合协调组

续表

具体实施步骤和方法	五、审计整改阶段 在出具审计报告、作出审计决定后3个月内检查整改情况并提交检查报告
	六、归档阶段 审计工作结束后，审计组成员对各自的审计资料进行整理归类，由主审按规范要求进行统一归档管理，并在规定时间送档案室保存
审计组长审核意见	审核人： 年　　月　　日
审计组所在部门审核意见	审核人： 年　　月　　日
总审计师审核意见	审核人： 年　　月　　日
审计机关领导审批意见	审核人签章： 年　　月　　日
备注	

[复习思考与练习题]

1. 以财务报表审计计划理论为依据，以云南白药 2018 年度报告为素材，分析云南白药 2018 年度财务报表审计总体策略，感悟如何编制财务报表审计总体策略。

2. 请下载一家上市公司最新年度报告，尝试编制其当年度财务报表审计总体策略与具体审计计划。

3. 假如你是 ×× 省审计厅的审计人员，被安排实施 ×× 大学 2021 年度财务收支审计，请你编制相应的审计实施方案。

第七章　销售与收款循环审计案例①

[学习目标]

1. 理解销售与收款循环的主要业务、会计凭证、相关账户及记录。

2. 理解销售与收款循环常见的导致重大错报风险的因素。

3. 掌握销售与收款循环内部控制要点及控制测试方法。

4. 掌握销售与收款主要账户的审计目标及相应的实质性程序。

5. 能够以云南白药2018年度财务报表中销售与收款循环审计为例，学会如何将相关审计理论应用于具体实务中，并能够熟练运用各种审计技术方法，编制相关审计工作底稿。

6. 能够以销售与收款循环为例，将财务报表审计相关理论运用于其他业务循环审计中。

一、概述

（一）涉及的主要业务、会计凭证与记录及账户

销售与收款循环是企业向客户提供商品或劳务，直到收回货款的有关活动所组成的业务循环。

1. 主要业务

就工业企业来说，其涉及的主要业务或事项有：

（1）销售交易，包括接受顾客订单与签订销售合同、批准赊销信用、按销售单供货、按销售单装运货物、向顾客开具账单、记录销售收入等。

（2）收款交易，包括向客户收取款项以及收到款项后办理和记录现金、银行存款等。

（3）销售调整交易，包括审批、办理和记录销货退回、销货折扣与折让。

（4）核销坏账事项，即将确实无法收回的应收账款，经过批准后予以核销，但需“账销案存”。

（5）计提坏账准备事项，即按照企业应收款项的预期信用损失情况计提坏账准备。

---

① 在财务报表审计中，通常将业务按照关联划分为销售与收款、采购与付款、人事与薪酬、生产与仓储、筹资与投资、现金收支等循环。由于每个业务循环审计的基本思路与方法相似，因而本书仅以“销售与收款循环审计”为例，说明如何了解业务循环涉及的主要业务、会计凭证与记录及账户、可能导致重大错报风险的因素、具体审计目标、内部控制及测试、主要账户（主要财务报表项目）的审计目标和实质性程序，并形成相应审计工作底稿。

2. 主要会计凭证和记录

处理销售与收款业务通常需要许多文件，形成相应记录。通常，制造业涉及的主要文件和记录及其在审计中的作用如表 7-1 所示。

表 7-1　制造业销售与收款循环涉及的主要业务、文件和记录及其在审计中的作用

主要业务	业务活动	文件和记录	文件和记录的基本内容	文件和记录在审计中的作用
销售交易	接受客户订单	客户订单	记录客户要求订购商品的书面凭证。可直接从客户处获得，也可由销售人员根据与客户的电话、传真、电子邮件等内容编制而成	验证销售业务的真实性
	签订销售合同	销售合同	明确企业与客户双方销售商品的权利与义务的经济合同。核心内容：商品的名称、规格、数量、价格；质量要求及检验标准；包装及运输要求；运费与保险承担；付款期限与方式；违约责任等	验证销售业务的真实性、金额的准确性
	批准赊销信用	客户信用档案	记录客户基本情况以及信用限额的文件	验证销售业务的真实性
	按销售单供货	销售单	列示客户所订购商品的名称、规格、数量、价格等资料的凭证，是销售方内部处理客户订货单的依据	验证销售业务的真实性和正确性
	按销售单装运货物	发运凭证	发运凭证也称提货单，是为发运商品而编制的，反映发出商品的名称、规格、数量等内容的凭证，是向客户开票收款的依据	验证销售业务的真实性和正确性
	向客户开具发票并办理结算手续	销售发票	记录已销售商品的品种、规格、数量、价格、金额等内容的凭证。它一般有多联，发票联给客户，其余各联（如存根联、记账联等）由企业留存	验证销售业务的真实性和销售收入的准确性
		商品价目表	列示经批准的各种商品销售价格的清单	评价已销商品销售价格的合理性和合规性
		贷项通知单	记录由于销售退回或折让而引起的应收销售款减少的凭证	验证销售退回或折让的真实性以及应收账款减少的合规性和正确性
		汇款通知书	与发票一起寄给客户，由客户在付款时再寄回给销售单位的凭证。这能使现金立即存入银行，改善资产保管控制	验证销售业务及其收款的真实性和正确性

续表

主要业务	业务活动	文件和记录	文件和记录的基本内容	文件和记录在审计中的作用
销售交易	记录销售业务	销售日记账	逐日逐笔记录销售商品的品种、规格、数量、价格、金额等内容的日记账	验证销售业务的真实性和正确性
		营业收入明细账	记录销售交易的会计账簿，需与营业收入总账核对相符	验证销售业务的真实性和正确性
收款交易	收到和记录现金和银行存款	应收票据备查簿	记录收到的商业或银行承兑汇票的签发人、承兑人、签发日期、到期日期、票面金额、利率、收回情况、贴现情况的账簿	了解应收票据的基本情况，验证应收票据的真实性和正确性
		现金日记账	逐日逐笔序时记录现金收入、支出及结存情况的日记账，需与现金总账核对相符	验证现金收支业务的真实性和正确性
		银行存款日记账	逐日逐笔序时记录银行存款收入、支出及结存情况的日记账，需与银行存款总账核对相符	验证银行存款收支业务的真实性和正确性
		应收票据明细账	记录客户的商业或银行承兑汇票收到、付款或贴现的会计账簿，需与应收票据总账核对相符	验证应收票据交易的真实性和正确性
		应收账款明细账	记录客户赊销、付款、销售退回和折让情况的会计账簿，需与应收账款总账核对相符	验证应收账款交易的真实性和正确性
销售调整交易	办理和记录销货退回、销售折扣与转让	折扣与转让明细账	记录为鼓励客户尽早付款而给予客户销售折扣和因产品品种、质量等原因给予的销售折让情况的明细账。通常也可以不设置折扣与转让明细账，将这类业务记录于主营业务收入明细账	验证销售折扣与折让交易的真实性和正确性
定期对账和核销坏账事项	定期与客户对账	客户月末对账单	定期寄给客户，用于核对双方账目的文件，一般包括期初余额、本期销售业务的发生额、本期已收到的货款、期末余额等内容	验证销售业务和应收账款（包括发生额与期末余额）的真实性和正确性
	核销坏账	坏账审批文件	用于批准将无法收回的应收款项作为坏账核销的内部文件，一般应当说明该应收账款形成原因、催收过程、作为坏账核销的主要理由、下一步管理措施、审批人等	验证将应收账款进行核销的真实性、正确性和合规性
计提坏账准备事项	提取坏账准备	坏账准备计提表	记录当期应计提坏账准备情况的表格，通常包括账龄分析、计提比率、坏账准备金额等	验证坏账准备计提的合规性和准确性

3. 主要账户

（1）损益类账户（利润表项目），如主营业务收入、主营业务成本、其他业务收入、其他业务成本、税金及附加、资产（信用）减值损失（坏账损失）、销售费用等。

（2）资产类账户（资产负债表项目），如库存现金、银行存款、应收账款、应收票据、坏账准备、库存商品等。

（3）负债类账户（资产负债表项目），如预收账款、应交税费[应交增值税（销项税额）、消费税、资源税等明细账户]等。

（二）可能导致重大错报风险的因素

销售与收款循环是企业生产经营的一个重要业务循环。收入的确认会影响到与之相关的成本、资产（如应收票据、应收账款、坏账准备）等项目。许多财务舞弊案例表明，营业收入舞弊是一个最常见的舞弊现象。此外，营业收入是财务报表使用者十分关注的关键财务指标，因此，在审计中应将营业收入作为高风险审计领域，选择相对较低的重要性水平。本业务循环常见的导致重大错报风险的因素有：

（1）故意虚构销售业务，以虚增收入和利润。

（2）故意隐瞒销售收入，以少缴流转税和所得税，并形成“小金库”。

（3）销售业务控制不严，导致虚计销售收入，调节利润。

（4）信用政策不合理，盲目赊销，导致形成大量的应收账款，甚至呆账、坏账。

（5）长期不与客户核对应收账款，导致应收账款记录不准，甚至出现销售人员侵吞销售收入款项的舞弊行为。

（6）应收账款清理不积极，资金被长期占用，甚至导致了大量的呆账、坏账。

（7）销售成本结转不实，导致利润被多计或少计。

（8）销售费用支出失控，销售凭证保管不严，给舞弊留下了空间。

（9）故意多计提或少计提坏账准备，以调节利润。

（10）故意不恰当地将应收款项作为坏账核销，以备下一年度转回，以调节下一年度的利润。

尤其应当注意的是，收入确认舞弊风险是导致财务报表重大错报风险的重要因素。在审计过程中，尤其要重视实施充分审计程序，识别和评估收入确认舞弊风险，发现和披露收入业务中可能存在重大错误和舞弊。

（三）具体审计目标

销售与收款循环审计的具体目标如表 7-2 所示。

表 7-2 销售与收款循环审计的具体目标

管理层认定	一般审计目标	具体审计目标
	总体合理性	（1）被审计单位当期销售收入总额总体合理，没有重大错报的迹象 （2）被审计单位应收账款、应收票据、预收账款等账户余额总体合理，没有重大错报的迹象

续表

管理层认定	一般审计目标	具体审计目标
存在或发生	存在或发生	（1）所有已入账的销售业务、销售折扣或折让和退回均已发生 （2）已记录的应收账款、应收票据、预收账款等确实存在
完整性	完整性	（1）本期发生的所有赊销、现销和销售调整业务均已登记入账 （2）所有应收账款、应收票据等均已入账，并代表被审计单位对客户的全部求偿权
权利和义务	权利和义务	（1）所有已入账的应收账款、应收票据确属被审计单位的权利，除已披露的情况外，被审计单位对其所有权没有受到其他限制 （2）所有已入账的预收账款确属企业应承担的法律义务
计价和分摊	计价和分摊	应收账款预计可收回，坏账准备的计提比例恰当、计提金额充分
截止	截止	应收账款、应收票据和销售业务、销售折扣、折让和退回都已计入恰当的期间
准确性	准确性	销售收入、应收账款、应收票据、销售折扣、折让和退回等入账金额正确，明细账合计数与总账、报表数一致
分类	分类	（1）各项销售收入的分类正确，并记入恰当的账户 （2）应收账款和预收账款、其他应收款已恰当区分，并记入恰当的账户
列报与披露	列报与披露	销售收入、应收账款、应收票据、预收账款等在财务报表中的列报和披露恰当，且表述清楚，易于理解

二、了解被审计单位销售与收款循环相关情况①

（一）了解被审计单位销售与收款循环总体情况

ABC 会计师事务所（以下简称“ABC 所”）接受云南白药的委托，拟对其 2018 年度财务报表进行审计。云南白药 2017 年度的财务报表也是由 ABC 所审计，并签发了无保留意见审计报告。

云南白药为医药类制造企业，其业务性质和经营活动主要包括：化学原料药、化学药制剂、中成药、中药材、生物制品、医疗器械、保健食品、食品、饮料、特种劳保防护用品、非家用纺织成品、日化用品、化妆品、户外用品的研制、生产及销售；橡胶膏剂、贴膏剂、消毒产品、电子和数码产品的销售；信息技术、科技及经济技术咨询服务；货物进出口；物业经营管

① 本部分以模拟实施云南白药 2018 年度财务报表审计来展开，所引用资料均为云南白药 2018 年度报告资料和其他通过网络查询可获得的资料，仅在于说明如何将相应审计理论应用于实务之中。请读者勿与实际从事云南白药 2018 年度财务报表审计的注册会计师和事务所产生关联。

理。其产品和服务围绕药品、健康品、中药资源和医药；营业收入主要来源于工业产品（自制）、批发零售（药品），分别占当年销售收入总额的40.16%、59.67%。2018年实现销售收入267.08亿元，比2017年243.15亿元净增加23.93亿元，增加9.84%；其中出口销售收入5.90亿元，比上年增加104.51%。

工业产品（自制）方面，主要采用的是“先款后货”的原则，与经销商签订年度协议，约定付款期限等事项。公司渠道管理直达重要终端，对终端把控能力较强。商业以批发为主，兼有零售业务。批发业务主要面向医疗机构、商业公司等采购量较大、长期稳定的客户，采用“先货后款”的原则；零售业务板块，采用“现款现货”的原则，概不赊销。

云南白药2018年度生产与销售情况正常，与其相关的重大错报风险较低。

（二）销售与收款循环相关项目在财务报表中的列报与披露[①]

1. *在财务报表中的列报（金额单位：万元）*

（1）销售与收款循环相关项目在资产负债表中的列报，如表7-3所示。

表7-3　销售与收款循环相关项目在资产负债表中的列报

项　　目	2018年初数	2018年末数
货币资金	266 632.64	301 713.08
应收票据	429 335.08	317 374.43
应收账款	123 381.03	185 337.78
存货	866 327.85	999 401.21
预收款项	108 830.80	85 907.01
应交税费	27 411.01	42 093.34

（2）销售与收款循环相关项目在利润表中的列报，如表7-4所示。

表7-4　销售与收款循环相关项目在利润表中的列报

项　　目	2017年度	2018年度
营业收入	2 431 461.40	2 670 821.35
营业成本	1 673 157.52	1 854 943.36
税金及附加	16 965.29	17 625.43
销售费用	368 351.24	392 159.48
资产减值损失	6 483.50	5 807.47

① 下面这些资料引自云南白药2018年度报告。原金额单位为“元”，本书将其改为“万元”。在实务中，这些资料应当是审计的起点，也是审计需要验证的对象，最终要验证这些项目的列报是否正确，是否与经过审计的数据一致；相关的披露是否合规、充分，表述是否清晰、易于理解，是否与经审计后的数据一致。

（3）销售与收款循环相关项目在现金流量表中的列报，如表 7-5 所示。

表 7-5　销售与收款循环相关项目在现金流量表中的列报

项　　目	2017 年度	2018 年度
销售商品、提供劳务收到的现金	2 806 290.41	3 187 375.43

2. 相关的重要会计政策和会计估计

（1）应收票据及应收账款。

①单项金额重大并单独计提坏账准备的应收款项，相关判断标准及计提方法如表 7-6 所示。

表 7-6　应收款项单项金额重大的判断标准并单独计提坏账准备的方法①

单项金额重大的判断依据或金额标准	云南白药将金额为人民币 100 万元以上（含 100 万元）的应收款项确认为单项金额重大的应收款项
单项金额重大并单独计提坏账准备的方法	对于单项金额重大且有客观证据表明发生了减值的应收款项，根据其未来现金流量现值低于其账面价值的差额计提坏账准备。单独测试未发生减值的应收款项，将其归入账龄组合计提坏账准备

②按信用风险特征组合计提坏账准备的应收款项，相关的计提方法及计提比例，如表 7-7、表 7-8 所示。

表 7-7　应收款项信用风险组合及坏账准备计提方法

组合名称	坏账准备计提方法
（1）正常信用风险组合（账龄组合）	账龄分析法
（2）无信用风险组合	其他方法

表 7-8　应收款项账龄组合及坏账准备计提方法

账龄	应收账款计提比例	其他应收款计提比例
1 年以内（含 1 年）	5.00%	5.00%
1—2 年	30.00%	30.00%
2—3 年	60.00%	60.00%
3 年以上	100.00%	100.00%

组合中，采用账龄分析法计提坏账准备的：

☑ 适用　☐ 不适用

① 上市公司年度财务报表附注中的表格没有相应的名称和序号，本书中为便于理解和运用而添加。下同。

组合中，采用余额百分比法计提坏账准备的：

□　适用　☑　不适用

组合中，采用其他方法计提坏账准备的：

□　适用　☑　不适用

③单项金额不重大但单独计提坏账准备的应收款项，相关计提理由及方法如表 7-9 所示。

表 7-9　应收款项单项金额不重大但单独计提坏账准备的理由及方法

单项计提坏账准备的理由	有确凿证据表明可收回性存在明显差异的应收款项
坏账准备的计提方法	根据其未来现金流量现值低于其账面价值的差额计提坏账准备

（2）收入。

①销售商品收入。本公司在已将商品所有权上的主要风险和报酬转移给购货方，既没有保留通常与所有权相联系的继续管理权，也没有对已售出的商品实施有效控制，收入的金额、相关的已发生或将发生的成本能够可靠地计量，相关的经济利益很可能流入企业时，确认销售商品收入。

②提供劳务收入。

A. 在同一会计年度内开始并完成的劳务，在完成劳务时确认收入。

B. 如劳务的开始和完成分属不同的会计年度，在提供劳务交易的结果能够可靠估计的情况下，在资产负债表日按完工百分比法确认相关劳务收入。在提供劳务交易的结果不能可靠估计的情况下，在资产负债表日按已经发生并预计能够补偿的劳务成本金额确认收入。

在同时满足下列条件的情况下，表明其结果能够可靠估计：与合同相关的经济利益很可能流入企业；实际发生的合同成本能够清楚地区分和可靠地计量；固定造价合同还必须同时满足合同总收入能够可靠计量及合同完工进度和为完成合同尚需发生的成本能够可靠地确定。

C. 合同完工进度的确认方法：本公司按累计实际发生的合同成本占合同预计总成本的比例确定合同完工进度。

③让渡资产使用权收入。在满足相关的经济利益很可能流入企业和收入的金额能够可靠地计量等两个条件时，本公司分别按以下情况确认收入：

A. 利息收入按照他人使用本公司货币资金的时间和实际利率计算确定。

B. 使用费收入按照有关合同或协议约定的收费时间和方法计算确定。

3. 相关财务报表项目在财务报表附注中的披露[①]

（1）货币资金的构成情况，如表 7-10 所示。

① 关于销售与收款循环中营业收入构成、主营业务分析、营业成本构成、主要客户等情况的分析，在年度报告中“第四节　经营情况讨论与分析”有较多的分析与讨论。这些信息构成了财务报表审计中的“其他信息”，既是注册会计师在审计中需要了解和利用的资料，也是需要与已审计财务报表核对是否一致的资料。在此从略。

表 7-10　云南白药 2018 年末及年初货币资金构成情况

项目	期末余额（万元）	期初余额（万元）
库存现金	17.95	26.50
银行存款	301 655.93	266 567.59
其他货币资金	39.21	38.55
合计	301 713.08	266 632.64

（2）应收票据及应收账款的构成情况，如表 7-11 所示。

表 7-11　云南白药 2018 年末、年初应收票据及应收账款构成情况

项目	期末余额（万元）	期初余额（万元）
应收票据	317 374.43	429 335.08
应收账款	185 337.78	123 381.03
合计	502 712.21	552 716.12

①应收票据。

A. 应收票据分类列示，其构成情况如表 7-12 所示。

表 7-12　云南白药 2018 年末及年初应收票据构成情况

项目	期末余额（万元）	期初余额（万元）
银行承兑票据	317 374.43	429 335.08
合计	317 374.43	429 335.08

B. 期末公司已质押的应收票据：无。

C. 期末公司已背书或贴现且在资产负债表日尚未到期的应收票据，如表 7-13 所示。

表 7-13　云南白药 2018 年末应收票据已背书或贴现情况

项目	期末终止确认金额（万元）	期末未终止确认金额（万元）
银行承兑票据	217 229.35	
合计	217 229.35	

D. 期末公司因出票人未履约而将其转应收账款的票据：无。

②应收账款。

A. 应收账款分类及坏账准备计提等情况，如表 7-14、表 7-15 所示。

表 7-14 云南白药 2018 年末及年初应收账款分类及坏账准备计提情况

金额单位：万元

类别	期末余额				
	账面余额		坏账准备		账面价值
	金额	比例	金额	计提比例	
单项金额重大并单独计提坏账准备的应收账款					
按信用风险特征组合计提坏账准备的应收账款	199 269.45	100.00%	13 931.67	6.99%	185 337.78
单项金额不重大但单独计提坏账准备的应收账款					
合计	199 269.45	100.00%	13 931.67	6.99%	185 337.78
类别	期初余额				
	账面余额		坏账准备		账面价值
	金额	比例	金额	计提比例	
单项金额重大并单独计提坏账准备的应收账款					
按信用风险特征组合计提坏账准备的应收账款	133 047.40	100.00%	9 666.37	7.27%	123 381.03
单项金额不重大但单独计提坏账准备的应收账款					
合计	133 047.40	100.00%	9 666.37	7.27%	123 381.03

表 7-15 云南白药 2018 年末应收账款账龄分析及坏账准备计提情况

账龄	期末余额		
	应收账款（万元）	坏账准备（万元）	计提比例
1 年以内分项			
1 年以内小计	190 298.72	9 514.95	5%
1 至 2 年	6 254.81	1 876.44	30%
2 至 3 年	43 908.00	263.45	60%
3 年以上	2 276.85	2 276.85	100%
合计	199 269.45	13 931.67	6.99%

B. 期末单项金额重大并单项计提坏账准备的应收账款：

□　适用　☑　不适用

C. 组合中，按账龄分析法计提坏账准备的应收账款：

☑　适用　□　不适用

D. 组合中，采用余额百分比法计提坏账准备的应收账款：

□　适用　☑　不适用

E. 组合中，采用其他方法计提坏账准备的应收账款：

□　适用　☑　不适用

F. 本期计提、收回或转回的坏账准备情况。

本期计提坏账准备金额 4 307.26 万元；本期收回或转回坏账准备金额 0 元。其中，本期坏账准备收回或转回金额重要的：无。

G. 本期实际核销的应收账款情况，如表 7-16 所示。

表 7-16　云南白药 2018 年度应收账款作为坏账核销情况

项　　目	核销金额（万元）
文山开开药业有限公司	36.22
网店	5.16
宣威市锦森康复医院	3.84
罗平红十字会民生医院	2.13
其他单位	9.16

其中重要的应收账款核销情况：无。

应收账款核销说明：本期实际核销 56.51 万元；本期收回以前期间核销的坏账 14.56 万元。

H. 按欠款方归集的期末余额前五名的应收账款情况，如表 7-17 所示。

表 7-17　云南白药 2018 年末应收账款账面余额前五名客户情况

单位名称	与本公司关系	账面余额（万元）	坏账准备（万元）	年限	占应收账款总额的比例（%）
A	销售客户	18 042.68	902.13	1 年以内	9.05
B	销售客户	13 671.76	683.59	1 年以内	6.86
C	销售客户	9 103.82	455.19	1 年以内	4.57
D	销售客户	6 465.33	323.27	1 年以内	3.24
E	销售客户	6 243.14	312.16	1 年以内	3.13
合计		53 526.73	2 676.34		26.85

I. 因金融资产转移而终止确认的应收账款情况，如表 7-18 所示。

表 7-18　云南白药 2018 年末应收账款因金融资产转移而终止确认情况

项　　目	转移方式	终止确认金额（万元）
应收账款	保理	139 473.19
合计		139 473.19

转移应收账款且继续涉入形成的资产、负债金额

其他说明：无

（3）预收账款的构成情况，如表 7-19 所示。

表 7-19　云南白药 2018 年末及年初预收账款情况

项　　目	期末余额（万元）	期初余额（万元）
货款	84 942.57	108 661.06
租赁费	261.14	169.75
其他	703.30	
合计	85 907.01	108 830.80

A. 账龄超过 1 年的重要预收款项，如表 7-20 所示。

表 7-20　云南白药 2018 年末账龄超过 1 年的预收账款情况

项　　目	期末余额（万元）	未偿还或结转的原因
长沙雅特日用品贸易有限公司－微商	78.79	未结算
丽江红顺堂生物科技开发有限公司	50.00	未结算
合计	128.79	—

B. 期末建造合同形成的已结算未完工项目情况：无。

（4）营业收入和营业成本情况，如表 7-21 所示。

表 7-21　云南白药 2018、2017 年度营业收入和营业成本情况

项目	2018 年度发生额（万元）		2017 年度发生额（万元）	
	收入	成本	收入	成本
主营业务	2 668 015.31	1 853 805.52	2 424 898.78	1 667 098.23
其他业务	2 806.04	1 137.84	6 562.63	6 059.29
合计	2 670 821.35	1 854 943.36	2 431 461.40	1 673 157.52

（5）税金及附加构成情况，如表 7-22 所示。

表 7-22　云南白药 2018、2017 年度税金及附加构成情况

项　　目	2018 年度发生额（万元）	2017 年度发生额（万元）
消费税	25.03	19.10
城市维护建设税	8 241.42	7 928.38
教育费附加	3 587.32	3 419.97
房产税	1 359.83	1 377.78
土地使用税	964.41	986.03
车船税	8.44	11.82
印花税	1 050.33	941.60
地方教育费附加	2 378.09	2 280.62
环境保护税	10.57	
合计	17 625.43	16 965.29

（6）销售费用构成情况，如表 7-23 所示。

表 7-23　云南白药 2018、2017 年度销售费用构成情况

项　　目	2018 年度发生额（万元）	2017 年度发生额（万元）
市场维护费	155 508.20	145 483.53
职工薪酬	84 615.34	84 763.35
广告宣传费	68 908.40	68 952.07
运输装卸费	25 649.41	26 971.60
策划服务费	8 814.25	8 766.12
综合管理	8 594.65	2 573.12
制作费	7 159.14	4 955.14
租赁费	6 167.70	4 528.19
差旅费	4 916.07	4 098.04
样品费	4 306.63	2 074.37
办公费	4 153.08	3 120.38
促销费	2 737.14	1 405.08
物料消耗	1 821.06	1 519.36

续表

项　　目	2018 年度发生额(万元)	2017 年度发生额(万元)
仓储费	1 305.95	1 810.11
会务费	1 246.85	668.78
服务费	1 011.16	1 209.22
技术服务费	844.60	2 107.58
修理费	621.07	393.07
装修费	567.57	297.41
劳动保护费	344.26	417.69
汽车使用费	309.33	233.69
咨询费	123.56	1 150.51
其他	2 434.08	852.83
合计	392 159.48	368 351.24

三、确定销售与收款循环相关项目的重要性水平

根据云南白药2018年度财务报表总体审计策略(详见第6章相关内容),云南白药2018年度合并报表(未审)重要性水平的确定依据为:初步确定以利润总额作为重要性水平的基准,相应比率为5%;财务报表重大错报风险评估结果“中”,选取风险因素系数65%确定为实际执行重要性水平的比例。

云南白药2018年度合并报表(未审)的利润总额为382 616.18万元,实际执行的重要性水平=382 616.18万元×5%×65%=12 435.35万元,取整为12 000万元。

合并范围内子公司财务报表整体重要性水平=利润总额×5%×风险因素系数

各级子公司实际执行重要性水平的风险因素系数为50%~75%,根据对其财务报表重大错报风险评估高低的初步判断来确定。

低于财务报表整体重要性水平3%的不予调整;介于财务报表整体重要性水平的3%至各层级单位实际执行重要性水平的,汇总后统一考虑是否超过财务报表整体重要性水平,进行相应调整;单笔差异超过各层级单位实际执行重要性水平的,应当调整。

各财务报表项目的重要性水平(即可容忍误差)按照实际执行的重要性水平10%~20%且不超过该项目的30%来确定。即金额较大的财务报表项目,按照不高于实际执行的重要性水平的20%且不超过该项目的30%来确定;金额较小的财务报表项目,按照不高于10%且不超过该项目的30%来确定。

四、销售与收款循环内部控制测试与评价

（一）相关内部控制的了解与描述

在“风险评估”阶段了解销售与收款循环内部控制的基础上，决定采用询问销售部经理、财务部经理和销售主管会计，并请他们填写“内部控制调查表”（见表7-24），查阅云南白药内部管理制度手册，观察云南白药有关销售活动及运作情况等程序来了解云南白药销售与收款循环内部控制。

表7-24　销售与收款循环相关内部控制调查表

被审计单位：云南白药　　调查者：×××　　调查日期：2018/12/14　　索引号：Y1-1[①]

被调查者：×××（职务：销售主管会计）　　复核人员：李　晨　　复核日期：2018/12/15

调查问题	回答			评注
	是	否	不适用	
一、岗位分工与授权批准				
1. 销售部门（或岗位）是否主要负责处理订单、签订合同、执行销售政策和信用政策、催收货款？				
2. 发货部门（或岗位）主要负责审核销售发货单据是否齐全并办理发货的具体事宜？				需要关注不相容职务的分离
3. 财务部门（或岗位）主要负责销售款项的结算和记录、监督管理货款回收？				
4. 是否建立了专门的信用管理部门或岗位，负责制定单位信用政策，监督各部门信用政策执行情况？		√		未设立专门的信用管理部门或岗位，主要由销售部门和财务部门共同分析、管理客户的信用
5. 是否对销售与收款业务建立了授权批准制度，明确了审批人员对销售与收款业务的授权批准方式、权限、程序、责任和相关控制措施？				
6. 对于超过单位既定销售政策和信用政策规定范围的特殊销售业务，是否采用集体决策制度？				
7. 前述岗位是否有明确的职责？				
8. 上述岗位中，不相容职务是否严格分离？				
9. 岗位所配备的人员是否经过挑选，具备胜任能力，并定期进行考核？				
10. 重要岗位是否实行了定期轮换制度				

① 因为本书只提供了部分审计工作底稿，因而索引号不连续。在审计实务中，检查某类凭证编号的连续性，是检查该类业务是否完整的有效方法之一。对于应当连续编号（如被审计单位开具的发票、银行支票、入库单、出库单等）但编号不连续的，或者不应当连号的外来原始凭证（如购货发票）而连号的，均应作为异常情况，查明原因，并进行相应处理。

续表

调查问题	回答			评注
	是	否	不适用	
二、销售和发货控制 （一）销售管理基础制度 1. 是否对销售业务建立了预算管理制度，明确了销售目标与销售管理责任制？ 2. 是否建立了销售定价控制制度，制定价目表、折扣政策、付款政策等并予以执行？ （二）客户信用管理 1. 在选择客户时，是否充分了解和考虑客户的信誉、财务状况等有关情况，以降低账款回收中的风险？ 2. 赊销业务是否遵循规定的销售政策和信用政策？ 3. 对符合赊销条件的客户经审批人批准后才可办理赊销业务？ 4. 超出销售政策和信用政策规定的赊销业务是否实行集体决策审批？ （三）销售业务流程管理 1. 在销售合同订立前，是否指定专门人员就销售价格、信用政策、发货及收款方式等具体事项与客户进行谈判，并对销售谈判的全过程作出完整的书面记录？ 2. 是否授权有关人员与主要客户签订了销售合同？ 3. 金额重大的销售合同的订立是否征询了法律顾问或专家的意见，并经过内部审计？ 4. 是否建立了销售合同审批制度，由审批人员应对销售价格、信用政策、发货及收款方式等严格把关？ 5. 销售部门是否是按照经批准的销售合同编制销售计划，向发货部门下达销售通知单？ 6. 审批后的销售计划是否及时下达财务部门，由财会部门根据销售通知单向客户开出销售发票？ 7. 发货部门是否对销售发货单据进行审核，严格按照销售通知单所列的品种和规格、数量、时间、方式组织发货，并建立货物出库、发运等环节的岗位责任制？ 8. 是否建立了销售退回管理制度？销售退回是否必须经销售主管审批后方可执行？ 9. 销售退回的货物是否由质检部门检验和仓储部门清点，并签发质量检验报告和验收入库单后方可入库？ 10. 财务部门是否对检验证明、退货接收报告以及退货方出具的退货凭证等进行审核后才办理相应的退款事宜				

续表

调查问题	回答			评注
	是	否	不适用	
（四）销售记录管理 1. 是否在销售与发货各环节设置相关的记录、填制相应的凭证，建立了完整的销售登记制度？ 2. 是否对销售合同、销售计划、销售通知单、发货凭证、运货凭证、销售发票等文件和凭证进行相互核对？ 3. 销售部门是否设置了销售台账，及时反映各种商品、劳务等开单、发货、收款情况？ 4. 销售台账是否附有客户订单、销售合同、客户签收回执等相关单据				
三、收款控制 （一）销售收入及入账管理 1. 是否尽量避免销售人员接触销售现款？ 2. 是否将销售收入及时入账？ （二）应收账款管理 1. 是否建立了应收账款账龄分析制度和逾期应收账款催收制度？ 2. 销售部门是否定期清理和催收应收账款？ 3. 财务部门是否督促销售部门加紧催收应收账款？对催收无效的逾期应收账款是否通过法律程序予以解决？ 4. 是否按客户设置了应收账款台账，及时登记每一客户应收账款余额增减变动情况和信用额度使用情况？ 5. 是否对客户建立了完善的客户资料，并实行动态管理，及时更新？ 6. 对于可能成为坏账的应收账款是否及时报告有关决策机构，由其进行审查，确定是否确认为坏账？ 7. 对注销的坏账是否进行了备查登记，做到账销案存？ 8. 已注销的坏账又收回时是否及时入账？ （三）应收票据管理 1. 应收票据的取得和贴现是否必须经由保管票据以外的主管人员的书面批准？ 2. 是否有专人保管应收票据？ 3. 对于即将到期的应收票据，是否及时向付款人提示付款？ 4. 已贴现票据是否已在备查簿中登记？ 5. 是否制定了逾期票据的冲销管理程序和追踪监控制度				

续表

调查问题	回答			评注
	是	否	不适用	
（四）对账管理 是否定期与往来客户通过函证等方式核对应收账款、应收票据、预收账款等往来款项？如有不符，是否及时查明原因，并进行处理				
四、会计记录控制 1. 会计部门是否根据与销售通知单、出库单、销售发票、收款凭证等核对无误后编制记账凭证？ 2. 销售费用的列支是否符合财务会计制度的规定？ 3. 销项税额的处理是否符合增值税法的规定？ 4. 是否每月对应收账款、预收账款、应收票据的总账与明细账进行核对？ 5. 应收账款、预收账款、应收票据的记录是否定期与客户核对？如有不符，是否及时查明原因，并进行处理？ 6. 收到的销货款是否及时入账				主要客户每月对账，一般每季至少一次。其他客户则每年对账一次
五、监督检查 1. 是否建立了对销售与收款内部控制的监督检查制度，明确监督检查机构或人员的职责权限，定期或不定期地进行检查？ 2. 是否及时对监督检查过程中发现的薄弱环节加以纠正和完善				审计部对内部控制执行情况进行必要的检查监督；近年来，每年均对销售与收款循环内部控制进行自我评价和审计，均认为有效
其他：				
内部控制设计的主要缺陷及改进建议： 主要缺陷： 无 主要改进建议： 无				
简要说明及结论： 1. 经问卷调查、询问和简易测试后，认为销售与收款循环内部控制的可信赖度为： 高（√）　中（　）　低（　） 2. 该循环是否需要进一步作控制测试： 是（√）　否（　） 3. 销售与收款循环内部控制健全有效，控制风险评估为低				

（二）相关内部控制测试

1. 控制设计测试

经过分析，云南白药销售与收款循环内部控制设计合理、健全有效，能够防止、发现和纠正销售与收款业务的重大错报。

2. 控制执行测试

（1）岗位分工与授权批准的测试。

①询问。即询问云南白药销售部门负责人、销售主管会计等人员，详细了解与销售与收款业务相关的岗位分工和授权批准情况，了解是否符合相关内部控制设计的要求，并切实执行。

②检查相关内部控制制度。即审阅相关内部管理制度的书面文件，注意其中的岗位分工和授权批准情况。

③检查相关内部控制执行过程中形成的书面记录。即检查销售与收款循环相关经济业务处理过程中形成的书面记录，注意是否有相关业务经办人的签名，并判断是否存在相应的职责分工与授权批准等。

（2）销售和发货控制的测试。

①询问。即向有关人员询问销售与发货控制中的销售管理基础制度、客户信用管理、销售业务流程管理、销售记录管理等方面的制度建立及其实际执行情况，是否一贯执行，是否由规定的部门和岗位责任人执行，在执行过程中是否形成相应的书面记录或文件，是否能够实现预期控制目标，执行过程中是否存在什么问题，是否已采取相应的纠正措施等。

②检查书面记录和文件。即检查销售与发货控制生成的文件和记录，如检查有关的销售预算管理制度、产品销售价目表、客户信用管理文件、销售合同、销售退回、销售过程中的登记、销售通知单、销售发票等资料，验证该内部控制是否已按照设计要求得到了贯彻执行。

［小贴士］

以某客户的某笔销售业务为基础，追查：（1）销售合同。需查明：①是否与该客户销售合同？②该合同由谁与客户签订的？该签订者是否已获得授权？③该销售合同是否属于重大销售合同？若是，是否经过了内部审计或咨询过法律专家的意见？他们的主要意见是什么？④该销售合同是否经过了审批？由谁审批？（2）信用管理。需查明：①是否有该客户的信用管理资料？②最近是否对该客户进行过信用、财务状况等方面的调查？有无书面调查报告？结论是怎样的？③对该客户的赊销是由谁批准的？批准合规吗？（3）发货管理。需查明：①有无相应的销售计划？②财务部门是否开具了销售发票？③发票价格是否与合同一致？是否与产品价目表一致？销售数量是否与合同一致？④仓库发货时是否审核了发货单？⑤是否按规定办理了发运手续？（4）销售记录管理。需查明：①有无相应的销售台账？相应的记录是否完整？手续齐全？②销售明细账记录是否完整？登记手续是否合规？③该客户的应收账款明细账记录是否完整？④该销售业务的记账凭证所附原始凭证是否齐全？手续是否合规等。

③观察。即通过观察云南白药销售活动来了解内部控制的执行情况。在相关负责人不知情的情况下，实地观察销售业务的处理过程是否严格执行了内部控制的要求。

（3）收款控制和会计记录控制的测试。

同样可以通过询问、检查书面记录和文件、观察等方式测试其执行情况，方法类似。此外，还可采用"重新执行"进行测试，即审计师按照相关内部控制的规定，将相关业务重新执行一遍，以验证相关内部控制是否得到了严格执行。如重新将某月的应收账款进行账龄分析，并与云南白药所编制的应收账款账龄分析表进行核对，验证其是否定期进行了账龄分析，账龄分析是否正确等。

ABC 事务所对 2018 年云南白药销售与收款循环内部控制执行了测试，相关程序及内容如表 7-25至表 7-27 所示。

表 7-25 ABC 会计师事务所工作底稿

被审计单位：云南白药　　调查者：×××　　调查日期：2018/12/14

被调查者：×××　　复核人员：×××　　复核日期：2018/12/18　　索引号：Y1-2

销售与收款循环内部控制执行测试程序表

测试重点	常规测试程序	索引号
按常规程序测试	1. 抽取销售发票，作如下检查： （1）核对销售发票、销售合同、销售订单所载明的品名、规格、数量、价格是否一致 （2）核查销售合同、赊销是否经核准 （3）核对相应的送货单副本，检查销售发票日期与送货日期是否一致 （4）检查销售发票中所列商品的单价并与商品价目表核对 （5）复核销售发票中列示的数量、单价和金额 （6）从销售发票追查至销售记账凭证或销售记账凭证汇总表 （7）从销售记账凭证或销售日记账汇总表追查至总分类账及明细分类账	Y1-4
	2. 抽取一定时期内的销售发票，检查其是否连续编号，有否缺号，作废发票的处理是否正确	Y1-3
	3. 抽取送货单，并与相关的销售发票核对，检查已发出商品是否均已向顾客开出发票	Y1-5
	4. 检查销售退回、折让、折扣的核准： （1）检查销售退回是否具有对方税务局开具的有关证明 （2）检查销售退回和折让是否附有按顺序编号并经主管人员核准的贷项通知单 （3）检查退回商品是否具有仓库退货验收报告 （4）退货商品冲销会计记录是否正确 （5）销售退回与折让的批准与贷项通知单的签发职责是否分离 （6）现金折扣是否经过适当授权，授权人与收款人的职责是否分离	Y1-3

续表

测试重点	常规测试程序	索引号
按常规程序测试	5. 抽取收款凭证，作如下检查： （1）是否将记录收款与保管现金的职责分离 （2）收到货款是否开具收款收据 （3）是否定期核对记账、过账和送存银行的金额 （4）是否定期编制银行存款余额调节表，其编制人是否与出纳保持职责分离 （5）是否定期与顾客对账	本业务循环不重复进行，在货币资金内部控制执行测试中进行

表 7-26　销售与收款循环内部控制执行测试工作底稿

索引号：Y1-3

程序号	查验过程记录	索引号
1	测试情况： 随机抽取 2018 年 1～10 月份开出的销售发票 50 份，作（1）～（7）项测试，测试相符率 100%	Y1-4
2	抽取 6 月份所有开出的销售发票，发现所有已开具发票编号连续、无缺号；有 3 张作废发票，均盖有“作废”印章，且所有联次齐全	（略）
3	将送货单和销售发票核对，未发现货已发出不开具发票的现象	Y1-5
4	经查，1～10 月份被审计单位未发生销售折扣、折让行为；有两笔销售退回，均附有按顺序编号并经主管人员核准的贷项通知单，有仓库签发的退货验收报告，有对方税务部门开具的有关证明，会计处理正确	（略）
5	收款凭证的检查在现金和银行存款符合性测试时进行	
	测试结论： 由于对销售与收款循环内部控制测试的相符率为 100%，说明云南白药销售与收款循环内部控制健全且有效，能防止、发现和纠正销售与收款业务的重大错报，控制风险评估为低	

（三）相关内部控制评价及审计策略

1. 对相关内部控制的评价

经测试，云南白药销售与收款循环内部控制设计合理，并得到有效执行，因此，相关内部控制风险低，可信赖程度高。

2. 审计策略

由于控制风险低，可接受检查风险高，因而实质性测试策略为：在性质上，以实质性分析程序和交易测试为主；在审计时间上，可以期中审计为主；在审计范围上，可以只抽查较少的样本和获取较少的证据。

表 7-27　销售与收款循环内部控制执行测试记录

索引号：Y1-4

序号	发票号	购货单位名称	发票内容						出库单					会计凭证					商品价目表	销售合同	备注
			日期	品名	规格	数量	单价	金额	日期	编号	核对			日期	编号	核对			核对	检查	
											①	②	③			④	⑤	⑥	⑦	⑧	
1	11089	A公司	2018.1.20	A产品	20×10	130	6 812	8 855 600	2018.1.5	00012	√	√	√	2018.1.20	11089	√	√	√	√	√	单价不含价
2	11092	B公司	2018.1.30	B产品	30×10	2 750	5 700	15 675 000	2018.1.5	00015	√	√	√	2018.1.31	11092	√	√	√	√	√	单价不含价
50	18709	C公司	2018.10.20	C产品	50×10	3 650	3 946	14 402 900	2018.7.5	00150	√	√	√	2018.10.20	18709	√	√	√	√	√	
		合计						679 435 345													

核对说明：

①与销售合同或销售订单所载明的品名、数量、金额一致。
②销售合同与出库单品名、数量、会计期间一致。
③销售发票与出库单品名、数量、会计期间一致。
④发票内容、金额与记账凭证一致。
⑤发票销售额已正确记入销售明细账、应收账款明细账。
⑥应交增值税计算及会计处理正确。
⑦发票中商品单价与商品价目表一致。
⑧销售合同签订合规，内容情况，并经过必要审批。

有关测试说明及结论：

随机抽取 2018 年 1—10 月份销售业务 50 笔，销售金额共计 6.79 亿元，约占 2018 年 1—10 月份已实现销售收入的 3.2%，测试相符率 100%。

［说明］ 在审计实务中，内部控制执行测试往往与交易细节测试结合进行。本内部控制测试记录，既可测试内部控制是否得到有效执行，又可验证销售业务的真实性（发生目标）、相关会计处理的恰当性（准确性目标、分类目标、截止目标）。

五、主营业务收入审计案例

（一）主营业务收入的审计目标

主营业务收入的审计目标及其相应的审计程序如表 7–28 所示。

表 7–28　主营业务收入审计目标及主要审计程序

一般审计目标	具体审计目标	主要审计程序
总体合理性	被审计单位当期主营业务收入总额总体合理，没有重大错报的迹象	对主营业务收入执行实质性分析程序
发生	所有已记录的销售业务、销售调整业务均已确实发生	（1）抽查重要销售业务的订购单、销售单、销售合同、发运凭证、发票、对方收货回执乃至期后回款情况等，验证销售业务是否确实发生 （2）检查增值税发票申报表和纳税申报表，估算全年收入，并与已入账营业收入总额核对，检查是否存在虚开发票或已销售而未开发票的情况，验证营业收入的合理性和合法性
完整性	本期发生的所有赊销、现销和销售调整业务均已登记入账	以发货凭证或出库单为起点，追查至销售发票存根和主营业务收入明细账，验证已发运且应计入当期营业收入的发出商品是否已经记录
准确性	主营业务收入入账金额正确，明细账合计数与总账、报表数一致	抽查重要销售业务会计处理的正确性； 将销售发票存根上所列的单价与经过批准的商品价目表、合同约定价格进行比较，验证入账金额的准确性
截止	所有销售业务均已计入恰当的会计期间	实施销售业务截止测试
分类	各项销售收入的分类正确，并记入恰当的账户	抽查重要销售业务会计处理的正确性，特别关注所使用会计科目的准确性
列报与披露	主营业务收入在财务报表中的列报恰当，且表述清晰，易于理解	检查主营业务收入的列报和披露

（二）主营业务收入的实质性测试

ABC 事务所对主营业务收入进行实质性测试，具体内容如表 7–29 至表 7–35 所示。

表 7-29 ABC 会计师事务所工作底稿[①]

被审计单位：云南白药　　审计人员：× × ×　　日期：2018/12/25　　索引号：Y1-6

审计期间：2018 年度　　复核人员：× × ×　　日期：2018/12/27

主营业务收入实质性程序控制表

审计重点	审计程序	执行情况说明	索引号
重点关注主营业务收入的真实性以及是否有跨期销售收入	1. 获取或编制主营业务收入明细表，复核加计是否正确，并与明细账和总账、报表核对相符	核对相符	Y1-7
	2. 审查营业收入会计政策，验证其合规性、合理性和一贯性	已评价收入会计政策。会计政策合规、合理、一贯	无底稿
	3. 对主营业务收入实施分析程序，验证其总体合理性	已实施，总体合理	Y1-7
	4. 获取发票申报表和纳税申报表，并与营业收入记录核对，检查是否存在虚开发票或已销售而未开发票的情况，验证收入的合理性和合法性	已实施，一致	Y1-8
	5. 审阅重点主营业务收入明细账，并抽查相应销售业务的记账凭证和原始凭证（发票、出库单等），确定主营业务收入是否真实，相关会计处理是否正确	抽查了大额销售记账凭证，未发现异常	Y1-4、Y1-9
	6. 实施销售截止日测试，抽查资产负债表日前后若干日的销售收入与退货记录，检查销售业务的会计处理有无跨年度现象，对跨年度重大销售项目应予调整	已实施截止测试，未发现异常	Y1-10
	7. 结合资产负债表日应收账款的函证程序，查明有无未经认可的大额销售	已实施，未发现异常	Y1-11
	8. 检查销售退回与折让手续是否符合规定，是否按规定进行了会计处理	已检查，未发现异常	Y1-12
	9. 检查以外币结算的主营业务收入的折算方法是否正确	已检查，未发现异常	Y1-13
	10. 获取产品价格目录，抽查售价是否符合定价政策，并注意销售给关联或关系密切的重要客户的产品价格是否合理，有无低价或高价结算以转移收入的现象	已检查，未发现异常	Y1-14
	11. 检查有无特殊的销售行为，确定恰当审计程序进行审核	已询问并检查，未发现异常	无底稿
	12. 调查集团内部销售的情况，记录其交易价格、数量和金额，并追查在编制合并财务报表时是否已抵销	已检查，未发现异常	Y1-15
	13. 调查向关联方销售的情况，记录其交易品种、数量、价格、金额以及占营业收入总额的比例	已检查，未发现异常	Y1-16
	14. 审查主营业务收入的列报和披露，验证其恰当性和充分性	已审阅，营业收入列报和披露充分、恰当	无底稿

① 每份审计工作底稿均有类似的表头。为节约篇幅，我们在后文没有保留此表头。

表 7-30 云南白药 2017—2018 年主营业务收入、成本、毛利率明细比较表

金额单位：万元
索引号：Y1-7-1

类别	2018 年			2017 年			2018 年比 2017 年收入比较		2018 年比 2017 年毛利率增减百分点数	简要说明
	销售收入	销售成本	毛利率	销售收入	销售成本	毛利率	增加额	增加		
工业产品（自制）	1 072 713.71	388 478.96	63.79%	996 202.47	342 634.47	65.61%	76 511.24	7.68%	−1.82	收入增幅合理，毛利率略有下降
批发零售（药品）	1 593 743.40	1 463 545.58	8.17%	1 428 355.43	1 324 218.34	7.29%	165 387.97	11.58%	0.88	收入增幅较大，毛利率增加 0.88 个百分点，总体合理
合计	2 666 457.11	1 852 024.54	30.54%	2 424 557.90	1 666 852.81	31.25%	241 899.21	9.98%	0.71	
审计标识和简要说明	云南白药 2018 年工业产品销售收入增幅合理，毛利率略有下降。经询问，主要原因为增加职工薪酬、售价略有降低所致。 云南白药 2018 年批发零售收入增幅较大，毛利率增加 0.88 个百分点。经询问，主要原因为降低了采购成本。 云南白药 2018 年主营业务收入及毛利率总体合理，重大错报风险较低									

［说明］本表主要分收入类别将本期与上期主营业务收入、成本、毛利率进行比较，分析其变动是否正常、合理，并分析和查找异常变动的原因。

表 7-31　主要产品销售明细表（按产品分析）

索引号：Y1-7-2

产品名称	本年实际				本年计划				上年实际			
	销售数量	销售收入	销售成本	销售成本率（%）	销售数量	销售收入	销售成本	销售成本率（%）	销售数量	销售收入	销售成本	销售成本率（%）
A												
B												
C												
…												
合计												
审计标识与说明												
复核说明与结论												

［说明］ 本表主要按产品类别比较本期与上期实际、本期计划的销售数量、销售收入和销售成本率，分析产品销售结构和价格、毛利率等的变动是否正常、合理，并分析和调查异常变动的原因。

表 7-32　主营业务收入明细表（按月份分析）

索引号：Y1-7-3

月份	本期实际			本期计划			上期实际		
	销售收入	销售成本	销售成本率 %	销售收入	销售成本	销售成本率 %	销售收入	销售成本	销售成本率 %
1 月									
2 月									
3 月									
…									
11 月									
12 月									
合计									
审计标识与说明									

［说明］ 本表主要按月份比较本期与上期实际、本期计划的销售收入、销售成本和销售成本率，分析各月销售收入和毛利率等是否均衡，其波动是否正常、合理，并分析和调查异常波动的原因。

除了对主营业务收入实施上述分析程序外，还可实施：①计算本期重要产品的毛利率，分析比较本期与上期同类产品毛利率变化情况，注意收入与成本是否配合，并查清重大波动和异常情况的原因；②计算重要客户的销售额及其产品毛利率，分析比较本期与上期有无异常变化；③将主要产品的平均销售价格、增长率、毛利率等指标与同行业类似企业的相同指标比较，注意有无重大差异，并分析和调查差异的合理性。

表 7-33　主营业务收入检查表

索引号：Y1-9

发票内容					记账凭证记录						明细账			
月	日	发票号	购货单位	发票总金额	月	日	凭证号	借方科目	贷方科目	金额	第　页	月	日	金额
8	24	92165	AB 有限公司	801 000.00	8	29	8-164	应收账款	主营业务收入	801 000.00	35	8	29	801 000.00
12	28	181038	CD 有限公司	1 568 000.00	12	37	12-116	应收账款	主营业务收入	1 568 000.00	78	12	31	1 568 000.00
12	30	181939	XY 有限公司	2 795 320.00	12	31	12-150	应收账款	主营业务收入	2 795 300.00	79	12	31	2 795 320.00
…														

［说明］ 本表是主营业务收入细节测试工作底稿。以主营业务收入明细账记录为基础，抽查相应的会计凭证和原始凭证（如发票、出库单、运输凭证、客户收货回执等），并追查相应的销售合同等，以便验证已记录主营业务收入是否真实（存在目标）及其相应会计处理是否恰当（包括准确性目标、分类目标、截止目标）。

表 7-34　销售截止检查情况表

索引号：Y1-10[①]

发票编号	客户名称	发票内容						记入销售明细账的日期	核对			备注
		日期	品名	规格	数量	单价	总价（含税）		1	2	3	
19282	K1 有限公司	2018.12.25	A 产品	330853—D	2 700	79.33（不含税）	250 603.47	2018.12.31	√	√	√	
19283	K2 有限公司	2018.12.25	B 产品	330853651	1 215	75.31（不含税）	107 056.92	2018.12.31	√	√	√	
19284	K3 有限公司	2018.12.26	C 产品	330867	2 400	5.20（不含税）	14 601.60	2018.12.31	√	√	√	
…												
19315	K20 有限公司	2019.1 2	A 产品	332867	6 000	50.62（不含税）	355 352.40	2019.1.5	√	√	√	2019 年度第一张发票
…												
核对说明： 1. 品名、数量与发货单核对相符。 2. 正确过入销售收入、应收账款等明细账。 3. 正确过入总账			审计说明： 2018 年 12 月 25 日之后销售收入账务处理正确，无跨年度销售项目和提前入账的情形，年末无销售退货记录；2019 年 1 月 2—7 日销售业务的会计处理也正确，无推迟入账的情形。 审计结论： 无跨期确认销售收入情况，主营业务收入截止恰当，可以确认									

［说明］ 本表主要用于记录销售收入截止测试结果。销售收入截止测试是验证被审计单位截止认定、实现截止目标的主要审计程序，也是发现被审计单位提前或推迟确认收入的关键审计程序。

① 为节约篇幅，本书仅展示了部分审计工作底稿。注册会计师在审计中需要对所实施的主要审计程序及其获取的审计证据、形成的审计结论形成工作底稿。

表 7-35　主营业务收入审计小结

索引号：Y1-17

已完成的主要审计程序	详见“主营业收入实质性程序控制表”（Y1-6）。 1. 通过对主营业务收入及成本实施分析程序，认为云南白药 2018 年度主营业务收入变动趋势正常，没有发现异常情况，主营业务收入重大错报风险低 2. 通过对云南白药 2018 年度主营业务收入实施必要的细节测试，未发现问题，可以确认其发生、完整性、准确性、分类、截止、列报等认定
发现的主要内容	无
审计调整建议	无
审计结论	可以确认主营业务收入会计处理是正确的，其本期发生额及相关披露可以确认
复核结论	

六、应收账款和坏账准备审计案例

（一）应收账款和坏账准备审计目标

应收账款和坏账准备主要审计目标及相应的主要审计程序，如表 7-36 所示。

表 7-36　应收账款与坏账准备审计目标及主要审计程序

一般审计目标	具体审计目标	主要审计程序
总体合理性	分析被审计单位应收账款期末余额是否总体合理，没有重大错报的迹象	对应收账款执行实质性分析程序
存在	确定所有期末应收账款是否确实存在	（1）对期末应收账款实施函证程序 （2）检查应收账款期后回款情况
权利与义务	确定期末应收账款是否为被审计单位所拥有	
完整性	确定应收账款和坏账准备增减变动记录是否完整	（1）结合销售业务的审计，验证应收账款增加的完整性和准确性 （2）抽查应收账款收回、核销坏账的相关业务，验证应收账款减少的完整性和准确性 （3）结合应收账款函证程序，验证应收账款期末余额的准确性
准确性	确定应收账款和坏账准备入账金额和期末余额是否准确	
分类	确定期末应收账款是否恰当分类	（1）检查是否存在并属于结算业务的债权 （2）账龄分析是否正确
计价和分摊	确定应收账款是否可收回，坏账准备的方法和比例是否恰当，坏账准备的计提是否充分	复核坏账准备会计政策的恰当性以及期末计提坏账准备的准确性
列报	确定应收账款和坏账准备在财务报表上的列报是否恰当，表述是否清晰、易于理解	检查应收账款和坏账准备的列报和披露

（二）应收账款和坏账准备的实质性测试

ABC事务所对应收账款和坏账准备进行实质性测试，具体内容如表7-37至表7-46所示。

表7-37　应收账款和坏账准备实质性程序控制表

索引号：Y1-18

审计重点	审计程序	执行情况说明	索引号
重点实施函证程序，并分析应收账款的账龄和余额构成，不能收回的可能性	1. 取得或编制应收账款明细表，进行必要的复核，包括与应收账款明细账、总账核对相符	已执行，相符	Y1-19
	2. 取得或编制应收账款账龄分析表，进行必要的复核，包括与应收账款明细账和总账、明细表核对相符，抽取分析一定数量的代表性项目的账龄划分是否准确	已执行，相符	Y1-20
	3. 对应收账款实施实质性分析程序，了解并评价应收账款的总体合理性	已执行，未发现异常	Y1-19
	4. 向债务人函证应收账款，验证应收账款的存在性、准确性和所有权	已执行，未发现重大异常	Y1-21
	5. 对未回函和未函证的应收账款实施替代程序	已执行，未发现异常	Y1-22
	6. 检查资产负债表日后回款情况，验证应收账款的真实存在性	已核对正确	Y1-19、Y1-22
	7. 抽查有无不属于结算业务的债权，验证其分类的恰当性。如有，应作出记录或作适当调整	已执行，恰当	N/A
	8. 对于用非记账本位币结算的应收账款，检查采用的汇率及折算方法是否正确	已执行，正确	Y1-23
	9. 检查坏账的确认和处理，验证其合规性	已检查，相符	Y1-24，表7-16
	10. 检查坏账准备政策和坏账准备的计提，验证其合规性和合理性	已检查，无异常情况	Y1-25，表7-14、表7-15
	11. 检查应收账款和坏账准备在财务报表中的列报，验证其充分性和恰当性	已审阅，列报和披露充分、恰当	无底稿

表 7-38 应收账款审定表

索引号：Y1-18-1

序号	销货方名称	年初余额	年末余额（未审数）		索引号	调整金额	重分类金额	审定数	备注
			外币	本位币					
1	K1 有限公司	650 000.00		150 000.00				150 000.00	C
2	K2 有限公司	4 000 000.00		3 500 000.00				3 500 000.00	C
3	K3 有限公司	50 200.00		45 000.00				45 000.00	
4	K4 有限公司	90 000.00		90 000.00				90 000.00	
5	K5 有限公司	1 000 000.00		1 000 000.00				1 000 000.00	C
6	K6 有限公司			−1 500 000.00			+1 500 000.00	0	系预收货款
7	K7 有限公司		USD60 600	502 870.92				502 870.92	C
……									
……									
109	K109 有限公司		USD58 800	487 934.16				487 934.16	C
110	K110 有限公司			589 600.00				589 600.00	C
111	K111 有限公司	589 430.00							
112	K112 有限公司	350 000.00		350 000.00					
113	K113 有限公司	3 941 789.50							
	合计	×××××××××		×××××××××			××××××××	×××××××	

重分类调整分录：

借：应收账款——K6 有限公司　　1 500 000

　贷：预收账款——K6 有限公司　　1 500 000

审计标识：C——已发询证函；B——与上年已审数核对相符；G——与总账核对相符；S——与明细账核对相符；T/B——与试算表核对相符

审核说明：年末有未结算余额的销货单位共 113 户，核对了其中发生额或余额较大的单位共 20 户，占总额的 45%，发现一户预收货款未填入负债中，而是抵减了应收账款

审计结论：经审计调整后，余额可以确认

表 7-39　应收账款明细表

编制时间：　　年　　月　　日　　　　　　　　　　　　　　　　　　　　索引号：Y1-19

<table>
<tr><th>顾客名称</th><th>期初余额</th><th>本期增加额</th><th>本期减少额</th><th>期末余额</th><th>期后回款总额</th><th>备注</th></tr>
<tr><td>K1 有限公司</td><td></td><td></td><td></td><td></td><td></td><td></td></tr>
<tr><td>K2 有限公司</td><td></td><td></td><td></td><td></td><td></td><td></td></tr>
<tr><td>K3 有限公司</td><td></td><td></td><td></td><td></td><td></td><td></td></tr>
<tr><td>⋮</td><td></td><td></td><td></td><td></td><td></td><td></td></tr>
<tr><td>K113 有限公司</td><td></td><td></td><td></td><td></td><td></td><td></td></tr>
<tr><td>合计</td><td></td><td></td><td></td><td></td><td></td><td></td></tr>
<tr><td>对应收账款实施分析程序的结论</td><td colspan="6">（1）本期营业收入总额（　　　　）万元，与应收账款本期增加额（　　　）万元。两者相符（是／否），主要原因是（　　　　）。
（2）本期应收账款增长率（　　　　），营业收入增长率（　　　　）。两者变动幅度合理（是／否），主要原因是（　　　　　　），可能表明营业收入重大错报风险较（高／中／低）。
（3）本期应收账款周转率（　　　　），上期应收账款周转率（　　　）。两者变动幅度合理（是／否），主要原因是（　　　　　　），可能表明营业收入重大错报风险较（高／中／低）</td></tr>
<tr><td>需要重点审计的客户及理由</td><td colspan="6"></td></tr>
</table>

［说明］　本表主要用于了解被审计单位应收账款的基本情况，并可用于实施应收账款的实质性分析程序。

需要重点审计的账户：余额较大的；当期增加额大但减少额小的；账龄较长的；与债务人发生纠纷的；重大关联方项目；主要客户（包括关系密切的客户）；新增客户项目；交易频繁但期末余额较小甚至余额为零的；可能发生重大错报或舞弊的非正常项目。

表 7-40　应收账款账龄分析表

索引号：Y1-20

<table>
<tr><th rowspan="2">顾客名称</th><th rowspan="2">期末余额</th><th colspan="4">账　　龄</th></tr>
<tr><th>1 年以内</th><th>1～2 年</th><th>2～3 年</th><th>3 年以上</th></tr>
<tr><td>K1 有限公司</td><td></td><td></td><td></td><td></td><td></td></tr>
<tr><td>K2 有限公司</td><td></td><td></td><td></td><td></td><td></td></tr>
<tr><td>K3 有限公司</td><td></td><td></td><td></td><td></td><td></td></tr>
<tr><td>⋮</td><td></td><td></td><td></td><td></td><td></td></tr>
<tr><td>K113 有限公司</td><td></td><td></td><td></td><td></td><td></td></tr>
<tr><td>合计</td><td></td><td></td><td></td><td></td><td></td></tr>
<tr><td>审计说明</td><td colspan="5"></td></tr>
</table>

［说明］　本表主要用于了解被审计单位应收账款账龄情况，用于分析应收账款账龄是否异常，并为复核应收账款坏账准备计提的恰当性提供依据。既可用于分析单项金额重大并单独计提坏账准备、单项金额不重大但单独计提坏账准备的恰当性，也可用于分析按账龄分析法计提坏账准备的恰当性。

表 7-41 应收账款函询情况表[①]

索引号：Y1-21

发函询证纪要						是否收到回函		收到回函				未收到回函（A4-4）		审计意见
序号	选取样本方式	单位名称	期末余额	函证日期				可以确认金额		调节后可以确认		通过替代审计可确认金额	未核实额	
				第一次	第二次	收到	日期	回函直接确认	调节后可以确认	争议未决金额	其他			
1	A	K1 有限公司	650 000.00	1.10		√	1.20	650 000.00	A4-3-1					确认
2	A	K2 有限公司	3 500 000.00	1.10		√	1.21	3 500 000.00						确认
3	A	K3 有限公司	1 000 000.00	1.10		√	1.22	1 000 000.00						确认
4	A		502 870.92	1.10		√	1.26		502 870.92					确认
5	A	K21 有限公司	589 600.00	1.10		×						589 600.00		确认
6	A	K35 有限公司	350 000.00	1.10		×						350 000.00		确认
7	A	K56 有限公司	570 800.12	1.10		×						570 800.12		确认
8	A	K88 有限公司	1 199 614.18	1.10		√	2.02		1 199 614.18					确认
……														
40	C	K3 有限公司	350 000.00	1.10		√	2.05			350 000.00		……		确认
总值			11 402 667.48					7 639 782.26	1 702 485.10	350 000.00		1 710 400.42		

抽取企业应收账款样本户数：40；抽取样本的总金额：11 402 667.48；收到回函的样本金额：9 692 167.36；回函可以确认的金额：9 342 267.36

企业期末应收账款客户总数：113；企业期末应收账款总额：15 003 509.84；占样本总金额的比例：85%；通过替代程序可确认金额：1 710 400.12

抽取样本占总户数的比例：35.4%；抽取样本总额占期末总额的比例：76%；可确认金额占样本总额的比例：96.93%

选取样本方式： A. 期末余额大 B. 发生额异常 C. 账龄长 D. 随机

［说明］ 本表主要用于记录应收账款函证过程和结果。函证程序是应收账款审计的关键程序，可以验证应收账款的真实存在性和准确性，也可以发现虚增营业收入行为。

① 对于集团型公司的审计，通常是先分别审计母公司和纳入合并范围的子公司，最后审计合并财务报表。云南白药是集团型公司，由母公司和 30 多家子公司构成。这里展示的，假设是对其某家子公司应收账款的审计。

表 7-42　应收账款函询未回替代程序检查表

索引号：Y1-22

债务人名称	借方入账			审计日止是否收到	应收账款内容					拖欠原因	审计确认意见
	日期	凭证号	金额		事由	发票号	货名	数量	金额		
K21 有限公司	2018/5/6	转 15	589 600.00	×	销售	015648	A—1	100	589 600.00	资金周转困难	确认
K35 有限公司	2018/12/10	转 30	550 000.00	√	销售	012346	B—1	200	550 000.00		确认
K56 有限公司	2018/9/4	转 45	570 800.12	×	销售	013466	A—2	100	570 800.12	资金周转困难	确认
………			……						………		
合计			1 710 400.12						1 710 400.12		
审计说明	可以确认										

［说明］ 对于未回函和未函证的应收账款，审计师应在审阅明细账的基础上，抽查有关原始凭据，并追查相关的销售合同、销售订单、发票及发运凭证、收货回执等，以验证与其相关的销售收入和应收账款的真实性；检查资产负债表日后收回货款的情况；检查被审计单位与客户之间的未来文件，如对账单、催款单等。

表 7-43　云南白药 2018 年末及年初应收账款分类及坏账准备计提情况

索引号：Y1-25-1

类别	期末余额					期初余额				
	账面余额		坏账准备		账面价值（万元）	账面余额		坏账准备		账面价值（万元）
	金额（万元）	比例	金额（万元）	计提比例		金额（万元）	比例	金额（万元）	计提比例	
单项金额重大并单独计提坏账准备的应收账款										
按信用风险特征组合计提坏账准备的应收账款	199 269.45	100.00%	13 931.67	6.99%	185 337.78	133 047.40	100.00%	9 666.37	7.27%	123 381.03
单项金额不重大但单独计提坏账准备的应收账款										
合计	199 269.45	100.00%	13 931.67	6.99%	185 337.78	133 047.40	100.00%	9 666.37	7.27%	123 381.03

表 7-44 云南白药 2018 年末应收账款账龄分析及坏账准备计提情况

索引号：Y1-25-2

账龄	期末余额		
	应收账款（万元）	坏账准备（万元）	计提比例
1 年以内分项			
1 年以内小计	190 298.72	9 514.95	5%
1 至 2 年	6 254.81	1 876.44	30%
2 至 3 年	43 908.00	263.45	60%
3 年以上	2 276.85	2 276.85	100%
合计	199 269.45	13 931.67	6.99%

表 7-45 云南白药 2018 年末坏账准备审定表

索引号：Y1-25-3

年初余额	年末余额	索引号	调整金额	重分类金额	审定数	备注
9 666.37 B	13 931.67 G	Y1-24-1			13 931.67 T/B	
审计标识：B——与上年已审数核对相符；G——与总账核对相符；T/B——与试算平衡表核对相符。						
审计说明	（1）无期末单项金额重大并单项计提坏账准备的应收账款 （2）无期末单项金额不重大但单项计提坏账准备的应收账款 （3）本期计提坏账准备金额 4 307.26 万元；本期实际核销应收账款 56.51 万元，本期收回以前期间核销的坏账 14.56 万元；相关会计处理正确					
调整分录	无					
审计结论	经审计调整后，余额可以确认					

表 7-46 应收账款及坏账准备审计小结

索引号：Y1-26

已完成的主要审计程序	详见"应收账款及坏账准备实质性程序控制表"（Y1-18）。 1. 通过对应收账款及坏账准备实施分析程序，认为云南白药 2018 年末应收账款和坏账准备总体合理，没有发现异常情况，重大错报风险低 2. 通过对云南白药 2018 年末应收账款实施必要函证程序和其他细节测试，未发现问题，可以确认其存在、完整性、权利、分类、准确性、计价和分摊、列报等认定
发现的主要问题	无
审计调整建议	无
审计结论	可以确认应收账款及坏账准备会计处理是正确的，其期末余额及相关披露可以确认
复核结论	

七、应收票据审计案例

（一）应收票据审计目标

应收票据主要审计目标及相应的主要审计程序如表 7-47 所示。

表 7-47　应收票据审计目标及主要审计程序

一般审计目标	具体审计目标	主要审计程序
总体合理性	分析被审计单位应收票据期末余额是否总体合理，没有重大错报的迹象	对应收票据执行实质性分析程序
存在	确定所有期末应收票据是否确实存在	（1）监盘库存票据 （2）对期末应收票据实施函证程序
权利与义务	确定期末应收票据是否为被审计单位所拥有	
完整性	确定应收票据增减变动记录是否完整	（1）结合销售业务的审计，验证应收票据增加的完整性和准确性 （2）抽查应收票据收回和贴现情况，验证应收票据减少的完整性和准确性 （3）检查期末应收票据应计利息的会计处理，验证其准确性
准确性	确定应收票据入账金额和期末余额是否准确	
分类	确定期末应收票据是否恰当分类	检查期末应收票据是否恰当分类
计价和分摊	确定期末应收票据是否可收，计价是否恰当	复核期末应收票据应计利息的会计处理，验证其准确性
列报与披露	确定应收票据在财务报表上的列报是否恰当，表述是否清晰、易于理解	检查应收票据的列报和披露

（二）应收票据的实质性测试

ABC 事务所对应收票据进行实质性测试，具体内容如表 7-48 至表 7-51 所示。

表 7-48　应收票据实质性程序控制表

索引号：Y1-27

审计重点	实质性程序	执行情况说明	索引号
重点监盘期末应收票据，必要时实施函证程序	1. 获取或编制应收票据明细表，进行必要的复核，包括抽取一些应收票据的数据，与有关明细账、应收票据备查簿等核对相符，与相关总账、报表相符	已执行，无问题	Y1-28
	2. 监盘库存票据，验证应收票据的真实性和正确性	已监盘，均存在	Y1-29
	3. 抽取部分票据向出票人函证，以证实其存在和可收回性	已函证，均回函确认	Y1-30

续表

审计重点	实质性程序	执行情况说明	索引号
重点监盘期末应收票据，必要时实施函证程序	4. 检查应收票据的利息收入，验证其处理的正确性	已执行，未发现问题	Y1-31
	5. 审查已贴现应收票据，验证其会计处理的正确性	已执行，相关处理正确	Y1-32
	6. 检查应收票据在财务报表中的列报，查明其充分性和恰当性	已审阅并核对，列报恰当	

表 7-49　应收票据明细表（代审定表）

索引号：Y1-28

种类	付款单位	号码	签发日期	到期日	票面金额	利率	期末本利合计	担保或质押	备注
银行承兑汇票	K50有限公司	×××	2018/11/10	2019/02/10	1 684 936.38	5%	1 696 730.93	无	S，<
银行承兑汇票	K48有限公司	×××	2018/09/30	2019/03/30	1 448 428.85	5%	1 484 639.57	无	S，<
银行承兑汇票	K75有限公司	××××	2018/12/20	2019/01/20	1 060 456.83	0	1 060 456.83	无	S，<
……									
银行承兑汇票	K105有限公司	××××	2018/12/24	2019/05/20	20 345 678.20	0	20 345 678.20	无	S，<
合计					134 193 822.06 ∧		134 193 822.06 ∧		G，T/B
标识证明：S——与明细账核对相符；G——与总账核对相符；T/B——与试算平衡表核对相符；∧——直栏数字相加，复核无误；<——横栏数字相加，核对无误					审计说明： 1. 通过实施必要的核对，明细表是正确的； 2. 复核利息与期末金额的计算是正确的。 结论：应收票据期末余额可以确认				

表 7-50　应收票据盘点表

索引号：Y1-29

种类	付款单位	号码	出票日	到期日	票面金额	利率	备注
银行承兑汇票	K50有限公司	×××	2018/11/10	2019/02/10	1 684 936.38	5%	
银行承兑汇票	K48有限公司	×××	2018/09/30	2019/03/30	1 448 428.85	5%	

续表

种类	付款单位	号码	出票日	到期日	票面金额	利率	备注
银行承兑汇票	K75 有限公司	×××	2018/12/20	2019/01/20	1 060 456.83	0	
……							
银行承兑汇票	K105 有限公司	×××	2018/12/24	2019/05/20	20 345 678.20	0	
合计					134 193 822.06		
审计结论	经盘点相符，可确认期末应收票据存在						

[说明] 本盘点表为应收票据审定表的附表，与应收票据登记簿的有关内容核对，并核对应收票据的应计利息或贴息是否计入财务费用。

表 7-51 应收票据审计小结

索引号：Y1-33

已完成的主要审计程序	详见“应收票据备实质性程序控制表”（Y1-27）。 1. 通过对应收票据明细表的分析和核对，认为云南白药 2018 年末应收票据总体合理，没有发现异常情况，重大错报风险低 2. 通过对云南白药 2018 年末应收票据实施必要函证程序和其他细节测试，未发现问题，可以确认其存在、完整性、权利、分类、准确性、计价和分摊、列报等认定
发现的主要问题	无
审计调整建议	无
审计结论	可以确认应收票据会计处理是正确的，其期末余额及相关披露可以确认
复核结论	

八、销售与收款循环审计小结（表 7-52）

表 7-52 销售与收款循环审计小结

索引号：Y1-36

已完成的主要审计程序	1. 通过了解销售与收款循环相关业务，并实施风险评估程序，认为本业务循环重大错报风险较低 2. 通过对销售与收款循环内部控制进行设计测试和执行测试，认为内部控制有效，可信赖程度高，控制风险较低 3. 通过对主营业务收入、其他业务收入与其他业务成本、应收账款与坏账准备、应收票据、预收账款、销售费用等实施必要的实质性程序，没有发现问题，均可确认。详见本业务循环工作底稿①

① 限于篇幅，本书仅展示了主营业务收入、应收账款与坏账准备、应收票据的审计及其部分工作底稿。

续表

发现的主要问题	无
审计调整建议	无
审计结论	销售与收款循环不存在重大错报，可以确认
复核	

[复习思考与练习题]

1. 销售与收款循环通常有哪些业务？涉及哪些财务报表项目（账户）？会有哪些会计凭证和文件？这些会计凭证和文件在审计中具有哪些作用？

2. 销售与收款循环内部控制关键措施有哪些？如何进行内部控制测试？

3. 以云南白药2018年度财务报表审计为例，说明如何了解销售与收款循环，如何识别和评估销售与收款循环认定层次重大错报风险。

4. 销售与收款循环通常会涉及哪些重要会计政策和会计估计？如何评价被审计单位这些会计政策和会计估计的合规性、合理性和一贯性？

5. 主营业务收入审计的主要目标和实质性程序是什么？

6. 应收账款和坏账准备审计的主要目标和实质性程序分别是什么？

7. 应收票据审计的主要目标和实质性程序是什么？

8. 以云南白药2018年度财务报表审计为例，说明预收账款审计的主要目标和实质性程序。

9. 如何在实质性程序中运用分析程序？请以云南白药2018年度财务报表审计中的销售费用审计为例来说明。

第八章　采购与付款循环审计实训

[实训目标]

以云南白药 2018 年度财务报表审计为情境：

1. 了解其采购与付款循环涉及的主要业务、主要会计账户以及相关财务报表项目。
2. 识别与评估其采购与付款循环常见的导致重大错报风险的因素。
3. 掌握采购与付款主要账户的审计目标及相应的实质性程序。

一、了解云南白药采购与付款循环涉及的主要业务、主要账户及财务报表主要项目

阅读云南白药 2018 年度报告，并通过访问云南白药官网等方式，了解云南白药采购与付款循环相关业务、主要账户及相关财务报表项目，完成以下审计工作底稿（表 8-1、表 8-2）。

表 8-1　云南白药采购与付款循环涉及的主要业务

了解的要点		已了解到的主要情况	了解程序（询问 / 检查 / 观察）
采购交易	采购品种及区域分布情况		
	主要采购品种及年度总额		
	主要供应商及年度采购总额		
	关联方采购情况及决策程序		
付款交易	付款的主要方式		
	用预付款项结算的情况		
	采用应付票据结算的情况		
	年末应付账款情况		
	定期对账情况		

续表

了解的要点		已了解到的主要情况	了解程序（询问/检查/观察）
购货调整交易	购货退回情况		
	获得购货折扣与折让情况		
采购与付款循环相关内部控制及其有效性			
初步审计结论			

注：若行数或内容不够，可根据情况增加。下同。

表 8-2　云南白药采购与付款循环涉及的主要账户及报表项目

涉及账户的类别	涉及的主要账户	在财务报表的列报项目
资产类账户		
负债类账户		
权益类账户		
成本类账户		
损益类账户		

二、识别云南白药采购与付款循环常见的导致重大错报风险的因素

根据采购与付款循环常见的导致重大错报风险的因素，结合对云南白药采购与付款业务的了解，识别与评估云南白药导致其采购与付款循环重大错报风险的主要因素，并填写如下审计工作底稿（表 8-3）。

表 8-3　识别云南白药采购与付款循环重大错报风险因素

识别的可能导致采购与付款循环重大错报风险的因素	可能导致哪些财务报表项目的哪些认定的错报风险

三、列出云南白药采购与付款循环相关项目在财务报表中的列报与披露

根据云南白药2018年度报告，列出其采购与付款循环相关项目在财务报表中的列报与披露，填写以下相关审计工作底稿（表8-4至表8-8）。

（一）在财务报表中的相关列报（金额单位：万元）

1. 在资产负债表中的相关列报

表8-4　采购与付款循环相关项目在资产负债表中的列报

项　　目	2018年初数	2018年末数

2. 在利润表中的列报

表8-5　采购与付款循环相关项目在利润表中的列报

项　　目	2017年度	2018年度

3. 在现金流量表中的列报

表8-6　采购与付款循环相关项目在现金流量表中的列报

项　　目	2017年度	2018年度

（二）与采购与付款循环相关的重要会计政策和会计估计

表 8-7 云南白药与采购与付款循环相关的重要会计政策和会计估计

会计政策名称	会计政策和会计估计的具体内容	对其合规性、合理性和一贯性的评价
审计结论		

（三）相关财务报表项目在财务报表附注中的披露

表 8-8 云南白药与采购与付款循环相关项目在财务报表附注中的披露

相关项目	在财务报表附注中的披露情况	对该披露的初步评价
审计结论		

四、云南白药采购与付款循环主要账户的审计目标与程序

（一）材料采购账户的审计目标与审计程序

1. 材料采购账户的审计目标及其相应的审计程序

根据材料采购账户审计的一般目标，结合云南白药实际情况，请列出对云南白药材料采购账户实施审计的具体目标以及实现该目标的主要审计程序（表 8-9）。

表 8-9 材料采购账户的审计目标及主要审计程序

一般审计目标	具体审计目标	主要审计程序
总体合理性		
发生		
完整性		
准确性		

续表

一般审计目标	具体审计目标	主要审计程序
截止		
分类		
列报与披露		

2. 材料采购账户的实质性审计程序

根据材料采购账户审计的一般实质性程序，结合云南白药实际情况，请列出对云南白药材料采购账户实施实质性审计的程序（表 8-10）。

表 8-10 材料采购账户实质性审计程序表

审计重点	审计程序	执行情况说明	索引号
重点关注材料采购的真实性以及是否采购业务跨期入账的情况	1.		
	2.		
	3.		
	…		

（二）预付账款账户的审计目标与审计程序

1. 预付账款账户的审计目标及其相应的审计程序

根据预付账款账户审计的一般目标，结合云南白药实际情况，请列出对云南白药预付账款账户实施审计的具体目标以及实现该目标的主要审计程序（表 8-11）。

表 8-11 预付账款账户的审计目标及主要审计程序

一般审计目标	具体审计目标	主要审计程序
总体合理性		
存在		
完整性		
准确性、计价和分摊		
权利与义务		
分类		
列报与披露		

2. 预付账款账户的实质性审计程序

根据预付账款账户审计的一般实质性程序，结合云南白药实际情况，请列出对云南白药预付账款账户实施实质性审计的程序（表 8-12）。

表 8-12　预付账款账户实质性审计程序表

审计重点	审计程序	执行情况说明	索引号
重点关注预付账款是否存在以及合理性、准确性	1.		
	2.		
	3.		
	4.		

（三）应付票据账户的审计目标与审计程序

1. 应付票据账户的审计目标及其相应的审计程序

根据应付票据账户审计的一般目标，结合云南白药实际情况，请列出对云南白药应付票据账户实施审计的具体目标以及实现该目标的主要审计程序（表 8-13）。

表 8-13　应付票据账户的审计目标及主要审计程序

一般审计目标	具体审计目标	主要审计程序
总体合理性		
存在		
完整性		
准确性、计价和分摊		
权利与义务		
分类		
列报与披露		

2. 应付票据账户的实质性审计程序

根据应付票据账户审计的一般实质性程序，结合云南白药实际情况，请列出对云南白药应付票据账户实施实质性审计的程序（表 8-14）。

表 8–14 应付票据账户实质性审计程序表

审计重点	审计程序	执行情况说明	索引号
重点关注应付票据是否存在跨期入账或被隐瞒的情况	1.		
	2.		
	3.		
	4.		

(四)应付账款账户的审计目标与审计程序

1. 应付账款账户的审计目标及其相应的审计程序

根据应付账款账户审计的一般目标,结合云南白药实际情况,请列出对云南白药应付账款账户实施审计的具体目标以及实现该目标的主要审计程序(表 8–15)。

表 8–15 应付账款账户的审计目标及主要审计程序

一般审计目标	具体审计目标	主要审计程序
总体合理性		
存在		
完整性		
准确性、计价和分摊		
权利与义务		
分类		
列报与披露		

2. 应付账款账户的实质性审计程序

根据应付账款账户审计的一般实质性程序,结合云南白药实际情况,请列出对云南白药应付账款账户实施实质性审计的程序(表 8–16)。

表 8–16 应付账款账户实质性审计程序表

审计重点	审计程序	执行情况说明	索引号
按常规审计,重点关注应付账款是否存在跨期入账或被隐瞒的情况	1.		
	2.		
	3.		
	4.		

第九章　人力资源、生产与仓储循环审计实训

［实训目标］

以云南白药 2018 年度财务报表审计为情境：

1. 了解其人力资源、生产与仓储循环涉及的主要业务、主要会计账户以及相关财务报表项目。

2. 识别与评估其人力资源、生产与仓储循环常见的导致重大错报风险的因素。

3. 掌握人力资源、生产与仓储主要账户的审计目标及相应的实质性程序。

一、了解云南白药人力资源、生产与仓储循环涉及的主要业务、主要账户及财务报表主要项目

阅读云南白药 2018 年度报告，并通过访问云南白药官网等方式，了解云南白药人力资源、生产与仓储循环相关业务、主要账户及相关财务报表项目，完成以下审计工作底稿（表 9-1、表 9-2）。

表 9-1　云南白药人力资源、生产与仓储循环涉及的主要业务

了解的要点		已了解到的主要情况	了解程序（询问 / 检查 / 观察）
员工薪酬交易	薪酬政策及执行情况		
	薪酬计提及支付情况		
	社会保险计提及支付情况		
	职工福利计提及支付情况		
	职工内退及薪酬、社会保险与福利情况		

续表

了解的要点		已了解到的主要情况	了解程序（询问/检查/观察）
生产业务	主要生产基地或车间		
	主要生产品种及其产量		
	耗用的主要原材料及其用量		
	耗用的能源和动力情况		
	产品成本计算方法		
	年末在产品情况		
存货管理业务	仓库分布情况		
	存货保管的基本方式		
	存货主要品种及其取得方式、期末数量		
	存货流转情况，特别是有无积压、变质情况		
	发出存货计价方法		
	存货盘存方式		
	期末对存货盘点情况及其盘盈盘亏情况		
	期末存货减值准备计提情况		
人力资源、生产与仓储循环相关内部控制及其有效性			
初步审计结论			

注：若行数或内容不够，可根据需要增加。下同。

表 9-2　云南白药人力资源、生产与仓储循环涉及的主要账户及报表项目

涉及账户的类别	涉及的主要账户	在财务报表的列报项目
资产类账户		
负债类账户		
权益类账户		
成本类账户		
损益类账户		

二、识别云南白药人力资源、生产与仓储循环常见的导致重大错报风险的因素

根据人力资源、生产与仓储循环常见的导致重大错报风险的因素，结合对云南白药人力资源、生产与仓储业务的了解，识别与评估云南白药导致其人力资源、生产与仓储循环重大错报风险的主要因素，并填写如下审计工作底稿（表 9-3）。

表 9-3　识别云南白药人力资源、生产与仓储循环重大错报风险因素

识别的可能导致人力资源、生产与仓储循环重大错报风险的因素	可能导致哪些财务报表项目的哪些认定的错报风险

三、列出云南白药人力资源、生产与仓储循环相关项目在财务报表中的列报与披露

根据云南白药 2018 年度报告，列出其人力资源、生产与仓储循环相关项目在财务报表中的列报与披露，填写以下相关审计工作底稿（表 9-4至表 9-8）。

（一）在财务报表中的相关列报

1. 在资产负债表中的相关列报

表 9-4　人力资源、生产与仓储循环相关项目在资产负债表中的列报

项　　目	2018 年初数	2018 年末数

2. 在利润表中的列报

表 9-5　人力资源、生产与仓储循环相关项目在利润表中的列报

项　　目	2017 年度	2018 年度

3. 在现金流量表中的列报

表 9-6　人力资源、生产与仓储循环相关项目在现金流量表中的列报

项　　目	2017 年度	2018 年度

（二）与人力资源、生产与仓储循环相关的重要会计政策和会计估计

表 9-7　云南白药与人力资源、生产与仓储循环相关的重要会计政策和会计估计

会计政策名称	会计政策和会计估计的具体内容	对其合规性、合理性和一贯性的评价
审计结论		

（三）相关财务报表项目在财务报表附注中的披露

表 9-8　云南白药与人力资源、生产与仓储循环相关项目在财务报表附注中的披露

相关项目	在财务报表附注中的披露情况	对该披露的初步评价
审计结论		

四、云南白药人力资源、生产与仓储循环主要账户的审计目标与程序

（一）应付职工薪酬账户的审计目标与审计程序

1. 应付职工薪酬账户的审计目标及其相应的审计程序

根据应付职工薪酬账户审计的一般目标，结合云南白药实际情况，请列出对云南白药应付职工薪酬账户实施审计的具体目标以及实现该目标的主要审计程序（表 9-9）。

表 9-9　应付职工薪酬账户的审计目标及主要审计程序

一般审计目标	具体审计目标	主要审计程序
总体合理性		
存在		
完整性		
准确性、计价与分摊		
权利与义务		
分类		
列报与披露		

2. 应付职工薪酬账户的实质性审计程序

根据应付职工薪酬账户审计的一般实质性程序，结合云南白药实际情况，请列出对云南白药应付职工薪酬账户实施实质性审计的程序（表 9-10）。

表 9–10　应付职工薪酬账户实质性审计程序表

审计重点	审计程序	执行情况说明	索引号
重点应付职工薪酬的存在以及是否有未入账、跨期入账的情况	1.		
	2.		
	3.		
	4.		

（二）生产成本账户的审计目标与审计程序

1. 生产成本账户的审计目标及其相应的审计程序

根据生产成本账户审计的一般目标，结合云南白药实际情况，请列出对云南白药生产成本账户实施审计的具体目标以及实现该目标的主要审计程序（表 9–11）。

表 9–11　生产成本账户的审计目标及主要审计程序

一般审计目标	具体审计目标	主要审计程序
总体合理性		
发生		
完整性		
准确性		
截止		
分类		
列报与披露		

2. 生产成本账户的实质性审计程序

根据生产成本账户审计的一般实质性程序，结合云南白药实际情况，请列出对云南白药生产成本账户实施实质性审计的程序（表 9–12）。

表 9–12　生产成本账户实质性审计程序表

审计重点	审计程序	执行情况说明	索引号
重点关注生产成本是否发生以及合理性、准确性	1.		
	2.		
	3.		
	4.		

（三）库存商品账户的审计目标与审计程序

1. 库存商品账户的审计目标及其相应的审计程序

根据库存商品账户审计的一般目标，结合云南白药实际情况，请列出对云南白药库存商品账户实施审计的具体目标以及实现该目标的主要审计程序（表 9-13）。

表 9-13　库存商品账户的审计目标及主要审计程序

一般审计目标	具体审计目标	主要审计程序
总体合理性		
存在		
完整性		
准确性、计价和分摊		
权利与义务		
分类		
列报与披露		

2. 库存商品账户的实质性审计程序

根据库存商品账户审计的一般实质性程序，结合云南白药实际情况，请列出对云南白药库存商品账户实施实质性审计的程序（表 9-14）。

表 9-14　库存商品账户实质性审计程序表

审计重点	审计程序	执行情况说明	索引号
重点关注库存商品是否存在、完整以及期末计价的合理性（未恰当计提减值准备）	1.		
	2.		
	3.		
	4.		

（四）原材料账户的审计目标与审计程序

1. 原材料账户的审计目标及其相应的审计程序

根据原材料账户审计的一般目标，结合云南白药实际情况，请列出对云南白药原材料账户实施审计的具体目标以及实现该目标的主要审计程序（表 9-15）。

表 9-15　原材料账户的审计目标及主要审计程序

一般审计目标	具体审计目标	主要审计程序
总体合理性		
存在		
完整性		
准确性、计价和分摊		
权利与义务		
分类		
列报与披露		

2. 原材料账户的实质性审计程序

根据原材料账户审计的一般实质性程序，结合云南白药实际情况，请列出对云南白药原材料账户实施实质性审计的程序（表 9-16）。

表 9-16　原材料账户实质性审计程序表

审计重点	审计程序	执行情况说明	索引号
重点关注原材料是否存在、完整以及期末计价的合理性（未恰当计提减值准备）	1.		
	2.		
	3.		
	4.		

第十章　筹资循环审计实训

［实训目标］

以云南白药 2018 年度财务报表审计为情境：

1. 了解其筹资循环涉及的主要业务、主要会计账户以及相关财务报表项目。
2. 识别与评估其筹资循环常见的导致重大错报风险的因素。
3. 掌握筹资主要账户的审计目标及相应的实质性程序。

一、了解云南白药筹资循环涉及的主要业务、主要账户及财务报表主要项目

阅读云南白药 2018 年度报告，并通过访问云南白药官网等方式，了解云南白药筹资循环相关业务、主要账户及相关财务报表项目，完成以下审计工作底稿（表 10-1、表 10-2）。

表 10-1　云南白药筹资循环涉及的主要业务

了解的要点		已了解到的主要情况	了解程序（询问 / 检查 / 观察）
借债交易	借债交易的主要类型及其金额		
	当期借债金额较少的主要原因		
	长期借款的取得、使用与利息支付情况		
	应付债券的发行、使用、利息及其到期支付情况		
	长期应付款的形成、偿还情况以及未来计划		

续表

了解的要点		已了解到的主要情况	了解程序（询问/检查/观察）
股东权益交易	本期是否有增发股份及其相关情况		
	本期股东权益增加的主要原因及其金额		
筹资循环相关内部控制及其有效性			
初步审计结论			

注：若行数或内容不够，可根据需要增加。下同。

表 10-2　云南白药筹资循环涉及的主要账户及报表项目

涉及账户的类别	涉及的主要账户	在财务报表的列报项目
资产类账户		
负债类账户		
权益类账户		
成本类账户		
损益类账户		

二、识别云南白药筹资循环常见的导致重大错报风险的因素

根据采购筹资循环常见的导致重大错报风险的因素，结合对云南白药筹资业务的了解，识别与评估云南白药导致其筹资循环重大错报风险的主要因素，并填写如下审计工作底稿（表 10-3）。

表 10-3　识别云南白药筹资循环重大错报风险因素

识别的可能导致筹资循环重大错报风险的因素	可能导致哪些财务报表项目的哪些认定的错报风险

三、列出云南白药筹资循环相关项目在财务报表中的列报与披露

根据云南白药2018年度报告，列出其筹资循环相关项目在财务报表中的列报与披露，填写以下相关审计工作底稿（表10-4至表10-8）。

（一）在财务报表中的相关列报

1. 在资产负债表中的相关列报

表10-4 筹资循环相关项目在资产负债表中的列报

项 目	2018年初数	2018年末数

2. 在利润表中的列报

表10-5 筹资循环相关项目在利润表中的列报

项 目	2017年度	2018年度

3. 在现金流量表中的列报

表10-6 筹资循环相关项目在现金流量表中的列报

项 目	2017年度	2018年度

（二）与筹资循环相关的重要会计政策和会计估计

表 10-7　云南白药与筹资循环相关的重要会计政策和会计估计

会计政策名称	会计政策和会计估计的具体内容	对其合规性、合理性和一贯性的评价
审计结论		

（三）相关财务报表项目在财务报表附注中的披露

表 10-8　云南白药与筹资循环相关项目在财务报表附注中的披露

相关项目	在财务报表附注中的披露情况	对该披露的初步评价
审计结论		

四、云南白药筹资循环主要账户的审计目标与程序

（一）长期借款账户的审计目标与审计程序

1. 长期借款账户的审计目标及其相应的审计程序

根据长期借款账户审计的一般目标，结合云南白药实际情况，请列出对云南白药长期借款账户实施审计的具体目标以及实现该目标的主要审计程序（表 10-9）。

表 10-9　长期借款账户的审计目标及主要审计程序

一般审计目标	具体审计目标	主要审计程序
总体合理性		
发生		
完整性		

续表

一般审计目标	具体审计目标	主要审计程序
准确性		
截止		
分类		
列报与披露		

2. 长期借款账户的实质性审计程序

根据长期借款账户审计的一般实质性程序，结合云南白药实际情况，请列出对云南白药长期借款账户实施实质性审计的程序（表 10-10）。

表 10-10　长期借款账户实质性审计程序表

审计重点	审计程序	执行情况说明	索引号
重点关注长期借款的完整性、期末计价以及是否跨期入账的情况	1.		
	2.		
	3.		
	4.		

（二）应付债券账户的审计目标与审计程序

1. 应付债券账户的审计目标及其相应的审计程序

根据应付债券账户审计的一般目标，结合云南白药实际情况，请列出对云南白药应付债券账户实施审计的具体目标以及实现该目标的主要审计程序（表 10-11）。

表 10-11　应付债券账户的审计目标及主要审计程序

一般审计目标	具体审计目标	主要审计程序
总体合理性		
存在		
完整性		
准确性、计价和分摊		
权利与义务		
分类		
列报与披露		

2. 应付债券账户的实质性审计程序

根据应付债券账户审计的一般实质性程序，结合云南白药实际情况，请列出对云南白药应付债券账户实施实质性审计的程序（表 10–12）。

表 10–12　应付债券账户实质性审计程序表

审计重点	审计程序	执行情况说明	索引号
重点关注应付债券的完整性、期末计价	1.		
	2.		
	3.		
	4.		

（三）长期应付款账户的审计目标与审计程序

1. 长期应付款账户的审计目标及其相应的审计程序

根据长期应付款账户审计的一般目标，结合云南白药实际情况，请列出对云南白药长期应付款账户实施审计的具体目标以及实现该目标的主要审计程序（表 10–13）。

表 10–13　长期应付款账户的审计目标及主要审计程序

一般审计目标	具体审计目标	主要审计程序
总体合理性		
存在		
完整性		
准确性、计价和分摊		
权利与义务		
分类		
列报与披露		

2. 长期应付款账户的实质性审计程序

根据长期应付款账户审计的一般实质性程序，结合云南白药实际情况，请列出对长期应付款账户实施实质性审计的程序（表 10–14）。

表 10–14 长期应付款账户实质性审计程序表

审计重点	审计程序	执行情况说明	索引号
重点关注长期应付款的完整性(即是否隐瞒)、期末计价以及是否存在跨期入账的情况	1.		
	2.		
	3.		
	4.		

(四)盈余公积账户的审计目标与审计程序

1. 盈余公积账户的审计目标及其相应的审计程序

根据盈余公积账户审计的一般目标,结合云南白药实际情况,请列出对云南白药盈余公积账户实施审计的具体目标以及实现该目标的主要审计程序(表 10–15)。

表 10–15 盈余公积账户的审计目标及主要审计程序

一般审计目标	具体审计目标	主要审计程序
总体合理性		
存在		
完整性		
准确性、计价和分摊		
权利与义务		
分类		
列报与披露		

2. 盈余公积账户的实质性审计程序

根据盈余公积账户审计的一般实质性程序,结合云南白药实际情况,请列出对云南白药盈余公积账户实施实质性审计的程序(表 10–16)。

表 10-16　盈余公积账户实质性审计程序表

审计重点	审计程序	执行情况说明	索引号
重点关注盈余公积增减变动的准确性和合规性	1.		
	2.		
	3.		
	4.		

第十一章 投资循环审计实训

[实训目标]

以云南白药2018年度财务报表审计为情境：

1. 了解其投资循环涉及的主要业务、主要会计账户以及相关财务报表项目。
2. 识别与评估其投资循环常见的导致重大错报风险的因素。
3. 掌握投资主要账户的审计目标及相应的实质性程序。

一、了解云南白药投资循环涉及的主要业务、主要账户及财务报表主要项目

阅读云南白药2018年度报告，并通过访问云南白药官网等方式，了解云南白药投资循环相关业务、主要账户及相关财务报表项目，完成以下审计工作底稿（表11-1、表11-2）。

表11-1 云南白药投资循环涉及的主要业务

了解的要点		已了解到的主要情况	了解程序（询问／检查／观察）
金融资产交易	金融资产主要品种及当年交易、期末余额情况		
	本期金融资产增减变动的主要原因		
	金融资产期末计价以及减值准备计提情况		
固定资产投资交易	固定资产主要类型		
	本期固定资产增减变动的主要原因及其金额		

续表

了解的要点		已了解到的主要情况	了解程序（询问/检查/观察）
固定资产投资交易	固定资产地域分布情况		
	固定资产折旧政策及其折旧计提情况		
	固定资产期末盘存情况		
	期末固定资产减值准备计提情况		
无形资产投资交易	无形资产主要类型		
	本期无形资产增减变动的主要原因及其金额		
	无形资产地域分布情况		
	无形资产摊销政策及其摊销情况		
	期末无形资产减值准备计提情况		
投资循环相关内部控制及其有效性			
初步审计结论			

注：若行数或内容不够，可根据需要增加。下同。

表 11-2　云南白药投资循环涉及的主要账户及报表项目

涉及账户的类别	涉及的主要账户	在财务报表的列报项目
资产类账户		
负债类账户		
权益类账户		
成本类账户		
损益类账户		

二、识别云南白药投资循环常见的导致重大错报风险的因素

根据投资循环常见的导致重大错报风险的因素，结合对云南白药投资业务的了解，识别与评估云南白药导致其投资循环重大错报风险的主要因素，并填写如下审计工作底稿（表 11-3）。

表 11-3　识别云南白药投资循环重大错报风险因素

识别的可能导致投资循环重大错报风险的因素	可能导致哪些财务报表项目的哪些认定的错报风险

三、列出云南白药投资循环相关项目在财务报表中的列报与披露

根据云南白药 2018 年度报告，列出其投资循环相关项目在财务报表中的列报与披露，填写以下相关审计工作底稿（表 11-4 至表 11-8）。

（一）在财务报表中的相关列报

1. 在资产负债表中的相关列报

表 11-4　投资循环相关项目在资产负债表中的列报

项　　目	2018 年初数	2018 年末数

2. 在利润表中的列报

表 11-5　投资循环相关项目在利润表中的列报

项　　目	2017 年度	2018 年度

3. 在现金流量表中的列报

表 11-6　投资循环相关项目在现金流量表中的列报

项　　目	2017 年度	2018 年度

（二）与投资循环相关的重要会计政策和会计估计

表 11-7　云南白药与投资循环相关的重要会计政策和会计估计

会计政策名称	会计政策和会计估计的具体内容	对其合规性、合理性和一贯性的评价
审计结论		

（三）相关财务报表项目在财务报表附注中的披露

表 11-8　云南白药与投资循环相关项目在财务报表附注中的披露

相关项目	在财务报表附注中的披露情况	对该披露的初步评价
审计结论		

四、云南白药投资循环主要账户的审计目标与程序

（一）交易性金融资产账户的审计目标与审计程序

1. 交易性金融资产账户的审计目标及其相应的审计程序

根据交易性金融资产账户审计的一般目标，结合云南白药实际情况，请列出对云南白药交易性金融资产账户实施审计的具体目标以及实现该目标的主要审计程序（表 11-9）。

表 11-9 交易性金融资产账户的审计目标及主要审计程序

一般审计目标	具体审计目标	主要审计程序
总体合理性		
存在		
完整性		
准确性、计价和分摊		
权利与义务		
分类		
列报与披露		

2. 交易性金融资产账户的实质性审计程序

根据交易性金融资产账户审计的一般实质性程序，结合云南白药实际情况，请列出对云南白药交易性金融资产账户实施实质性审计的程序（表 11-10）。

表 11-10 交易性金融资产账户实质性审计程序表

审计重点	审计程序	执行情况说明	索引号
重点关注以公允价值计量且其变动计入当期损益的金融资产的存在、准确性以及期末计价	1.		
	2.		
	3.		
	4.		

（二）可供出售金融资产账户的审计目标与审计程序[①]

1. 可供出售金融资产账户的审计目标及其相应的审计程序

根据可供出售金融资产账户审计的一般目标，结合云南白药实际情况，请列出对云南白药可供出售金融资产账户实施审计的具体目标以及实现该目标的主要审计程序（表 11-11）。

表 11-11　可供出售金融资产账户的审计目标及主要审计程序

一般审计目标	具体审计目标	主要审计程序
总体合理性		
存在		
完整性		
准确性、计价和分摊		
权利与义务		
分类		
列报与披露		

2. 可供出售金融资产账户的实质性审计程序

根据可供出售金融资产账户审计的一般实质性程序，结合云南白药实际情况，请列出对云南白药可供出售金融资产账户实施实质性审计的程序（表 11-12）。

表 11-12　可供出售金融资产账户实质性审计程序表

审计重点	审计程序	执行情况说明	索引号
按常规审计。重点关注可供出售金融资产的存在及期末计价。	1.		
	2.		
	3.		
	4.		

① 云南白药 2018 年尚未实施金融工具类会计准则。

（三）固定资产账户的审计目标与审计程序

1. 固定资产账户的审计目标及其相应的审计程序

根据固定资产账户审计的一般目标，结合云南白药实际情况，请列出对云南白药固定资产账户实施审计的具体目标以及实现该目标的主要审计程序（表 11–13）。

表 11–13　固定资产账户的审计目标及主要审计程序

一般审计目标	具体审计目标	主要审计程序
总体合理性		
存在		
完整性		
准确性、计价和分摊		
权利与义务		
分类		
列报与披露		

2. 固定资产账户的实质性审计程序

根据固定资产账户审计的一般实质性程序，结合云南白药实际情况，请列出对云南白药固定资产账户实施实质性审计的程序（表 11–14）。

表 11–14　固定资产账户实质性审计程序表

审计重点	审计程序	执行情况说明	索引号
重点关注固定资产的存在、折旧计提和期末计价	1.		
	2.		
	3.		
	4.		

（四）在建工程账户的审计目标与审计程序

1. 在建工程账户的审计目标及其相应的审计程序

根据在建工程账户审计的一般目标，结合云南白药实际情况，请列出对云南白药在建工程账户实施审计的具体目标以及实现该目标的主要审计程序（表 11–15）。

表 11-15 在建工程账户的审计目标及主要审计程序

一般审计目标	具体审计目标	主要审计程序
总体合理性		
存在		
完整性		
准确性、计价和分摊		
权利与义务		
分类		
列报与披露		

2. 在建工程账户的实质性审计程序

根据在建工程账户审计的一般实质性程序，结合云南白药实际情况，请列出对云南白药在建工程账户实施实质性审计的程序（表 11-16）。

表 11-16 在建工程账户实质性审计程序表

审计重点	审计程序	执行情况说明	索引号
重点关注在建工程的存在、准确性和期末计价	1.		
	2.		
	3.		
	4.		

（五）无形资产账户的审计目标与审计程序

1. 无形资产账户的审计目标及其相应的审计程序

根据无形资产账户审计的一般目标，结合云南白药实际情况，请列出对云南白药无形资产账户实施审计的具体目标以及实现该目标的主要审计程序（表 11-17）。

表 11-17 无形资产账户的审计目标及主要审计程序

一般审计目标	具体审计目标	主要审计程序
总体合理性		
存在		
完整性		

续表

一般审计目标	具体审计目标	主要审计程序
准确性、计价和分摊		
权利与义务		
分类		
列报与披露		

2. 无形资产账户的实质性审计程序

根据无形资产账户审计的一般实质性程序，结合云南白药实际情况，请列出对云南白药无形资产账户实施实质性审计的程序（表 11-18）。

表 11-18 无形资产账户实质性审计程序表

审计重点	审计程序	执行情况说明	索引号
重点关注无形资产的存在、准确性和期末计价	1.		
	2.		
	3.		
	4.		

第十二章　现金收支循环审计实训

［实训目标］

以云南白药 2018 年度财务报表审计为情境：

1. 了解其现金收支循环涉及的主要业务、主要会计账户以及相关财务报表项目。
2. 识别与评估其现金收支循环常见的导致重大错报风险的因素。
3. 掌握现金收支主要账户的审计目标及相应的实质性程序。

一、了解云南白药现金收支循环涉及的主要业务、主要账户及财务报表主要项目

阅读云南白药 2018 年度报告，并通过访问云南白药官网等方式，了解云南白药现金收支循环相关业务、主要账户及相关财务报表项目，完成以下审计工作底稿（表 12–1、表 12–2）。

表 12–1　云南白药现金收支循环涉及的主要业务

<table>
<tr><th colspan="2">了解的要点</th><th>已了解到的主要情况</th><th>了解程序（询问／检查／观察）</th></tr>
<tr><td rowspan="5">现金收支交易</td><td>库存现金收支管理的相关规定以及主要业务</td><td></td><td></td></tr>
<tr><td>现金盘存制度</td><td></td><td></td></tr>
<tr><td>银行存款管理规定及其主要业务</td><td></td><td></td></tr>
<tr><td>大额资金运用管理规定</td><td></td><td></td></tr>
<tr><td>银行账户开户管理规定及其基本情况</td><td></td><td></td></tr>
</table>

续表

了解的要点		已了解到的主要情况	了解程序（询问/检查/观察）
现金收支交易	与开户银行对账情况		
费用交易	费用项目及其构成情况		
	费用管理规定		
	费用变动情况及主要原因		
其他应收（付）款交易	其他应收（付）款管理规定		
	其他应收（付）款主要项目及其形成原因		
	其他应收（付）款增减变动的主要原因		
	其他应收（付）款定期清理情况及坏账准备计提情况		
现金收支循环相关内部控制及其有效性			
初步审计结论			

注：若行数或内容不够，可根据需要增加。下同。

表 12-2　云南白药现金收支循环涉及的主要账户及报表项目

涉及账户的类别	涉及的主要账户	在财务报表的列报项目
资产类账户		
负债类账户		
权益类账户		
成本类账户		
损益类账户		

二、识别云南白药现金收支循环常见的导致重大错报风险的因素

根据现金收支循环常见的导致重大错报风险的因素，结合对云南白药现金收支业务的了解，识别与评估云南白药导致其现金收支循环重大错报风险的主要因素，并填写如下审计工作底稿（表 12-3）。

表 12-3　识别云南白药现金收支循环重大错报风险因素

识别的可能导致现金收支循环重大错报风险的因素	可能导致哪些财务报表项目的哪些认定的错报风险

三、列出云南白药现金收支循环相关项目在财务报表中的列报与披露

根据云南白药 2018 年度报告，列出其现金收支循环相关项目在财务报表中的列报与披露，填写以下相关审计工作底稿（表 12-4至表 12-8）。

（一）在财务报表中的相关列报

1. 在资产负债表中的相关列报

表 12-4　现金收支循环相关项目在资产负债表中的列报

项　　目	2018 年初数	2018 年末数

2. 在利润表中的列报

表 12-5 现金收支循环相关项目在利润表中的列报

项　　目	2017 年度	2018 年度

3. 在现金流量表中的列报

表 12-6 现金收支循环相关项目在现金流量表中的列报

项　　目	2017 年度	2018 年度

（二）与现金收支循环相关的重要会计政策和会计估计

表 12-7 云南白药与现金收支循环相关的重要会计政策和会计估计

会计政策名称	会计政策和会计估计的具体内容	对其合规性、合理性和一贯性的评价
审计结论		

（三）相关财务报表项目在财务报表附注中的披露

表 12-8 云南白药与现金收支循环相关项目在财务报表附注中的披露

相关项目	在财务报表附注中的披露情况	对该披露的初步评价
审计结论		

四、云南白药现金收支循环主要账户的审计目标与程序

（一）库存现金账户的审计目标与审计程序

1. 库存现金账户的审计目标及其相应的审计程序

根据库存现金账户审计的一般目标，结合云南白药实际情况，请列出对云南白药库存现金账户实施审计的具体目标以及实现该目标的主要审计程序（表 12-9）。

表 12-9　库存现金账户的审计目标及主要审计程序

一般审计目标	具体审计目标	主要审计程序
总体合理性		
存在		
完整性		
准确性、计价与分摊		
权利与义务		
分类		
列报与披露		

2. 库存现金账户的实质性审计程序

根据库存现金账户审计的一般实质性程序，结合云南白药实际情况，请列出对云南白药库存现金账户实施实质性审计的程序（表 12-10）。

表 12-10　库存现金账户实质性审计程序表

审计重点	审计程序	执行情况说明	索引号
重点关注库存现金的存在及准确性	1.		
	2.		
	3.		
	4.		

（二）银行存款账户的审计目标与审计程序

1. 银行存款账户的审计目标及其相应的审计程序

根据银行存款账户审计的一般目标，结合云南白药实际情况，请列出对云南白药银行存款账户实施审计的具体目标以及实现该目标的主要审计程序（表 12-11）。

表 12-11 银行存款账户的审计目标及主要审计程序

一般审计目标	具体审计目标	主要审计程序
总体合理性		
存在		
完整性		
准确性、计价和分摊		
权利与义务		
分类		
列报与披露		

2. 银行存款账户的实质性审计程序

根据银行存款账户审计的一般实质性程序，结合云南白药实际情况，请列出对云南白药银行存款账户实施实质性审计的程序（表 12-12）。

表 12-12 银行存款账户实质性审计程序表

审计重点	审计程序	执行情况说明	索引号
重点关注银行存款存在、准确性以及权利是否受到限制	1.		
	2.		
	3.		
	4.		

（三）管理费用账户的审计目标与审计程序

1. 管理费用账户的审计目标及其相应的审计程序

根据管理费用账户审计的一般目标，结合云南白药实际情况，请列出对云南白药管理费用账户实施审计的具体目标以及实现该目标的主要审计程序（表 12-13）。

表 12-13　管理费用账户的审计目标及主要审计程序

一般审计目标	具体审计目标	主要审计程序
总体合理性		
发生		
完整性		
准确性		
截止		
分类		
列报与披露		

2. 管理费用账户的实质性审计程序

根据管理费用账户审计的一般实质性程序，结合云南白药实际情况，请列出对云南白药管理费用账户实施实质性审计的程序（表 12-14）。

表 12-14　管理费用账户实质性审计程序表

审计重点	审计程序	执行情况说明	索引号
重点关注管理费用的发生、完整性、准确性以及跨期入账或被隐瞒的情况	1.		
	2.		
	3.		
	4.		

（四）其他应收款账户的审计目标与审计程序

1. 其他应收款账户的审计目标及其相应的审计程序

根据其他应收款账户审计的一般目标，结合云南白药实际情况，请列出对云南白药其他应收款账户实施审计的具体目标以及实现该目标的主要审计程序（表 12-15）。

表 12-15　其他应收款账户的审计目标及主要审计程序

一般审计目标	具体审计目标	主要审计程序
总体合理性		
存在		
完整性		

续表

一般审计目标	具体审计目标	主要审计程序
准确性、计价和分摊		
权利与义务		
分类		
列报与披露		

2. 其他应收款账户的实质性审计程序

根据其他应收款账户审计的一般实质性程序，结合云南白药实际情况，请列出对云南白药其他应收款账户实施实质性审计的程序（表 12-16）。

表 12-16　其他应收款账户实质性审计程序表

审计重点	审计程序	执行情况说明	索引号
重点关注其他应收款是否存在、准确以及期末是否足额计提了坏账准备	1.		
	2.		
	3.		
	4.		

（五）其他应付款账户的审计目标与审计程序

1. 其他应付款账户的审计目标及其相应的审计程序

根据其他应付款账户审计的一般目标，结合云南白药实际情况，请列出对云南白药其他应付款账户实施审计的具体目标以及实现该目标的主要审计程序（表 12-17）。

表 12-17　其他应付款账户的审计目标及主要审计程序

一般审计目标	具体审计目标	主要审计程序
总体合理性		
存在		
完整性		
准确性、计价和分摊		
权利与义务		
分类		
列报与披露		

2. 其他应付款账户的实质性审计程序

根据其他应付款账户审计的一般实质性程序，结合云南白药实际情况，请列出对云南白药其他应付款账户实施实质性审计的程序（表 12–18）。

表 12–18　其他应付款账户实质性审计程序表

审计重点	审计程序	执行情况说明	索引号
重点关注其他应付款是否完整（有无遗漏）	1.		
	2.		
	3.		
	4.		

第十三章　特殊项目审计实训①

［实训目标］

以云南白药2018年度财务报表审计为情境：

1. 了解其特殊项目涉及的主要业务及相关披露。
2. 识别与评估其特殊项目常见的导致重大错报风险的因素。
3. 掌握特殊项目的审计目标及相应的实质性程序。

特殊项目是指未包括在基本业务循环但对财务报表的公允反映可能产生重大影响的项目，主要包括期初余额；会计政策、会计估计变更和会计差错更正；关联方及其交易；非货币性资产交换；债务重组；持续经营能力；或有事项；对外担保；期后事项；股权激励计划或员工持股计划等。

一、了解云南白药特殊项目涉及的主要业务及其披露情况

阅读云南白药2018年度报告，并通过访问云南白药官网等方式，了解云南白药特殊项目涉及的相关业务及其披露情况，完成以下审计工作底稿（表13-1、表13-2）。

表13-1　云南白药特殊项目涉及的主要业务

了解的要点	已了解到的主要情况	了解程序（询问/检查/观察）
期初余额	2017年度财务报表由本所审计并出具了标准无保留意见；本年度未对2017年度财务报表进行重述，但因2018年度会计政策变更，部分财务报表项目列报方式发生了变更	询问/检查
会计政策、会计估计变更	2018年度根据财政部统一文件规定，变更了部分会计政策	询问/检查
会计差错更正	无重大会计差错更正情况	询问/检查

① 考虑到特殊项目的复杂性，本章部分工作底稿直接给出答案。

续表

了解的要点	已了解到的主要情况	了解程序（询问 / 检查 / 观察）
关联方及其交易	有较多的关联方，并发生了关联交易。详见“云南白药2018年度报告”之“第十一节　财务报告”之“十二、关联方及关联交易”以及“控股股东非经营性资金占用及其他关联资金往来情况汇总表”	询问 / 检查
非货币性资产交换	2018年度无此类业务	询问 / 检查
债务重组	2018年度无此类业务	询问 / 检查
持续经营能力	持续经营能力正常	询问 / 检查
或有事项	无重大或有事项	询问 / 检查
对外担保	曾在2017年11月24日为云南云星医院管理有限公司提供了15亿元连带责任保证。2018年度无此类业务	询问 / 检查
期后事项	除预期的2018年度股利分派外，无其他重大事后事项	询问 / 检查
股权激励计划或员工持股计划	2018年度及之前年度无此类业务	询问 / 检查
初步审计结论	只需对云南白药期初余额、会计政策变更、关联方及其交易、对外担保等特殊项目进行审计	

注：若行数或内容不够，可根据需要增加。下同。

表 13-2　云南白药特殊项目涉及的主要业务可能导致的重大错报风险及披露情况

涉及账户的类别	可能导致的重大错报风险	披露情况
期初余额	2018年度财务报表期初余额存在重大错报风险	2018年度财务报告之期初余额或上期发生额
会计政策变更	变更不合理、不合规；未充分披露	详见“云南白药2018年度报告”之“第十一节　财务报告”之“五、重要会计政策及会计估计”之“33. 重要会计政策及会计估计变更”
关联方及其交易	相关会计处理不当；未充分披露关联方及其关联交易	详见“云南白药2018年度报告”之“第十一节　财务报告”之“十二、关联方及关联交易”
对外担保	未及时、充分披露对外担保	详见“云南白药2018年度报告”之“第五节　重大事项”之“十七、重大合同及其履行情况”

注：我们在此表中仅列举了在实施初步审计程序后确定的云南白药2018年度财务报表审计中需要重点关注的特殊项目审计。

二、期初余额的审计目标与审计程序

（一）期初余额的审计目标及其相应的审计程序

根据期初余额审计的一般目标，结合云南白药实际情况，请列出对云南白药期初余额实施审计的具体目标以及实现该目标的主要审计程序（表 13-3）。

表 13-3　期初余额的审计目标及主要审计程序

一般审计目标	具体审计目标	主要审计程序
准确性	期初余额不存在错报，且已被准确结转	将本期期初余额与上期期末余额核对相符
列报与披露	未发生变更的会计政策在本期得到一贯运用且恰当披露；变更的会计政策已作出恰当的会计处理和充分的列报和披露	审查未发生变更的会计政策在本期是否得到一贯运用；本期变更的会计政策是否已作出恰当的会计处理和充分的列报和披露

（二）期初余额的实质性审计程序

根据期初余额审计的一般实质性程序，结合云南白药实际情况，请列出对云南白药期初余额审计需要实施的实质性程序（表 13-4）。

表 13-4　期初余额实质性审计程序表

审计重点	审计程序	执行情况说明	索引号
重点关注期初余额的准确性、列报与披露。	1. 审查未发生变更的会计政策是否在本期得到一贯运用且恰当披露		
	2. 审查本期变更的会计政策是否合规合理，是否已作出恰当的会计处理，且充分列报和披露		
	3. 获取经本所审计的 2017 年度财务报表，核对本期期初余额与经审计的上期期末余额是否相符，或重新恰当表述		

三、会计政策变更的审计目标与审计程序

（一）会计政策变更的审计目标及其相应的审计程序

根据会计政策变更审计的一般目标，结合云南白药实际情况，请列出对云南白药会计政策变更实施审计的具体目标以及实现该目标的主要审计程序（表 13-5）。

表 13-5　会计政策变更的审计目标及主要审计程序

一般审计目标	具体审计目标	主要审计程序
合规性	会计政策变更是否符合国家相关法规政策的规定	审查会计政策变更是否符合国家相关法规政策的规定
合理性	会计政策变更是否符合云南白药实际情况，且符合医药行业惯例	审查会计政策变更是否符合云南白药实际情况，且符合医药行业惯例
准确性	会计政策变更的相关会计处理是否准确	审查会计政策变更的相关会计处理是否准确
列报与披露	会计政策变更的披露是否充分恰当	审计会计政策变更的披露是否充分恰当

（二）会计政策变更的实质性审计程序

根据会计政策变更审计的一般实质性程序，结合云南白药实际情况，请列出对云南白药会计政策变更需要实施的实质性程序（表 13-6）。

表 13-6　会计政策变更实质性审计程序表

审计重点	审计程序	执行情况说明	索引号
重点关注会计政策变更的合规性以及相关会计处理的准确性。	1.		
	2.		
	3.		
	4.		

四、关联方及其交易的审计目标与审计程序

（一）关联方及其交易的审计目标及其相应的审计程序

根据关联方及其交易审计的一般目标，结合云南白药实际情况，请列出对云南白药关联方及其交易实施审计的具体目标以及实现该目标的主要审计程序（表 13-7）。

表 13-7　关联方及其交易的审计目标及主要审计程序

一般审计目标	具体审计目标	主要审计程序
存在或发生	云南白药已披露的关联方确实存在，关联交易已确实发生	审查云南白药已披露的关联方是否存在，关联交易是否确实发生
完整性	云南白药已披露了所有的关联方和所有的关联交易，不存在遗漏	审查云南白药是否已披露所有的关联方和所有的关联交易，是否不存在遗漏
准确性	云南白药关联交易的会计处理准确，关联方及其关联交易的披露准确	检查云南白药关联交易的会计处理是否准确，关联方及其关联交易的披露是否准确
分类	云南白药对关联方、关联交易的分类恰当	检查云南白药对关联方、关联交易的分类是否恰当
列报与披露	云南白药对关联方、关联交易的披露充分、恰当	审查云南白药对关联方、关联交易的披露是否充分、恰当

（二）关联方及其交易的实质性审计程序

根据关联方及其交易审计的一般实质性程序，结合云南白药实际情况，请列出对云南白药关联方及其交易审计需要实施的实质性程序（表 13-8）。

表 13-8　关联方及其交易实质性审计程序表

审计重点	审计程序	执行情况说明	索引号
重点关注关联方及其交易的完整性（是否存在隐瞒）。	1.		
	2.		
	3.		
	4.		

五、对外担保的审计目标与审计程序

（一）对外担保的审计目标及其相应的审计程序

根据对外担保审计的一般目标，结合云南白药实际情况，请列出对云南白药对外担保实施审计的具体目标以及实现该目标的主要审计程序（表 13–9）。

表 13–9　对外担保的审计目标及主要审计程序

一般审计目标	具体审计目标	主要审计程序
存在或发生	云南白药已披露的对外担保确实已发生且在期末仍然存在	审查云南白药已披露的对外担保是否确实发生且在期末仍然存在
完整性	云南白药已披露了所有的对外担保，不存在遗漏	审查云南白药是否已披露所有的对外担保，是否不存在遗漏
准确性	云南白药对外担保相关信息准确	检查云南白药对外担保的相关信息是否准确
权利与义务	云南白药披露的对外担保确属于其义务	检查云南白药对外担保是否确属于其义务
分类	云南白药对外担保的分类恰当	审查云南白药对外担保的分类是否恰当
列报与披露	云南白药对外担保的披露充分、恰当	审查云南白药对外担保的披露是否充分、恰当

（二）对外担保的实质性审计程序

根据应付账款审计账户审计的一般实质性程序，结合云南白药实际情况，请列出对云南白药对外担保审计需要实施的实质性程序（表 13–10）。

表 13–10　对外担保实质性审计程序表

审计重点	审计程序	执行情况说明	索引号
重点关注对外担保的完整性（即是否存在隐瞒情况）。	1.		
	2.		
	3.		
	4.		

第十四章　财务报表审计报告案例

［学习目标］

1. 理解注册会计师财务报表审计报告类型及其出具条件，并能够运用于实务中。
2. 能够运用财务报表审计报告理论分析上市公司年度财务报表审计报告的恰当性。
3. 理解关键审计事项的含义及主要来源、应对程序及其在审计报告中的报告要求。

一、审计报告类型与决策分析

（一）审计报告类型及依据

根据中国注册会计师审计准则①的相关规定，财务报表审计报告的基本类型有五种：标准无保留意见、带强调事项段（和/或其他事项段）的无保留意见、保留意见、否定意见和无法表示意见的审计报告，具体内容如表 14-1 所示。

表 14-1　财务报表审计报告主要类型及其出具条件汇总表

审计报告类型	出具条件
标准无保留意见审计报告	（1）财务报表在所有重大方面已经按照适用的财务报告编制基础的规定编制，公允反映了被审计单位的财务状况、经营成果和现金流量 （2）注册会计师已经按照审计准则的规定计划和执行审计工作，在审计过程中未受到限制 （3）没有必要在审计报告中增加强调事项段或其他事项段
带强调事项段（和/或其他事项段）的无保留意见审计报告	（1）财务报表在所有重大方面已经按照适用的财务报告编制基础的规定编制，公允反映了被审计单位的财务状况、经营成果和现金流量 （2）需要在审计报告中增加强调事项段（和/或其他事项段）

① 与通用目的财务报表审计报告直接相关的审计准则有四个，即《中国注册会计师审计准则第 1501 号——对财务报表形成审计意见和出具审计报告》《中国注册会计师审计准则第 1502 号——在审计报告中发表非无保留意见》《中国注册会计师审计准则第 1503 号——在审计报告中增加强调事项段和其他事项段》《中国注册会计师审计准则第 1504 号——在审计报告中沟通关键审计事项》。

续表

审计报告类型	出具条件
保留意见审计报告	（1）认为错报单独或汇总起来对财务报表影响重大，但不具有广泛性 （2）因审计范围受到限制无法获取充分、适当的审计证据，虽然认为未发现的错报（如存在）对财务报表可能产生的影响重大，但不具有广泛性
否定意见审计报告	认为错报单独或汇总起来对财务报表的影响重大且具有广泛性
无法表示意见审计报告	（1）审计范围受到重大限制且其影响具有广泛性 （2）存在具有相互影响的多个不确定事项

（二）审计报告类型决策流程

注册会计师在收集和评价审计证据的基础上确定审计意见类型时，主要考虑两个方面的问题，即审计范围是否受到限制和财务报表是否存在错报，并运用一个重要概念——重要性。审计意见类型与重要性的关系，如图14-1所示。

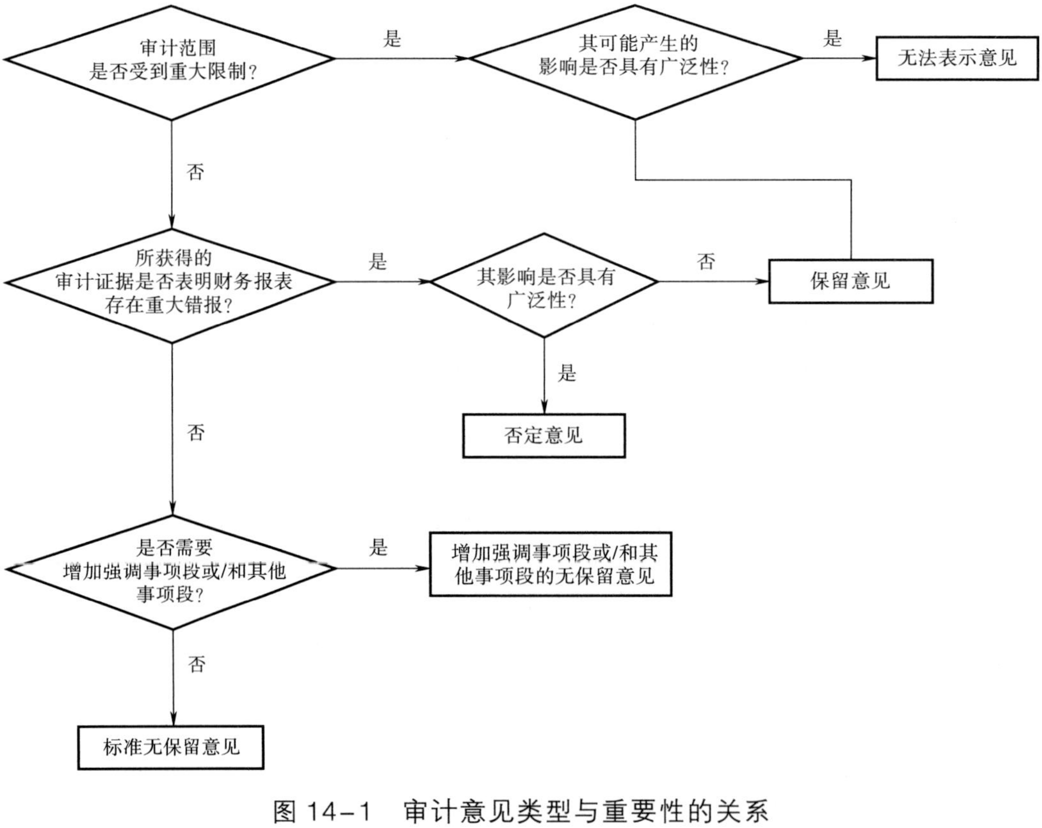

图14-1　审计意见类型与重要性的关系

二、注册会计师财务报表审计意见决策案例一

［案例 14-1］ ABC 会计师事务所接受委托对 Y 公司 2019 年度财务报表进行审计，指派注册会计师李四为项目负责人。项目组于 2020 年 3 月 18 日完成了外勤审计工作，按审计业务约定书的要求，应于 2020 年 3 月 28 日提交审计报告。Y 公司 2019 年度审计前的利润总额为 200 万元，资产总额为 1 200 万元。

［案例思考与分析］

（1）假定李四在审计计划阶段以资产总额的 1%、利润总额的 5% 来计算财务报表层次的重要性水平。请问李四对 Y 公司 2019 年度财务报表审计确定的财务报表层次重要性水平为多少？

资产负债表的重要性水平 =1 200 × 1%=12（万元）

利润表的重要性水平 =200 × 5%=10（万元）

Y 公司 2019 年度财务报表审计确定的财务报表层次重要性水平为 10 万元。

根据不同基数计算出不同报表的重要性水平，取其最低者为财务报表整体层次的重要性水平。

（2）假定下列五种情形是相互独立的，请分别针对下述每种情况，判断注册会计师应当发表何种审计意见类型并说明理由，如表 14-2 所示。

表 14-2　审计师发现的情形及其相应的审计意见

假定存在以下情况	审计意见类型	理由
（1）Y 公司 2019 年度变更了发出存货的计价方法，并在财务报表附注中作了充分披露。注册会计师认为变更是合法和合理的	无保留意见	Y 公司的做法不影响财务报表的合法性和公允性
（2）在某诉讼案中，Y 公司于 2019 年 4 月被 H 公司起诉侵权，H 公司要求赔偿 75 万元。至 2019 年 12 月 31 日胜负仍难以预料。截至 2020 年 3 月 28 日尚未判决。A 公司预计可能赔偿的金额为 20 万元，且该诉讼案以及可能的影响均已在财务报表附注中披露	无保留意见	Y 公司的做法符合企业会计准则的要求，已合理预计了损失，并充分披露
（3）Y 公司在 2019 年 11 月购入一台设备，当月投入使用，2019 年未提取折旧。该设备原始价值为 50 万元，月折旧率为 1.5%	无保留意见	Y 公司当年应计提该设备折旧 0.75 万元（50 × 1.5%），远远低于重要性水平，因此，可发表无保留意见
（4）Y 公司利润总额中 70% 是由其境外子公司提供的，注册会计师无法赴国外对该子公司的财务报表进行审计，也无法通过其他审计程序进行验证	无法表示意见	因为 Y 公司利润总额中的 70% 无法验证，具有重大性；该境外子公司需纳入合并报表，因而会对合并财务报表产生广泛影响
（5）注册会计师对应收账款项目进行函证时，其中对余额为 16 万元的客户 B 公司的函证未收到回函，注册会计师运用替代审计程序收集了相关的审计证据	无保留意见	虽然应收账款的函证没有结果，但采用替代审计程序证实应收账款的真实性

三、注册会计师财务报表审计意见决策案例二

［**案例 14-2**］ 南华会计师事务所委派注册会计师陈杰浩和余大中负责对 KM 股份有限公司（下文简称 KM 公司）20×3 年度财务报表进行审计，于 20×4 年 2 月 18 日完成审计工作，审计过程中实施了所有认为必要的审计程序，审计范围没有受到任何限制。20×4 年 2 月 24 日向 KM 股份有限公司提交了审计报告。KM 公司 20×3 年度财务会计报告拟于 20×4 年 2 月 28 日对外提供并公布。

其未经审计的财务报表中的部分会计资料如表 14-3 所示。

表 14-3 KM 公司 20×3 年度未经审计的部分财务数据

项　目	金额（万元）
20×3 年度利润总额	3 000
20×3 年度净利润	2 250
20×3 年 12 月 31 日资产总额	42 000
20×3 年 12 月 31 日股东权益	25 000

1. 重要性水平及其分配

陈杰浩和余大中注册会计师确定 KM 公司 20×3 年度财务报表层次的重要性水平为 300 万元，并且将该重要性水平分配至各财务报表项目，其中部分财务报表项目的重要性水平如表 14-4 所示。

表 14-4 注册会计师初步确定的 KM 公司 2013 年度财务报表部分项目重要性水平

财务报表项目	分配的重要性水平（万元）
交易性金融资产	20
应收账款	80
预付账款	6
存货	50
固定资产原价	100
累计折旧	30
固定资产减值准备	10
应付账款	10
资本公积	5

2. 审计过程中发现的问题

陈杰浩和余大中审计发现 KM 公司存在以下四个事项：

（1）按照 KM 公司采用的坏账准备计提会计政策，20×3 年应计提坏账准备 224 万元，但实际只计提了坏账准备 54 万元，少计提 170 万元。

（2）20×3 年 12 月 31 日，KM 公司清理资产、负债，发现存在原材料短缺 200 万元（相应的增值税进项税额为 26 万元，增值税税率为 13%）和确实无法支付的应付账款 100 万元的情形。对确实无法支付的应付账款，KM 公司立即作了借记“应付账款”100 万元、贷记“资本公积——其他资本公积”100 万元的会计处理；对于短缺的原材料，作了借记“待处理财产损溢——待处理流动资产损溢”226 万元、贷记“原材料”200 万元和“应交税费——应交增值税（进项税额转出）”26 万元的会计处理。20×4 年 1 月，查清原材料短缺 200 万元的原因：50 万元属于一般经营损失、150 万元属于非常损失。根据管理权限，处理该财产短缺，需报经该公司董事会审批。故 KM 公司在 20×4 年 3 月经董事会审批同意，于当月作了借记“管理费用”56.5 万元和“营业外支出”169.5 万元、贷记“待处理财产损溢——待处理流动资产损溢”226 万元的会计处理。

（3）KM 公司 2013 年年末未经审计的资产负债表反映的预付账款项目为借方余额 600 万元，其明细组成如下：

预付账款——A 公司	400 万元
预付账款——B 公司	187 万元
预付账款——C 公司	5 万元
预付账款——D 公司	−2 万元
预付账款——E 公司	10 万元
合计	600 万元

其中对 C 公司的 5 万元系 20×3 年 2 月为采购 C 公司产品所预付，事后获悉 C 公司因转产已不能再提供该产品。

（4）按 KM 公司固定资产折旧会计政策和固定资产减值准备会计政策规定，经审计确认，20×3 年度少计提折旧费用 254 万元，少计提固定资产减值准备 150 万元。

［案例思考与分析］

1. 判断重要性水平的恰当性。

因为财务报表整体重要性水平可以按照资产总额的 0.5%～1%，即 210～420 万元来确定；也可以按照利润总额的 5%～10%，即 150～300 万元来确定。因此，注册会计师选择的重要性水平为 300 万元，是恰当的。

2. 请分别说明注册会计师获取上述事项的主要审计程序以及审计处理意见，并简要说明理由。

事项（1）——

实施的主要审计程序：评价 KM 公司应收账款坏账准备计提政策的合规性、合理性和一贯性；复核 KM 公司坏账准备计提的恰当性。

审计处理意见：需补提坏账准备 170 万元。调整分录为：

借：信用减值损失　　1 700 000

贷：坏账准备 1 700 000

说明：调整后，使资产负债表中的“应收账款”项目减少 170 万元，超过了应收账款的重要性水平 80 万元。利润表中的“信用减值损失”增加 170 万元，“利润总额”减少 170 万元。

事项(2)——

实施的主要审计程序：审阅“资本公积”明细账记录，并抽查相应的会计凭证；抽样盘点存货，若有盘盈或盘亏，追查原因并进行相应处理。

审计处理意见：

①无法支付的应付账款应计入“营业外收入”，而不能计入“资本公积”。调整分录为：

借：资本公积——其他资本公积 1 000 000

贷：营业外收入 1 000 000

说明：调整后，使资产负债表中的“资本公积”项目减少 100 万元，超过了资本公积的重要性水平；利润表中的“营业外收入”增加 100 万元，“利润总额”增加 100 万元。

②原材料盘亏应当调整 20×3 年度损益项目。调整分录为：

借：管理费用——存货盘亏 565 000

营业外支出——非常损失 1 695 000

贷：待处理财产损溢——待处理流动资产损溢 2 260 000

说明：调整后，使资产负债表中的“流动资产合计”项目减少 232 万元，超过了流动资产项目的重要性水平；利润表中的“管理费用”增加了 56.5 万元，“营业外支出”增加了 169.5 万元，“利润总额”减少 226 万元。

事项(3)——

审计程序：获取或编制“预付账款”明细表，抽查相应的明细账记录和相关会计凭证。

审计处理意见：

因无望再收到所需的 C 公司产品，故应将“预付账款——C 公司”的 5 万元转为“其他应收款——C 公司”，并补提坏账准备。调整分录为：

借：其他应收款——C 公司 50 000

贷：预付账款——C 公司 50 000

对于“预付账款——D 公司”的 −2 万元，在编制资产负债表时，应将其重分类调整到“应付账款”。调整分录为：

借：预付账款——D 公司 20 000

贷：应付账款——D 公司 20 000

说明：调整后，资产负债表中的“预付账款”项目减少 3 万元，低于预付账款的重要性水平，可以忽略该项错误对资产负债表中的“预付账款”项目的影响，忽略应补提的坏账准备。

事项(4)——

实施的主要审计程序：评价 KM 公司固定资产折旧政策和减值准备计提政策的合规性、合理性和一贯性；复核 KM 公司固定资产折旧费用、减值准备计提的恰当性。

审计处理意见：应当补提固定资产折旧 254 万元，同时补提固定资产减值准备 150 万元。调整分录为：

借：管理费用——折旧费　　2 540 000

　　贷：累计折旧　　2 540 000

借：资产减值损失　　1 500 000

　　贷：固定资产减值准备　　1 500 000

说明：调整后，使资产负债表中的“固定资产”项目减少404万元，超过了固定资产的重要性水平；使利润表中的“管理费用”增加254万元，“资产减值损失”增加150万元，“利润总额”减少404万元。

综上，经过上述（1）（2）（4）调整后，使KM公司2013年度利润总额减少700万元（170−100+226+404）。相应地，调整所得税费用和利润分配项目。

减少的应交所得税税额=（−100+226+254）×25%=95（万元）；递延所得税资产=（170+150）×25%=80万元。

借：应交税费——应交所得税　　950 000

　　递延所得税资产　　800 000

　　贷：所得税费用　　1 750 000

KM公司税后利润减少525万元（700−175）。相应地，应当调整按税后利润10%计提的法定盈余公积金。

借：盈余公积——法定盈余公积　　525 000

　　贷：利润分配——未分配利润　　525 000

3. 审计意见类型决策并编制审计报告中相应的“形成审计意见的基础”段落

（1）如果KM公司接受了注册会计师的上述所有调整建议，并相应调整了财务报表。

在这种情况下，就完全符合出具标准无保留意见审计报告的条件。注册会计师就可以签发标准无保留意见审计报告。审计报告中“形成审计意见的基础”段落如下：

> 二、形成审计意见的基础
>
> 我们按照中国注册会计师审计准则的规定执行了审计工作。审计报告的“注册会计师对财务报表审计的责任”部分进一步阐述了我们在这些准则下的责任。按照中国注册会计师职业道德守则，我们独立于KM公司，并履行了职业道德方面的其他责任。我们相信，我们获取的审计证据是充分、适当的，为发表审计意见提供了基础。

（2）如果KM公司接受了审计调整意见（1）（2），并进行了相应的会计处理，但未接受审计调整意见（4）。

如果KM公司不接受审计调整意见（4），将使资产负债表中的“固定资产”项目虚增404万元，超过了固定资产的重要性水平；使利润表中的“管理费用”虚减254万元，“资产减值损失”虚减150万元，“利润总额”虚增404万元，“所得税费用”“净利润”均超过了这些项目的重要性水平。由于事项（4）影响财务报表多个项目，具有广泛性。此外，“利润总额”和“净利润”是财务报表中两个十分重要的项目，也是评价企业财务业绩的重要指标，是财务报表使用者十分关注的指标。因而，注册会计师应当出具“否定意见”的审计报告。审计报告中“形成否定意见的基础”段落如下：

二、形成否定意见的基础

经审计，我们发现：根据KM公司固定资产折旧会计政策和固定资产减值准备会计政策，KM公司在20×3年度少计提折旧费用254万元，少计提固定资产减值准备150万元。这使KM公司20×3年12月31日固定资产虚增404万元，20×3年度管理费用虚减254万元、资产减值损失虚减150万元、利润总额虚增404万元。

我们按照中国注册会计师审计准则的规定执行了审计工作。审计报告的"注册会计师对财务报表审计的责任"部分进一步阐述了我们在这些准则下的责任。按照中国注册会计师职业道德守则，我们独立于KM公司，并履行了职业道德方面的其他责任。我们相信，我们获取的审计证据是充分、适当的，为发表否定意见提供了基础。

（3）如果KM公司没有接受注册会计师的审计调整意见，拒绝对事项（1）（2）（4）进行调整。

如果KM公司不接受审计调整意见，将使资产负债表中的"应收账款"项目虚增170万元、"待处理财产损溢——待处理流动资产损溢"项目虚增226万元、"固定资产"项目虚增404万元、"资本公积"项目虚增100万元，均超过了这些项目的重要性水平；汇总后的错报总额为虚增资产720万元，虚增负债（应交所得税）95万元、股东权益625万元，远远超过了财务报表层次整体重要性水平，使利润表中的"管理费用"项目虚减310.5万元、"信用减值损失"项目虚减170万元、"资产减值损失"项目虚减150万元、"营业外收入"项目虚减100万元、"营业外支出"项目虚减169.5万元，导致"利润总额"虚增700万元、净利润虚增525万元，均超过了这些项目的重要性水平。由于这些事项影响财务报表多个项目，具有广泛性。特别是"利润总额"和"净利润"项目影响重大，且这两个项目是评价企业财务业绩的重要指标，是财务报表使用者十分关注的关键指标。因而，注册会计师应当出具"否定意见"的审计报告[①]。审计报告中"形成否定意见的基础"段落如下：

二、形成否定意见的基础

经审计，我们发现：

（1）根据KM公司应收账款坏账准备会计政策，KM公司在20×3年度少计提坏账准备170万元。

（2）KM公司将无法支付的应付账款100万元计入"资本公积"，但按照企业会计准则规定应计入"营业外收入"。

（3）KM公司将20×3年末价值226万元原材料盘亏计入了"待处理财产损溢——待处理流动资产损溢"，但按照企业会计准则规定应转入"管理费用"56.5万元，"营业外支出"169.5万元。

① 这种情形在审计实务中十分罕见。一般地，注册会计师发现被审计单位会计处理存在重大错误，要求被审计单位进行相应调整，被审计单位通常会按照注册会计师建议进行调整。如果被审计单位不接受调整建议导致注册会计师出具保留意见或否定意见，其独立董事、董事会、监事会需要就此发表专项意见，充分说明理由和整改措施，并会被监管部门采取监管行动。

（4）根据KM公司固定资产折旧会计政策和固定资产减值准备会计政策，KM公司在20×3年度少计提折旧费用254万元，少计提固定资产减值准备150万元。

上述四个事项，导致KM公司20×3年12月31日应收账款虚增170万元、待处理财产损溢虚增232万元、固定资产虚增404万元、资本公积虚增100万元；20×3年度管理费用虚减310.5万元、信用减值损失虚减170万元、资产减值损失虚减150万元、营业外收入虚减100万元、营业外支出虚减169.5万元，导致利润总额虚增700万元、净利润虚增525万元。

我们按照中国注册会计师审计准则的规定执行了审计工作。审计报告的“注册会计师对财务报表审计的责任”部分进一步阐述了我们在这些准则下的责任。按照中国注册会计师职业道德守则，我们独立于KM公司，并履行了职业道德方面的其他责任。我们相信，我们获取的审计证据是充分、适当的，为发表否定意见提供了基础。

四、上市公司年度财务报表审计报告中强调事项的恰当性分析

审计报告中的强调事项需同时符合两个条件：①对财务报表使用者理解财务报表至关重要，但被审计单位已在财务报表中恰当列报或披露，且注册会计师已获取充分、适当的审计证据证明该事项在财务报表中不存在重大错报，不影响审计意见；②该事项未被确定为在审计报告中沟通的关键审计事项。条件①是指该事项是否具有重大性且已恰当列报或披露；条件②是指该事项不属于已沟通的关键审计事项。

是否可以作为强调事项，取决于注册会计师的职业判断。可能作为强调事项的情形包括：①异常诉讼或监管行动的未来结果存在不确定性；②在财务报表日至审计报告日之间发生的重大期后事项；③在允许的情况下，提前应用对财务报表有广泛影响的新会计准则；④存在已经或持续对被审计单位财务状况产生重大影响的特大灾难；⑤其他重大不确定事项。

［案例14-3］ 鹏博士（600804）审计报告中的强调事项

四川华信（集团）会计师事务所（特殊普通合伙）对鹏博士（600804）2019年度财务报表出具了带强调事项段的无保留审计意见报告。其“强调事项”段如下：

我们提醒财务报表使用者关注，如财务报表附注“六、合并财务报表项目注释之18. 其他非流动性资产”，财务报表附注“十六、其他重大事项之8. 其他（1）资产收购事项所述”，贵公司于2019年预付的部分长期资产购置款，因公司资金紧张、部分项目未达预期等原因，公司终止了相关合作，相关款项已于审计报告日前全部退回。本段内容不影响形成已发表的审计意见。

［案例思考与分析］ 这两个事项是否同时满足“强调事项”的两个条件。

我们先查询提及的这两个强调事项的具体内容，再逐一分析其是否满足“强调事项”的两个条件。

事项一：财务报表附注“六、合并财务报表项目注释之18. 其他非流动性资产”，如表14-5所示。

表14-5 重要的预付长期资产款情况

公司名称	金额（亿元）	款项性质
北京瑞熙文化发展有限公司	3.00	资产收购款
上海渠容网络科技有限公司	2.20	增资款
上海广阜信息科技有限公司	0.95	增资款
上海劲翀网络科技有限公司	0.45	增资款
上海尚坤网络科技有限公司	0.45	增资款
昆山坤汇网络有限公司	2.24	增资款
福建省邮电工程有限公司	1.76	项目技术服务费
沈阳七星财富实业有限公司	3.50	股权收购款
晏财智（北京）投资咨询有限公司	3.00	股权收购款
合　计	17.55	

公司于2019年度预付的部分长期资产购置款，期末余额16.08亿元，因还债需要、资金、项目未达预期等原因，公司终止了相关项目合作，相关款项已于本报告日前全部收回，具体情况详见“十六、其他重大事项之8. 其他（1）”。

事项二：“财务报表附注十六、其他重大事项之8. 其他（1）资产收购事项”

2019年4月，公司与张宇、阚悦、辽宁国信数据中心有限公司、辽宁星光宇通信有限公司签订《数据中心项目合作协议》，合同金额3.5亿元，同时根据签订的补充协议，公司于2019年4月支付给张宇、阚悦指定的第三方沈阳七星财富实业有限公司3.5亿元，用于合同项下两家标的公司的债务重组。因合作方迟迟未能完成标的公司的债务重组，经双方沟通协商，于2020年4月签署解除协议，相关款项已于2020年4月底前全部退回。

2019年6月，公司与北京瑞熙文化发展有限公司签订《资产收购及合作协议》，合同金额3亿元，公司于2019年7月支付全部价款3亿元。2020年上半年，公司债券陆续到期，公司为回笼资金，将以上资产对外转让，转让价款3亿元，相关款项已于2020年4月全部收到。

根据财务报表附注“六、合并财务报表项目注释之18. 其他非流动性资产”可知，该公司2019年末预付长期资产款为17.55亿元，期后收回16.08亿元，并改变了资产投向，会对财务报表使用者决策产生重大影响。这显然属于对鹏博士具有重大影响的事项，但鹏博士(600804)已在财务报表附注中恰当披露,即符合条件①。这两个事项也不属于在审计报告中沟通的关键审计事项,即符合条件②。因而,注册会计师将其作为"强调事项",是恰当的。

此外,这两个事项还隐含地意味着鹏博士(600804)管理层的相关决策存在不谨慎、巨额资金被占用的问题。

[案例 14-4] 东旭蓝天(000040)审计报告中的强调事项

中兴财光华会计师事务所(特殊普通合伙)对东旭蓝天 2019 年度财务报告出具了带强调事项段的无保留意见的审计报告。其"强调事项"段如下:

我们提醒财务报表使用者关注,截至 2019 年 12 月 31 日,东旭蓝天在东旭集团财务有限公司存款余额为 28.72 亿元,由于东旭集团财务有限公司出现资金流动性问题,导致东旭蓝天在东旭集团财务有限公司的存款支取受到限制,东旭蓝天在东旭集团财务有限公司的定期存款按期收回存在不确定性。

[案例思考与分析]

我们从东旭蓝天 2019 年财务报告中摘录部分财务指标,如表 14-6 所示。

表 14-6　东旭蓝天 2019 年度主要财务指标

金额单位:亿元

项　　目		2019 年度	2018 年度
货币资金		47.17	74.81
资产总额		309.87	344.23
在东旭集团财务有限公司	存款余额	28.72	23.04
	占货币资金的比重	60.88%	30.80%
	占资产总额的比重	9.27%	6.69%

从表 14-6 可知,东旭蓝天 2019 年末在东旭集团财务有限公司存款不仅余额较大,相比 2018 年末增加 5.68 亿元,占其货币资金的 60.88%,占资产总额的 9.27%,比重均较高,但其支取受到限制,能否收回也存在重大不确定性。这显然属于对东旭蓝天具有重大影响的事项。东旭蓝天已在财务报表附注中充分披露了这个事项。这符合条件(1)。不属于在审计报告中沟通的关键审计事项,即符合条件(2)。因而,注册会计师将其作为"强调事项",是恰当的。

此外,这个事项还隐含地意味着东旭蓝天(000040)存在关联方占用巨额资金的问题。

五、上市公司年度财务报表审计报告中强调持续经营能力的恰当性分析

企业持续经营能力对财务报表使用者具有重大影响,持续经营假设是编制通用目的财

务报表的基础之一。因而，注册会计师在审计中需要特别关注被审计单位持续经营能力，并对其使用持续经营假设编制财务报表的恰当性获取充分、适当的审计证据，形成恰当的审计结论，出具恰当的审计报告。

如果被审计单位财务报表已按照持续经营假设编制，但根据判断认为管理层在财务报表中运用持续经营假设是不适当的，注册会计师应当发表否定意见。

如果运用持续经营假设是适当的，但存在重大不确定性，且财务报表对重大不确定性已作出充分披露，注册会计师应当发表无保留意见，并在审计报告中增加以“与持续经营相关的重大不确定性”为标题的单独部分，陈述：①提醒财务报表使用者关注财务报表附注中的披露；②说明这些事项或情况表明被审计单位持续经营能力存在重大不确定性，并说明该事项并不影响发表的审计意见。

如果运用持续经营假设是适当的，但存在重大不确定性，且财务报表对重大不确定性未作出充分披露，注册会计师应当发表保留意见或否定意见。

[案例 14-5] 天津松江（600225）审计报告中的“与持续经营相关的重大不确定性”事项

中审众环会计师事务所（特殊普通合伙）对天津松江（600225）2019 年度财务报表出具了带“与持续经营相关的重大不确定性”事项段的无保留意见的审计报告。其相关表述如下：

> 三、与持续经营相关的重大不确定性
>
> 我们提醒财务报表使用者关注，天津松江 2019 年发生净亏损 9.45 亿元，且于 2019 年 12 月 31 日，天津松江流动负债高于流动资产总额 17.43 亿元；受限货币资金金额为 6.26 亿元，逾期金融机构借款 6.59 亿元，重要的已逾期未支付金融机构利息 0.88 亿元。
>
> 这些事项或情况，连同财务报表附注十四、2（1）所示的其他事项，表明存在可能导致对天津松江持续经营能力产生重大疑虑的重大不确定性。

相关资料：

“与持续经营相关的重大不确定性”段提及财务报表附注十四、2（1）的其他事项为重大未决诉讼 / 仲裁。原文如下：

> ①报告期内，天津招胜房地产有限公司对本公司之子公司天津松江团泊投资发展有限公司及本公司提起诉讼，并申请财产保全。本公司持有的天津恒泰汇金融资租赁有限公司 75% 的股权、本公司持有的天津松江兴业房地产开发有限公司 100% 的股权、本公司持有的天津招江投资有限公司 23% 的股权，松江团泊及本公司部分银行账户及不动产，因上述诉讼事项被天津市第二中级人民法院查封或冻结。
>
> ②公司于 2016 年与天津万隆兴业房地产开发有限公司（原告）签订了《产权交易合同》，合同约定将公司原持有的天津运河城投资有限公司（第三人，以下简称“运河城”）的 100% 股权转让给原告。合同签订当日，原告与公司就前述股权转让事宜达成了补充协议。报告期内，原告对公司提起诉讼，以公司未履行补充协议约定义务为由，要求公司代其他方偿还运河城垫付的工程款 6 395 万元。该案件于 2019 年由法院组织了庭审，截至报告日，尚未有判决结果。

③受诉讼影响，截至期末，本集团共有16个银行账户被冻结，被冻结账户余额为1 146.39万元。本公司对子公司天津恒泰汇金融资租赁有限公司75%的股权、对子公司天津卓朗科技发展有限公司80%的股权、对子公司天津松江兴业房地产开发有限公司100%的股权被司法冻结。本公司持有的天津招江投资有限公司23%的股权被查封。

本公司名下位于空港经济区华睿广场共计220套不动产、位于空港经济区中心大道10号(2)幢共计14套不动产被查封。本公司名下位于东丽区卫国道南侧雪莲北里7套不动产被查封。本公司名下位于空港经济区中心大道华盈大厦161套不动产被查封。

本公司之子公司天津松江团泊投资发展有限公司名下位于静海区团泊新城西区、团泊大道西侧盛湖园16套不动产、位于静海县团泊镇水库大道东侧、水库局水站南侧芳湖园31套不动产、位于静海区团泊村北，水库大道东侧芳湖园12套不动产，共计59套不动产被查封。

此外，提及的"已逾期未偿还的短期借款情况"和"已逾期未偿还的一年内到期的非流动负债情况"分别如表14-7和表14-8所示。

表14-7　已逾期未偿还的短期借款情况

金额单位：亿元

借款单位	期末余额	借款利率(%)	逾期时间	逾期利率(%)
松江集团	3.99	9.80	2019/8/26	12.74
天津卓朗科技	0.60	16.00	2019/9/19	16.00
合计	4.59	/	/	/

表14-8　已逾期未偿还的一年内到期的非流动负债情况

借款单位	借款金融机构	期末余额	逾期时间	年利率	逾期年利率	期后解决情况
松江兴业	廊坊银行股份有限公司(苏州信托)	2亿元	2018/5与苏州信托结束业务	12.00%	上浮50%，复利计算	与廊坊银行协商中

[案例思考与分析]

我们从天津松江2019年财务报告中摘录部分财务指标，如表14-9所示。

表14-9　天津松江2019年主要财务指标

金额单位：亿元

项　　目	2019年	2018年	2019年比2018年增减情况
货币资金	7.42	10.53	减少3.11亿元，减少29.5%
受限货币资金	6.26	-	新增情况
流动资产合计	87.77	92.34	减少4.57亿元，减少4.9%
资产总额	129.36	139.23	减少9.87亿元，减少7.1%

续表

项　目	2019年	2018年	2019年比2018年增减情况
短期借款	21.70	12.72	增加9.98亿元，增加70.6%
流动负债合计	105.20	99.29	增加6.91亿元，增加6.0%
负债总额	122.53	124.06	减少1.53亿元，减少1.2%
归属于上市公司股东的净资产	3.16	12.37	减少9.21亿元，减少74.5%
归属于上市公司股东的净利润	-9.45	-3.70	增加亏损5.75亿元，增加亏损1.55倍。
归属于上市公司股东的扣除非经常性损益的净利润	-9.19	-3.87	增加亏损5.32亿元，增加亏损1.37倍。

天津松江受限货币资金为6.26亿元，占其货币资金总额的84.34%，会对其资金运转产生重大影响；流动负债总额为105.20亿元，流动资产总额为87.77亿元，流动负债总额高于流动资产总额17.43亿元，营运资金存在重大困难；已逾期未偿还的短期借款占短期借款总额的21.15%，其资产总额的3.55%；逾期金融机构借款占其负债总额的5.38%，所占重大；天津松江2019年净利润为-9.45亿元，2018年净利润为-3.70亿元，连续亏损3年且亏损金额增大。表14-9说明天津松江持续经营能力存在重大疑虑，但天津松江已在财务报表中做出充分披露。

天津松江主要业务为房地产业务和信息服务业务。从“财务报表附注十四、2（1）重大未决诉讼/仲裁”可以看出在部分债权人根据债务逾期情况已经采取提起诉讼，多处股权被法院查封或冻结、多个银行账户被冻结、众多房地产被查封等。这说明该公司法律诉讼风险极大，又加大了对其持续经营能力的疑虑，但天津松江也已在财务报表附注中详细披露。

上述情况表明，虽然天津松江运用持续经营假设是适当的，但存在重大不确定性，且财务报表中对重大不确定性作出了充分披露，因此，注册会计师可以发表无保留意见，但需在审计报告中增加以“与持续经营相关的重大不确定性”为标题的单独部分，提醒财务报表使用者特别关注其持续经营能力的重大不确定性。

［案例14-6］ 三五互联（300051）审计报告中的“与持续经营相关的重大不确定性”事项

华兴会计师事务所（特殊普通合伙）对三五互联（300051）2019年度财务报表出具了带“与持续经营相关的重大不确定性”事项段的无保留意见的审计报告。其中，“与持续经营相关的重大不确定性”段如下：

三、与持续经营相关的重大不确定性

我们提醒财务报表使用者关注，如财务报表附注二（二）所述，三五互联公司2018年度及2019年度连续出现大额亏损，截至2019年12月31日止，公司的累计未弥补亏损为53 554.04万元。这些事项或情况，表明存在可能导致对三五互联公司持续经营能力产生重大疑虑的重大不确定性。该事项不影响已发表的审计意见。

相关资料：

“与持续经营相关的重大不确定性”段提及财务报表附注二（二），原文如下：

（二）持续经营能力评价

公司2018年度及2019年度连续出现大额亏损，截至2019年12月31日止，公司的累计未弥补亏损为53 554.04万元。这些情况，表明存在可能导致对公司持续经营能力产生重大疑虑的重大不确定性。

针对上述情况，公司已采取或拟采取以下措施以消除其对持续经营的影响：

1. 公司于2018年、2019年产生亏损的主要原因系子公司深圳市道熙科技有限公司商誉减值所致。当前，深圳市道熙科技有限公司立足于自身，研发重点逐渐向手游、H5游戏等新产品转移，积极推出多种题材及类型的游戏产品，丰富产品线；积极开拓游戏发行业务渠道。

2. 精简冗余机构，提升资源利用效益。一方面，为提高公司营销服务网络效率，公司裁撤部分子公司以实现优化整合公司资源的目的，提高机构服务的效率。另一方面，子公司天津三五互联移动通讯有限公司加大营销力度，努力扩展租赁渠道，通过提高产业园出租率减少亏损，采取多种方式盘活资产，提高资源的使用效率。

3. 公司努力促成婉锐（上海）电子商务有限公司并购，通过并购实现协同，提升公司的整体盈利水平。

2020年度，公司将通过巩固与完善基础企业服务产品，整合现有平台资源，拓展手机游戏业务、移动通讯转售业务。并且，公司制定费用与成本控制计划，结合绩效考核对整体费用进行控制；通过提高人均产能、优化人力结构等方式控制关键费用，通过不断革新产品开发理念、开发新技术、优化产品结构等方式来降低产品成本，提高利润水平。随着公司各项经营规划的有效实施，在各方的大力支持下，公司预计将实现持续、稳定、健康发展。

此外，我们还注意到三五互联存在较多的所有权或使用权受到限制的资产情况，如表14-10所示。

表14-10　三五互联所有权或使用权受到限制的资产

金额单位：亿元

项　　目	期末账面价值	受限原因
货币资金	0.11	［注1］
固定资产	4.76	［注2］
无形资产——土地使用权	0.28	
合　　计	5.15	

注1：本公司期末使用受限货币资金11 136 405.41元，其中：本公司用于借款质押的定期存款期末余额10 358 009.27元，被冻结的货币资金期末余额为778 396.14元。

注2：①2017年9月，子公司天津三五互联移动通讯有限公司与中航信托股份有限公司签订了总金额为人民币3亿元的《中航信托天顺1742号单一资金信托贷款合同》，期限10年，合同规定借款用途为“归还工行贷款及归还厦门三五互联科技股份有限公司借款”，子公司天津三五互联移动通讯有限公司以自有土地使用权及地上建筑物提供抵押担保。截至资产负债表日，实际借款余额为28 950.00万元。②2018年12月，母公司厦门三五互联科技股份有限公司与山东省国际信托股份有限公司签订了总金额为人民币3 500万元的《山东信托·弘德信14号单一资金信托贷款合同》，期限3年，合同规定借款用途为“补充日常经营的资金需求”。厦门三五互联科技股份有限公司以位于思明区观日路8号101室、201室、301室、401室、501室的房产（权利证书编号为厦国土房证第01015096号）提供抵押担保。

［案例思考与分析］

我们从三五互联2019年财务报告中摘录部分财务指标，如表14－11所示。

表14－11 三五互联2019年主要财务指标

金额单位：亿元

项目	2019年	2018年	2019年比2018年增减情况
货币资金	1.32	1.46	减少0.14亿元，减少9.59%
受限货币资金	0.11	–	新增情况
固定资产	4.82	5.32	减少0.5亿元，减少9.4%
受限固定资产	4.76	–	新增情况
无形资产	0.32	0.32	基本无变动
受限无形资产	0.28	–	新增情况
资产总额	8.09	10.84	减少2.75亿元，减少25.37%
归属于上市公司股东的净利润	−2.56	−3.64	增加亏损1.08亿元，增加亏损29.67%
未分配利润	−5.36	−2.76	累计未弥补亏损增加2.6亿元，增加94.2%，占资产总额66.25%

三五互联受限货币资金为0.11亿元，占其货币资金总额的8.33%，会对其资金运转产生重大影响；受限固定资产为4.76亿元，占其固定资产总额的98.76%；受限无形资产为0.28亿元，占其无形资产总额的87.5%。所有权或使用权受到限制的资产总计为5.15亿元，占其资产总额的63.66%。

三五互联2019年净利润为−2.56亿元，2018年净利润为−3.64亿元，连续亏损两年。该公司2019年累积未弥补亏损5.36亿元，占其资产总额的66.25%，占比重大，表明三五互联持续经营能力存在重大疑虑。

三五互联在财务报表附注二（二）对其持续经营能力存在重大不确定性及其改善措施进行了充分披露，因此，注册会计师可以发表无保留意见，但需在审计报告中增加以“与持续经营相关的重大不确定性”为标题的单独部分，提醒财务报表使用者特别关注其持续经营能力的重大不确定性。

六、上市公司年度财务报表审计报告中保留意见的恰当性分析

［案例14－7］ 香雪制药（300147）审计报告中的保留意见

立信会计师事务所（特殊普通合伙）对香雪制药（300147）2019年度财务报表发表了保留意见。其“形成保留意见的基础”段如下：

（一）2019年7月至12月期间，香雪制药控股股东广州市昆仑投资有限公司与香雪制药发生多笔大额资金往来，累计发生额7.24亿元，期末余额为零。香雪制药未按规定就上述关联方交易履行必要的审批程序和披露义务。我们实施审计程序后，仍无法确定香雪制药2019年度关联方资金往来披露是否完整。

（二）2019年10月31日，香雪制药收到科学城（广州）投资集团有限公司（以下简称“科学城”）支付的3亿元款项。2019年12月31日，香雪制药向浙江大福千通商贸有限公司（以下简称“大福千通”）支付3亿元款项。香雪制药对上述资金往来的会计处理与相关支持性文件存在差异。我们实施了检查、函证、访谈等审计程序后，仍无法对上述资金往来的商业实质获取充分、适当的审计证据。

（三）2019年12月31日，香雪制药向富润惠德文化发展（北京）有限公司（以下简称“富润惠德”）支付四笔资金合计1.07亿元，冲抵了应付陕西龙祥实业发展有限公司、广州恒舜进出口贸易有限公司、广东尚春堂药业有限公司和广东启德酒店有限公司的款项。我们实施了审计程序后，仍无法判断上述资金往来的商业实质。

［案例思考与分析］

1. 对事项（一）的分析

就事项（一），该公司在年报中披露的信息如下：

2019年度，本公司及子公司广东香雪精准医疗技术有限公司共收到广州市昆仑投资有限公司（以下简称“昆仑投资”）单纯资金往来7.24亿元、支付昆仑投资单纯资金往来7.24亿元，截至2019年12月31日双方往来期末余额为0元。

我们从香雪制药2019年财务报告中摘录部分财务指标，如表14-12所示。

表14-12 香雪制药2019年主要财务指标

金额单位：亿元

项　　目	2019年	2018年
流动资产总额	26.97	39.19
资产总额	80.58	86.26

事项（一）涉及金额为7.24亿元，该公司2019年流动资产总额为26.97亿元，资产总额为80.58亿元，此事项占流动资产总额的26.85%，占其资产总额的8.98%，金额重大。

事项（一），属于上市公司香雪制药及其子公司与其控股股东之间的大额资金往来，可能会损害上市公司中小股东利益，属于中国证监会和深圳证券交易所重点监管的关联交易事项。香雪制药未按规定就上述关联方交易履行必要的审批程序和披露义务，这说明其关联交易决策制度存在重大缺陷（未得到有效执行），意味着还可能存在其他重大资金往来的关联交易未经审批程序和未经信息披露。注册会计师又无法获取充分、适当的审计证据，未能确定香雪制药2019年度关联方资金往来披露是否完整。这意味着注册会计师对关联方资金往来交易的审计范围受到重大限制，且此事项涉及违规问题，性质重大。

2. 对事项（二）的分析

审计师无法对事项（二）涉及资金往来的商业实质获取充分、适当的审计证据，已获取的审计证据表明其可能存在重大错报。此事项金额为3亿元，占据流动资产总额的11.12%，占其资产总额的3.72%，金额重大，但不具有广泛性。

3. 对事项（三）的分析

该公司向富润惠德支付了大额资金，却冲减了另外四个公司的款项，不符合一般商业惯例，审计师无法判断其商业实质。此事项金额为1.07亿元，占其流动资产总额的3.97%，占其资产总额的1.33%，金额重大，但不具有广泛性。

此外，我们注意到，深交所于2020年5月29日向香雪制药下发了问询函。在问询函中，深交所关注的问题集中在香雪制药与控股股东之间的多笔大额资金往来，以及收到和对外支付的大额款项等方面。

综上所述，注册会计师无法就上述三个事项获取充分、适当的审计证据，其审计范围受到重大限制，且这些事项对财务报表可能产生的影响重大，但不具有广泛性。因此，注册会计师对香雪制药财务报表整体发表保留意见是恰当的。

［案例14-8］ 国联水产（300094）审计报告中的保留意见

立信会计师事务所（特殊普通合伙）对国联水产（300094）2019年度财务报表发表了保留意见。其“形成保留意见的基础”段如下：

（一）国联水产2019年度冲回了与五家客户进行的融资性质贸易相关的营业收入合计10.67亿元、营业成本合计10.57亿元。国联水产未对其收到该五家客户支付的款项和相关存货的会计处理进行相应调整。我们无法对与上述交易相关的存货以及原料采购交易的真实性和资金往来获取充分、适当的审计证据。

（二）国联水产2019年12月31日合并资产负债表中的存货成本为27.51亿元，存货跌价准备余额为4.98亿元，我们无法就存货跌价准备的合理性获取充分、适当的审计证据。

［案例思考与分析］

1. 对事项（一）的分析

我们从国联水产2019年财务报告中摘录部分财务指标，如表14-13所示。

表14-13 国联水产主要财务指标

金额单位：亿元

项　目	2019年度	2018年度
存货	27.51	24.57
资产总额	48.73	49.21
营业收入	46.37	47.38
营业成本	40.26	40.84

续表

项　　目	2019 年度	2018 年度
营业利润	−5.41	2.61
利润总额	−5.55	2.61
净利润	−4.99	2.31

国联水产冲回的营业收入占 2019 年度总营业收入的 23%，冲回的营业成本占 2019 年度中营业成本的 26.26%，金额重大，国联水产未对其会计处理作出相应调整，且注册会计师的审计范围受到限制，无法就国联水产与融资性质贸易相关的存货以及原料采购交易的真实性和资金往来获取充分、适当的审计证据。由于事项（一）涉及的金额重大，其可能产生的影响也就重大。

2. 对事项（二）的分析

注册会计师审计范围受到限制，无法就存货跌价准备的合理性获取充分、适当的审计证据。国联水产 2019 年计提存货跌价准备 5.74 亿元，转回或转销存货跌价准备 1.77 亿元，年末存货跌价准备余额 4.98 亿元，占资产总额的 10.22%。显然，这一事项可能产生的影响重大。

综上，注册会计师无法就国联水产与融资性质贸易相关的存货以及原料采购交易的真实性和资金往来获取充分、适当的审计证据，也无法就存货跌价准备的合理性获取充分、适当的审计证据。这两个事项可能产生的影响重大，由于这两个事项均影响期末存货的存在与计价，属于相互关联的重大不确定事项，可能影响 2019 年度资产减值损失，进而影响 2019 年度利润总额。但由于国联水产 2019 年度已是巨额亏损，这两个事项只会增加亏损程度，不会改变亏损性质，因而注册会计师因审计范围受到限制而出具保留意见，是恰当的。当然，注册会计师也可以考虑出具无法表示意见。

［案例 14-9］ 世纪星源（000005）审计报告中的保留意见

中审众环会计师事务所（特殊普通合伙）对深圳世纪星源股份有限公司 2019 年度财务报表发表了保留意见。其“形成保留意见的基础”段如下：

如财务报表附注十三、3、（1）所述，肇庆项目投资账面价值折合人民币 4.45 亿元，占世纪星源资产的比例较大。2019 年 12 月，肇庆市自然资源局做出了撤销百灵公司（肇庆项目公司）土地证的决定，持有肇庆项目权益的五家香港公司（世纪星源公司间接持有该五家香港公司 49% 的权益）委托律师向广东省自然资源厅申请行政复议，申请撤销肇庆市自然资源局关于撤销百灵公司土地证的决定，根据律师出具的法律意见书“存在广东省自然资源厅做出撤销肇庆市自然资源局案涉具体行政行为的可能”及“如肇庆市自然资源局之案涉具体行政行为未被撤销，对百灵公司权益的影响程度尚无法做出具体判断，对贵司权益影响程度亦无法做出具体判断”，世纪星源公司管理层无法判断因肇庆项目土地证被撤销事项对世纪星源权益的影响，因而世纪星源公司管理层无法判断是否应对肇庆项目权益进行减值及减值的金额。综上，世纪星源公司在肇庆项目的权益具有重大不确定性，我们也无法获取充分、适当的审计证据以判断因肇庆项目土地证被撤销事项对世纪星源权益的影响。

［案例思考与分析］

世纪星源在肇庆项目的权益具有重大不确定性，注册会计师无法获取充分、适当的审计证据以判断因肇庆项目土地证被撤销事项对世纪星源权益的影响。并且根据律师出具的法律意见书“存在广东省自然资源厅做出撤销肇庆市自然资源局案涉具体行政行为的可能。”如果广东省自然资源厅未做出撤销具体行政行为的决定，将会对肇庆项目产生巨大影响，但也无法判断其具体损失。

肇庆项目投资账面价值折合人民币 4.45 亿元。从 2019 年末资产负债表得知，世纪星源资产总额为 30.32 亿元，肇庆项目占其资产总额的 14.69%，占比较大，能否确认世纪星源公司的权益对判断其财务报表是否公允列报具有重大影响，但不具有广泛性。因此，注册会计师对世纪星源财务报表整体发表保留意见是恰当的。

［案例 14-10］ 如意集团（002193）审计报告中的保留意见

和信会计师事务所（特殊普通合伙）对山东如意毛纺服装集团股份有限公司（002193）2019 年度财务报表发表了保留意见。其“形成保留意见的基础”段如下：

（一）如财务报表附注“五、15、其他非流动金融资产”所述，贵公司董事会于 2019 年 7 月 5 日通过了《关于投资入伙银川维信产业基金合伙企业（有限合伙）的议案》，贵公司拟出资 10.99 亿元认购银川维信产业基金合伙企业（有限合伙）（简称维信基金）8.65 亿元的优先级合伙权益，占维信基金实缴出资份额的 32.03%。贵公司于 2019 年 10 月、11 月累计向关联方山东如意时尚科技发展有限公司支付转款金额 10.99 亿元，账面记载为对维信基金的投资款。我们执行了检查会计凭证等资料、查询工商登记等审计程序，我们未能就贵公司投资入伙维信基金的交易性质以及对财务报表产生的影响获取充分、适当的审计证据，我们无法确定该笔交易是否属于关联方交易，无法判断将已支付的投资款列示于其他非流动金融资产是否恰当。

（二）截至 2019 年 12 月 31 日，贵公司对张家港保税区晟晖广和毛棉有限公司的预付账款余额为 1.86 亿元，对青岛裕龙东雍国际物流有限公司的预付账款余额为 0.63 亿元，对裕龙集团有限公司的预付账款余额为 0.61 亿元，金额合计 3.10 亿元。针对以上三家单位，我们执行了检查合同、检查付款审批单、函证、现场访谈、期后收货及回款检查等审计程序，我们未能就上述预付账款的交易背景、款项性质及对财务报表产生的影响等获取充分、适当的审计证据，我们无法确定贵公司能否收到货物或收回款项。

（三）如财务报表附注“十、6、（1）应收项目”所述，贵公司对关联方的应收账款期末余额为 4.40 亿元，计提了 0.26 亿元的坏账准备。对于关联方应收账款，我们实施了函证、资料查验、期后收款检查等审计程序，我们未能就可回收金额获取充分、适当的审计证据，我们无法判断上述关联方应收账款的坏账准备是否已充分计提。

［案例思考与分析］

1. 对事项（一）的分析

我们从如意集团 2019 年财务报告中摘录部分财务指标，如表 14-14 所示。

表 14-14　如意集团 2019 年主要财务指标

金额单位：亿元

项　　目	金额	占资产总额的比重
认购维信基金优先级合伙权益金额	10.99	22.47%
预付账款	3.30	6.75%
对关联方应收账款	4.40	9.00%
资产总额	48.89	48.42%

如意集团出资 10.99 亿元认购维信基金优先级合伙权益，如意集团 2019 年末资产总额为 48.89 亿元，该事项占其资产总额的 22.47%，金额重大，并且注册会计师的审计范围受到限制，无法就该公司投资入伙维信基金的交易性质以及对财务报表产生的影响获取充分、适当的审计证据，注册会计师无法确定该笔交易是否属于关联方交易，无法判断将已支付的投资款列示于其他非流动金融资产是否恰当。

2. 对事项（二）的分析

注册会计师的审计范围受到限制，未能就如意集团对三家公司预付账款的交易背景、款项性质及对财务报表产生的影响等获取充分、适当的审计证据，无法确定是否可以收到货物或收回款项。三家公司预付账款金额合计 3.1 亿元，占其 2019 年末预付账款的 94.02%，占据其 2019 年末资产总额的 6.34%，金额较为重大，如果无法收到货物或收回款项，将对如意集团的经营和财务报表产生重大影响。

3. 对事项（三）的分析

如意集团对关联方的应收账款期末余额为 4.40 亿元，占据其 2019 年末资产总额的 9%，金额重大，注册会计师未能就可回收金额获取充分、适当的审计证据，无法判断应收账款的坏账准备是否已充分计提。

综上所述，注册会计师无法就这三个重大事项是否恰当获取充分、适当的审计证据，审计范围受到限制。且这三个事项对其财务报表可能产生的影响重大，具有广泛性，因为占资产总额 48.42%。因此，注册会计师仅对如意集团财务报表整体发表保留意见值得商榷，可能发表无法表示意见更恰当。

［案例 14-11］ 北大医药（000788）审计报告中的保留意见

天健会计师事务所（特殊普通合伙）对北大医药（000788）2019 年度财务报表发表了保留意见。其“形成保留意见的基础”段如下：

> 2020 年 2 月 19 日，北京市第一中级人民法院裁定受理北京银行股份有限公司提出的对北大方正集团有限公司（以下简称方正集团）进行重整的申请，指定方正集团清算组担任方正集团管理人，具体负责重整工作。方正集团持有公司股东北大医疗产业集团有限公司（以下简称北大医疗）85.60% 股权，北大医疗持有公司股份数量为 70 328 949 股，占公司股份总数的 11.80%；北大医疗持有公司第一大股东西南合成集团医药集团（以下简称合成集团）100% 股权，合成集团持有公司股份数量为 170 356 260 股，占公

司股份总数的28.58%。如财务报表附注十二(三)所述,截至2019年12月31日,北大医药公司存放于北大方正集团财务有限公司的存款余额为4.42亿元,应收北京大学国际医院等关联单位款项余额为7.11亿元,为北大医疗提供融资担保金额为1亿元。截至审计报告日,我们无法就上述事项是否对北大医药公司的财务状况、经营成果和现金流量产生重大影响获取充分、适当的审计证据。

[案例思考与分析]

就该事项,该公司在年报中披露的信息如下:

财务报表附注十二(三):

项目	期初数	本期累计存入金额	本期累计支取金额	期末数	收取或支付利息手续费
存放于方正财务公司存款	2.93亿元	10.02亿元	8.53亿元	4.42亿元	725.18万元

我们从北大医药2019年财务报告中摘录部分财务指标,如表14-15所示。

表14-15 北大医药2019年主要财务指标

金额单位:亿元

项　目	2019年度	2018年度
货币资金	6.69	5.21
资产总额	24.60	21.43

截至2019年12月31日,北大医药公司存放于北大方正集团财务有限公司的存款余额为4.42亿元,占据其货币资金的66.08%,占据其资产总额的17.97%,比重均较高,应收北京大学国际医院等关联单位款项余额为7.11亿元,占据其资产总额的28.90%,比重较大。为北大医疗提供融资担保金额为1亿元。截至审计报告日,由于审计范围受到限制,注册会计师无法就上述事项是否对北大医药公司的财务状况、经营成果和现金流量产生重大影响获取充分、适当的审计证据。因此,注册会计师无法确定是否有必要对财务报表作出调整。上述事项对财务报表可能产生的影响重大,但不具有广泛性。因此,注册会计师对北大医药财务报表整体发表保留意见是恰当的。

七、上市公司年度财务报表审计报告中无法表示意见的恰当性分析

[案例14-12] *ST银河(000806)审计报告中的无法表示意见

中审华会计师事务所(特殊普通合伙)对北海银河(00086)2019年度财务报表发表了无法表示意见。其“形成无法表示意见的基础”段如下:

（一）关联方占用资金的完整性如附注十三（二）资金占用事项所述，截至2019年12月31日，其控股股东银河天成集团有限公司非经营性占用银河生物资金4.45亿元，经营性占用银河生物资金2.8亿元，银河天成集团有限公司占用银河生物资金共计7.25亿元，银河生物对此款按全额计提了坏账准备。由于银河天成集团有限公司目前人员流失严重、管理混乱，涉及上述违规行为的银河天成集团有限公司部分原高管人员无法取得联系，我们无法获得充分适当的审计证据排除是否还存在其他未排查出的资金占用。

（二）对外担保损失如附注五（三十）、附注十一（一）重要承诺事项所述，截至2019年12月31日，银河生物为其控股股东银河天成集团有限公司及关联方借款担保（包括银河生物以出票人或承兑人身份为关联方提供融资条件）19.69亿元，上述担保事项已全部进入诉讼程序，银河生物本期计提预计负债1.44亿元。截止本审计报告出具日，我们无法获取充分、适当的审计证据对银河生物披露的违规担保数额是否完整，可能需要承担的担保损失金额进行合理估计。同时，我们也无法判断银河生物是否存在其他未经披露的对外担保事项以及对财务报表产生的影响。

［案例思考与分析］

1. 对事项（一）的分析

就事项（一），该公司在年报中披露的信息如下：

附注十三（二）资金占用事项：

（1）经营性资金占用。

①因江苏得康生物科技有限公司原有业务已经不能产生收入，本公司于2017年8月将得康生物60%股权以1.6亿元作价转让给银河天成集团有限公司，银河天成集团有限公司已按照合同约定支付了第一笔股权转让款8 000万元，并于2018年9月向本公司开具了第二笔股权转让款3 200万元及第三笔股权转让款4 800万元的商业承兑汇票，票据承兑日期为2019年2月24日，截至本报告日，该票据已到期但银河集团未兑付。

②银河天成集团有限公司于2018年10月30日向本公司开具其承诺支付维康医药集团有限公司20 000万元订金退款，票据承兑日期为2019年3月30日。截至本报告日，该票据已到期但银河天成集团有限公司未兑付。

（2）非经营性资金占用。

本公司自查连续十二个月累计发生诉讼的情况并结合公司及银河集团被立案调查的内容，发现截至本报告日公司存在非经营性资金占用4.45亿元。

我们从银河生物2019年财务报告中摘录部分财务指标，如表14-16所示。

表 14-16　银河生物 2019 年主要财务指标

金额单位：亿元

项　目	2019 年度	2018 年度
利润总额	−11.58	−6.97
净利润	−11.70	−7.36
资产总额	17.19	24.82

银河天成集团有限公司占用银河生物资金共计 7.25 亿元，全额计提了坏账准备，占据其资产总额的 42.17%，金额十分重大，并且注册会计师的审计范围受到限制，目前该公司人员流失严重、管理混乱，涉及上述违规行为的银河天成集团有限公司部分原高管人员无法取得联系，注册会计师无法获得充分、适当的审计证据排除是否还存在其他未排查出的资金占用。事项（一）还说明银河生物关联交易内部控制失效，并已对当期资产减值损失产生重大影响。

2. 对事项（二）的分析

就事项（二），该公司在年报中披露的信息如下：

附注五（三十）、附注十一（一）重要承诺事项：

（1）2018 年 3 月 6 日，深圳国投商业保理有限公司与银河天成集团有限公司签订《借款合同》《股权质押合同》，约定借款 2 000 万元，期限 3 个月，银河天成集团有限公司以其持有的贵州长征天成控股股份有限公司 480 万股的股票为上述借款作质押担保；同日深圳国投商业保理有限公司与北海银河生物产业投资股份有限公司签订《保证合同》，为该笔借款项提供连带责任保证，保证期限自主合同债务人履行债务期限届满之日起两年。法院二审已判决，北海银河生物产业投资股份有限公司需对银河天成集团有限公司不能清偿的部分向深圳国投商业保理有限公司承担二分之一的赔偿责任。

（2）2017 年 12 月 28 日，戎增发与银河天成集团有限公司签署《借款合同》，2018 年 1 月 12 日与北海银河生物产业投资股份有限公司签署《保证合同》为借款提供无限连带责任保证担保，担保金额 7 626.81 万元，保证期间为保证合同生效之日起至主合同确定的债权到期后两年止。

（3）2017 年 10 月 24 日，李振涛与银河天成集团有限公司签订《借款合同》，同日与北海银河生物产业投资股份有限公司签署《担保承诺书》为借款提供连带担保责任，担保金额 6 000 万元，保证期间为借款到期之日起两年。

（4）2017 年 8 月 10 日李昱、李鸿与银河天成集团有限公司签订《借款合同》，北海银河生物产业投资股份有限公司签订《保证合同》为银河天成集团有限公司上述借款承担连带担保责任，保证期间自合同生效之日起至主合同项下债务履行期限届满之日后两年止。目前剩余借款本金为 13 841.9 万元。

（5）2017 年 11 月 3 日，银河天成集团有限公司向收款人云南品分商贸有限公司出具北海银河生物产业投资股份有限公司的商业承兑汇票（票面金额 100 万元人民币）。2018 年 5 月 18 日，此汇票被背书转让给靖江昊淮国际贸易有限公司。票据到期日期为 2018 年 11 月 5 日。

（6）2016年12月26日，中江国际信托股份有限公司（现更名为“雪松国际信托股份有限公司”）与贵州长征天成控股股份有限公司签订《信托贷款合同》，其中两年期借款金额8 000万元。北海银河生物产业投资股份有限公司签订了相应的《保证合同》，约定对《信托贷款合同》项下全部债务承担连带责任保证等事宜，保证期间为合同生效之日起至主合同项下债务履行期限届满之日后两年止。

（7）2017年1—2月，安吉均瑞投资合伙企业（有限合伙）通过背书转让方式，陆续获得4张出票人为银河天成集团有限公司，保证人为北海银河生物产业投资股份有限公司的电子商业承兑汇票，目前尚欠借款本金2 800万元。

（8）2017年9月21日，重庆双融商贸有限公司将票面金额50万元的电子汇票背书转让给合盈小额贷款（重庆）有限公司，出票人和承兑人均为北海银河生物产业投资股份有限公司，收票人为云南品分商贸有限公司。

（9）2018年1月3日，北海银河生物产业投资股份有限公司作为出票人向无锡北展电子科技有限公司出具了电子商业承兑汇票，后续无锡北展电子科技有限公司将电票背书转让给深圳市益安保理有限公司。截至目前还有200万元未能兑付。

银河生物为其控股股东银河天成集团有限公司及关联方借款担保19.69亿元，是其2019年末资产总额的114.54%，且这些担保事项已全部进入诉讼程序，银河生物本期计提预计负债1.44亿元。这说明其对外担保后果严重。此外，由于银河生物关联交易（包括对外担保）内部控制严重失效，导致注册会计师无法获取充分、适当的审计证据对其披露的违规担保数额是否完整，可能需要承担的担保损失金额进行合理估计。显然，这些众多的对外担保事项可能对财务报表产生的影响重大，且具有广泛性。

综上所述，由于银河生物关联交易（包括对外担保）内部控制严重失效，注册会计师审计范围受到重大限制，这些事项对财务报表可能产生的影响重大且具有广泛性。因此，注册会计师对北海银河2019年度财务报表出具无法表示意见是恰当的。

[案例14-13] 安控科技（300370）审计报告中的无法表示意见

容诚会计师事务所（特殊普通合伙）对安控科技（300370）2019年财务报表发表了无法表示意见。其“形成无法表示意见的基础”段如下：

（一）以持续经营为假设编制财务报表的适当性

如财务报表附注“二、2. 持续经营”所述，截至2019年12月31日，安控科技公司的流动资产期末余额18.40亿元已低于流动负债期末余额21.29亿元。如财务报表附注“五、65. 所有权或使用权受到限制的资产”所述，因债务逾期引发多起诉讼及仲裁案件，导致部分银行账户被冻结、多项资产抵押、安控科技公司及时任董事长被列为失信被执行人，安控科技公司很可能无法在正常的经营过程中变现资产、清偿债务，对生产经营产生重大影响。前述事项表明，安控科技公司的持续经营能力存在重大不确定性。虽然安控科技公司已披露了拟采取的改善措施，但我们未能取得与评估持续经营能力相关的充分、适当的审计证据，因此无法判断安控科技公司运用持续经营假设编制2019年度财务报表是否适当。

（二）重大财务报表项目的审计受限

截至审计报告日，我们对安控科技公司及其部分子公司实施的函证、检查、询问等审计程序，未能获取充分、适当的审计证据，以判断相关的财务报表项目是否存在发生重大错报的风险，相关财务报表项目主要包括衍生金融资产、应收账款、预付款项、存货、商誉、营业收入、营业成本、公允价值变动收益、信用减值损失、资产减值损失等项目。由于审计范围受限对财务报表的影响是重大且广泛的，因此我们无法判断安控科技公司2019年度财务报表是否公允反映了财务状况和经营成果。

（三）财务报表合并范围的适当性。如财务报表附注“六、3. 其他原因的合并范围变动（3）”所述，安控科技公司已失去对宁波市东望智能系统工程有限公司（以下简称“东望智能”）的控制，安控科技公司自2019年11月1日起不再将东望智能纳入合并财务报表范围，2019年末安控科技公司对东望智能的长期股权投资采用成本法计量。由于我们未能获取充分、适当的审计证据，因此无法判断安控科技公司自2019年11月1日起不再将东望智能纳入合并财务报表范围是否适当。此外，安控科技公司及东望智能未向我们提供东望智能2019年度财务报表及会计账簿、会计凭证等财务资料，以及与报表项目相关的业务资料，导致我们无法实施必要的审计程序，因此无法判断东望智能2019年1—10月财务报表是否公允反映其财务状况和经营成果，以及对安控科技公司财务报表的影响。

［案例思考与分析］

1. 对事项（一）的分析

我们从安控科技2019年财务报告中摘录部分财务指标，如表14-17所示。

表14-17　安控科技2019年主要财务指标

金额单位：亿元

项　　目	2019年度	2018年度
流动资产	18.40	26.83
流动负债	21.29	22.21

安控科技公司的流动资产期末余额18.40亿元已低于流动负债期末余额21.29亿元，表明其持续经营能力存在重大不确定性。该公司有多起诉讼及仲裁案件，导致部分银行账户被冻结、多项资产抵押、安控科技公司及时任董事长被列为失信被执行人。这些事项使得注册会计师对其以持续经营假设编制的2019年度财务报表是否合理存在重大疑虑，无法作出判断，其影响十分重大且广泛。

2. 对事项（二）的分析

注册会计师在审计重大财务报表项目时受限，包括衍生金融资产、应收账款、预付款项、存货、商誉、营业收入、营业成本、公允价值变动收益、信用减值损失、资产减值损失等项目。这些项目涉及了资产负债表、利润表等，对财务报表的影响是重大且广泛的。

3. 对事项（三）的分析

安控科技公司自2019年11月1日起不再将东望智能纳入合并财务报表范围，注册会计师无法判断此事项是否适当。此外，该公司及东望智能未向注册会计师提供东望智能2019年度财务报表及会计账簿、会计凭证等财务资料，以及与报表项目相关的业务资料，导致注册会计师无法实施必要的审计程序，审计范围受到重大限制。

综上所述，这三个事项导致注册会计师审计范围严重受限，未能获取充分、适当的审计证据，且这三个事项对财务报表可能产生的影响均重大且具有广泛性。因此，注册会计师对安控科技2019年度财务报表发表无法表示意见是恰当的。

［案例14-14］ *ST信通（600289）审计报告中的无法表示意见

致同会计师事务所（特殊普通合伙）对亿阳信通（600289）2019年度财务报表发表了无法表示意见。其“形成无法表示意见的基础”段如下：

（一）预计负债的转回。如财务报表附注五、24和附注十二、3所述，截至2019年12月31日，亿阳信通预计负债余额11.75亿元，本年冲回17.82亿元。我们获取了亿阳集团股份有限公司重整方案，了解了重整方案的执行情况。由于重整未能按计划实施，亿阳信通承担的担保责任是否免除仍存在重大不确定性，我们无法就亿阳信通确认的预计负债获取充分、适当的审计证据，也无法确定是否有必要对这些金额进行调整。

（二）其他应收款减值准备。如财务报表附注五、4所述，截至2019年12月31日，亿阳信通其他应收款中包括亿阳集团股份有限公司4.69亿元，已全额计提减值准备。由于亿阳集团股份有限公司重整结果有重大不确定性，我们无法就该项应收款项的账面价值以及亿阳信通确认的减值准备获取充分、适当的审计证据，以证明亿阳信通对该款项全额计提减值准备的合理性，也无法确定是否有必要对这些金额进行调整。

（三）与持续经营相关的重大不确定性。亿阳信通2019年度扣除非经常性损益后净利润为-2.80亿元，经营活动产生的现金流量净额为-1.30亿元。且由于诉讼事项导致亿阳信通包括基本户在内的多个银行账户被冻结，所持子公司股权、多处房产被冻结。此外，亿阳信通因借款合同纠纷被银川市中级人民法院纳入失信被执行人名单。上述事项表明，亿阳信通存在多项对财务报表整体具有重要影响的重大不确定性，虽然亿阳信通已在财务报表附注二中充分披露了拟采取的改善措施，但我们无法取得与评估持续经营能力相关的充分、适当的审计证据，因此我们无法判断亿阳信通运用持续经营假设编制2019年度财务报表是否适当。

（四）中国证监会立案调查亿阳信通于2017年12月6日收到中国证券监督管理委员会“黑调查字〔2017〕26号”《调查通知书》，因涉嫌信息披露违法违规，中国证券监督管理委员会对亿阳信通进行立案调查。

［案例思考与分析］

1. 对事项（一）的分析

为方便分析，我们从*ST信通2019年年度报告中摘录了部分财务指标，如表14-18所示。

表 14-18 *ST 信通 2019 年主要财务指标

金额单位：亿元

项 目	2019 年度	2018 年度
净利润	15.02	-14.75
资产总额	24.06	27.10

亿阳信通本年冲回预计负债 17.82 亿元，占其资产总额的 74.05%，金额十分重大。其重整未能按计划实施，亿阳信通承担的担保责任是否免除仍存在重大不确定性。注册会计师的审计范围受到限制，无法就该公司确认的预计负债获取充分、适当的审计证据，也无法确定是否有必要对这些金额进行调整。

2. 对事项（二）的分析

该公司其他应收款中包括亿阳集团股份有限公司 4.69 亿元，已全额计提减值准备。注册会计师的审计范围受到限制，无法就该项应收款项的账面价值以及亿阳信通确认的减值准备获取充分、适当的审计证据。

3. 对事项（三）的分析

亿阳通信 2019 年非经常性损益项目和金额，如表 14-19 所示。

表 14-19 非经常性损益项目和金额

金额单位：万元

非经常性损益项目	2019 年金额
非流动资产处置损益	-1.40
计入当期损益的政府补助，但与公司正常经营业务密切相关，符合国家政策规定、按照一定标准定额或定量持续享受的政府补助除外	
与公司正常经营业务无关的或有事项产生的损益	178 244.58
除上述各项之外的其他营业外收入和支出	-3.95
少数股东权益影响额	
所得税影响额	0.73
合计	178 239.95

该公司 2018 年净利润为 -14.75 亿元，而 2019 年净利润为 15.02 亿元，落差很大，但 2019 年净利润扣除其非经常性损益 17.82 亿元后净利润为 -2.80 亿元。

此外，其银行账户被冻结，所持子公司股权、多处房产被冻结。该公司因借款合同纠纷被银川市中级人民法院纳入失信被执行人名单。以上多项事项均说明该公司持续经营能力存在重大不确定性。

4. 对事项（四）的分析

中国证监会立案调查亿阳信通，收到证监会调查通知书的上市公司可能存在信息披露问题或者涉嫌违规的情况。

综上所述，这四个事项导致注册会计师审计范围严重受限，未能获取充分、适当的审计证据，且前三个事项对财务报表可能产生的影响均重大且具有广泛性。因此，注册会计师对亿阳信通2019年度财务报表发表无法表示意见是恰当的。

［案例14-15］ *ST天宝（002220）审计报告中的无法表示意见

致同会计师事务所（特殊普通合伙）对天宝食品（002220）2019年财务报表发表了无法表示意见。其“形成无法表示意见的基础”段如下：

（一）重大财务报表项目的审计受到限制

如天宝食品公司财务报表附注五所述，应收账款余额15.64亿元，坏账准备8.12亿元，账面价值7.52亿元；预付款项余额6.20亿元；其他应收款余额5.17亿元，坏账准备3.89亿元，账面价值1.28亿元；固定资产净值19.46亿元，固定资产减值准备3.76亿元，账面价值15.70亿元；其他非流动资产0.19亿元。我们未能执行函证、监盘及检查等必要的审计程序，也未能获取天宝食品公司计提坏账准备、固定资产减值准备的依据，这些项目涵盖了资产负债表、利润表，其对财务报表的影响重大且具有广泛性。我们无法取得充分、适当的审计证据以判断相关财务报表项目是否存在重大错报（包括关联方及交易的披露），亦无法确定是否有必要作出调整或披露建议，以及无法确定应调整的金额。

（二）违规借款、担保及诉讼事项

天宝食品公司存在多笔违规借款、担保事项。因违规借款、担保涉及多起诉讼。我们无法对借款、担保及涉诉事项的完整性及应确认预计负债的合理性获取充分、适当的审计证据。

（三）财务报表按照持续经营假设编制的适当性

天宝食品公司2019年度营业收入大幅下降，亏损19.06亿元；年末资产负债率80%，财务状况持续恶化，大量债务逾期，多个银行账号因诉讼事项被冻结。公司董事长黄作庆因涉嫌虚开发票罪，已被大连市公安局正式逮捕。虽然天宝食品公司在财务报表附注二中披露了拟采取的改善措施，但我们仍无法取得与评估持续经营能力相关的充分、适当的审计证据，因此无法判断天宝食品公司运用持续经营假设编制2019年度财务报表是否适当。

［案例思考与分析］

1. 对事项（一）的分析

我们从*ST天宝2019年财务报告中摘录了部分财务指标，如表14-20所示。

表14-20 *ST天宝2019年主要财务指标

金额单位：亿元

项目	2019年度	2018年度
营业收入	3.49	10.39
净利润	−19.06	−1.65
资产总额	33.82	49.70

天宝食品应收账款余额15.64亿元，坏账准备8.12亿元，账面价值7.52亿元；预付款项余额6.20亿元；其他应收款余额5.17亿元，坏账准备3.89亿元，账面价值1.28亿元；固定资产净值19.46亿元，固定资产减值准备3.76亿元，账面价值15.70亿元；其他非流动资产0.19亿元。与其2019年末资产总额比较，这些项目均重大。注册会计师因审计范围受到重大限制，未能执行函证、监盘及检查等必要的审计程序，验证其存在性和合理性。这些事项涉及金额重大，且涵盖了资产负债表、利润表，其对财务报表的影响重大且具有广泛性。

2. 对事项（二）的分析

该事项说明该公司借款和担保内部控制严重失效，导致注册会计师无法对借款、担保及涉诉事项的完整性及应确认预计负债的合理性获取充分、适当的审计证据，且违规借款和对外担保已造成严重后果，其对财务报表可能产生的影响重大且具有广泛性。

3. 对事项（三）的分析

该公司2019年度营业收入为3.49亿元，比2018年下降66.43%，结合其2019年净利润为−19.06亿，2018年净利润为−1.65亿元，连续亏损3年且亏损金额增大，且该公司存在大量债务逾期，多个银行账号因诉讼事项被冻结。公司董事长已被大连市公安局正式逮捕等情况，该公司的持续经营能力存在重大不确定性。

综上所述，这三个事项导致注册会计师审计范围严重受限，未能获取充分、适当的审计证据，且这三个事项对财务报表可能产生的影响均重大且具有广泛性。因此，注册会计师对天宝食品2019年度财务报表发表无法表示意见是恰当的。

八、上市公司年度审计报告中关键审计事项案例

关键审计事项是指注册会计师根据职业判断认为对本期财务报表审计最为重要的事项。关键审计事项从注册会计师与治理层沟通过的事项中选取。其来源主要有三个方面：①在风险评估程序中评估的重大错报风险较高的领域或识别出的特别风险；②财务报表中涉及管理层重大判断的领域以及具有高度不确定性的会计估计；③对本期审计具有重大影响的重大交易或事项。

如果注册会计师决定在审计报告中沟通关键审计事项，就应当在审计报告中单设一部分，就应当紧接在“形成审计意见的基础”部分，以“关键审计事项”为标题，并使用恰当的子标题逐项描述关键审计事项及其审计应对措施。其中：①“关键审计事项”部分的引言应当同时说明下列事项：a. 关键审计事项是注册会计师根据职业判断，认为对本期财务报表审计最为重要的事项；b. 关键审计事项的应对以对财务报表整体进行审计并形成审计意见为背景，注册会计师不对关键审计事项单独发表意见。②逐项描述关键审计事项，并应当分别索引至财务报表的相关披露（如有），并同时说明下列内容：a. 该事项被认定为关键审计事项的原因；b. 该事项在审计中是如何应对的。

“关键审计事项”部分既可以采用报告式（即先描述该事项，再说明审计应对程序），也可以采用表格比较式（即表格左边描述该事项，右边说明审计应对程序）。

［案例14-16］ 华脉科技2018年审计报告中的“关键审计事项”部分，如下所示：

三、关键审计事项

关键审计事项是我们根据职业判断，认为对本期财务报表审计最为重要的事项。这些事项的应对以对财务报表整体进行审计并形成审计意见为背景，我们不对这些事项单独发表意见。①

（一）收入确认

收入确认

请参阅“财务报表附注三、22、收入”所述的会计政策及“财务报表附注五、32、营业收入和营业成本”

关键审计事项	审计应对
公司主营业务为通信网络物理连接设备的研发、生产和销售，主要产品包括光通信网络设备和无线通信网络设备等，公司已在财务报表附注中披露了各类业务收入确认政策。由于收入是贵公司的关键绩效指标之一，因而收入可能存在被确认于不正确的期间或被操控以达到预期目标的风险，因此，我们把收入确认确定为关键审计事项	针对营业收入的确认，我们实施的审计程序主要包括： （1）了解和测试与销售和收款相关的关键内部控制设计和运行的有效性，复核相关的会计政策是否正确且一贯地运用 （2）结合产品类型及客户类别对收入和毛利率执行实质性分析程序，评价销售业务的规模及变化趋势是否合理 （3）对销售和发货记录抽样执行细节测试，检查公司框架合同、结算合同（订单）、出库单、客户签收单、发票、出口报关单、货运提单、银行回款单据、会计凭证等文件，评价相关收入确认是否符合公司收入确认的会计政策 （4）向主要客户发函确认销售金额、发出商品余额以及应收账款余额，根据回函情况评价收入确认的真实性、准确性、完整性 （5）对营业收入执行截止性测试，评价收入是否记录在恰当的会计期间

（二）应收账款坏账准备

应收账款坏账准备

请参阅“财务报表附注三、10、应收款项”所述的会计政策及“财务报表附注五、2.2、应收账款”

关键审计事项	审计应对
截止2018年12月31日，公司应收账款余额为98 989.38万元，计提坏账准备13 470.58万元，坏账准备的金额对财务报表整体重大；同时，应收账款坏账准备计提取决于对应收账款可回收金额的估计，涉及管理层的重大判断。因此，我们将应收账款坏账准备的计提确定为关键审计事项	针对应收账款坏账准备的计提，我们实施的审计程序主要包括： （1）了解、评价管理层与计提应收账款坏账准备相关的关键财务报告内部控制设计和运行有效性 （2）评价管理层有关应收账款坏账计提政策的一贯性及合理性 （3）对于单独计提坏账准备的应收账款，评价管理层对预计未来可收回金额做出估计的依据 （4）对于按照账龄组合计提坏账准备的应收账款，评价应收账款账龄划分的合理性和准确性 （5）针对应收账款余额较大及账龄较长的客户，通过公开渠道查询债务人相关信息，评价是否存在影响公司应收账款坏账准备评估结果的事项 （6）对期末大额应收账款实施函证程序，并将函证结果与账面余额进行核对，以确保应收账款余额的真实性及准确性 （7）结合期后回款情况检查，评价管理层对坏账准备计提的合理性

① 本段是“关键审计事项”部分的引言段的规范表述。为减少重复，我们在后文均省略。

[**案例 14-17**] ST 椰岛 2018 年年度报告关键审计事项部分。

三、关键审计事项

……

我们在审计中识别出的关键审计事项如下：转让子公司股权及椰岛综合楼事项

关键审计事项	该事项在审计中是如何应对的
2018 年 10 月，海南椰岛以公开挂牌的方式转让全资子公司海南椰岛阳光置业有限公司（以下简称“阳光置业”）60% 的股权及椰岛综合楼，并自丧失对阳光置业的控制权之时起将剩余的 40% 股权作为对联营企业投资核算，并在合并财务报表中对剩余 40% 股权以公允价值作为初始入账价值，管理层确认由此次交易产生的税前收益为人民币 29 300.46 万元。由于此交易对合并财务报表影响重大，故我们将此识别为关键审计事项	财务报表审计中，我们执行了以下程序： （1）了解和评价管理层与转让股权及椰岛综合楼事项相关的内部控制的设计，并进行控制测试 （2）了解与转让股权及椰岛综合楼相关的背景，检查相关资料，包括董事会及股东会决议、转让协议、收款单据、完税凭证和产权过户等，判断其收益确认的真实、合理 （3）获取公司收益计算过程表，并重新计算其收益，对比判断其金额是否准确 （4）对尚未收到的转让款进行函证

[**案例 14-18**] 风神股份 2018 年年度报告关键审计事项部分。

三、关键审计事项

关键审计事项	审计应对
1. 收入确认	
2018 年度，风神股份轮胎销售收入 60.69 亿元，占营业收入总额的 97.61%，是风神股份主要收入来源及关键业绩指标之一，从而存在管理层为了达到特定目标或期望而操纵收入确认时点的固有风险；其次，公司有多种销售渠道，不同的销售渠道具有不同的收入确认条件及时点，因此我们将轮胎销售收入确认作为关键审计事项 关于收入确认的会计政策见附注三、（二十三）；关于收入类别的披露见附注五、（三十一）	我们针对轮胎销售收入确认执行的审计程序主要包括： （1）了解、评估并测试了与销售收入确认相关的关键内部控制设计和运行的有效性 （2）检查收入确认条件、方法及时点是否符合企业会计准则及企业会计政策的要求 （3）将收入和毛利率进行同期、月度、同行业比较分析，分析相关财务指标的变动，复核收入变动的合理性 （4）选取收入确认样本，执行细节测试，核对销售订单、发货记录、运输单、报关单、销售发票、回款记录、记账凭证等；针对出口收入，获取海关出口数据，以评估收入确认的真实性及完整性 （5）结合应收账款审计，选择主要客户函证本年度销售额，以评估收入确认的真实性及准确性 （6）对资产负债表日前后的收入进行截止测试，以评估收入是否计入恰当的会计期间 （7）检查与收入确认有关的信息在财务报表中的列报与披露是否充分、适当

续表

关键审计事项	审计应对
2. 销售成本的确认计量	
如附注五、（三十一）所示，2018 年度风神股份轮胎销售成本 49.19 亿元，轮胎销售毛利率为 18.96%；2017 年度轮胎销售成本 64.31 亿元，轮胎销售毛利率为 9.69%，销售成本下降对公司利润的影响较大，是公司扭亏的主要影响因素之一，因此我们将轮胎销售成本的确认计量作为关键审计事项	我们针对轮胎销售成本确认计量执行的审计程序主要包括： （1）了解、评估并测试了与生产成本核算相关的关键内部控制设计和运行的有效性 （2）了解成本核算采用的会计政策，成本核算方式及程序，如原材料、在产品、库存商品的领用与结转、相关人工费用与间接费用的计提与分摊、定额成本的确定及分摊等 （3）了解并核查公司主要原材料价格及其变动趋势与市场上相同或相近原材料价格及其走势相比是否存在显著异常，以评估材料成本变动趋势的合理性 （4）了解并核查公司主要原材料及单位能源耗用与产能、产量、销量之间是否匹配；了解并核查报告期料、工、费的波动情况，以评估成本变动趋势的合理性 （5）执行原材料计价测试，选择样本，查验采购订单、采购发票、运输发票、验收单、入库单、记账凭证等，以评估材料入库成本的真实性及准确性；了解公司原材料发出的计价方法，前后期是否一致，并抽取主要材料复核其计算是否正确，同时检查材料成本差异的发生和结转的金额是否正确，以评估材料成本计量的准确性 （6）复核成本计算单，检查直接材料、直接人工及制造费用的计算和分配是否正确，并与有关佐证文件（如领料记录、生产工时记录、材料费用分配汇总表、人工费用分配汇总表等）相核对；获取并复核生产成本明细汇总表的正确性，将直接材料与材料耗用汇总表、直接人工与职工薪酬分配表、制造费用总额与制造费用明细表及相关账项的明细表核对，以评价成本确认计量的真实性及准确性 （7）执行库存商品发出计价测试，抽取样本，复核销售成本结转的准确性 （8）对销售成本实施截止测试，以评估公司是否通过调节成本确认期间在各年度之间调节利润 （9）检查与成本确认计量有关的信息在财务报表中的列报与披露是否充分、适当

［**案例 14–19**］ 广生堂 2018 年年度报告关键审计事项部分。

三、关键审计事项

关键审计事项	我们在审计中如何应对关键审计事项
1. 重大资产收购事项的会计处理	
相关信息披露详见财务报表，其中会计处理依据详见附注三（五）、附注三（六），本期商誉期末余额详见附注五（十二），本期重大资产收购情况详见附注六（一） 事项描述： （1）广生堂公司于 2018 年 6 月 30 日完成了以人民币 9 693.75 万元的对价收购江苏中兴药业有限公司（以下简称“中兴药业”）82.50% 股权交易。该事项为非同一控制下企业合并，广生堂公司管理层（以下简称“管理层”）聘请具有证券从业资质的第三方评估机构对收购基准日中兴药业可辨认资产和负债的公允价值进行了评估 （2）2018 年末管理层聘请了该评估机构对收购标的公司中兴药业截至 2018 年 12 月 31 日的商誉资产组进行了减值测试 由于收购金额重大，且被收购资产和负债的公允价值的确定涉及复杂的估值技术，以及非同一控制下企业合并中对收购日的判断、收购日公允价值的确定、商誉的计算及商誉期末价值的减值测试，均涉及复杂的会计处理及管理层的估计和判断 因此，我们将与本次重大资产收购涉及的商誉价值确认及商誉减值测试有关的会计处理确定为关键审计事项	针对重大资产收购事项的会计处理，我们执行的审计程序主要包括： （1）了解及评价了与重大资产收购相关的决策、审批的内部控制的设计有效性，并测试了关键控制执行的有效性 （2）检查股权购买协议、资产交割手续、工商登记变更文件、股权价款的支付情况等，复核了管理层对收购日的判断、对相关合同条款的理解以及对会计处理影响的分析 （3）评价了管理层聘请的外部专家的客观性、独立性及专业胜任能力 （4）复核了外部专家在资产收购事项中所采用的方法、假设和估计的合理性 （5）复核了商誉的计算及企业合并会计处理是否正确 （6）获取并复核了管理层编制的商誉减值测试表，检查计算的准确性 （7）复核期末商誉减值测试的依据、相关商誉资产组的认定、所采用的折现率是否与行业水平及公司实际情况相适应
2. 研发费用资本化	
相关信息详见财务报表附注三（十八）、附注五（十一）及附注五（三十三）所述，2018 年末，广生堂研发支出资本化余额 4 719.18 万元，较上年同期增长 109.63%。研发支出费用化金额 6 988.77 万元，较上年同期增长 18.72%。 由于存在下列情况： 研发费用为医药企业主要支出领域，投入金额较大，持续时间较长，存在调节利润的固有风险； 研发费用的资本化与费用化划分标准直接关系到公司的经营业绩等关键指标，在满足资本化条件时才能予以资本化；确认研发费用是否满足资本化条件需要管理层进行重大会计判断和估计。 为此，我们确定研发费用资本化金额的准确性为关键审计事项	针对研发费用资本化，我们的审计程序主要包括： （1）通过查询研发项目立项文件，了解项目研究方向、具体内容、主要协作单位和研发周期 （2）检查临床评价情况，确定研究开发项目处于研究阶段还是开发阶段 （3）检查进入临床阶段研发项目支出项目归属是否正常、临床阶段判断是否正确 （4）抽查研发人员薪酬、折旧等费用，并与相关科目核对是否相符 （5）对研发支出主要费用进行分析，分析其变动原因，并对相关岗位进行访谈，了解研发技术服务费差异化的合理性 （6）对研发支出实施截止测试，检查资产负债表日前后开发支出明细账和凭证，确定有无跨期现象 （7）对重要的协作单位实施函证程序，询证项目研发进度，合同条款，往来余额及结算情况等

［复习思考题］

1. 审计报告类型有哪些？分别在何种情形下使用？

2. 如何评价和分析注册会计师财务报表审计报告的恰当性？请下载一份最新的上市公司非标准审计报告，分析并评价其恰当性。

3. 在何种情况下需要在审计报告中报告被审计单位的持续经营能力？如何报告？

4. 什么是关键审计事项？其主要来源有哪些？

5. 在审计报告中如何沟通关键审计事项？

6. 以云南白药2018年度财务报表审计报告为例，说明其关键审计事项的来源及理由，并评价其审计应对程序的恰当性。

第十五章　综合性财务报表审计案例

［学习目标］

1. 了解并掌握审计中的重要概念，如审计重要性、风险评估、审计目标、实质性程序、审计法律责任、审计风险等，以及这些概念在审计实务中的具体运用。

2. 能够将一般审计理论运用于具体情境中，有针对性地解决实际审计问题。

3. 学会如何分析与评价审计师所实施审计程序的充分性与恰当性。

4. 掌握注册会计师职业道德规范和相关法律的基本内容，分析注册会计师违反职业道德基本规范和相关法律的行为及其教训。

5. 理解如何控制审计风险以及如何规避审计法律责任。

在本章，我们以利安达对连城兰花审计失败案例、YT 所对 A 公司发债业务审计失败为素材，讨论与分析审计相关理论如何具体运用到特定审计场景中，如何避免审计失败和审计法律责任等。

一、利安达对连城兰花审计失败案例

（一）案例资料

《中国证监会行政处罚决定书（利安达会计师事务所、王晶、田小珑）》〔2016〕105 号认定，利安达会计师事务所（特殊普通合伙）（以下简称利安达）在为福建连城兰花股份有限公司（以下简称连城兰花）2012 年至 2014 年 9 月出具的审计报告中审计执业违法违规行为，并做出相应行政处罚。中国证监会认定的利安达存在以下违法事实：

1. 为福建金森重大资产重组出具了虚假审计报告

2014 年 5 月，福建金森林业股份有限公司（以下简称福建金森，股票代码：002679）开展并购福建连城兰花部分股权的工作，利安达系福建金森本次重大资产重组的审计机构。福建金森 2015 年 1 月 13 日披露的《重大资产重组报告书（草案）》中记载：连城兰花 2012 年度、2013 年度、2014 年 1 月至 9 月营业收入分别是 1.77 亿元、1.86 亿元、1.59 亿元。调查查实，连城兰花 2012 年度、2013 年度、2014 年 1 月至 9 月实际的营业收入是 1.49 亿元、1.59 亿元、1.36 亿元，各年（期）虚增营业收入分别为 0.28 亿元、0.27 亿元、0.22 亿元，虚增比例分别为 15.93%、14.76%、13.96%。

2. 利安达对连城兰花的风险评估、应收账款、营业收入的审计未能勤勉尽责，导致出具了虚假审计报告

2014年9月，福建金森聘请瑞华会计师事务所（以下简称瑞华所）担任重大资产重组的审计机构；2014年10月，福建金森与瑞华所解除合作关系，聘请大华会计师事务所（以下简称大华所）为重大资产重组的审计机构；2015年1月，福建金森与大华所解除合作关系，聘请利安达为重大资产重组的审计机构。2014年10月，利安达开始对连城兰花2012年1月至2014年9月财务报表进行审计，2015年1月出具了标准无保留意见的审计报告，审计收费205万元，签字注册会计师为王某和田某，田某为项目负责人。利安达在对连城兰花财务报表审计中存在的主要违法违规事实是：

（1）未执行前后任注册会计师的沟通程序。

（2）风险评估程序未执行到位，未能识别和评估财务报表重大错报风险。

（3）对连城兰花应收账款、营业收入的审计未能勤勉尽责，审计结论不公允。包括：①审计底稿未能证明审计组对连城兰花重要客户实施了实地走访，执行了询问、观察、记录、拍照等审计程序；②利用前任审计师访谈底稿未做复核，未对不符事项实施进一步审计程序。

（4）未按审计准则规定对银行存款实施函证程序。

中国证监会做出的行政处罚决定包括：①没收利安达所业务收入205万元，并处以205万元罚款；②对直接负责的主管人员王某、田某给予警告，并分别处以5万元罚款。

（二）案例思考与讨论题

1. 中国证监会在处罚决定中强调："连城兰花2012年度、2013年度、2014年1月至9月营业收入分别是1.77亿元、1.86亿元、1.59亿元。调查查实，连城兰花2012年度、2013年度、2014年1月至9月实际的营业收入是1.49亿元、1.59亿元、1.36亿元，各年（期）虚增营业收入分别为0.28亿元、0.27亿元、0.22亿元，虚增比例分别为15.93%、14.76%、13.96%。"讨论：

（1）本段内容有何重要含义？

（2）对于连城兰花虚增营业收入情况，为何既要说明其绝对额又要说明其相对比率？这与审计中的哪个重要概念有关？

（3）你能够说说与该重要概念相关的知识吗？

2. 中国证监会在处罚决定中强调："根据福建金森有关公告，2014年9月，福建金森聘请瑞华会计师事务所（以下简称瑞华所）担任重大资产重组的审计机构；2014年10月，福建金森与瑞华所解除合作关系，聘请大华会计师事务所（以下简称大华所）为重大资产重组的审计机构；2015年1月，福建金森与大华所解除合作关系，聘请利安达为重大资产重组的审计机构。""利安达未执行前后任注册会计师的沟通程序。……利安达业务承接评价表（索引号B07）未显示利安达曾关注变更会计师事务所的原因，或与前任注册会计师进行过必要的沟通。上述情况不符合《中国注册会计师审计准则第1153号——前任注册会计师与后任注册会计师的沟通》第七条和第十八条的相关规定。"讨论：

（1）《中国注册会计师审计准则第1153号——前任注册会计师与后任注册会计师的沟

通》的核心内容有哪些？关于前任、后任注册会计师之间的沟通，重点需要沟通哪些内容？这对于后任注册会计师有哪些方面的帮助？

（2）在本案例中，后任利安达所应当与哪些前任会计师事务所、注册会计师沟通？

（3）利安达所如何证明自己已经按照审计准则的要求进行了恰当沟通？

3. 中国证监会处罚决定中强调："利安达对连城兰花的风险评估程序未执行到位，未能识别和评估财务报表重大错报风险。"讨论：

（1）什么是风险评估？其主要目的是什么？实施风险评估的主要程序有哪些？

（2）根据连城兰花的生产经营特征，你认为在对连城兰花实施风险评估程序中要特别关注哪些方面？为什么？

（3）如何对连城兰花实施风险评估程序？可得出怎样的风险评估结论？

（4）根据对连城兰花实施的风险评估程序，你认为连城兰花财务报表整体层面、主要认定层面（包括交易、账户余额、列报与披露）存在哪些重大错报风险？相应的总体应对措施和进一步审计程序有哪些？

（5）中国证监会是如何认定利安达及其两名签字注册会计师王某、田某没有恰当实施风险评估程序的？这对我们有何启示与教训？

4. 中国证监会处罚决定中认定："利安达对连城兰花应收账款、营业收入的审计未能勤勉尽责，审计结论不公允。"讨论：

（1）审计准则中通常要求注册会计师将被审计单位的营业收入评估为重大错报的高风险领域，需要实施充分的审计程序以收集充分适当的审计证据。为什么审计准则要做出这样的规定？

（2）营业收入和应收账款属于哪个业务循环？这个业务循环的主要业务有哪些？涉及哪些账户？涉及哪些主要会计政策与会计估计？容易出现哪些重大错报风险？本业务循环的主要内部控制有哪些？如何实施本业务循环的内部控制措施？除了这个业务循环外，通常还将财务报表审计划分为哪些业务循环？

（3）营业收入审计目标有哪些？如何对营业收入实施实质性程序以实现这些目标？如果评估认定被审计单位存在营业收入舞弊风险，注册会计师还应当实施哪些特别程序？

（4）应收账款审计目标有哪些？如何对应收账款实施实质性程序以实现其审计目标？在应收账款审计中，注册会计师最容易存在的不当审计程序有哪些？如果评估认定被审计单位存在应收账款方面的舞弊风险，注册会计师应当实施哪些特别审计程序以应对应收账款舞弊风险？

5. 中国证监会处罚决定中认定："利安达未按行业准则规定对银行存款实施函证程序。"讨论：

（1）银行存款审计的主要目标有哪些？主要风险有哪些？应当实施怎样的实质性程序以实现这些审计目标？

（2）在银行存款审计中，为何一定要向被审计单位开户银行进行函证？当年已经销户的银行账户为何也要函证？这与还在使用的银行账户函证有何异同？

6. 分析判断注册会计师在审计中是否勤勉尽责的主要依据是什么？这对我们从事审计业务有何启示？

7. 注册会计师的法律责任有哪些类型？如何判断注册会计师是否应当承担法律责任？会计师事务所和注册会计师如何规避承担法律责任？

［**温馨提示**］ 除阅读中国证监会本行政处罚决定外，还可以阅读《福建金森：发行股份及支付现金购买资产并募集配套资金暨重大资产重组报告书（草案）》，通过网络或其他途径查询福建连城兰花股份有限公司（http://www.lclh.cc/index.asp）的相关资料，更全面地了解连城兰花基本情况。

（三）案例思考与讨论题的知识点及解析

第1题。

（1）本段内容的重要含义。

【**知识点**】 审计重要性原则在审计实务中的具体运用。

【**案例解析**】 本段从绝对额和相对比率说明连城兰花虚增营业收入具有金额巨大、比率高（14%~16%）、持续时间长（至少连续3年）的特点，以及其财务报表舞弊的主要手段和领域（虚增营业收入）。这对其财务报表的公允性和合规性具有重大影响。

（2）对于连城兰花虚增营业收入情况，为何既要说明其绝对额又要说明其相对比率？这与审计中的哪个重要概念有关？

【**知识点**】 审计重要性原则在审计实务中的具体运用。

【**案例解析**】 绝对额可以看出其虚增营业收入的金额巨大；相对比率可以看出其虚增比例也很高。通常，财务报表某个项目的错报金额低于该项目应列报金额的5%，可认为是非重大错报；高于10%，则认为是重大错报。连城兰花虚增营业收入金额较大且占利润表中列报的营业收入总额的比率也很高，就能够充分说明该项错报对财务报表公允性具有重大影响，审计师应当也可以发现该舞弊行为。

（3）你能够说说与该重要概念相关的知识吗？

【**知识点**】 审计重要性的基本理论，包括重要性的含义、性质和数量方面的考虑、实践中运用的一般要求等。详见教材“审计重要性”的相关内容。在此从略。

第2题。

（1）《中国注册会计师审计准则第1153号——前任注册会计师与后任注册会计师的沟通》的核心内容有哪些？关于前任、后任注册会计师之间的沟通，重点需要沟通哪些内容？这对于后任注册会计师有哪些方面的帮助？

【**知识点**】 前任与后任注册会计师沟通的相关准则和理论问题。

【**案例解析**】 关于《中国注册会计师审计准则1153号——前任注册会计师与后任注册会计师的沟通》的主要内容，可通过查阅《中国注册会计师审计准则第1153号——前任注册会计师与后任注册会计师的沟通》及其指南来了解，包括前任与后任注册会计师之间的沟通的目标、基本要求（接受委托前的沟通、接受委托后的沟通、发现前任注册会计师审计的财务报表可能存在重大错报时的处理、保密义务、审计工作底稿）等做出规范要求。其中，沟通的主要目标是：①在接受委托前，后任注册会计师与前任就影响业务承接决策的事项进行必要沟通，以确定是否接受委托；②在接受委托后，后任注册会计师在必要时与前任就对审计有重大影响的事项进行沟通，包括查阅前任的审计工作底稿，以获取必要的审计证据；③前任注册会计师在征得被审计单位书面同意后，对后任提出的沟通要求予以必要的配合。

关于前任、后任注册会计师之间的拟沟通内容：（1）接受委托前，后任注册会计师向前任询问的内容应当合理、具体，至少包括：①是否发现被审计单位管理层存在正直和诚信方面的问题；②前任与管理层在重大会计、审计等问题上存在的意见分歧；③前任向被审计单位治理层通报的管理层舞弊、违反法律法规行为以及值得关注的内部控制缺陷；④前任认为导致被审计单位变更会计师事务所的原因。（2）接受委托后的沟通内容，至少包括：①后任注册会计师应查阅前任工作底稿；②发现前任审计的财务报表可能存在重大错报时的处理。

关于对后任注册会计师的帮助：（1）接受委托前的沟通，有助于后任了解被审计单位的商誉、诚信、内部控制、高风险领域等情况，有利于后任更好地考虑是否接受委托，也为后面的审计工作提供了一定的帮助；（2）接受委托后的沟通，有助于后任了解并复核上一期财务报表的审计报告，获取审计证据。

（2）在本案例中，后任利安达所应当与哪些前任会计师事务所、注册会计师沟通？

【知识点】 前任与后任注册会计师沟通准则在实务中的具体运用。

【案例解析】 后任利安达所应当与瑞华所、大华所负责审计的会计师进行沟通。因为这两家会计师事务所均接受委托，开展过连城兰花的审计业务，对连城兰花有所了解，均属于连城兰花的前任注册会计师。

（3）利安达所如何证明自己已经按照审计准则的要求进行了恰当沟通？

【知识点】 审计工作底稿及其作用。

【案例解析】 利安达所及注册会计师应当将与大华所、瑞华所进行沟通的主要内容以及结果和结论形成审计工作底稿，以合规的审计工作底稿证明自己已经按照审计准则的要求进行了恰当的沟通。

第3题。

（1）什么是风险评估？其主要目的是什么？实施风险评估的主要程序有哪些？

【知识点】 风险评估相关理论，包括风险评估的含义、主要目标、主要程序等。

【案例解析】 本讨论题参考答案请参见“第5章　重大错报风险评估案例”。在此从略。

（2）根据连城兰花的生产经营特征，你认为在对连城兰花实施风险评估程序中要特别关注哪些方面？为什么？

【知识点】 风险评估相关理论在连城兰花审计中的运用。

【案例解析】 特别关注：①短时间之内连续更换三家事务所，而且被更换的都是国内大所；②询问管理层和其他内部管理人员，特别关注其生产情况、销售市场以及竞争情况、定价政策以及优于同行业的竞争优势，销售网点情况以及发展趋势；③本次审计的目的；④股东的主要构成以及主要业务；⑤实地察看其生产情况；⑥对其实际经销地和花卉市场实地调研记录。

原因：需要评估连城兰花财务报表可能存在的重大错报风险。因为其多次更换会计师事务所，是异常事项和特别风险的预警信号，表明存在财务舞弊的风险很高。而财务舞弊风险的重要领域为营业收入、成本费用、资产减值准备计提等。

（3）如何对连城兰花实施风险评估程序？可得出怎样的风险评估结论？

【知识点】 风险评估相关理论在连城兰花审计中的运用。

【案例解析】

第一，连城兰花基本情况[①]：实施了解程序识别收入舞弊风险。

风险评估要求注册会计师通过了解被审计单位及其环境，识别和评估财务报表的重大错报风险。本节主要分析注册会计师如果实施充分的了解程序是否能够识别连城兰花收入舞弊风险。

A. 本次审计主要目的：连城兰花存在财务报表舞弊的动机　2014 年 9 月 8 日晚间，福建金森发布发行股份及支付现金购买资产并募集配套资金预案，拟发行股份购买连城兰花资产，其预估价为 85 000 万元，其中现金方式支付约 21 250 万元，其余 63 750 万元以股份方式支付；同时拟向特定投资者非公开发行股份募集配套资金，募集配套资金总额不超过本次交易总金额的 25%，即 28 300 万元。为完成本次交易，福建金森需向连城兰花的相关股东发行股份共计 41 235 447 股并支付现金共计 21 250 万元；向两名特定投资者非公开发行股份 18 305 304 股。

为此，福建金森委托瑞华所、大华所 2012 年、2013 年、2014 年 1—9 月财务报表审计，主要目的是对其财务报表公允性发表审计意见，为福建金森收购连城兰花 78% 的股权提供审计服务。显然，连城兰花为了被上市公司顺利收购，实现曲线上市的目的，并在并购中获得一个好的并购对价，具有虚增营业收入以便虚增利润的强烈动机，因而连城兰花财务报表存在较高的重大错报风险。

并购重组之前，连城兰花不是福建金森的子公司。本次交易完成后，福建金森持有连城兰花 78% 股权，神州农业持有连城兰花 22% 股权，如表 15-1 所示；连城兰花成为福建金森的控股子公司，其股权结构及其控制关系，如图 15-1 所示。

B. 连城兰花发展历程：股权结构　连城兰花前身系饶春荣三兄弟于 2000 年 7 月 15 日成立的连城兰花有限公司，最初注册资本为 52 万元，经过多次增资扩股后，于 2011 年 9 月 1 日，以 2011 年 1 月 31 日经审计的净资产折股改制为股份有限公司，法定代表人为饶春荣，注册资本及实收资本 15 000 万元。连城兰花 2014 年 9 月 30 日的股权结构如图 15-2 所示。

表 15-1　连城兰花被并购后的股权结构表

序号	股东	持有股数（股）	股权比例（%）
1	福建金森	117 000 000	78
2	连城神州农业发展有限公司	33 000 000	22
合计		150 000 000	100

① 除特别说明外，本节关于连城兰花的资料为福建金森林业股份有限公司（以下简称福建金森，股票代码：002679）披露的《重大资产重组报告书（草案）》（2015 年 1 月 13 日公布）以及连城兰花官网（http://www.lclh.cc/index.asp）可以获得的公开资料。

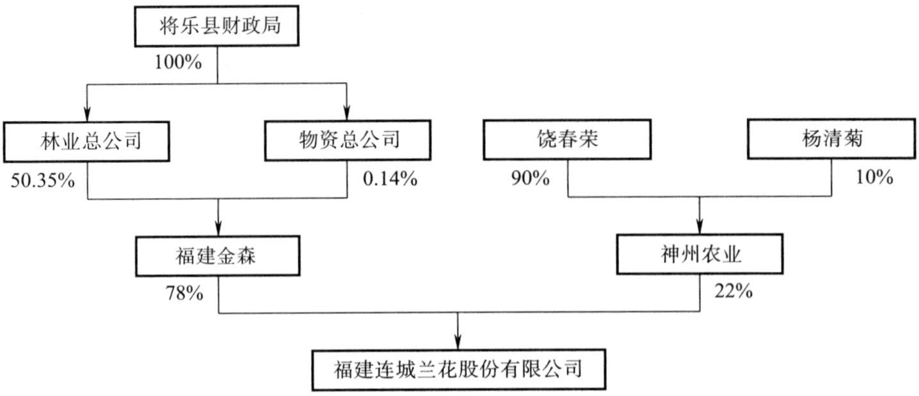

图 15-1 被并购后连城兰花股权结构及其控制关系

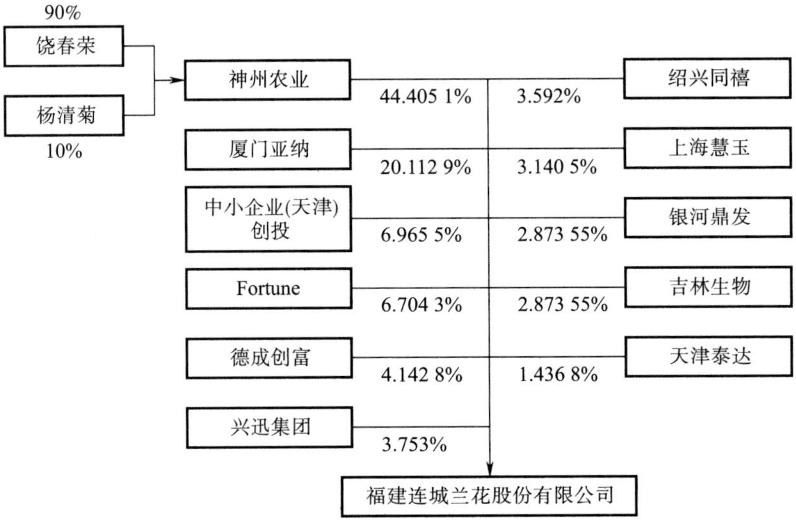

图 15-2 连城兰花股权结构及其最终控制人关系

同时，我们注意到，连城兰花的多个股东，除持有连城兰花的股份外，并未从事具体业务和持有其他投资，如神州农业、厦门亚纳、绍兴同禧、Fortune、德成创富、兴迅集团等。连城兰花的最终控制人为其现任董事长饶春荣先生；众多股东均只持有连城兰花的股份，并无从事其他业务和持有其他投资。显然，连城兰花的所有股东均希望在被福建金森并购中获得好的对价，而这均依赖于连城兰花具有较好的盈利历史和未来，因此，连城兰花的股东具有希望通过连城兰花虚增收入和利润以获得好的并购对价的强烈动机。

C. 连城兰花主要业务与范围：经营活动　据连城兰花介绍，它是当时国内最大的集生产、科研、营销、服务于一体的集团化资深兰花企业之一，专业培育素心建兰、四季兰、寒兰、春兰、蕙兰、墨兰、春剑、莲瓣兰、杂交兰等 300 多个兰花品种，产品远销全国各地；“连城兰花”已被评为“福建省著名商标”。其经营范围为：兰花、花卉盆景栽培和销售；苗木（我国稀有和特有的珍贵优良品种除外）栽培和销售；兰花租赁。连城兰花实际从事的主营业务包括：国兰的培育、种植和销售。

据了解，这个行业竞争比较激烈。同行业处于领先地位的上市公司就有云投生态、顺鑫农业、东方园林、铁汉生态等，与这些上市公司进行比较，可以识别连城兰花异常变动的财务报表项目。

由于连城兰花主营兰花的生产与销售，属于农业企业。农业企业属于高风险审计行业，曾有多家农业类上市公司存在虚增收入行为，如蓝田股份、万福生科、绿大地等。

D. 连城兰花的重要市场与前 5 名重要客户分布：经营活动　连城兰花重要市场分布比较广泛，其主要客户均为个体经营业者。其近 3 年的销售情况如表 15-2、表 15-3 所示。

表 15-2　连城兰花主要产品分区销售情况

金额单位：万元

地区	2014 年 1—9 月金额	占比	2013 年度 金额	占比	2012 年度 金额	占比
华东	7 395.19	46.63%	9 292.12	49.95%	9 182.18	51.77%
华北	3 626.99	22.87%	4 116 33	22.13%	3 732.22	21.04%
华中	2 539.44	16.01%	2 374.39	12.76%	1 652.32	9.32%
东北	1 187.46	7.49%	1 327.03	7.13%	1 485.47	8.37%
华南	598.79	3.78%	1 017.69	5.47%	993.46	5.60%
西南	511.47	3.23%	473.81	2.55%	658.66	3.71%
西北	—	—	—	—	33.43	0.19%
合计	15 859.35	100%	18 601.37	100%	17 737 75	100%

表 15-3　连城兰花近 3 年前 5 名客户主要情况

时间	序号	客户名称	销售金额（万元）	占营业收入比重
2014 年 1—9 月	1	陈土春	634.39	4.00%
		傅华香	243.31	1.53%
		小计	877.70	5.53%
	2	饶富华	694.44	4.38%
	3	张秀和	679.10	4.28%
	4	华　萍	670.16	4.23%
	5	饶永泽	654.73	4.13%
	合计		3 576.13	22.55%
2013 年度	1	陈土春	599.31	3.22%
		傅华香	210.99	1.13%
		小计	810.30	4.36%
	2	华　萍	795.60	4.28%
	3	饶永泽	724.70	3.90%
	4	张秀和	710.93	3.82%
	5	饶富华	696.22	3.74%
	合计		3 737.75	20.09%

续表

时间	序号	客户名称	销售金额（万元）	占营业收入比重
2012 年度	1	陈土春	582.32	3.28%
		傅华香	245.93	1.39%
		小计	828.25	4.67%
	2	饶永泽	665.95	3.75%
	3	华　萍	644.61	3.63%
	4	李小香	637.08	3.59%
	5	张秀和	597.62	3.37%
	合计		3 373.50	19.02%

从表 15-2 可以看出，连城兰花近 3 年在华东地区所占的比重最大，在西北地区所占的比重最小，且 3 年间所发生的波动不大，销售情况基本稳定。

从表 15-3 可以看出，连城兰花 3 年中第一名的客户都没有发生变化，并且在每一年该客户的销售金额占营业收入的比重都在 5% 左右波动；其他几名重要客户的顺序虽然发生了变化，但连续 3 年前五名重要客户的名单几乎没有发生变化；前 5 名客户的销售比重均在 20% 左右，其销售比较分散。

从表 15-2、表 15-3 中可以看出，连城兰花销售市场比较复杂，但比较均衡。因此，如果连城兰花发生收入舞弊行为，不容易被发现。此外，由于其重要客户均为个人，配合其收入舞弊就相对比较容易，这也说明其收入舞弊风险相对较高。

E. 连城兰花五家分公司中有四家已注销：经营活动　连城兰花原在西安、北京、上海、厦门、福州设立了 5 家分公司，但 2014 年 9 月 30 日前，设在西安、北京、上海、厦门、福州的 4 家分公司被撤销。这说明其在这四个区域的销售情况不太理想，同时也意味着其收入增长的态势值得警惕，虚增收入风险较高。

F. 花卉行业状况分析：外部环境　连城兰花属于花卉行业。虽然随着我国城市化进程的加快以及人均可支配收入的持续增长，花卉消费需求有所增长，但相对缓慢。此外，随着中央"八项规定"的颁布实施，大大抑制了公款对高档花卉的消费。2014 年 9 月 10 日，就有记者在调查采访中了解到，那时兰花市场正处于低潮期，大环境不好，连城兰花所在的连城县的兰花已经严重处于供过于求的状态；连城兰花种植户亏得一塌糊涂，现在很多兰花依然价格高企，原因就在于有专门的托市商在托着兰花的价格，而真正兰花的价格是"有价无市"。因此，从行业状态分析，连城兰花营业收入持续增长的可能性较小，收入舞弊风险较大。

小结：通过实施对连城兰花的了解程序，可以识别出连城兰花财务报表存在较高的重大错报风险，特别是虚增利润的风险较高，因而其收入舞弊风险很高。

第二，前任审计师辞聘：连城兰花收入舞弊风险进一步加大。

根据福建金森有关公告，2014 年 9 月，福建金森聘请瑞华所担任重大资产重组的审计机构；2014 年 10 月，福建金森与瑞华所解除合作关系，聘请大华所为重大资产重组的审计机构；2015 年 1 月，福建金森与大华所解除合作关系，聘请利安达为重大资产重组的审计机构。

为了审计连城兰花，福建金森先后聘请了 3 家会计师事务所，有两家会计师事务所经过一段时间的审计后均辞聘，退出审计业务，这说明连城兰花管理层与注册会计师在重大会计与审计问题上存在重大分歧，财务报表舞弊风险极高。财务报表舞弊领域中，又以营业收入舞弊风险为最。这充分表明连城兰花收入舞弊风险极大。

第三，分析程序：识别连城兰花收入舞弊风险。

分析程序是重要的风险评估程序。在分析程序中，注册会计师应当对被审计单位财务报表、主要业务实施分析程序，以便识别异常交易或事项，以及对财务报表和审计产生影响的金额、比率和趋势。分析程序中常用的分析方法有比较分析、比率分析、结构分析和趋势分析，详见第 3 章分析程序。

财务舞弊行为往往隐藏在这些异常或未预期的关系或领域中。根据前述分析，连城兰花收入舞弊风险极高，我们重点对其收入实施分析程序，看能否发现其收入舞弊迹象。

A. 连城兰花的历史比较分析[①]

a. 资产负债表比较分析（与营业收入相关的部分）。连城兰花 2012 年末、2013 年末、2014 年 9 月 30 日资产负债表比较分析如表 15-4 所示。

表 15-4　连城兰花 2012—2014 年度资产负债表比较分析表

金额单位：万元

项目	2014 年 9 月 30 日	2013 年末	2014 年比 2013 年		2013 年末	2012 年末	2013 年比 2012 年		审计策略
			增减额	增减率			增减额	增减率	
货币资金	6 850.15	6 543.09	307.06	4.69%	6 543.09	4 902.75	1 640.34	33.46%	增减幅度小
应收账款	7 707.51	5 592.79	2 114.72	37.81%	5 592.79	5 343.71	249.08	4.66%	增幅大，重点审计
应付职工薪酬	57.83	86.52	−28.69	−33.16%	86.52	76.66	9.86	12.86%	减幅大，重点审计
应交税费	510.41	484.75	25.66	5.29%	484.75	528.15	−43.4	−8.22%	一般审计

从表 15-4 可知，连城兰花 2014 年 9 月末的货币资金、应收账款、应付职工薪酬较 2013 年末增减幅度较大，属于重点审计项目。由于应收账款增幅较大，营业收入和应收账款虚增风险较高。

① 受条件限制，这里使用的连城兰花财务报表数据，为经利安达审计后的数据。在实际工作中，审计师所使用的当年度数据为未经审计的数据，而历史数据尽可能为已审计数据。由于连城兰花在 2011 年初已改制为股份有限公司，按照《公司法》的规定，其 2012、2013 年度财务报表应当经过了注册会计师的审计。

b. 利润表比较分析（与营业收入相关的部分）。连城兰花 2012—2014 年度（预计）销售利润率比较分析，如表 15-5 所示。

表 15-5　连城兰花 2012—2014 年度与营业收入相关指标比较分析

金额单位：万元

项目	2014 年	2013 年	2014 年比 2013 年		2012 年	2013 年比 2012 年		简要结论
			增减额	增减率		增减额	增减率	
营业收入	21 145.80	18 601.37	2 544.43	13.68%	17 737.75	863.62	4.87%	收入增幅增加，但与行业状况分析结论不符
营业成本	9 304.62	6 632.08	2 672.54	40.30%	5 113.75	1 518.32	29.69%	营业成本增幅均超过了收入增幅，较符合行业分析结论
利润总额	10 111.49	10 070.56	40.93	0.41%	10 554.05	−483.50	−4.58%	利润增幅均较低，较合理。联系营业收入增幅、营业成本增幅考虑，未见异常
营业利润	9 728.46	9 530.31	198.15	2.08%	10 501.67	−971.37	−9.25%	
净利润	8 802.67	8 738.76	63.91	0.73%	9 217.13	−478.37	−5.19%	
销售毛利率	56.00%	64.35%	−8.35%	−12.97%	71.17%	−6.82%	−9.58%	利润率虽然逐年下降，但仍然偏高，需要获得充分审计证据予以支持或否决
营业利润率	46.01%	51.23%	−5.23%	−10.20%	59.21%	−7.98%	−13.47%	
销售净利率	41.63%	46.98%	−5.35%	−11.39%	51.96%	−4.98%	−9.59%	

连城兰花近 3 年营业收入变化均属于增长，2014 年度增加了 13.68%，而销售费用降低了 49.88%。销售费用的主要支出是交通运输费。交通运输费用的大幅度降低与营业收入增长存在矛盾。因此，连城兰花存在虚增营业收入的可能性较大，应将连城兰花营业收入和期间费用真实性审计作为重点。

c. 现金流量表比较分析（与营业收入相关部分）。连城兰花 2012—2014 年度现金流量表比较分析，如表 15-6 所示。

由表 15-6 可知，连城兰花营业收入获现比率均较高，现金收入增幅均高于营业收入增幅，营业收入真实性较高，舞弊风险较小；净利润波动幅度小，且均为大额正数，但经营活动产生的现金流量净额逐年下降，且降幅巨大，这表明连城兰花的净利润质量不高，存在较高的营业收入和净利润舞弊风险。

表 15-6　连城兰花现金流量指标比较分析

金额单位：万元

项目	2014 年	2013 年	2014 年比 2013 年		2012 年	2013 年比 2012 年	
			增减额	增减率		增减额	增减率
销售商品、提供劳务收到的现金	20 876.45	18 337.13	2 539.32	13.85%	16 408.98	1 928.15	11.75%
营业收入	21 145.80	18 601.37	2 544.43	13.68%	17 737.75	863.62	4.87%
营业收入收现比率	98.73%	98.58%	提高 0.15 个百分点		92.51%	减少 6.07 个百分点	
经营活动现金流量净额	−1 775.91	442.26	−2 218.16	−501.56%	2 956.60	−2 514.34	−85.04%
净利润	8 802.67	8 738.76	63.91	0.73%	9 217.13	−478.37	−5.19%
盈利现金比率	−20.17%	5.06%	减少 25.24 个百分点		32.08%	减少 27.02 个百分点	

B. 同行业比较分析[①]

连城兰花的主要行业竞争对手有广东远东国兰股份有限公司（以下简称远东国兰）、浙江虹越花卉股份有限公司（以下简称虹越花卉）。

远东国兰是一家专业从事国兰的培育、种植和销售的民营科技公司，其国兰产品涵盖了900 多个国兰品种，包括珍奇品种和大众消费品种，其股份在全国股转系统顺利挂牌。虹越花卉于 2000 年 8 月 29 日注册成立，其股份在全国中小企业股份转让系统挂牌，主要产品与服务项目包括：种子种苗、花卉苗木、园艺关联产品的生产销售，提供园艺产品的零售、批发，互联网销售和园艺相关服务。

因此，注册会计师可以将连城兰花与同行业的两家强有力竞争对手在 2013、2014 年度同行业相关指标方面进行比较分析。

a. 同行业收入增长率比较。我们将连城兰花与远东国兰、虹越花卉的营业收入增长率进行比较，如表 15-7 所示。

表 15-7　花卉同行业收入增长率比较

金额单位：万元

项目	连城兰花		远东国兰		虹越花卉	
	2014 年	2013 年	2014 年	2013 年	2014 年	2013 年
营业收入	21 145.80	18 601.37	6 042.69	5 030.74	28 703.13	27 063.22
收入增长率	13.68%	4.87%	20.12%	–	6.06%	13.02%

注：远东国兰是 2015 年 12 月 27 日在全国中小企业股份转让系统（新三板）挂牌。其对外报告只有 2013—2015 年度的报表数据，无法找到 2012 年相关财务数据资料，故 2013 年收入增长率以“–”表示无法计算。

① 除特别说明外，本节关于远东国兰、虹越花卉的资料为可获得的公开资料，以其公开的 2013—2014 年度报告为主。主要通过巨潮资讯网、新浪财经网和中国资本市场信息披露平台网获得。

从表 15-7 中,我们可以看到花卉同行主要竞争对手营业收入均为增长,其中最具可比性的是与虹越花卉的比较。虹越花卉的增速下降,但连城兰花的增速上升,因此,连城兰花营业收入虚增的舞弊风险较大。

b. 同行业销售毛利率和销售净利润率比较。我们将连城兰花与远东国兰、虹越花卉的销售毛利率和销售净利润率进行比较,如表 15-8 所示。

表 15-8 花卉同行业销售毛利率比较

金额单位:万元

项目	连城兰花		远东国兰		虹越花卉	
	2014 年	2013 年	2014 年	2013 年	2014 年	2013 年
营业收入	21 145.80	18 601.37	6 042.69	5 030.74	28 703.13	27 063.22
营业成本	9 304.62	6 632.08	4 269.94	3 914.92	21 215.45	20 211.66
净利润	8 802.67	8 738.76	995.75	477.73	1 251.78	1 590.23
销售毛利率	56.00%	64.35%	29.34%	22.18%	26.09%	25.32%
销售净利润率	41.63%	46.98%	16.48%	9.50%	4.36%	5.88%

表 15-8 中,我们可以看到:与花卉同行主要竞争对手比较,连城兰花营业收入减少,但其销售毛利率、销售净利润率远高于竞争对手。根据营业收入、营业成本、净利润、销售毛利率、销售净利润率等相关指标的比较,表明连城兰花营业收入、营业成本、净利润的真实性存在重大疑虑。

c. 同行业经营活动产生的现金流量净额比较。我们将连城兰花与远东国兰、虹越花卉的经营活动产生的现金流量净额进行比较,如表 15-9 所示。

表 15-9 花卉同行业经营活动产生的现金流量净额比较

金额单位:万元

项目	连城兰花		远东国兰		虹越花卉	
	2014 年	2013 年	2014 年	2013 年	2014 年	2013 年
销售商品、提供劳务收到的现金	20 876.45	18 337.13	5 479.60	5 773.91	29 466.04	29 056.10
主营业务收入	21 145.80	18 601.37	5 991.52	5 030.74	28 556.03	27 016.12
销售收现率	99%	99%	91%	115%	103%	108%

从表 15-9 中我们可以看到:与花卉同行主要竞争对手相比,连城兰花主营业务收入收现率低于同行业,这也说明连城兰花营业收入的真实性存在重大疑虑。

d. 同行业净利润现金率比较。我们将连城兰花与远东国兰、虹越花卉的净利润现金率进行比较,如表 15-10 所示。

表 15-10　花卉同行业净利润现金率比较

金额单位：万元

项目	连城兰花		远东国兰		虹越花卉	
	2014 年	2013 年	2014 年	2013 年	2014 年	2013 年
经营活动产生的现金流量净额	−1 775.91	442.26	3 786.58	1 608.31	451.71	1 362.07
净利润	8 802.67	8 738.76	995.75	477.73	1 251.78	1 590.23
净利润现金率	−20%	5%	380%	337%	36%	86%

从表 15-10 中我们可以看到：与花卉同行主要竞争对手相比，连城兰花经营活动产生的现金流量净额急剧下降，净利润现金率也远远低于同行业其他公司，因此对连城兰花营业收入、经营活动产生的现金流量净额与净利润的真实性存在重大疑虑。

小结：经过实施分析程序，如果仅做连城兰花 2012 年—2014 年的历史比较分析，连城兰花营业收入舞弊风险不太高；[①] 与同行业的远东国兰、虹越花卉比较，则连城兰花营业收入舞弊风险就高了。因此，通过实施分析程序，可以识别连城兰花收入舞弊风险。

（4）根据对连城兰花实施的风险评估程序，你认为连城兰花财务报表整体层面、主要认定层面（包括交易、账户余额、列报与披露）存在哪些重大错报风险？相应的总体应对措施和进一步审计程序有哪些？

【知识点】 风险评估及风险应对的相关理论及其具体运用。

【案例解析】

A. 存在较高重大错报风险的主要领域

连城兰花财务报表整体层面可能存在较高的管理层舞弊风险，进而导致财务报表层次存在重大错报风险。在认定层面可能存在的重大错报风险领域是：虚构营业收入、虚减营业成本与费用、虚增资产（特别是虚增兰花的数量以及高估其价值、虚增固定资产和在建工程价值、不足额计提资产减值准备）、隐瞒负债等。

B. 总体应对措施

a. 强调保持职业怀疑，特别是对其虚构营业收入、虚增兰花数量与价值的行为保持足够警惕。

b. 分派具有农业企业特别是花卉企业审计经验的胜任的审计师。

c. 聘请具有丰富花卉生产与销售经验的专家协助审计工作。

d. 考虑连城兰花对其存货——兰花采取的会计政策的恰当性。

e. 审计过程中提供更多的督导，增加更多的小组讨论。

f. 实施未被预期的审计程序，如大量走访连城兰花的客户、实地察看其全部生产基地、实地走访兰花方面的专家、详细核查所有重大销售合同等。

---

① 这主要是因为连城兰花连续 3 年均存在虚增收入行为，且虚增收入均在 15% 左右，属于有预谋的系统性收入舞弊行为，仅作历史比较分析是难以发现其舞弊迹象的。因此，审计准则提醒我们，在做被审计单位历史比较分析时，必须做同行业的比较分析，才能揭示舞弊迹象。

C. 进一步审计程序

由于连城兰花财务舞弊的风险很高，在风险评估程序和内部控制测试的基础上，需要执行更多的实质性审计程序，以验证相关业务的真实性、合规性和准确性。对营业收入审计，需要实施的常规实质性审计程序，请参见第 7 章，在此从略。

针对连城兰花销售收入舞弊行为，还要实施针对销售收入舞弊的专项审计程序，揭露虚构销售收入行为，包括：①调查和分析连城兰花管理层存在的虚构销售收入的压力或动机。连城兰花拟被上市公司福建金森收购，连城兰花管理层有强烈的虚构营业收入，以便粉饰其经营业绩以增加并购成功的可能性、获得较高的资产评估增值以便获得较高的并购对价。②增加客户函证样本量，如对所有较大客户（如前 50 名客户）实施函证程序，且为积极式函证，并务必收到客户的回函，且关注客户回函的可靠性，否则实施进一步审计程序。③增加实地走访和调研重大客户，如营业收入在前 10 名的客户，详细了解该客户的生产经营规模、主营业务、与连城兰花的关系、采购量的合理性等，并要求其提供相应的证据，同时也进一步了解兰花的市场情况。④详细审查销售业务的相关支持文件。如相关的销售合同、商品出库单、货运文件、发票、货款托收手续、收到货款的银行进账单、纳税申报单等，以验证销售业务的合理性和真实性。⑤实施询问程序。即询问被审计单位相关的财务、销售、仓库保管和生产人员，了解他们是否知情，并请他们解释该异常销售业务发生的可能性和必要性，以验证其合理性和真实性。⑥检查期后回款情况。真实的销售收入，客户会陆续支付货款。审计人员可以通过审查重要客户（应收账款期末余额较大的客户和当期销售金额较大的客户）期后回款情况来验证当期销售收入的真实性。凡是期后无回款的重要客户，务必实施进一步审计程序了解未回款的原因和当期销售收入的真实性。⑦实施其他相关程序。如审查与该销售业务相关的生产记录、产品入库记录、原材料采购记录，观察相关产品的仓库保管情况，分析与该产品生产相关的工时记录、耗水耗电的合理性等。通常，实施这些审计程序，可以验证营业收入的真实性、合规性和准确性。

（5）中国证监会是如何认定利安达会计师事务所及其两名签字注册会计师王晶、田小珑没有恰当实施风险评估程序的？这对我们有何启示与教训？

【知识点】 审计记录和审计工作底稿相关理论及其具体运用。

【案例解析】 中国证监会根据自己搜集的证据，以及利安达未能提供履行相应审计程序的工作底稿和支持证据，分析判断出利安达的一系列行为不符合相关审计准则的规定。利安达审计工作底稿中的相应记录不可靠，没有相应的支撑证据证明注册会计师履行了相应审计程序，甚至有虚假编制审计工作底稿的嫌疑（这是严重违反审计准则和注册会计师职业道德的行为，是弄虚作假的欺诈性行为，错误性质很严重）。

主要启示与教训：严格按照审计准则的规定履行相应的审计程序，收集充分可靠的审计证据；在审计工作底稿中如实做出相应的记录，为证明自己恰当履行了相应审计职责、保持了合理的谨慎（合理的职业怀疑）提供充分证据；不能编造审计工作底稿，弄虚作假会弄巧成拙，带来更严重的后果。

第 4 题。

（1）审计准则中通常要求注册会计师将被审计单位的营业收入评估为重大错报的高风险领域，需要实施充分的审计程序以收集充分适当的审计证据。为什么审计准则要做出这样的规定?

【知识点】 营业收入审计相关理论。

【案例解析】 这是因为营业收入存在的固有风险较多,其中可能包括:营业收入是关键业绩指标;管理层对营业收入造假的偏好,如虚构营业收入以虚增业绩、隐瞒营业收入以偷税漏税并形成“小金库”;收入业务的复杂性;管理层凌驾于控制之上,采用不正确的收入截止。此外,大量事实表明,财务报表舞弊行为的高发领域是营业收入舞弊;大量审计失败案例也表明是因为审计人员未能发现被审计单位的营业收入舞弊行为。

(2)营业收入和应收账款属于哪个业务循环?这个业务循环的主要业务有哪些?涉及哪些账户?涉及哪些主要会计政策与会计估计?本业务容易出现哪些重大错报风险?

【知识点】 销售与收款循环审计相关理论问题。

【案例解析】 销售与收款循环涉及的会计政策:坏账准备计提与坏账核销、收入等。其他问题的参考答案请参见“第7章　销售与收款循环案例”的相关内容。在此从略。

本业务循环的主要内部控制有哪些?如何实施本业务循环的内部控制测试?除了这个业务循环外,通常还将财务报表审计划分为哪些业务循环?

【知识点】 内部控制及测试;财务报表业务循环。

【案例解析】 销售与收款循环的主要内部控制:①建立明确的分工和不相容职务的分离。包括批准赊销与执行销售、销售与发货、销售与开具销售发票、销售与收款、销售与会计记录等,应当分别明确其职责,且由不同部门、岗位执行。②建立严格的销售授权审批制度。③建立合理的销售业务流程。④建立严格的开具销售发票和收款控制。⑤建立规范的会计记录控制。⑥建立应收账款的定期核对制度。⑦建立对销售与收款循环内部控制的定期检查监督制度。对销售与收款循环内部控制测试的基本方法,请参见“第7章　销售与收款循环案例”之“四、销售与收款循环内部控制测试与评价”。在此从略。

除了销售与收款循环外,财务报表审计还包括为购货与付款循环、生产与仓储循环、人事与薪酬循环、筹资循环、投资循环、货币资金收支循环等。

(3)营业收入审计目标有哪些?如何对营业收入实施实质性程序以实现这些目标?

【知识点】 营业收入审计目标和实质性程序。

【案例解析】 参考答案请参见“第7章　销售与收款循环案例”之“五、主营业务收入审计案例”。在此从略。

如果评估认定被审计单位存在营业收入舞弊风险,注册会计师还应当实施哪些特别程序?

【案例解析】《中国注册会计师审计准则第1141号——财务报表审计中与舞弊相关的责任》要求注册会计师在识别和评估由于舞弊导致的重大错报风险时,应当首先假定收入确认存在舞弊风险,在此基础上评价哪些收入类型、收入交易或认定导致舞弊风险。假定收入确认存在舞弊风险,并不意味着审计准则要求注册会计师无端地将与收入确认相关的所有认定都假定为存在舞弊风险。

此外,营业收入舞弊风险评估程序包括:①结合对被审计单位及其环境的具体了解,考虑收入确认舞弊可能如何发生。②根据被审计单位不同,管理层实施舞弊的动机或压力、机会、自我合理化等可能导致舞弊的因素。③考虑被审计单位与营业收入相关的内部控制的有效性。④对营业收入实施分析程序。包括：a. 实施各月收入均衡性分析，收入大幅增加的当月，虚构收入的可能性最大；b. 将各月实际收入与上年实际、本年计划进行比较分析，确定存在重大差异的月份；c. 将被审计单位销售收入的增长情况与同行业同类企业进行比较，验证其是否具有行业特征。一般地，虚构收入具有单笔金额大、临近期末、尚未收到现金等特征。通过实施分析程序，通常能够发现其蛛丝马迹。

针对连城兰花可能存在的营业收入舞弊风险，审计师还要实施虚构销售收入的专项审计程序，揭露虚构销售收入行为。请参见前文对问题 3-4 的解答。在此从略。

（4）应收账款审计目标有哪些？如何对应收账款实施实质性程序以实现其审计目标？在应收账款审计中，注册会计师最容易存在的不当审计程序有哪些？

【知识点】 应收账款审计目标及实质性程序。

【案例解析】 应收账款审计目标及实质性审计程序，请参见“第 7 章　销售与收款循环案例”之“六、应收账款和坏账准备审计案例”。在此从略。

在应收账款审计中最容易存在的不当审计程序可能有：①未对应收账款实施函证程序；②函证程序的样本选择不当，缺乏足够的代表性；③函证程序由被审计单位相关人员所控制，如由被审计单位会计人员寄发和接收询证函，请被审计单位会计人员到函证对象（被审计单位的债务人）那里盖章取回；④未对回函实施进一步审计程序，如未考虑回函的合理性和可靠性，如寄回询证函的地址与邮寄询证函的地址不一致、大量回函地址为同一个地址，但没有查明原因并实施进一步审计程序验证回函的可靠性；⑤未对存在差异的函证对象实施进一步审计程序，未查明存在差异的真实性、合理性等。

如果评估认定被审计单位存在应收账款方面的舞弊风险，注册会计师应当实施哪些特别审计程序以应对应收账款舞弊风险？

【案例解析】 由于应收账款与营业收入密切相关，因此，实施营业收入舞弊风险评估程序也可以识别应收账款舞弊风险。此外，还可以对应收账款实施其他舞弊风险评估程序，主要包括：①考虑被审计单位与应收账款相关的内部控制的有效性，特别是定期对账和催收制度的有效性，这与应收账款被贪污、挪用或长期被拖欠相关。②对应收账款实施分析程序。包括：a. 将应收账款增长率与营业收入增长率、前后年度应收账款增长率进行比较，如果应收账款增长率大幅度高于营业收入增长率，则虚构收入和应收账款的可能性较大；b. 将 a. 中的两个指标与同行业进行横向比较，若存在重大差异，则被审计单位虚构营业收入和应收账款的可能性较大；c. 取得被审计单位应收账款清单（见表 15-11），对主要客户的应收账款进行分析。存在以下特征之一的应收账款，存在舞弊的可能性较大：一是“本年增加”较大，但“本年减少”较小甚至为 0，导致期末余额较大的；二是本年没有增减金额的（俗称死账户）；三是账龄较长的；四是从客户名称来分析，信用与财务状况应当良好、不可能长期拖欠应收账款的。

实施规范、有效的应收账款函证程序，是揭露应收账款舞弊的唯一有效程序。这要求审计师要严格按照审计准则的规定实施函证程序，避免出现函证程序不当的行为。必要时，还可以对重要客户（应收账款余额大、可能存在舞弊嫌疑的客户）实施实地访谈程序，直接向该客户核实期末应收账款的可靠性，对于存在的问题实施进一步审计程序查明问题的原因以及提出审计处理建议。

表 15-11　××公司（被审计单位）应收账款清单

客户名称	年初余额	本年增加（本年销售额）	本年减少（本年收回金额）	年末余额	账龄分析	备注
合计						

第 5 题。

（1）银行存款审计的主要目标有哪些？主要风险有哪些？应当实施怎样的实质性程序以实现银行存款的审计目标？

【知识点】 银行存款审计目标、主要风险及实质性程序。

【案例解析】 可参见教材“银行存款审计”相关内容[①]，在此从略。近年来，出现了个别上市公司虚增巨额银行存款的舞弊行为，如康得新、康美药业等，因此，加强银行存款审计十分重要。

（2）在银行存款审计中，为何一定要向被审计单位开户银行进行函证？已经销户的银行账户为何也要函证？这与还在使用的银行账户函证有何异同？

【知识点】 银行存款函证。

【案例解析】 可参见教材“银行存款审计”相关内容，在此从略。需要强调的是，向被审计单位开户银行进行函证，是验证期末银行存款真实存在、所有权及权利是否受到限制、准确性的重要程序和最有效的程序，也有助于验证被审计单位所欠银行债务的情况，揭示其未入账的银行借款和未披露的或有负债。

第 6 题。

【知识点】 注册会计师职业道德基本原则，特别是勤勉尽责的相关要求。

【案例解析】 判断主要依据是相应的审计准则。勤勉尽责就是审计人员应当爱岗敬业，勤勉高效，严谨细致，认真履行审计职责，保证审计工作质量；严格按照审计准则的要求执行程序，对不合理或舞弊迹象保持职业怀疑和应有的谨慎。

事实依据：审计人员是否已经按照审计准则的要求勤勉尽责地履行了相应审计程序，收集了充分、恰当的审计证据。这通常会记录在审计工作底稿中。因此，可以根据审计工作底稿来还原审计人员在特定情况下是否已经按照审计准则的规定实施了必要的审计程序，做出了恰当的审计职业判断，收集了充分、恰当的审计证据。

法规依据：审计准则和相应的注册会计师职业道德规范。

启示：审计人员应不断提高自己的专业胜任能力，勤勉尽责，保持应有的关注，遵守执业准则和职业道德规范的要求，认真、全面、及时地完成工作任务；在审计过程中，应当保持职

① 银行询证函的参考格式和内容，可参见财政部办公厅　银保监会办公厅于 2020 年 8 月 10 日发布的《银行函证回函工作操作指引》（财会办〔2020〕21 号）或朱锦余主编的《审计学》（高等教育出版社，2019）第 16 章　现金收支循环审计。

业怀疑态度，运用专业知识、技能和经验，获取和评价审计证据；对所实施的审计程序、做出的审计判断、收集的审计证据、形成的审计结论恰当记录在审计工作底稿中。

第 7 题。

【知识点】 注册会计师和会计师事务所法律责任。

【案例解析】

法律责任类型：注册会计师因违约、过失或欺诈给被审计单位或其他利害关系人造成损失的，按照有关法律法规的规定，可能承担行政责任、民事责任或刑事责任。

判断标准：一般来说，因违约和过失可能使注册会计师承担行政责任和民事责任，因欺诈可能还会使注册会计师承担刑事责任。其判断依据是：注册会计师是否存在违约？——以审计约定书为判断标准；是否存在过失？——以审计准则和审计职业道德规范为判断标准；是否存在欺诈行为？——行为动机，是无意识的错误行为还是有意欺诈？

规避方法：明确划分被审计单位和审计人员的责任，签订业务约定书；严格遵循职业道德规范和审计准则，保持恰当的职业怀疑态度，勤勉尽责，实施充分的审计程序，获取充分、恰当的审计证据；深入了解被审计单位及其所在行业情况，实施充分的风险评估程序以及恰当的控制测试和实质性程序；聘请熟悉和精通法律的法律顾问；只录用合格的审计人员，并为审计人员提供充分的职业培训和职业咨询；建立对审计工作的有效监督和检查，实施严格的审计质量管理制度。

二、YT 所对 A 公司发债业务审计失败案例

（一）案例资料

1. YT 所和三名注册会计师被刑罚

2019 年 4 月 26 日，YT（集团）会计师事务所有限公司（下文简称 YT 所）被上海市第一中级人民法院判犯出具证明文件重大失实罪，被处罚金人民币 30 万元；YT 所注册会计师秦某、陈某、胡某则均被上海市第一中级人民法院判犯出具证明文件重大失实罪，判处有期徒刑 1 年 6 个月，缓刑 1 年 6 个月，并处罚金人民币 5 万元；YT 所及 3 名注册会计师的违法所得被追缴。

YT 所及 3 名注册会计师不服判决，向上海市高级人民法院提出上诉。2019 年 11 月 29 日，上海市高级人民法院作出刑事裁定书：驳回上诉，维持原判。至此，YT 所及 3 名注册会计师因承担 A 公司发债审计业务，出具了严重失实的审计报告而被严厉刑罚的案件画上了一个句号。

这个案件给注册会计师行业留下了沉痛的教训和深深的思考：① YT 所实施了 A 公司发债审计业务，收取了审计费用约为 30 万元，因为给 A 公司出具了严重失实的审计报告，使得不符合发行中小企业私募债券的 A 公司得以成功发行债券，A 公司无力支付 0.9 亿元债券本息，给投资者带来重大经济损失。注册会计师的严重错误给依赖审计结果的投资者造成的损失何其重大。② YT 所和 3 名注册会计师不仅被法院追缴违法所得，且被处罚金

合计 45 万元，且 3 名注册会计师均被判处有期徒刑 1 年 6 个月，缓刑 1 年 6 个月。注册会计师的严重错误给事务所和自己带来的后果何其惨重。③注册会计师的严重失误是如何导致的？应当如何避免重蹈覆辙？

2. 案件起因：YT 所承办 A 公司发债业务审计

2013 年，A 公司计划发行中小企业私募债。A 公司经理关某是本次发行债券的主要负责人，关某和财务经理周某负责编制发行债券所需的财务报告。他们清楚不能满足发行债券要求，就指示代理记账公司代理记账人员刘某调整了 2011 年、2012 年的财务报告。

由于 2012 年深圳交易所颁布的《深圳证券交易所中小企业私募债券试点业务指南》中相关规定，在发行债券之前，发行人需要提供经具有从事证券、期货相关业务资格的会计师事务所审计的最近两个完整会计年度的财务报告。YT 所的黄某承接了此次发债业务审计项目，胡某作为项目的负责人，于 2013 年 10 月带领毛某、毕某进场审计，并委托 M 会计师事务所（下文简称 M 所）的单某做资本公积专项审计。在审计初稿完成后，交由秦某和陈某作为签字注册会计师复核签字。此次审计项目涉及的关系人，如表 15-12 所示。

表 15-12　YT 所对 A 公司发债业务审计项目涉及的关系人

所在单位	人物	在所在单位的职务	在该审计业务中的角色
A 公司	关某	经理	A 公司发行债券业务的主要负责人。 被另案以欺诈发行债券罪被判处有期徒刑 3 年
	周某	财务经理	编制并提供财务报告。 被另案以欺诈发行债券罪被判处有期徒刑两年
代理记账公司	刘某	代理记账人员	根据关某指示，调整了 A 公司 2010 年至 2012 年相应财务报表。 被另案以欺诈发行债券罪被判处有期徒刑两年，并处罚金 10 万元
YT 所	胡某	安徽分所审计部项目经理	A 公司发债业务审计项目现场负责人，负责现场审计工作。被判处有期徒刑 1 年 6 个月，缓刑 1 年 6 个月，并处罚金人民币 5 万元
	秦某	副主任会计师兼审计一部副主任	A 公司发债业务审计报告的签字注册会计师。均被判处有期徒刑 1 年 6 个月，缓刑 1 年 6 个月，并处罚金人民币 5 万元
	陈某	安徽分所所长	
	黄某	原安徽分所审计部负责人	承揽 A 公司发债业务审计项目
	毕某	审计员	审计助理人员，根据胡某安排进行审计工作，并接受胡某的指导、监督和复核
	毛某	审计员	
	徐某	审计员	在胡某有事离去后，接替胡某完成审计工作
M 所	单某	注册会计师	出具 A 公司资本公积专项审计报告

3. 审计过程：未勤勉尽责，严重违反审计准则

胡某作为YT所安徽分所审计部项目经理，受指派作为A公司发债业务审计的现场负责人，于2013年10月带领毕某、毛某到A公司现场开展审计工作，并承担编写审计底稿，撰写审计报告，其中包括A公司2011年、2012年的收入、成本、税金等实质性程序工作底稿等一系列工作。在审计的过程中：①他发现虚假发票金额过大、走现金账、没有银行转账凭证等问题；②他知道A公司向税务局申请的发票额度是10万元，而该公司的完税凭证是复印件，增值税专用发票有票面金额高达530万元的复印件等情况；③他知道《营业收入检查情况表》上主营业务收入对方科目都是现金，这些收入款项都没有转至A公司对公账户，而是转至关某或周某的个人银行账户；④他要求把关某和周某个人银行账户的收入调整到A公司营业收入账户；⑤在他的建议下，A公司把关某和周某个人银行账户的收入调整到公司营业收入，挂在公司账目上的其他应付款调整为资本公积，使A公司资本公积由400多万元调整至9 000多万元；⑥胡某建议A公司委托M所的单某做了资本公积专项审计，并要求单某把审计报告出具时间写为2010年12月31日，是为了规避YT所出具审计报告风险，并使陈某、秦某对审计报告审核时更容易通过；⑦他负责A公司发债业务审计报告的初稿编写并签字，同时进行一级复核。

A公司发债业务审计报告签字注册会计师陈某和秦某未参与A公司现场审计业务。陈某对A公司发债业务审计报告进行二级审核并在审计报告上签字。陈某将自己审核好的电子版及纸质版发送给YT所总部，由秦某进行三级复核（即终审）并签字。最终，YT所为A公司私募债发行出具了YT会审字（2013）355号审计报告，审计事项为A公司2011年度、2012年度财务报表，签字注册会计师是陈某和秦某。

A公司发债业务审计费用30余万元，由YT所总部、YT所安徽分所及相关人员分成。

4. 审计报告：严重失实

YT所对A公司发债业务出具的审计报告中的审计意见认为：A公司财务报表在所有重大方面按照企业会计准则的规定编制，公允反映A公司2011年12月31日、2012年12月31日的财务状况以及2011年度、2012年度的经营成果和现金流量。记载2011年营业收入2.12亿元、利润总额0.35亿元；2012年营业收入2.22亿元，利润总额0.41亿元；资本公积为0.96亿元。M所出具的资本公积专项审计报告表明，A公司资本公积为0.96亿元。

但侦查机关的调查结果是：S市国家税务局稽查局提供的相关纳税申报表、纳税申报明细查询表、纳税证明等证明，A公司2011年营业收入为166万余元，利润总额为－401万余元，本年入库所得税额为0；2012年营业收入为387万余元，利润总额为－789万余元，本年入库所得税额为0。S市国家税务局第一税务分局出具相关证明，A公司2011年申报入库增值税税款为0元，申报入库企业所得税税款为0元，实际入库税款共计0元；2012年申报入库增值税税款1.8万余元，申报入库企业所得税税款为0元，实际入库税款共计1.8万余元。

A公司涉案人关某、周某的证明，YT所出具审计报告所依据的发票复印件是虚假的。侦查机关证明：YT所出具审计报告所依据的10份现金完税凭证复印件内容均系虚假。司法鉴定意见书证明，YT所为A出具发债业务审计报告YT会审字（2013）355号与A公司实际经营状况不符，2011年1月至2012年12月，A公司合计多报营业收入4.2亿元，多报

利润0.88亿元，多报资本公积0.65亿元；在大额现金营业收入、资本公积增加方面，YT所存在严重违反审计程序和会计准则的情形。

5. 法院判决结果：YT所和3名注册会计师被重罚

法院查明，YT所及其注册会计师秦某、陈某、胡某在对A公司发债业务审计中违反审计准则，未尽审计勤勉职责，严重不负责任，出具含有重大失实财务数据的审计报告并签名确认，致使A公司发债成功，造成投资人重大经济损失的严重后果，其行为均已构成出具证明文件重大失实罪。法院判决为：① YT所犯出具证明文件重大失实罪，判处罚金人民币30万元；②秦某、陈某、胡某犯出具证明文件重大失实罪，各被判处有期徒刑1年6个月，缓刑1年6个月，并处罚金人民币5万元；③违法所得予以追缴。

（二）案例思考与讨论题

1. 你认为YT所安徽分所审计部项目经理、注册会计师胡某违反了哪些职业道德规范？又违反了哪些审计准则要求？注册会计师行业应该吸取怎样的教训？

2. 你认为YT所注册会计师陈某和秦某未参与A公司发债业务审计现场审计工作，仅复核了胡某起草的审计报告，就在审计报告上签字，是否恰当？有无违反注册会计师职业道德和审计准则的相关规定？

3. 在对企业营业收入进行审计时，检查企业纳税申报表和发票申报表并与企业会计记录核对，是一项非常重要的细节测试程序。检查企业纳税申报表和发票申报表可能揭示企业营业收入的哪些错报或舞弊行为？

4. YT所出具审计报告所依据的发票复印件、10份现金完税证复印件被证明均系虚假。根据前后资料，你认为YT所注册会计师在对A公司营业收入审计过程中可能存在哪些重大失误？违反了哪些审计准则？

5. YT所及其注册会计师秦某、陈某、胡某在对A公司发债业务审计中违法犯罪行为表现在哪些方面？法院对其判决合法吗？合理吗？

6. 这个案例给审计人员哪些教训和启示？

（三）案例思考与讨论题之知识点和解析

本案例主要通过引导学员从注册会计师职业道德规范、审计准则以及《注册会计师法》《证券法》《刑法》等视角，分析YT所和3名注册会计师存在的严重违反注册会计师职业道德规范和审计准则的行为及其违法行为、法院对其判决的合法性和合理性以及注册会计师行业应当从中吸取的教训，对学员进行审计职业道德和法律责任方面的教育。

第1题。

【知识点】 注册会计师职业道德规范。

【案例解析】 胡某在对A公司发债业务审计过程中未遵循注册会计师职业道德规范和审计准则的事实是：①发现A公司发票金额很大且未通过银行转账，对这一不符合商业惯例的做法既不指明也未保持职业怀疑态度；②信任A公司完税凭证是复印件而非原件；③增值税专用发票有票面金额高达530万元，显著高于A公司向税务局申请的发票额度是10万元的明显异常情形，未保持关注；④对主营业务收入对方科目都是现金而非银行存款的明显不符合企业经营活动和内部控制要求的情形未保持关注；⑤直接指使M所的单某做资本公积专项审计，并要求单某把审计报告出具时间写为2010年12月31日（实际审计时间是2013年10月之后，审计报告日期应当是2013年10月之后），蓄意作假，以便帮助A公司出具虚假财务报表和审计报告，骗取投资者的信任。

（1）注册会计师胡某违反职业道德。

根据《中国注册会计师职业道德守则第1号——职业道德基本原则》相关规定，注册会计师胡某违反了独立、诚信、客观和公正、应有关注等职业道德基本原则。

①在违反独立性原则方面，胡某显然没有保持实质上的独立性，也未保持职业怀疑态度，完全偏袒于A公司。

②在违反诚信原则方面，胡某显然清楚A实施发债业务所需财务报表审计的目的，并明知A公司财务报表存在严重失实，且指导和帮助A公司编制看似“合理”的财务报表；指使单某作假。显然，胡某是不诚信的。

③在违反客观和公正原则方面，胡某显然没有公正处事、实事求是，完全偏袒于A公司。

④在违反应有关注原则方面，胡某知道并发现A公司经济业务以及相关会计处理明显不符合一般企业经营活动和内部控制要求，但因没有保持独立性、诚信、客观和公正，偏袒于A公司，而没有实施进一步审计程序，没有按照执业准则和职业道德规范的要求，未勤勉尽责、认真完成审计工作。

（2）注册会计师胡某违反审计准则。

胡某在审计中未保持合理职业怀疑态度，未恰当考虑用作证据的信息的可靠性，未对执行业务过程中识别出的异常情况作出进一步调查和实施进一步审计程序，未获取充分、适当的审计证据以支持其审计结论。我们分析，胡某未遵循相关审计准则的要求，是源于他蓄意违反注册会计师职业道德基本原则。

第2题。

【知识点】 注册会计师职业道德规范。

【案例解析】 YT所注册会计师陈某和秦某未参与现场审计工作，仅复核了胡某起草的审计报告，就在审计报告上签字的行为是不恰当的，是违反了注册会计师诚信、客观和公正、应有关注的职业道德基本原则，是一种弄虚作假、严重不负责任的违法行为。

他们的行为也严重违反了审计准则。秦某显然是以项目合伙人身份来签署审计报告的，他应当现场参与该项目审计业务，并对项目组成员违反相关职业道德要求的迹象保持警觉，按照职业准则和适用的法律法规的规定指导、监督与执行审计业务。但他显然没有履行这些职责。

第3题。

【知识点】 营业收入审计的实质性程序。

【案例解析】 通常，企业发生经营活动取得营业收入，需要给对方开具普通发票或增值税专用发票，企业根据所开具的发票确认营业收入实现。有些企业可能通过未给对方开具发票等方式隐瞒营业收入，进而形成账外账、“小金库”并达到偷税漏税的目的。按照税法规定，企业每月均需进行纳税申报，并及时、足额缴纳税金，年终需进行应纳税汇总清算。因此，审计人员在对企业进行营业收入和利润审计时，通常需要获取被审计单位发票申报表，了解其当年（月）购买和使用发票情况，并将其开具发票的总金额、纳税申报表中申报的营业收入总额和利润总额与企业财务报表和会计账簿中记录的营业收入总额核对，看三者是否一致。若不一致，审计师应当实施进一步审计程序，如询问财务部经理、营业收入主管会计、税务主管会计，查明不一致的原因，并确定哪个金额是恰当的。

因此，审计人员检查企业纳税申报表和发票申报表，并与企业财务报表和营业收入账簿中记录的营业收入总额核对，就能够揭示企业营业收入虚增或隐瞒行为。

当然，因为企业会计核算与税法存在差异，可能存在企业纳税申报表、发票申报表上的营业收入与企业财务报表、营业收入会计账簿中的记录不一致。但这种不一致可以通过纳税调整得以消除或解释。

在此案例中，S 市国家税务局稽查局提供的相关纳税申报表、纳税申报明细查询表、纳税证明等证实 A 公司 2011、2012 年的营业收入分别为 166 万余元和 387 万余元，两年均发生亏损，亏损金额分别为 401 万元、789 万元，年度入库所得税额为 0。与 A 公司财务报表上记录的两年营业收入 2.12 亿、2.22 亿和利润总额 0.35 亿元、0.41 亿元相差甚远。这表明 A 公司虚增营业收入和虚增利润的财务舞弊风险极高。加之，A 公司向税务局申请的发票额度是 10 万元，而该公司的完税凭证是复印件，增值税专用发票有票面金额高达 530 万元的复印件等情况，作为注册会计师，应该对营业收入和利润总额的真实性产生高度怀疑，应当实施进一步审计程序，获取充分、适当的审计证据排除或查实其营业收入和利润总额的舞弊嫌疑，并确定其营业收入和利润总额的正确金额。

若胡某在现场审计时保持充分职业关注和合理职业怀疑态度，勤勉尽责，认真执行细节测试程序，就能够查实 A 公司营业收入和利润总额的舞弊行为，并确定其营业收入和利润总额的正确金额。

第 4 题。

【知识点】 审计职业怀疑态度、营业收入审计的实质性程序。

【案例解析】 根据这些资料，结合营业收入审计通常需实施的实质性程序，可以判断注册会计师胡某在对营业收入审计中未保持充分职业关注和合理职业怀疑态度，未勤勉尽责，未认真执行恰当的细节测试，导致他未能有效识别出发票复印件、10 份现金完税凭证复印件均系虚假，也未能获取营业收入的充分、恰当的审计证据，导致出具了严重失实的审计报告初稿。

YT 所及注册会计师胡某在营业收入审计过程中未遵循相关审计准则的要求，没有实施必要审计程序，获取充分、恰当的审计证据，是因为他“蓄意”违反注册会计师职业道德基本原则，完全偏袒 A 公司。他可能会为自己辩护，他没有“故意提供虚假证明文件”的动机，但确实存在严重不负责任的行为。这在美国等西方国家界定为注册会计师存在“推定欺诈”行为。

第 5 题。

【知识点】 注册会计师法律责任。

【案例解析】 胡某的违法犯罪行为表现在：违反注册会计师职业道德规范和审计准则，未保持充分职业关注和合理职业怀疑态度，未尽审计勤勉职责，未认真执行恰当的细节测试，没有获取充分、恰当的审计证据，导致他出具了严重失实的审计报告初稿。他也许没有"故意提供虚假证明文件"的动机，但确实存在严重不负责任的行为（"推定欺诈"行为）。

陈某、秦某作为此次发债审计报告的签字注册会计师，他们没有到现场实施审计程序，也没有恰当履行指导、监督职责，仅是对胡某起草的审计报告初稿进行复核，在复核中未保持充分职业关注和合理职业怀疑态度，未能发现A公司财务报表存在的重大错报风险和胡某审计程序和审计证据严重不当的细微，也是未尽审计勤勉职责，严重不负责任。

YT所和3名注册会计师为A公司发债业务出具了含有上述重大失实财务数据的审计报告，使得A公司发行中小企业私募债成功。2016年7月债券到期后，A公司无力支付0.9亿元债券本息，造成投资人重大经济损失。

法院对YT所和3名注册会计师的判决合法。根据《中华人民共和国刑法（2017）》第二百二十九条第三款，承担审计服务的中介组织成员，严重不负责任，出具了有重大失实的审计报告，造成了投资人的重大经济损失，应处3年以下有期徒刑或者拘役，并处或者单处罚金。他们均有主动投案自首、积极配合司法机关调查的行为。

第6题。

【案例解析】 可以从注册会计师、事务所、社会层面来考虑：

会计师事务所和注册会计师出具存在严重失实的审计报告，将会给信赖审计报告的第三方带来重大经济损失的严重后果。

注册会计师在审计中不遵守职业道德，违反审计准则，没有严格执行审计程序，严重不负责任甚至故意弄虚作假，就会导致审计失败，最终会被判处刑事处罚，断送自己的职业生涯。

会计师事务所未有效实施审计质量控制政策和程序，导致不能及时发现并纠正注册会计师审计中违反职业道德和审计准则行为，事务所也会遭受相应的惩罚，甚至还会被吊销执照。

为避免审计失败，应当：

（1）注册会计师必须严格遵循职业道德基本原则，保持独立性，不能偏袒于被审计单位；坚持诚信、客观和公正的原则，要不偏不倚，不弄虚作假，也不要授意或指使、指导他人作假；保持应有关注和职业怀疑态度，勤勉尽责，认真、细致地完成审计工作。

（2）注册会计师在审计中要严格按照审计准则要求，保持合理职业怀疑态度，实施恰当审计程序，获取充分、恰当的审计证据，形成恰当的审计结论，发表恰当的审计意见。

（3）会计师事务所必须建立健全审计质量控制制度，并有效执行，使事务所能够预防、及时发现并纠正不恰当的审计报告，确保审计质量。不能为了保留客户而牺牲审计质量。

独立性是审计的灵魂；诚信、客观和公正、勤勉尽责是注册会计师职业道德规范的基本原则；严格遵循职业道德规范和审计准则是确保审计质量、防范审计法律责任风险的基本要求。注册会计师严重违反职业道德规范和审计准则，一定会给自己带来难以承受的后果。

注册会计师不仅要对审计客户负责，同时也要对依赖审计报告和依赖经审计财务报表的使用者负责。注册会计师出具存在严重失实的审计报告（经审计财务报表的证明文件），将会给信赖审计报告的第三方带来重大经济损失的严重后果，自己也将因此付出沉重代价。

《中国证监会行政处罚决定书(利安达会计师事务所、王晶、田小珑)》〔2016〕105号

《福建金森:发行股份及支付现金购买资产并募集配套资金暨重大资产重组报告书(草案)》(2015年1月)

《YT所等出具证明文件重大失实罪一审案件一审刑事判决书》(2019)

[复习思考题]

1. 后任注册会计师需要与前任注册会计师沟通哪些内容?这有何作用?

2. 如果被审计单位存在较高的营业收入舞弊风险,审计师应当实施哪些实质性审计程序?

3. 什么是合理职业怀疑态度?审计师应当如何保持职业怀疑态度?

4. 为什么要强调注册会计师的职业道德?注册会计师如何提升职业道德水平以规避审计法律责任?

5. 请从附录2“2015—2020年因审计失败被中国证监会行政处罚的会计师事务所及注册会计师的相关资料”中下载一份行政处罚决定,并查找被审计单位涉及的年度报告,研究与讨论注册会计师审计失败的主要原因、给予我们的教训和启示等。

第十六章　国家审计案例

［学习目标］

1. 理解各类审计的含义、审计对象与主要内容、审计目标、审计评价标准等。

2. 理解和感悟审计人员是如何实施审计程序查实相关问题的，培养和提高审计实务能力。

我国审计体系由国家审计、内部审计和注册会计师审计构成，所开展的审计业务类型多样。前文我们主要分析和讨论注册会计师财务报表审计案例，本章主要介绍国家审计案例。

一、财政收支审计案例

财政收支审计是国家审计机关的重要职责，其中本级政府预算执行情况和其他财政收支情况审计更是我国宪法和《审计法》赋予审计机关的法定职责，且每年均需代表本级政府向本级人民代表大会常务委员会作出审计工作报告。财政收支审计的相关理论如表 16-1 所示。

表 16-1　财政收支审计相关理论

项目	内　容
定义	财政收支审计是对国务院各部门和地方各级人民政府及其各部门的财政收支情况的真实性、合法性和效益性进行的审计监督
审计主体	本级审计机关为主。上级审计机关可以对下级人民政府财政收支情况进行审计监督。对于国有事业单位和国有企业涉及的财政财务收支情况审计，也可以由审计机关或其他部门委托社会中介机构进行审计
审计对象与主要内容	审计对象是国务院各部门和地方各级人民政府及其各部门的财政收支情况。审计主要内容为： （1）财政部门按照人大审查批准的预算向各部门、各单位批复预算的情况； （2）财政部门拨付本级预算支出资金的管理和使用情况； （3）各部门、各单位来自财政部门和各级拨款的管理情况； （4）税务部门征税和收缴其他收入的情况； （5）有上缴预算收入的部门、单位应缴预算收入的解缴情况； （6）预算外资金管理使用情况； （7）延伸审计各部门各单位财政收支及相关经济活动的真实性、合法性和效益性

续表

项目	内　　容
审计目标	（1）真实性目标就是审查和评价被审计单位财政收支活动真实性，揭露弄虚作假行为； （2）合法性目标就是审查和评价被审计单位财政收支活动是否符合国家法律法规以及其他相关管理制度的规定等，揭露违法违规行为； （3）效益性目标就是审查和评价被审计单位财政收支活动是否按照既定目标进行，实现了既定目标，包括实现了预期的经济效益、社会效益和环境效益，主要表现为财政绩效审计
主要评价标准	主要是与财政预算管理、财政收支管理相关的国家法律法规，如《预算法》及实施条例、《税收征收管理法》《海关法》《政府采购法》等，以及《财政部关于深化地方国库集中收付制度改革的指导意见》、政府会计准则及制度、《国库会计核算业务操作规程》、中央八项规定、三公经费的使用规定等。 地方人大或政府制定的与财政预算管理、财政收支管理相关地方性法规，本级人大常委会审议通过的当年度本级预算方案等
高风险领域	（1）预算编制不规范，资金收缴存在漏洞，预算支出不均衡，集中支付不周全，结余资金沉淀多。 （2）财政资金管理不规范，存在浪费或结余大，支出结构不合理； （3）存在截留、挪用财政资金，滞留应当下拨的财政资金，扩大财政资金支出范围； （4）会计核算和财务管理方面管理不规范

[案例 16-1] 菏泽市 2018 年市级预算执行和其他财政收支情况审计案例

（一）案例资料

菏泽市审计局组织开展的 2018 年度市级预算执行和其他财政收支情况审计中，聚焦政策落实情况，聚焦三大攻坚战，聚焦民生工程和“放管服”改革，依法履行审计监督职责等。在“审计工作报告”中披露了市级预算管理和执行、开发区预算管理和执行、部门单位预算执行等八个方面存在的问题。其中：审计发现“市级预算管理和执行中存在的问题”如表 16-2至表 16-4 所示，审计发现“开发区预算管理和执行中存在的主要问题”如表 16-5 所示，“部门单位预算执行审计”发现的问题如表 16-6 所示，“重点企业资产质量和效益审计”发现的问题如表 16-7 所示，“固定资产投资审计”发现的问题如表 16-8 所示，“自然资源资产任期审计”发现的问题如表 16-9 所示，“聚焦‘三大攻坚战’审计”发现的问题如表 16-10 所示，审计“民生工程、‘放管服’改革等情况”发现的问题如表 16-11 所示。

资料来源：菏泽市审计局《菏泽市人民政府关于 2018 年度市级预算执行和其他财政收支的审计工作报告》。

（二）讨论与分析题

讨论：审计人员发现并查实这些问题时，可能实施哪些审计程序？

分析：

1. 审计发现“市级预算管理和执行中存在的问题”

（1）预算管理审计发现的问题及可能实施的程序（表 16-2）。

表 16-2　预算管理审计发现的问题及可能实施的程序

审计发现的问题	审计人员可能实施的审计程序
预算编制不细化，批复到部门、项目的占比低	检查预算编制是否细化；项目支出预算是否细化分解到具体部门和可执行的具体项目
上年结余资金未编入下年度预算	检查上年结余资金是否编入下年预算
部分支出项目与预算数差距较大。交通运输、金融支出超出预算，科学技术、城乡社区支出完成年初预算的比率较低	检查预算执行情况，特别是支出预算执行情况，关注支出项目与预算是否存在差距及原因，检查有无超出预算的情况，检查是否存在预算执行率过低的情况
部分基金项目结余大	检查基金项目结余情况，评估基金结余数是否过大

（2）预算收支审计发现的问题及可能实施的程序（表 16-3）。

表 16-3　预算收支审计发现的问题及可能实施的程序

审计发现的问题	审计人员可能实施的审计程序
年末财政专户存款利息收入未入库	检查财政专户存款利息的收入情况，以及是否完整、及时入库
累计收回以前年度已列支的工资长期挂账，未冲销支出	检查以前年度的列支情况，包括工资、津贴等是否长期挂账，是否冲销支出
未及时制定有关税收管理措施，造成市级资源税、环保税未入库	重点审查有关税收管理措施的制度和执行情况，检查各税种的税收收入是否按规定征收、及时入库

（3）财政管理审计发现的问题及可能实施的程序（表 16-4）。

表 16-4　财政管理审计发现的问题及可能实施的程序

审计发现的问题	审计人员可能实施的审计程序
县区财政压力大，占用市级调度款逐年增加	重点检查各县区财政拨款资金规模，分析各县区财政拨款变动趋势和变动原因
当年专项资金未及时分配	检查专项资金管理情况，重点关注是否及时合理分配，及时拨付到位
医疗统筹金未纳入社保基金专户管理	检查医疗统筹金是否纳入社保基金专户管理，检查社保基金专户管理的制度是否健全，管理是否到位
专项资金管理不规范，未纳入单位财务统一管理	检查专项资金管理是否规范，是否建立台账；是否纳入单位财务统一管理；是否执行政府会计准则与制度
财政评审考核办法不完善，未制定对单位或中介机构编制虚高工程预算行为的惩戒措施	重点审查财政评审考核办法是否健全完善，是否得到有效执行；检查有关部门单位是否存在虚高编制预算的行为，是否进行相应惩罚

2. 开发区预算管理和执行审计发现的问题及可能实施的程序（表 16-5）

表 16-5　开发区预算管理和执行审计发现的问题及可能实施的程序

审计发现的问题	审计人员可能实施的审计程序
预算支出中，较大金额未实行国库集中支付	重点审查是否按预算支出项目经费，所有经费收支是否实行国库集中支付
一般公共预算支出调增额未履行法定程序	检查一般公共预算支出预算调整情况，关注调整原因的合理性以及调整程序的合法性
预算支出中，绩效管理仍未全面推开	检查是否建立健全了全过程预算绩效管理体系并得到有效执行，关注是否全面开展绩效目标的编制、结果反馈和运用工作；是否实施绩效跟踪与评价；是否按要求公开预算绩效自评报告以及重点项目绩效评价报告
存在应收未收电子商务孵化基地车间租金；坐收坐支房屋残值及租赁收入	重点审查是否将非税收入纳入财政预算，是否按规定及时、足额征收并上缴国库；是否隐瞒、坐收坐支、免收缓收非税收入；是否存在应收未收情况

3. 部门单位预算执行审计发现的问题及可能实施的程序（表 16-6）

表 16-6　部门单位预算执行审计发现的问题及可能实施的程序

审计发现的问题	审计人员可能实施的审计程序
以会议费名义列支招待费，未严格执行"一会一结算"制度，超标准发放补贴补助	检查是否在会议费、培训费、差旅费、出国费等费用中列支接待费；检查"一会一结算"制度的执行情况，检查是否超标准发放补贴补助
上年结转结余资金未列入本年预算，超预算、超范围支出，滞留专项资金	检查上年结余资金是否编入下年预算；检查部门是否按照批复的预算执行，是否存在随意调整支出预算的行为；是否超预算、无预算安排支出；专项资金预算执行是否正常，有无执行缓慢、滞留专项资金的情况

4. 重点企业资产质量和效益审计发现的问题及可能实施的程序（表 16-7）

表 16-7　重点企业资产质量和效益审计发现的问题及可能实施的程序

审计发现的问题	审计人员可能实施的审计程序
国有企业党委政治核心作用发挥不够，未将党建工作纳入公司章程	检查公司章程是否完善、完整，是否将党建工作纳入公司章程，党委的政治核心作用是否发挥充分
"三重一大"决策制度未得到严格执行	审阅公司相关会议记录和文件，检查"三重一大"决策制度执行情况和效果
国有企业子公司均超过 15 个，容易引发管理失控和经营风险	检查国有企业子公司设置和管控情况，对公司的管理和经营风险进行评估
部分国有企业涉及房地产开发，战略性主导产业不明确	评估国有企业主导产业，检查是否存在随意扩张企业产业，主导产业不明确的情况

5. 固定资产投资审计发现的问题及可能实施的程序（表16-8）

表16-8 固定资产投资审计发现的问题及可能实施的程序

审计发现的问题	审计人员可能实施的审计程序
项目未履行建设程序，未经竣工验收启用	检查工程项目建设是否履行审批程序，审批程序是否健全；对比项目的竣工时间和启用时间，检查是否存在未经竣工验收就启用的现象
违法招标投标，中标单位违法转包	重点审查应当进行招标的项目是否存在违法招标情况；达到公开招标数额标准的货物、服务项目和工程是否采用公开招标方式进行；检查中标单位是否存在违法转包行为

6. 自然资源资产任期审计发现的问题及可能实施的程序（表16-9）

表16-9 自然资源资产任期审计发现的问题及可能实施的程序

审计发现的问题	审计人员可能实施的审计程序
执法监管不到位，侵占基本农田现象时有发生	检查自然资源资产执法监管情况，关注是否存在执法不严，违法不究行为；检查有无侵占农田现象
不同部门上报的林地面积差异大，国有林场改革不到位，确权发证不及时	检查不同部门之间上报林地面积的情况，进行对比，分析原因，检验真实性。对国有林场的改革情况进行跟踪了解，检查确权发证时间是否及时

7. "三大攻坚战"审计发现的问题及可能实施的程序（表16-10）

表16-10 "三大攻坚战"审计发现的问题及可能实施的程序

审计发现的问题	审计人员可能实施的审计程序
领取企业退休工资的人享受扶贫政策；超范围发放低保金、教育专项资金；残疾证、残疾人补贴管理不力；部分扶贫项目建设进展慢，收益低，有的闲置或毁损	重点审查是否存在违规享受扶贫政策的人员；检查专项扶贫资金是否发放合理，有无超范围发放；检查扶贫项目的进度，有无进度缓慢，资金闲置情况
迁建工程资金管理不规范，滞留专项资金，部分项目规划和施工许可办理不及时，勘察设计项目未公开招投标，建设项目档案管理不规范	检查工程资金管理情况，有无专项资金滞留；检查项目招投标是否存在违规招标；检查建设项目的档案管理情况
存在工商税收征管手续不严格，漏征漏管土地使用税、水资源税、房产税等问题	检查工商税收征管手续是否完善合理，税收征管中是否存在漏征漏管，税收是否及时入库等
安全生产领域，发现管理制度不健全、执法力量薄弱、执法手段落后，以及执法不到位等	检查安全生产管理文件制度是否健全有效，执法是否到位

8. 民生工程审计发现的问题及可能实施的程序（表 16–11）

表 16–11　民生工程审计发现的问题及可能实施的程序

审计发现的问题	审计人员可能实施的审计程序
保障性安居工程，公租房未及时分配，项目建设审批手续不齐全，廉租房补贴未按规定时间发放	检查公租房是否及时分配，是否分配合法合规；检查项目建设审批手续是否齐全；廉租房补贴是否按规定时间发放，是否存在冒领
惠农补贴资金，村干部套取补贴，超范围超标准领取低保、五保、残疾、农机、危房改造等惠农补贴资金	检查惠农补贴资金是否发放合理，有无超范围发放；有无被套取和冒领情况
清理拖欠民营企业中小企业账款情况，防范新增欠款的工作机制不够完善，化解欠款的管理台账不够细化，个别单位存在虚报漏报行为	检查清理拖欠民营企业中小企业账款的工作制度是否完善，工作是否落实到位，管理台账是否细化，是否存在虚报漏报

［案例 16–2］　中央部门 2018 年度预算执行等情况审计案例

（一）案例资料

审计署对中央部门 2018 年度预算执行等情况进行审计，首次实现对 88 个中央一级预算单位审计全覆盖，并延伸审计了 256 家所属单位。审计发现中央部门本级和延伸审计的所属单位重视预算工作，基本符合预算法及相关法律法规的要求。审计结果公告中对普遍存在的一些问题和各预算单位单独存在的问题进行披露。本案例主要对普遍存在的问题进行分析与讨论。其中：审计发现"预算管理和执行中存在的问题"如表 16–12 所示；审计发现"三公经费及会议费"问题如表 16–13 所示；审计发现"违规收费和发放津贴"问题如表 16–14 所示；审计发现"会计核算不规范"问题如表 16–15 所示。

资料来源：审计署 2019 年第 2 号公告《中央部门 2018 年度预算执行等情况审计结果》。

（二）讨论与分析题

讨论：审计人员发现并查实这些问题时，可能实施哪些审计程序？

分析：

1. 预算管理和执行审计发现的问题及可能实施的程序（表 16–12）

表 16–12　预算管理和执行审计发现的问题及可能实施的程序

审计发现的问题	审计人员可能实施的审计程序
预决算编报还不够完整准确	重点审查各部门编制的预决算的依据是否充分、合规，是否真实、准确，内容是否全面、完整；有无虚列支出、随意结转、决算不实的问题
预算执行及资产管理还不够规范	检查部门预算执行是否按照批复的预算执行，是否存在随意调整支出预算的行为；是否超预算、无预算安排支出；部门所有收入和支出是否纳入预算管理；检查资产管理制度是否健全有效、相关资产管理是否合理合规等

2．“三公”经费及会议费审计发现的问题及可能实施的程序（表 16-13）

表 16-13　“三公”经费及会议费审计发现的问题及可能实施的程序

审计发现的问题	审计人员可能实施的审计程序
“三公”经费及会议费等管理不够严格	（1）检查公务接待管理情况。重点审查部门是否接待无公函的公务活动和来访人员；是否超规格组织迎送活动和安排陪同陪餐；是否安排超标准接待；是否在高消费娱乐场所消费、安排文艺演出或参观旅游景点；是否在会议费、培训费、差旅费、出国费等费用中列支接待费；是否存在赠送礼品、礼金、有价证券、纪念品和土特产品等问题。 （2）检查公务用车配置和管理使用情况。重点审查部门是否以特殊用途等理由变相超编制、超标准配备公务用车；是否以各种方式换用、借用、占用下属单位或者其他单位和个人的车辆；是否接受企事业单位和个人赠送的车辆；是否通过长期租车、以租代购等变相保留配备公务用车；是否违反用途使用或者固定给个人使用执法执勤、应急、机要通信等公务用车；是否以公务交通补贴名义变相发放福利；是否既领取公务交通补贴又违规乘坐公务用车；是否严格执行定点保险、定点维修、定点租车的规定。 （3）检查因公出国（境）管理情况。重点审查部门是否超规定天数、超规定人数组团出国；是否变相公款旅游；是否自行改变出行地点或者绕道前往其他国家；是否持因私护照出国（境）执行公务活动；是否未经审批组织公务出国团组。 （4）审查部门是否违反规定在高档宾馆、风景名胜区开会、培训；是否借举办会议、培训、考察及其他各类活动名义发放纪念品；是否使用虚假发票套取会议费、培训费、考察费等费用；是否超标准、超规格开办会议费；是否向下属机构、企事业单位、地方转嫁或摊派会议费；是否以举办会议、培训名义将资金转移至下属单位或经营实体；是否以虚报、冒领手段骗取会议费，虚报会议人数、天数等进行报销，违规扩大会议费开支范围；是否无会议通知、签到表、经费决算等资料报销会议费等问题

3．部门、单位收费和发放津贴审计发现的问题及可能实施的程序（表 16-14）

表 16-14　部门、单位收费和发放津贴审计发现的问题及可能实施的程序

审计发现的问题	审计人员可能实施的审计程序
一些单位依托管理职能或者利用行业资源违规收费	对照检查单位收费项目表和单位的相关职能，看有无违规收费；检查该单位收费记录，审查收费项目是否有物价部门核发的收费许可证，许可证是否在有效期内，以此检查收费项目是否合理
违规发放津补贴	重点审查是否违规发放津补贴以及报销应由个人承担的手机话费等费用，是否违规领取评审费、验收费、咨询费、劳务费等报酬费用；事业单位是否在核定的绩效工资总量外超额发放绩效工资、自行发放津贴补贴和奖金
未经批准兼职或违规兼职取酬	检查单位兼职管理情况，是否有单位领导、职工在外兼职，兼职是否合规，有无收取报酬，收取报酬是否合理

4. 会计核算审计发现的问题及可能实施的审计程序（表 16–15）

表 16–15 审计会计核算发现的问题及可能实施的程序

审计发现的问题	审计人员可能实施的审计程序
会计核算不规范	重点检查是否执行政府会计准则及制度；会计核算是否规范等

[案例 16–3] 云南省第一人民医院财政存量资金审计发现王天朝贪腐案

（一）案例资料

（请扫描下方二维码，观看视频和文字资料。）

视频：2014 审计报告出炉
点名王天朝等 5 人

云南“双百院长”
落马记

（二）讨论与分析题

讨论：云南省第一人民医院财政存量资金审计中是如何发现王天朝利用职务之便，为其女儿参股的企业牟利并收受贿赂的问题？如何实施进一步审计程序揭示并查实问题？

分析：在了解财政存量资金审计的基本情况下，可知其在存放管理和结余结转方面容易出现问题，并结合医药行业的特点，应对医疗设备采购、药品经销方面进行重点关注；发现疑点后，坚持一查到底的态度，设计并执行相应的审计程序，顺藤摸瓜，查明事情真相。其发现问题的具体过程如图 16–1 所示。

1. 审计发现疑点

审计过程中，一家成立时间不长并获取大量业务的公司引起了审计人员的注意。通过收集和分析医院的财务数据发现，2004—2013 年，云南省第一人民医院共向 7 家医疗设备供应商进行采购，并支付款项 1.64 亿元。而其中一家供货商 M 公司，在 2010 年才开始成为云南省第一人民医院的医疗设备供货商，却占该医院当年采购金额的 47%。但按照常理，医院引入新的供应商，不应该有这么大的采购量。

2. 实施进一步审计程序揭示问题

（1）外围调查 M 公司成立时间、出资成本、出资人及出资比例以及医疗设备代理进口的资质。年轻的王某一人占有三分之一的股权引起审计人员的关注。经审计查证表明，M 公司的股东王某就是时任云南省第一人民医院院长王天朝的女儿；还发现该公司在与云南省第一人民医院做第一笔生意的时候，并没有取得医疗设备代理进口的资质，而是在以后几年里才逐步取得的。

（2）检查 M 医院的招标材料、与云南省第一人民医院签订的采购合同，验证其合规性、真实性和合理性。发现 M 公司在未参加招标的情况下拿到采购合同。

（3）检查省第一人民医院以往招标记录，并询问或访谈相关工作人员，验证招标的合规性、真实性和合理性。发现中标公司都与 M 公司签订了三方协议，王天朝作为院方代表人也在三方协议中签字；协议约定，医院将全部采购资金付给 M 公司，由 M 公司代理中标公司采购进口医疗设备。

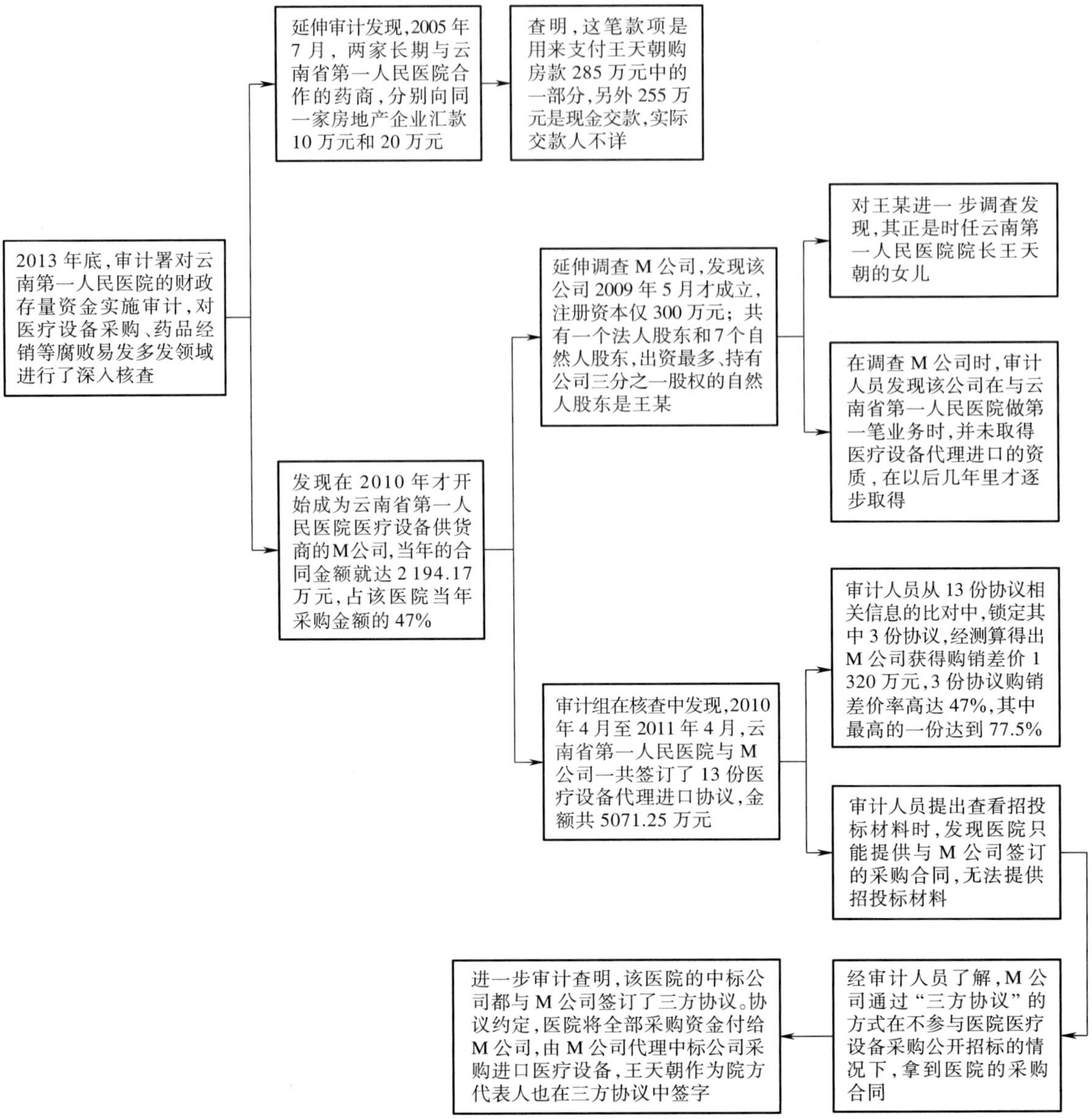

图 16-1　云南省第一人民医院财政存量资金审计及王天朝贪腐案发现过程

（4）检查中标公司中标文件、采购合同及财务账户，验证三方协议的真实性。发现一家已经获得西门子公司授权经销医疗设备的公司，中标该医院 1 797.73 万元的西门子医疗设备采购合同后，并没有从国外生产商进口设备，而是将设备采购工作全部委托给了 M 公司，自身仅获得 10 万元报酬。

（5）检查 M 公司银行账目，查看设备购买款来源及最终去向（即资金流），测算购销差价率，审计查明其最高购销差价高达 77.5%。延伸审计发现，2005 年 7 月，两家长期与云南省第一人民医院合作的药商，分别以 10 万元和 20 万元的金额，向同一家房地产企业汇款，经查，这笔款项是用来支付王天朝购房款 285 万元中的一部分，另外 255 万元是现金交款，实际交款人不详。

审计发现并基本确认云南省第一人民医院院长王天朝利用职务之便，违规为其女儿参股企业牟利的事实。

3. 审计移交重大问题线索

2014 年 7 月 30 日，审计署将关王天朝涉嫌利用职权为其女儿参股的企业牟利，并涉嫌收受药商贿赂的问题线索移送到云南省纪委。随后，云南省纪委根据审计提供的线索，进一步深入调查，掌握相关证据后，向云南省委组织部提出“此人不适合提拔任用”的建议。

4. 后续进展

经云南省纪委常委会研究并报省委主要领导同意，成立了“9·10”专案组，对涉及王天朝等人的腐败问题进行了严肃查处。

经查，2004 年至 2014 年，王天朝利用担任云南省第一人民医院院长的职务之便，在工程建设、医疗器械和药品试剂采购、人事任命和职称评定等方面为他人谋取利益，从中收受他人现金贿赂共计 4 500 余万元人民币，收受房产 100 套、车位 100 个，折价值 8 400 余万元人民币，两项合计 1.29 亿元人民币。此外，王天朝本人还交代收受礼金 150 万元人民币。

2018 年 7 月 13 日，云南省普洱市中级人民法院对此案进行公开宣判，以受贿罪判处被告人王天朝无期徒刑，剥夺政治权利终身，并处没收个人全部财产。

二、固定资产投资审计案例

固定资产投资审计的范围涉及全部或主要使用财政资金进行固定资产投资的单位。依据我国《审计法》和《审计法实施条例》的规定，审计机关对政府投资和以政府投资为主的建设项目的预算执行情况和决算进行审计。固定资产投资审计的相关理论如表 16–16 所示。

表 16–16　固定资产投资审计的相关理论

项目	内　容
定义	固定资产投资审计是指审计机关依据国家法律、法规和政策规定，对固定资产投资项目及其财务收支的真实性、合法性、效益性进行的审计监督
审计对象与主要内容	审计对象包含固定资产投资的技术与经济过程，涉及全部参与的部门和单位，如建设单位、施工单位、设计单位、建设单位的主管部门等。 从固定资产投资建设的程序上看，审计的主要内容有前期审计、在建期间审计和竣工后审计三大部分。前期审计包括投资决策审计、资金筹集审计等；在建期间审计包括预算执行、合同实施、财务收支核算、资金使用等；竣工后审计包括竣工决算报表、工程结余资金审计等
审计目标	审查和分析重点资金和项目、固定资产投资项目的合理性、资金使用的有效性，以深入分析财政投入与项目进展、事业发展等情况，推动固定资产的有效建成和使用
主要评价标准	主要是与固定资产投资管理相关的法律法规，如《建筑法》《合同法》《招投标法》《价格法》《税法》及其相关条例、《土地法》等，以及地方政府和各部门颁发的相关文件规定，例如《政府投资条例》，如工程造价管理方面的规定等
高风险审计领域	（1）招投标不规范，未公开招标，招标暗箱操作等 （2）合同管理漏洞，条款考虑不全面 （3）工程预决算管理不规范，故意多计工程量高套工程定额、虚报工程造价等 （4）工程管理不规范严格

[案例 16-4] 长江三峡水利枢纽工程地下电站竣工财务决算草案审计案例

(一)案例资料

审计署 2015 年组织对长江三峡水利枢纽工程地下电站(以下简称地下电站)竣工财务决算草案进行了审计,在“审计结果公告”中披露了地下电站建设中存在的多计投资、工程建设管理不严格、部分闲置及退场物资设备处置不规范等方面的问题。其中:审计发现“竣工财务决算草案多计投资问题”如表 16-17 所示;审计发现“工程建设管理不严格问题”如表 16-18 所示;审计发现“部分闲置及退场物资设备处置不规范问题”如表 16-19 所示。

资料来源:审计署 2015 年第 29 号公告《长江三峡水利枢纽工程地下电站竣工财务决算草案审计结果》。

(二)讨论与分析题

讨论:审计人员发现并查实这些问题时,可能实施哪些审计程序?

分析:

1. 竣工财务决算草案审计发现的问题及可能实施的程序(表 16-17)

表 16-17 竣工财务决算草案审计发现的问题及可能实施的程序

审计发现的问题	审计人员可能实施的审计程序
建筑安装工程多计投资	检查建筑安装工程的投资额是否合理,是否存在多计投资
虚计工程量、单价或超出合同约定多计费用	实地查勘工程项目,核查对比工程的实物量,检查是否存在虚计工程量的问题;检查工程定额套用是否合规、合理,有无高套定额问题;对比检查合同约定费用和实际支付费用的差距,有无超出合同约定多计费用
超标准支付监理费和招标代理费;多计竣工决算编审费等其他费用	检查招标代理费、监理费、竣工决算编审费等其他费用的计算与支付是否合规;相关审批程序是否完整;是否存在超范围、超标准计算与支付问题等
重复支付勘察设计费和专项研究费用	抽查各类工程项目费用的支付情况,包括勘察设计费、专项研究费等,重点关注是否存在重复支付现象及其原因,注意是否存在违法违规行为

2. 工程建设管理审计发现的问题及可能实施的程序(表 16-18)

表 16-18 工程建设管理审计发现的问题及可能实施的程序

审计发现的问题	审计人员可能实施的审计程序
工程建设管理不严格,标段划分不合理和施工控制不严,导致增加投资	检查工程建设的管理情况,关注相关制度是否健全、完善,是否遵照执行;检查标段划分是否合理;是否施工责任到人,管理控制是否严格等。对于存在的疑问,要追查到底,查实问题
设备材料采购管理不到位,增加工程赶工措施费用,增加投资	检查工程进度是否合理,是否存在工程赶工现象,造成增加投资;检查材料、设备采购管理情况,是否专人负责,是否能够满足工程进展需要
高出其他供应商最高供应价格采购物资,增加投资	与同行业供应商对比,检查物资采购的质量是否达标,价格是否合理,有无价格过高、质量不合规的问题

3. 闲置及退场物资设备处置审计发现的问题及可能实施的程序（表 16–19）

表 16–19　闲置及退场物资设备处置审计发现的问题及可能实施的程序

审计发现的问题	审计人员可能实施的审计程序
部分闲置及退场物资设备处置不规范，低于规定价格处置物资	在市场调查基础上，检查处置闲置设备、退场物资等的价格是否合理、审批程序是否合规，是否存在低价处置的情况
多项退场设备仪器未纳入评估清单，部分直接无偿处置，造成国有资产流失	检查退场设备仪器相关资料，并与评估清单对照，检查是否存在未纳入评估范围、无偿处置和低价处置的情况； 检查物料集装箱和退场设备仪器的会计账目，关注是否存在资产管理不规范的情况

［案例 16–5］　长江三峡水利枢纽升船机工程竣工财务决算审计案例

（一）案例资料

2018 年审计署组织对中国长江三峡集团有限公司建设的长江三峡水利枢纽升船机工程竣工财务决算进行了审计。在“审计结果公告”中披露了竣工财务决算多计投资、工程概算和决算编制不够规范、部分项目未依法依规进行招标、建设管理不规范增加投资等四个方面存在的问题。其中：审计发现“竣工财务决算草案多计投资问题”如表 16–20 所示；审计发现“工程概算和决算编制不够规范问题”如表 16–21 所示；审计发现“部分项目未依法依规进行招标问题”如表 16–22 所示；审计发现“建设管理不规范增加投资问题”如表 16–23 所示。

资料来源：审计署 2018 年第 50 号公告《长江三峡水利枢纽升船机工程竣工财务决算审计结果》。

（二）讨论与分析题

讨论：审计人员发现并查实这些问题时，可能实施哪些审计程序？

1. 竣工财务决算审计发现的问题及可能实施的程序（表 16–20）

表 16–20　竣工财务决算审计发现的问题及可能实施的程序

审计发现的问题	审计人员可能实施的审计程序
多计算工程量、高套单价、违反合同规定多结算工程款	审查和核对工程量、所套用定额以及相关合同，重点关注是否存在多计算工程量、高套定额、违反合同规定多结算工程款等情况
多计尾工项目投资；多计与工程无关的投资，多计待摊投资	检查相关会计记录，重点关注有无多计尾工项目投资、多计与工程无关的投资、多计待摊投资等问题
重复列支、违规支付设计费用	检查各类工程项目费用，重点关注是否存在重复列支、违规支付等现象

2. 工程概算和决算编制审计发现的问题及可能实施的程序（表 16–21）

3. 招标审计发现的问题及可能实施的程序（表 16–22）

4. 建设管理审计发现的问题及可能实施的程序（表 16–23）

表 16-21 工程概算和决算编制审计发现的问题及可能实施的程序

审计发现的问题	审计人员可能实施的审计程序
工程概算和决算编制不够规范，存在多报或漏报工程价差概算	检查工程概算、预算和决算编制是否规范、合法、完整、真实；是否存在漏报、多报、错报情况
在编制竣工财务决算报告前，未据实调整错列的会计核算科目，未按规定盘点工程实物资产	审查会计核算是否规范、正确；是否按规定盘点各类工程和其他实物资产，对盘盈盘亏是否追查原因并进行相应处理；是否对可能存在的会计差错进行了相应调整等

表 16-22 招标审计发现的问题及可能实施的程序

审计发现的问题	审计人员可能实施的审计程序
部分项目未依法依规进行招标，违反公开招标的规定，以邀请招标、单一来源采购等方式签订施工、物资采购及服务类合同	检查招投标相关的会议记录、会议决议、相关资料、报批记录、审批程序、合同等，是否存在未按规定进行招投标，或者在招投标中存在弄虚作假、暗箱操作、违规招标、直接委托等情况行为
违规将个别项目的第二中标候选人确定为中标人	检查招标合同及相关资料，注意中标单位的确定是否合规，是否存在违规将项目的第二或第三中标候选人确定为中标人等情况

表 16-23 建设管理审计发现的问题及可能实施的程序

审计发现的问题	审计人员可能实施的审计程序
建设管理不规范增加投资，超过合同约定补偿施工单位及设备供应商费用，超标准列支监理费、招标代理费	检查工程建设的管理情况，制度规定是否完善，是否遵照执行；重点检查给施工单位、设备供应商等的补偿是否合规，是否存在超标支付监理费、招标代理费等各类费用的情况
工程现场管理不善造成增加投资	实地走访工程现场，采访管理人员，了解管理情况，检查现场管理情况，注意有无因管理不善导致增加投资等情况

[案例 16-6] 京沪高铁建设项目跟踪审计发现刘志军贪腐案

（一）案例资料

（请扫描二维码，观看视频和文字资料。）

视频：对话国家审计署审计长刘家义：跟踪审计牵出刘志军贪腐案

审计署审计审计结果公告 2010 年第 2 号：“京沪高速铁路建设项目 2009 年跟踪审计结果”

审计署审计审计结果公告2011年第9号:“京沪高速铁路建设项目2010年跟踪审计结果”

审计署审计审计结果公告2012年第3号公告:京沪高速铁路建设项目2011年跟踪审计结果

审计揭开丁书苗与刘志军间的黑色利益链

（二）讨论与分析题

讨论:审计人员在高铁建设项目跟踪审计中是如何发现B、C、D公司重大资金流向问题,以及丁书苗作为掮客通过所控制的多家公司伙同刘志军收取高额中介费的违法问题?如何实施进一步审计程序揭示并查实问题?

分析:

1. 第一轮跟踪审计,发现疑问汇款,查明资金去向,移送违法线索

（1）分析施工单位基本情况,确定重点被审计单位。

参与京沪高铁建设项目施工单位,如何确定重点被审计施工单位,是审计组在第一轮跟踪审计中首先需要解决的问题。经过了解施工单位的背景,审计组发现在诸多参与京沪高铁建设项目的施工单位中,主业不是铁路建设的B公司中标了一个标段高铁建设工程,这引起了审计组的怀疑,便将B公司确定为重点被审计单位。

（2）审计发现巨额疑问汇款,一步一步追踪疑问汇款去向。

审计组在对B公司财务收支进行审计时,发现B公司从2008年底到2009年初以委托对方代为采购设备的名义,累计将5 000万元汇给北京东润吉源经贸有限公司（以下简称“东润公司”）,但没有进行任何招投标程序,对方也未开具发票。这不仅不符合一般经济业务往来做法,也涉嫌违反政府采购相关法律的规定。这引起审计组的警觉。

审计组追查东润公司,得到更为蹊跷的情况是:东润公司2000年注册成立,但2008年10月已经被吊销营业执照,实际控制人是丁书苗;B公司汇入上述5 000万元设备采购款是在东润公司被吊销营业执照之后。这加大了审计组的怀疑。

审计组根据审计署“一查到底、见账见物”的要求,实地查看所购买的设备,以验证设备是否确已用到高铁建设施工现场。B公司施工现场项目负责人神色慌张、支支吾吾地说,采购的设备还没有到货,合同也是上面签的,他并不知情。他居然还一边说,一边拔腿就向外跑,让审计组目瞪口呆。这加重了审计组对这笔代理采购设备业务的真实性和合法性的怀疑。

次日,B公司项目负责人向审计组解释说,B公司借用这笔钱为马达加斯加的海外项目购买了设备,设备远在马达加斯加。审计组于是进一步查证马达加斯加海外项目的设备,查询B公司报关纪录,发现B公司根本没有在海关报关进出口相关机械设备的任何记录。B公司此时又解释说,当时因紧急情况,在没有签订合同的情况下付款请东润公司代买设备,但因故停止购买设备。在审计组介入后,东润公司已经归还了5 000万元。审计组要求查看B公司与马达加斯加方签订的项目合同,但B公司却拿出了与刚果签订的合同,无法

拿出与马方签订过合同的证据。审计组的怀疑不仅没有减少,反而加重。为何B公司一而再、再而三地说谎。背后是否有更大的猫腻和更多的不可告人的秘密?

审计组延伸调查东润公司和B公司的其他往来账目,并追查东润公司5 000万元资金最终去向(即查资金流)。审计组发现,B公司支付给东润公司的5 000万元,其中3 000万元转给了东润公司的关联企业北京博宥投资管理集团有限公司(以下简称“博宥集团”);另2 000万元转给了两家煤炭相关企业,实际上是替博宥集团归还拖欠这两家企业的借款。审计组调查得知,博宥集团和东润公司的实际控制人都是丁羽心(原名丁书苗)。那5 000万所谓的设备采购款全都入了丁羽心的账户。审计组延伸调查发现,丁书苗控制着博宥集团等几十家企业,资产近40亿元,但是纳税记录不多。丁书苗、博宥集团等,成为审计组希望解开的谜。

京沪高铁第一轮跟踪审计发现并查明B公司问题的过程,如图16-2所示。

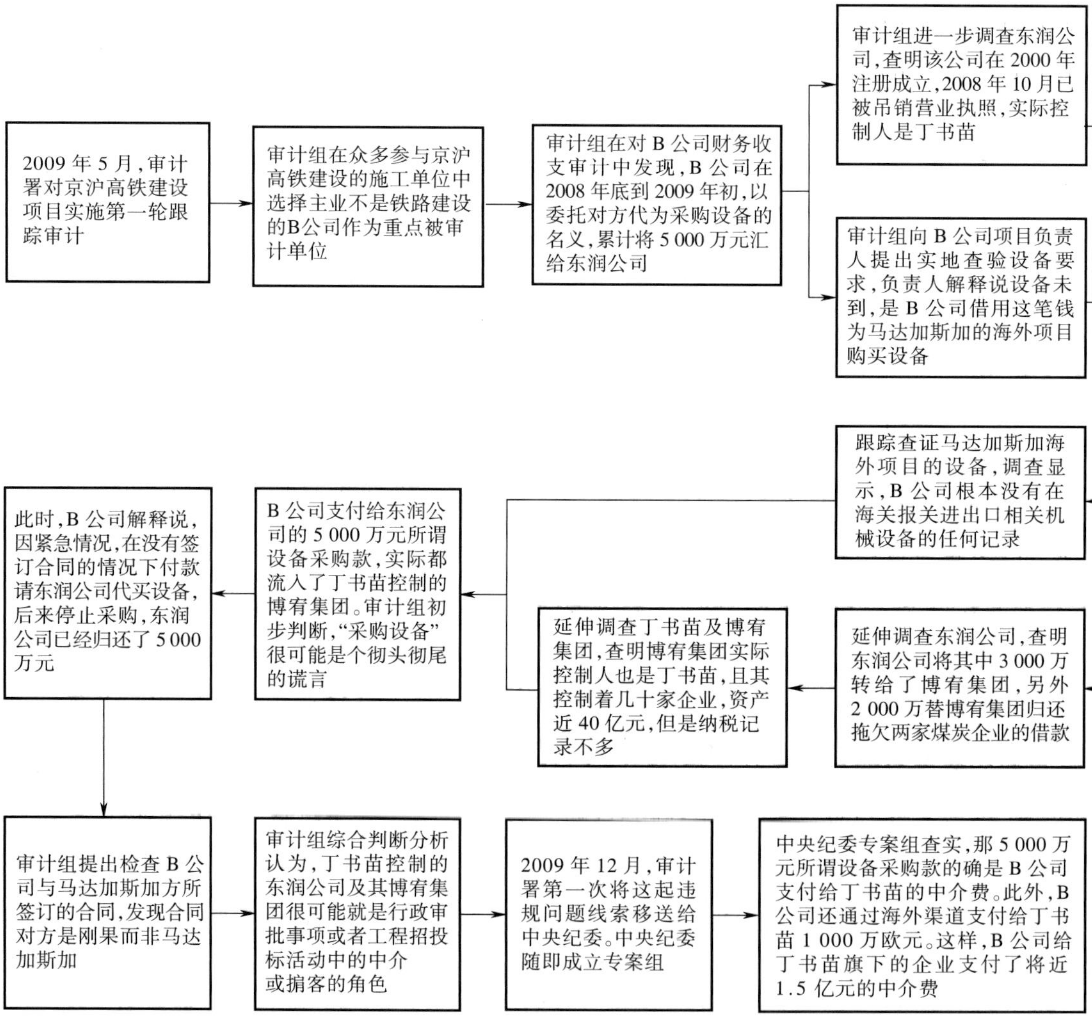

图16-2　京沪高铁第一轮跟踪审计发现并查明B公司问题的过程

(3)审计署向中纪委移交违规问题线索。

审计组综合判断分析认为,东润公司及其背后的博宥集团很可能就是在扮演行政审批事项和工程招投标活动的中介或掮客的角色。B公司5 000万元虚假设备采购合同的背后可能隐藏着重大经济犯罪案件。于是，在2009年12月，审计署将这起违规问题线索移送给中纪委。中央纪委就此成立了专案组。

2. 第二轮跟踪审计，扩大战果，发现丁书苗的靠山为刘志军

2010年5月，审计署对京沪高铁建设项目实施第二轮跟踪审计。有了第一轮跟踪审计发现的违规问题线索，审计署要求重点检查京沪高铁建设项目中是否有其他标段存在类似的问题。于是，审计组安排审计人员对京沪高铁建设项目中标施工单位逐个排查，重点核实有无以虚假合同、虚假发票或咨询费、中介费方式转移资金问题。

京沪高铁第二轮跟踪审计发现刘志军涉嫌违法问题的过程，如图16-3所示。

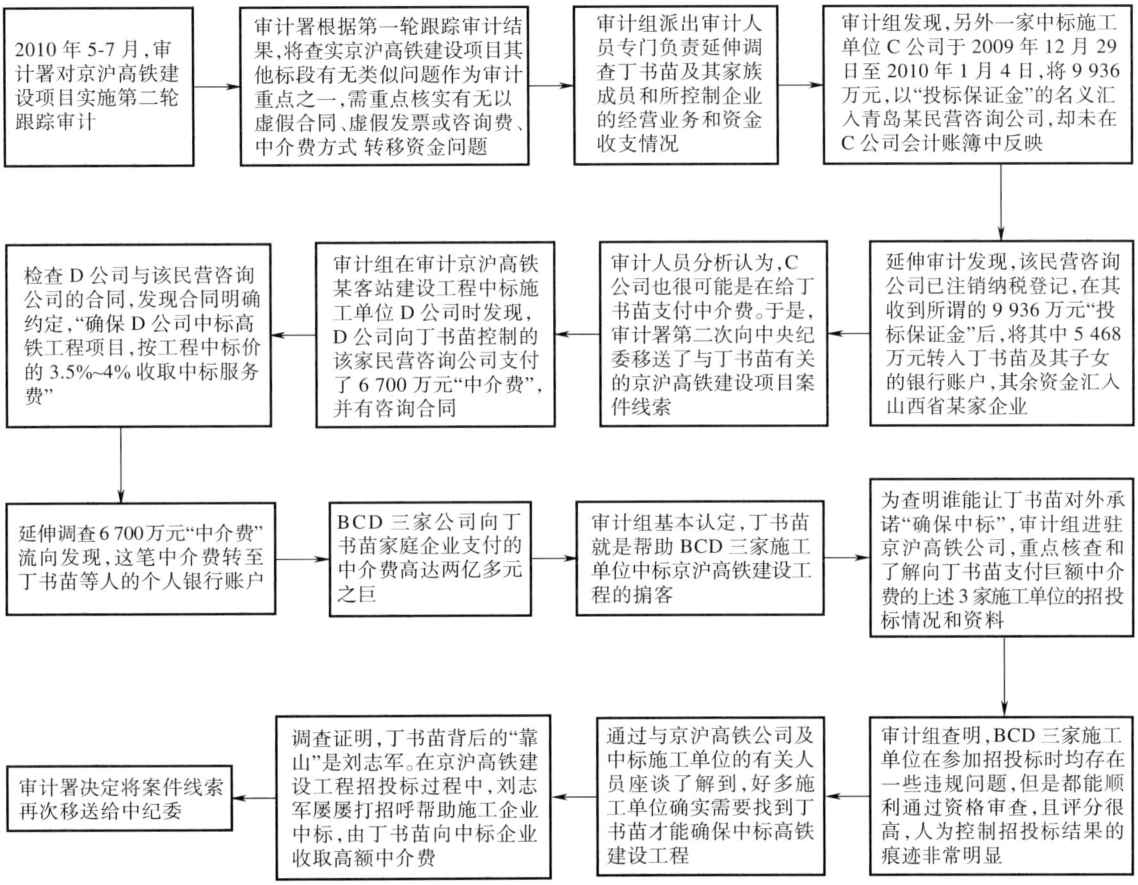

图16-3 京沪高铁第二轮跟踪审计发现刘志军涉嫌违法问题的过程

（1）审计查明C公司向丁书苗支付了巨额中介费。

审计组发现中标施工单位C公司于2009年12月29日至2010年1月4日，分4笔从结算账户中隐蔽转出资金9 936万元，以“投标保证金”名义汇入青岛某民营咨询公司，未在C公司会计账簿中反映。审计组延伸审计发现，该民营咨询公司已经注销了纳税登记；该公司收到9 936万元“投标保证金”后，将其中5 468万元转入丁书苗及其子女的银行账户，其余资金汇入山西省某家企业。审计组预感到C公司很可能与B公司一样，是在向丁书苗支付中介费。于是，审计署第二次向中央纪委移送了与丁书苗有关的京沪高铁建设项

目案件线索。

为何B、C两家在业界都有较强竞争力的公司要向一家民营企业支付如此高额的中介费？其他中标施工单位有无向这家民营企业支付高额中介费的情况？这成为第二轮跟踪审计中需要重点关注的问题。

（2）审计查明D公司也向丁书苗支付巨额中介费。

此后，审计组在审计中标施工单位D公司时，也发现D公司向丁书苗控制的这家民营咨询公司支付了6 700万元“中介费”。审计组追问D公司：为什么要支付给一家已经注销了税务登记的咨询类公司巨额咨询费？D公司提供了所谓的咨询服务合同。这是审计组第一次见到丁书苗控制的企业与施工单位签订的咨询服务合同。该合同明确约定，“确保D公司中标高铁工程项目，按工程中标价的3.5%～4%收取中标服务费”。延伸调查资金流向发现，这笔中介费分15笔转至丁书苗等人的个人银行账户。于是，审计署第三次向中央纪委移送案件线索。

（3）深入审计京沪高铁公司招投标情况，发现丁书苗背后的靠山是刘志军。

为什么B、C、D三家公司要给丁书苗支付巨额中介费？显然，丁书苗很可能就是帮助施工单位B、C、D公司中标京沪高铁建设工程的掮客。丁书苗背后是谁呢？谁能让丁书苗轻易地对外承诺“确保中标”呢？B、C、D公司与丁书苗、刘志军的关系如图16-4所示。丁书苗是否还帮助其他施工单位中标京沪高铁建设工程并收受巨额中介费？

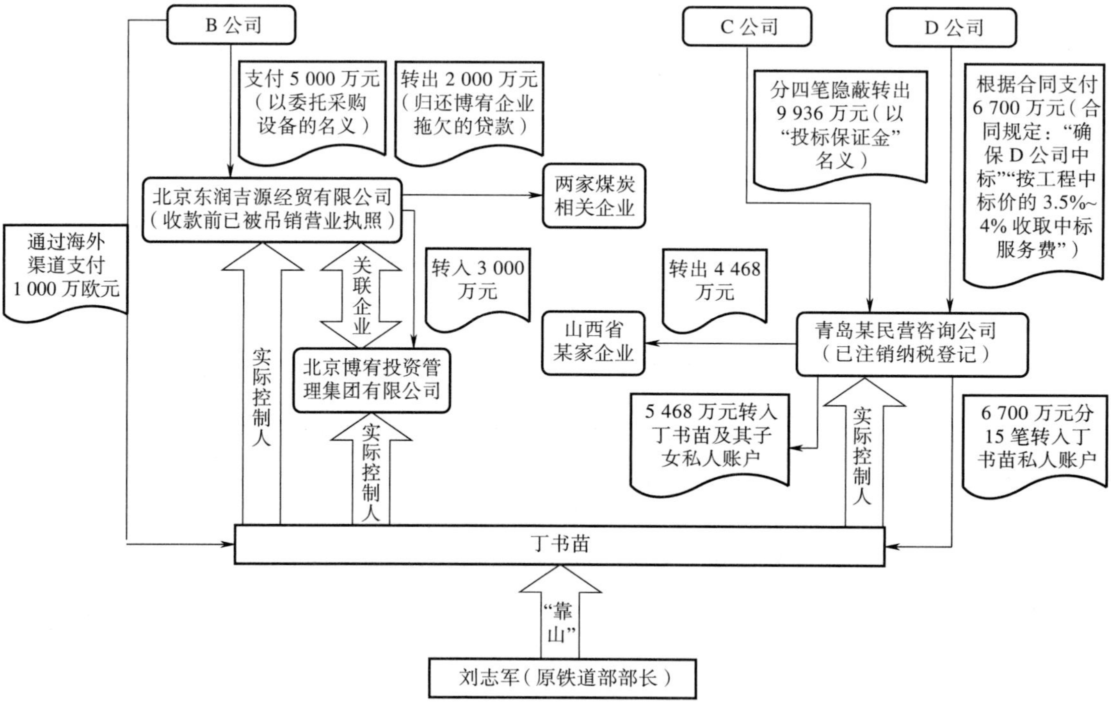

图16-4 B、C、D公司与丁书苗、刘志军关系

审计组于是对负责京沪高铁建设的京沪高铁公司进行重点审计，特别是招投标的真实性和合法性审计。审计组发现向丁书苗支付巨额中介费的B、C、D三家施工单位在参加招投标时均存在这样那样的违规问题，但是都能顺利通过资格审查；进一步审查评标资料发

现，人为控制招投标结果的痕迹非常明显。

通过走访调查以及京沪高铁公司、中标施工单位的有关人员的暗中指认，皆证明丁书苗背后的“靠山”就是刘志军。刘志军负责向下属单位打招呼，丁书苗则向中标企业收取高额中介费。

案件重大，审计署决定将上述案件线索再次移送给中央纪委。

审计署京沪高铁建设项目跟踪审计及刘志军贪腐案查处过程，如图 16-5 所示。

图 16-5　审计署京沪高铁建设项目跟踪审计及刘志军贪腐案查处过程

3. 后续进展

2011 年 2 月 12 日，经中共中央批准，中共中央纪委对中共中央委员、铁道部原部长、党组书记刘志军严重违纪问题进行立案检查。

经查，丁书苗先后帮助 23 家公司中标 57 个京沪铁路建设工程项目，中标标的总额超过 1 800 亿元。在上述 57 个项目中，刘志军为其中 53 个打过招呼；丁书苗等人从中获得好处费 30 多亿元，其中她个人获利 20 多亿元。

经查，1986 年至 2011 年间，刘志军利用担任郑州铁路局武汉铁路分局党委书记、分局长、郑州铁路局副局长、沈阳铁路局局长、原铁道部运输总调度长、副部长、部长的职务便利，为邵力平、丁羽心等 11 人提供不合规帮助，先后非法收受上述人员给予的财物共计折合人民币 6 460 万余元；刘志军在担任原铁道部部长期间，徇私舞弊，为丁书苗及其与亲属实际控制的公司提供帮助，使其获得巨额经济利益，致使公共财产、国家和人民利益遭受特别重大损失。

2013 年 7 月 8 日法院对此案作出一审宣判，刘志军以受贿罪、滥用职权罪两罪并罚，决定判处死刑，缓期两年执行，剥夺政治权利终身，并处没收个人全部财产。2015 年 10 月 26 日，刘志军刑期被减为无期徒刑。

4. 案例启示

明确审计重点和审计要求，是发现重大问题线索的有效指导。能够斩断刘志军和丁书苗的黑色利益链，源于审计组对审计署领导提出的“对付款金额超过千万元的合同一定要‘见账、见物’；对那些没有经过招标程序的采购都须一笔一笔核对”要求的贯彻执行。审计组通过有针对性地抽查大额合同，核对未招标的采购，提高了审计效率，有助于审计人员发现疑点。

保持合理职业怀疑和实施有效审计程序，是查实重大问题的基本保证。审计组保持合理职业怀疑是能够发现疑点的基础，通过实施进一步审计程序，包括检查、观察、询问、访谈等方式获取充分、适当的审计证据，证实疑点。审计人员保持敏感度和警觉性，不放过看似合理的理由与流程，使案件取得突破性进展；通过访问调查，得到相关人员的暗中指认，使案件基本清楚。

及时向纪检监察部门移送重大问题线索，是彻底查实并惩处违法行为的根本保证。审计机关限于职权和手段，不能深入、彻底调查重大问题。审计署及时向中纪委移送重大问题线索，中纪委成立专案组，就能够彻底查实并惩处违法行为。

三、政府绩效审计案例

政府绩效审计产生和发展的理论基础是受托经济责任关系，政府绩效审计的本质是对公共受托管理责任的监督和评价。政府绩效审计的相关理论如表 16-24 所示。

表 16-24　政府绩效审计的相关理论

项目	内　容
定义	政府绩效审计是国家审计机关就政府部门及其所属单位的财力、人力、物力和时间资源使用的经济性、效率性、效果性所进行的审计
审计对象与主要内容	政府绩效审计的对象是公共资源的运用以及运用资源而制定的政策、设立的项目等，包括： （1）公共项目绩效审计，即政府对公共投资领域的为公民服务的投资项目的审计； （2）公共部门绩效审计，即对政府或政府部门履行职责的绩效的审计； （3）公共资源绩效审计，即对政府管理的公共资源履行职责的绩效的审计
审计目标	审查、评价政府项目或活动的经济性、效率性、效果性、环保性和公平性，出具绩效审计报告，为纳税人、投资人、立法机构等深入了解政府活动运作绩效提供依据，为促进政府绩效提高提供建议
主要评价标准	政府绩效审计涉及政府利用公共资源履行职责的活动，评价标准主要是绩效方面的，如《环境保护法》《招投标法》《预算法》，各类绩效管理办法，专项资金绩效、公共服务绩效、预算绩效管理规定等；还包括各级政府制定的发展规划、年度工作计划、项目实施方案等
高风险审计领域	（1）建设资金拨付和管理使用中不合规，不规范； （2）工程建设管理中未严格落实招标投标制、项目合同管理制；工程质量管理不到位，项目未按期投产； （3）公共资金管理不规范、挤占挪用资金、效益未达预期目标等

[案例16-7] 2018年保障性安居工程资金投入和使用绩效审计案例

（一）案例资料

2018年12月至2019年3月，审计署组织对31个省、自治区、直辖市和新疆生产建设兵团所辖1 118个市县的2018年棚户区改造和公共租赁住房的投资、建设、分配、使用和后续管理等情况进行了审计。对保障性安居工程资金投入和使用绩效进行了审计。在“审计结果公告”中披露了部分地区存在套取挪用资金、税费减免未落实，部分地区安居工程资金使用绩效不高或管理不够规范，部分地区安居工程建设管理不规范，部分地区安居工程住房分配管理不严格等四个方面的问题。其中：审计发现“部分地区存在套取挪用资金、税费减免未落实的问题”如表16-25所示；审计发现“部分地区安居工程资金使用绩效不高或管理不够规范的问题”如表16-26所示；审计发现“部分地区安居工程建设管理不规范的问题”如表16-27所示；审计发现“部分地区安居工程住房分配管理不严格的问题”如表16-28所示。

资料来源：审计署2019年4号公告《2018年保障性安居工程资金投入和使用绩效审计结果》。

（二）讨论与分析题

讨论：审计人员发现并查实这些问题时，可能实施哪些审计程序？

分析：

1. 审计发现套取挪用资金、税费减免未落实等问题及可能实施的程序（表16-25）

表16-25 审计发现套取挪用资金、税费减免未落实等问题及可能实施的程序

审计发现的问题	审计人员可能实施的审计程序
多个单位和部分拆迁个人以提供虚假资料等方式骗取侵占大额拆迁安置补偿	请档案室提供拆迁安置补偿申请资料、保障性住房分配过程记录文件、摇号公证书、相关保障对象档案等资料，检查资料真实性，核实是否存在单位和个人虚假资料等方式骗取侵占拆迁安置补偿款
大额财政资金、市场化融资被挪用于经营性投资、对外出借、弥补人员和办公经费等支出	请建设单位财务部门提供项目建设单位建设资金明细账，核实其以保障性安居工程名义获得的财政补助资金、银行贷款和发行债券融资的实际用途，核实是否有挪用于经营性投资、对外出借、弥补人员和办公经费等情况
大量项目未按规定享受相关税费减免	与保障性安居工程的建设单位或经营管理单位人员座谈并查阅相关资料，了解税收减免政策落实情况； 查阅保障性安居工程建设明细账、会计凭证，以及保障性安居工程项目税费减免相关手续、纳税凭证，核实税收优惠政策落实情况
多家融资平台和金融机构向安居工程项目收取融资中介费用	审查向融资平台、金融机构或其他机构支付款项的相关凭证、资料，验证相关款项支付的合理性、合规性

2. 资金使用绩效审计发现的问题及可能实施的程序（表16-26）

3. 工程建设管理审计发现的问题及可能实施的程序（表16-27）

4. 住房分配管理审计发现的问题及可能实施的程序（表16-28）

表 16-26　资金使用绩效审计发现的问题及可能实施的程序

审计发现的问题	审计人员可能实施的审计程序
多个市县财政等部门未及时将安居工程中央财政专项资金分解下达或明确到具体项目	检查安居工程中央财政专项资金是否及时分解下达到具体项目、具体单位，是否存在挪用或闲置情况
大量单位以前年度收到的安居工程财政资金未及时安排使用	审查财政部门、住建部门、项目建设单位资金明细账，关注有无较长时间未使用的保障性安居工程资金，检查是否存在专项资金长期未安排使用的情况
项目实施统筹管理不到位，大量项目贷款、企业债券等市场化融资未支付使用	检查项目实施统筹管理情况是否到位，项目贷款、企业债券等市场化融资的使用是否合规、是否及时
大额财政资金、银行贷款等市场化融资因管理不够规范等扩大支出范围，用于与安居工程不直接相关的市政基础设施建设等其他公共项目	检查专项大额财政资金、银行贷款等市场化融资等管理与使用是否规范，是否存在扩大支出范围，是否用于其他无关项目

表 16-27　工程建设管理审计发现的问题及可能实施的程序

审计发现的问题	审计人员可能实施的审计程序
大量安居工程建设用地闲置或被改变规划用途使用	实地调查工程建设用地，并检查相关文件、资料，核实是否存在工程建设用地闲置或被改变规划用途使用的情况
大量安居工程项目的建设用地存在用地手续不全等问题	检查安居工程项目的建设用地手续，审查其手续是否齐全完备，检查手续的合规性，重点关注是否存在建设用地手续不全等问题
大量公租房因消防验收不合格、配套设施建设滞后等原因基本建成 1 年后未达到交付使用条件	实地走访调查保障性安居工程配套设施建设情况等，核实是否存在验收不合格进而导致长期未交付使用的现象，若有，则进一步查明原因

表 16-28　住房分配管理审计发现的问题及可能实施的程序

审计发现的问题	审计人员可能实施的审计程序
大量不符合条件人员等违规享受公租房实物保障	抽查享受公租房的人员名单，核实申报公租房的材料，检查是否存在违规享受公租房
大量承租家庭收入、住房等条件发生变化未按规定及时退出	检查拆迁安置补偿申请资料、保障性住房分配过程记录文件、摇号公证书、相关保障对象档案等资料，检查资料真实性，对比条件发生变化，核实是否存在未及时退出等情况
大量公租房被违规销售、转租，或被挪用于办公、经营等	检查租金收入明细账及相关凭证，审核租金收入的真实性和完整性；核实是否存在公租房被违规销售、转租，或被挪用于办公、经营等情况；实地走访调查，核实是否存在公租房被挪用于办公、经营等情况
大量公租房因位置偏远、需求不足等建成后空置 1 年以上	抽查位置偏远公租房住户水电使用情况，核实是否存在闲置；实地走访、调查是否存在闲置现象，并查明原因

四、重大政策执行审计案例

重大政策执行审计是确保中央各项重大政策和决策部署落实到位的重要措施。它注重持续反映党中央、国务院关于经济社会发展相关政策和决策部署的落实情况，聚焦重要程度高、资金量大、涉及面广、落实难度大的具体项目和政策措施。重大政策执行审计的相关理论如表 16–29 所示。

表 16–29　重大政策执行审计的相关理论

项目	内　容
定义	审计机关以各级政府及其相关部门和单位为对象，对其贯彻执行国家重大政策和决策部署（简称重大政策）的过程和效果的真实性、合法性、效益性进行的审计。
审计对象与主要内容	审计对象为执行和落实重大政策的中央各有关部门、各级地方政府、相关企事业单位、社会组织和项目建设单位等贯彻落实重大政策情况。主要审计内容： （1）重大政策的配套措施制定情况 （2）重大政策及其配套措施执行情况 （3）与重大政策执行相配套的资金管理和项目实施情况 （4）重大政策执行的绩效
审计目标	重大政策执行审计的基本目标概括为“三性”，即真实性、合法性、效益性。 （1）真实性是指揭示和披露国家重大政策执行情况是否属实，特别注意揭露和曝光不作为、假作为、慢作为等典型问题； （2）合法性是指揭示和披露国家重大政策执行是否符合国家相关法律法规，特别注意揭露和曝光乱作为的典型问题；确定责任主体，严肃问责，督促被审计单位及时整改，促进责任部门重视重大政策的贯彻落实 （3）效益性是指揭示和披露国家重大政策落实是否实现了预期的经济效益、社会效益和环境效益；要及时发现苗头性、倾向性的问题，关注出现的新情况、新问题，深入分析原因，提出切实可行的政策建议
主要评价标准	主要评价标准是应当贯彻落实的国家重大政策和决策部署。重大政策和决策部署是与时俱进的，审计评价标准也要与时俱进。如当前的重大政策是供给侧结构性改革、三大攻坚战，乡村振兴战略、“六保六稳”等一系列重要政策。主要目的是检查和评价这些政策的实际执行是否和中央要求一致，聚焦政策不落实、项目不落地，以及政策措施不适应、不衔接、不配套等问题
高风险审计领域	（1）重大政策项目执行中程序审批、招投标中存在的弄虚作假行为； （2）重大政策未严格执行或执行不到位； （3）重大政策执行的项目资金的拨付及使用存在弄虚作假、违规违法行为

［案例 16–8］ 乡村振兴相关政策和资金审计案例

（一）案例资料

为贯彻落实《中共中央国务院关于实施乡村振兴战略的意见》和《乡村振兴战略规划（2018—2022 年）》，2019 年审计署组织对 13 个省（自治区，以下统称省）乡村振兴相关政策措施落实和资金分配管理使用情况进行了审计，重点抽查了 52 个县（市、区，以下统称县），并对黑土地保护、秸秆综合利用、废旧农膜回收利用等重点事项在相关试点地区的落实情况开展了专项调查。在“审计结果公告”中披露了规划方案编制和制度建设、农村人居环境整治、农业绿色发展等六个方面的问题。其中：审计发现“规划方案编制和制度建设”的问题如表 16–30 所示；审计发现“农村人居环境整治”的问题如表 16–31 所示；审计发现“农业绿色发展”的问题如表 16–32 所示；审计发现“新型农业经营主体发展”的问题如表 16–33 所示；审计发现“农村一二三产业融合发展”的问题如表 16–34 所示；审计发现“涉农专项资金管理使用”的问题如表 16–37 所示。

资料来源：审计署 2019 年第 6 号公告《乡村振兴相关政策和资金审计结果》。

（二）讨论与分析题

讨论：审计人员发现并查实这些问题时，可能实施哪些审计程序？

分析：

1. 规划方案编制和制度建设审计发现的问题及可能实施的程序（表 16–30）

表 16–30 规划方案编制和制度建设审计发现的问题及可能实施的程序

审计发现的问题	审计人员可能实施的审计程序
乡村振兴地方规划或相关工作方案编制滞后、内容不全面、目标不科学，有的规划或方案引领指导性不强，甚至无法实施	检查乡村振兴地方规划或相关工作方案，评价其合规性、合理性以及执行的有效性，检查是否存在编制滞后、内容不全面、目标不科学、指导性不强等问题
农药包装废弃物回收处理、农膜管理 2 项部门规章未及时出台，肥料登记管理制度、沼渣沼液还田利用标准 2 项畜禽粪污资源化利用配套政策措施未按要求及时修订，导致相关工作因缺少统一明确的规定仍停留在试点探索阶段，未能全面铺开	检查农药包装废弃物回收处理、农膜管理的规章制度，肥料登记管理制度、沼渣沼液还田利用标准及其配套政策措施制定、修订的合规性和合理性以及是否得到有效贯彻执行，检查是否存在未及时出台、配套政策措施未按要求及时修订等问题；深入农户，实地走访调查，询问农药包装废弃物回收处理、农膜管理等政策的执行情况，判断政策施行是否有效

2. 农村人居环境整治审计发现的问题及可能实施的程序（表 16–31）

表 16–31 农村人居环境整治审计发现的问题及可能实施的程序

审计发现的问题	审计人员可能实施的审计程序
一些地方因工作推进不力、多头管理等，相关工作进展缓慢	重点抽查乡村振兴部分政策落实及资金管理使用情况，并对重点任务试点县落实情况和效果进行实地调查
多个县的农村厕所改造和污水垃圾处理设施未合理考虑地理、气候、选址、农民接受程度等因素，建成后因缺水、冰冻、处理成本高、使用不方便等造成闲置浪费	实地考察农村厕所改造情况，污水处理项目和垃圾堆放点的建造情况，检查是否存在进度缓慢、建造不合理、闲置浪费等情况

3. 农业绿色发展审计发现的问题及可能实施的程序（表 16–32）

4. 新型农业经营主体发展审计发现的问题及可能实施的程序（表 16–33）

表 16-32　农业绿色发展审计发现的问题及可能实施的程序

审计发现的问题	审计人员可能实施的审计程序
多个县未完成规定的实施面积，未实现土壤有机质含量平均提高 0.1 个百分点以上的目标任务	实地考察果菜茶有机肥替代化肥的试点，检查开展果菜茶有机肥替代化肥的实施面积是否达到标准。 利用农业专家等的工作，测定土壤有机质含量是否平均提高 0.1 个百分点以上
多个县未按时完成秸秆还田、深松整地、粮豆轮作、增施有机肥等提升黑土耕地质量的具体任务	利用 Google Earth、ArcMap 等软件新建图层，将农机作业监测系统与 Arc Map 中的耕地休耕轮作矢量图对比分析，查看秸秆打捆、高效植保、深松整地、粮豆轮作、深松深翻及秸秆还田等农机作业轨迹是否存在重复作业、地类不符作业要求的问题；并实地查看相关情况
多个县废旧农膜回收率未达到 80% 以上的约束性指标	统计收集开展地膜治理的 100 个示范县的废旧农膜回收率，检查是否达到了 80% 以上

表 16-33　新型农业经营主体发展审计发现的问题及可能实施的程序

审计发现的问题	审计人员可能实施的审计程序
部分农民专业合作社未发挥合作带动作用	重点抽查合作社设立及运营情况和效果，以及是否获得贷款支持、享受贷款贴息等政策扶持等
一些地方对新型农业经营主体信贷扶持措施落实不到位	检查新型农业经营主体信贷扶持措施相关文件，通过实地走访考察等措施调查实施情况，检查是否存在措施落实不到位的问题
部分合作社运营不规范	检查合作社账目，看是否存在账实不符，虚假注资等情况，检查其运营是否规范

5. 农村一二三产业融合发展审计发现的问题及可能实施的程序（表 16-34）

表 16-34　农村一二三产业融合发展审计发现的问题及可能实施的程序

审计发现的问题	审计人员可能实施的审计程序
一些地方农产品产地初加工补助项目进展缓慢，应在 2018 年建设的储藏窖、冷库等项目，仍有大量项目未开工。因项目前期论证不充分、建设用地审批不到位等，初加工项目仍有大量项目因没有验收尚未投入使用	实地考察储藏窖、冷库等项目的建设完成情况，核实是否存在项目建设缓慢等情况。 检查各项目的会议记录、会议决议、可行性研究报告、审批文件等，核实是否存在前期论证不充分、建设用地审批不到位等情况。 通过实地考察，检查是否存在已完工项目因未验收等未投入使用造成闲置的情况
益农信息社发挥作用不佳，多个省未完成益农信息社建设目标任务，经抽查有多个已建成的益农信息社因运营管理不规范、服务内容缺乏针对性、农民使用意愿不强等，相关设施闲置	实地考察益农信息社的建设情况，核实是否存在建设未完成情况或建设完成闲置情况。 检查益农信息社运营管理条例，评价其合理性。 走访农户，询问对益农信息社的看法、使用情况、使用意愿等问题

6. 涉农专项资金管理使用审计发现的问题及可能实施的程序（表 16–35）

表 16–35 农专项资金管理使用审计发现的问题及可能实施的程序

审计发现的问题	审计人员可能实施的审计程序
大量涉农项目因涉农专项资金统筹整合不到位、资金下达晚或项目推进缓慢等，造成大额资金滞拨或结存在地方财政、农业等主管部门或乡镇	检查被审计单位是否贯彻落实了《中共中央国务院关于实施乡村振兴战略的意见》和《乡村振兴战略规划（2018—2022年）》，是否根据上述政策法规制定了相应的管理制度，并进一步检查这些管理制度的合规性和合理性以及是否得到有效贯彻执行 请政府财务部门提供本单位收到、下拨涉农专项资金的时间、金额信息，对比同级财政部门收到、下拨涉农专项资金的时间、金额，核实是否存在财政部门挤占挪用或者滞拨资金问题
挤占大额涉农专项资金违规用于弥补单位经费等	请财务部门提供项目涉农专项资金明细账，核实其以涉农专项资金名义获得的财政补助资金的实际用途，核实是否存在扩大资金使用范围、违规用于弥补单位经费等情况
骗取套取或违规获取大额涉农专项资金	请档案室提供涉农专项资金申请资料、相关保障对象档案等资料，检查资料真实性，核实是否存在单位和个人使用虚假资料等方式骗取套取或违规获取涉农专项资金
资金绩效考核开展不到位	检查涉农专项资金管理部门的资金绩效考核情况，检查是否存在相关制度，制度执行情况是否合规等

［**案例 16–9**］ 2017 年保障性安居工程跟踪审计案例

（一）案例资料

为促进党中央、国务院关于保障性安居工程政策的全面贯彻落实，2017 年 12 月，审计署组织地方各级审计机关对 2017 年全国保障性安居工程（含公共租赁住房等保障性住房和各类棚户区改造、农村危房改造，以下统称“安居工程”）的计划、投资、建设、分配、运营及配套基础设施建设等情况进行了审计。在“审计审计结果”中披露了骗取侵占资金和住房、住房和资金管理使用绩效、政策和扶持措施落实三个方面的问题。其中：审计发现“骗取侵占资金和住房”的问题如表 16–36 所示；审计发现“住房和资金管理使用绩效”的问题如表 16–37 所示；审计发现“政策和扶持措施落实”的问题如表 16–38 所示。

资料来源：审计署 2018 年第 47 号公告《2017 年保障性安居工程跟踪审计结果》。

（二）讨论与分析题

讨论：审计人员发现并查实这些问题时，可能实施哪些审计程序？

分析：

1. 审计发现骗取侵占资金和住房方面的问题及可能实施的程序（表 16–36）

2. 住房和资金管理使用绩效审计发现的问题及可能实施的程序（表 16–37）

表 16-36　审计发现骗取侵占资金和住房方面的问题及可能实施的程序

审计发现的问题	审计人员可能实施的审计程序
多个单位或个人套取挪用或骗取侵占大额安居工程资金，用于其他非公共项目支出等	检查提供项目建设单位建设资金明细账，核实其以保障性安居工程名义获得的财政补助资金、银行贷款和发行债券融资的实际用途，核实是否有挪用于非公共项目支出等情况
多个单位违规扩大保障范围或提高补偿标准，多支付大额拆迁补偿	检查保障范围相关资料文件，核实是否存在扩大范围和提高补偿标准的情况
大量不符合条件家庭违规享受城镇住房保障货币补贴和住房；大量不符合条件家庭违规享受农村危房改造补助资金	检查拆迁安置补偿申请资料、保障性住房分配过程记录文件、摇号公证书、相关保障对象档案等资料，检查资料真实性，核实是否存在单位和个人通过虚假资料等方式骗取、侵占拆迁安置补偿款
大量家庭条件发生变化不再符合保障条件但未按规定及时退出，仍享受住房	通过检查相关保障对象档案，实地走访调查等方式对比条件是否发生变化，核实是否存在未及时退出等情况
大量项目未依法履行招投标程序	检查工程建设项目相关的会议记录、会议决议、合同、报批记录、审批文件、合同、发票、收付款凭证等，重点检查报批记录和审批文件，检查其是否存在违规招标、不经过招投标等情况
大量项目未取得建设用地批准而占地进行建设	检查安居工程项目的建设用地手续审查项目手续是否齐全完备，检查审批文件的真实性，检查是否存在建设用地手续不全等问题
大量已开工在建项目未取得建筑工程施工许可证等基本建设审批手续	检查安居工程项目的建筑工程施工许可证，审查许可证是否齐全，检查许可证的真实性和有效期，检查是否存在未取得建筑工程施工许可证等问题

表 16-37　住房和资金管理使用绩效审计发现的问题及可能实施的程序

审计发现的问题	审计人员可能实施的审计程序
由于配套基础设施建设滞后等原因，住房已基本建成 1 年以上未分配或分配后无法入住	通过深入项目现场核实开工、基本建成及分配入住任务完成进度，审查安居工程开工、基本建成（竣工）及实际交付使用情况，重点审查是否存在上报完成任务的项目未达到开工和基本建成标准、以重复上报以及编造数据等方式虚报完成任务、用非保障性住房抵顶保障性住房任务、完工项目长期未分配入住等问题。 实地走访调查，询问群众保障性安居工程的进度，实施情况，受益情况等，核实是否存在房屋质量不合格、配套设施建设滞后、项目落实缓慢、群众满意度差等问题。 检查保障性安居工程统计台账，了解保障性安居工程建成情况和分配情况，与住房建设部门工作人员座谈，询问了解是否存在竣工后闲置问题

续表

审计发现的问题	审计人员可能实施的审计程序
由于供需不匹配、规划设计不合理、地址偏远等原因，大量已竣工验收的住房闲置	抽查部分项目水电使用情况，核实是否存在闲置； 实地走访竣工项目，调查是否存在闲置现象； 对于闲置住房，分析其原因，并提出改进建议
大额财政专项资金和银行贷款等市场化融资未及时安排使用	检查财政部门、住建部门、项目建设单位资金明细账，统计较长时间未使用的保障性安居工程资金，检查是否存在资金闲置情况
大量安居工程项目建成后由于前期手续不齐全等原因无法办理竣工验收备案	检查安居工程项目的建设用地手续和建筑工程施工许可证，审查项目手续是否齐全完备，许可证是否齐全，检查手续的真实性，检查是否存在因手续不全无法办理竣工验收备案的问题
大量项目存在未按照设计图纸施工问题	检查提供设计图纸、招标文件、施工合同、施工图、竣工图、设计变更文件以及工程结算书等，对这些资料进行全面、详细的审查，实地考察对比工程图，检查是否存在未按照设计图纸施工等情况

3. 政策和扶持措施落实审计发现的问题及可能实施的程序（表 16-38）

表 16-38　政策和扶持措施落实审计发现的问题及可能实施的程序

审计发现的问题	审计人员可能实施的审计程序
大量项目未按规定享受应减免税费；扩大棚户区改造范围违规享受税费减免政策，少缴纳大额税金	与保障性安居工程的建设单位或经营管理单位人员座谈，了解税收减免政策落实情况。 查阅保障性安居工程建设相关资料、会计凭证等，以及保障性安居工程项目税费减免相关手续、纳税凭证，核实税收优惠政策落实情况，同时注意有无违规享受税费减免政策的情况。 将保障性安居工程开发商名单及其开发保障性住房的项目名称与税费缴纳数据进行比对，核查有无保障性住房开发企业缴纳了应减免税费的问题等
由于棚户区改造项目建设进展缓慢等原因未能如期回迁安置，多支付大额安置费	检查相关项目资料，了解其计划完成时间，通过走访群众，询问了解棚户区改造项目建设进展，检查项目是否如期完成，是否因此多支付安置费用和其他费用等

五、专项资金审计案例

专项资金审计是审计机关针对特定项目进行的，跨地区、跨专业、跨单位的财政专项资金的审计,包括扶贫专项资金、突发事件应对专项资金、惠农专项资金等。专项资金审计的相关理论如表 16-39 所示。

表 16-39 专项资金审计的相关理论

项目	内 容
定义	专项资金审计指审计机关依法对特定项目进行的,跨地区、跨专业、跨单位的财政专项资金管理、分配、使用的真实性、合规性和效益性进行的审计
审计对象与主要内容	专项资金审计的对象可以是一个单位,也可以是一个系统,甚至是行业或地区的特定审计项目,只要是与该专项资金管理、分配、使用相关的活动
审计目标	专项资金审计的目标主要是审计评价财政专项资金管理、分配、使用的真实性、合规性和效益性,发现问题,提出改进建议,并追究或移送追究相关责任人的责任
主要评价标准	专项资金审计的评价标准主要是与专项资金的管理使用相关的国家法律法规,如《财政专项资金管理办法》《专项资金拨付管理办法》《专项资金使用管理办法》《预算外资金管理办法》《事业单位专项资金事业管理办法》等。还包括各级政府和各部门当年制定的明确用途的专项资金使用情况的,如就业专项资金、扶贫专项资金、自然灾害专项救助资金等
高风险审计领域	(1)专项资金的使用是否专款专用,有无挪用、闲置; (2)专项资金的拨付及使用是否存在违规违法; (3)专项资金的管理、审批发放是否规范、及时

[案例 16-10] 审计署关于 40 个县财政扶贫资金的审计案例

(一)案例资料

2016 年,审计署对河北等 17 个省、直辖市的 40 个县、区(以下统称县,其中国家扶贫开发工作重点县 26 个)2013 年至 2015 年财政扶贫资金管理使用情况进行了审计,并检查了有关主管部门履行扶贫相关资金分配管理职责情况。在"审计结果公告"中披露了扶贫资金使用、分配、违规收费等问题。其中审计发现"扶贫资金使用"的问题如表 16-40 所示,审计发现"扶贫资金分配管理"的问题如表 16-41 所示。

资料来源:审计署 2016 年第 7 号公告《审计署关于 40 个县财政扶贫资金的审计结果》。

(二)讨论与分析题

讨论:审计人员发现并查实这些问题时,可能实施哪些审计程序?

分析:

1. 扶贫资金管理使用审计发现的问题及可能实施的程序(表 16-40)

表 16-40 扶贫资金管理使用审计发现的问题及可能实施的程序

审计发现的问题	审计人员可能实施的审计程序
大额扶贫资金长时间闲置	对财政扶贫资金管理使用情况进行抽查,检查拨付是否及时,核实是否存在财政部门挤占挪用或者滞拨资金问题;追踪资金去向,核实是否存在资金闲置问题等

续表

审计发现的问题	审计人员可能实施的审计程序
大额扶贫资金被骗取套取或违规使用	检查相关政府部门财政扶贫资金管理制度及其有效性，评价财政扶贫资金管理方式和制度的合规性、有效性； 检查扶贫资金申请等资料，核实资料真实性，检查是否存在单位和个人通过伪造合同、虚假发票列支、编造到户补贴发放表、虚报工程量、重复申报等方式，虚报冒领、骗取套取扶贫资金的情况；实地走访调查，了解收到扶贫资金的单位和个人的情况，核实是否符合财政补助资金发放标准； 检查扶贫明细账，核实其以扶贫名义获得的财政补助资金的实际用途，检查是否存在扶贫资金被挪用于平衡预算、市政建设、宾馆改造等非扶贫领域，是否存在扶贫资金被挪用于弥补业务经费、发放福利等支出等情况
多个单位在扶贫开发工作中违反规定收取项目推广费、设计费等，主要用于弥补经费等支出	重点检查收入部分，是否存在超标收费、违规收费等情况；询问收到补助的单位和人员，是否存在违规收费、谋取不当利益等情况

2. 扶贫资金分配管理审计发现的问题及可能实施的程序（表 16-41）

表 16-41　扶贫资金分配管理审计发现的问题及可能实施的程序

审计发现的问题	审计人员可能实施的审计程序
扶贫项目管理不善，大额资金未发挥效益或形成损失浪费	实地考察扶贫项目实施进展情况，并检查项目相关资料，查看管理情况，是否按预计进度进行发挥了预期效用，有无损失浪费情形
部分扶贫资金分配未充分考虑建档立卡贫困人口情况	检查相关政府部门财政扶贫项目分配制度，评价其合规性、有效性；实地走访调查，核实是否存在建档立卡对象未收到扶贫资金的情况；检查财政扶贫资金对象信息，检查其真实性，核实是否存在未按规定条件筛选扶贫对象的情况

［案例 16-11］ 扶贫审计发现广西马山扶贫造假案

（一）案例资料

（请扫描二维码，观看视频资料。）

视频：曝广西马山三千余人扶贫造假
扶贫反成劫贫济富

（二）讨论与分析题

讨论：审计人员在广西马山扶贫资金审计中是如何发现“扶假贫”“假脱贫”以及财政扶贫资金专户结转结余过多的问题？如何实施进一步审计程序揭示并查实问题？

分析：在了解广西马山县的基本情况下，对贫困户和脱贫户的审批流程、扶贫资金使用和扶贫贴息贷款等容易出现问题的方面进行重点关注；发现疑点后一查到底，可以采用实地走访、大数据对比、追查资金账户的方式，设计并执行相应的审计程序，获取充分、适当的审计证据。其基本审计思路和流程如图 16-6 所示。

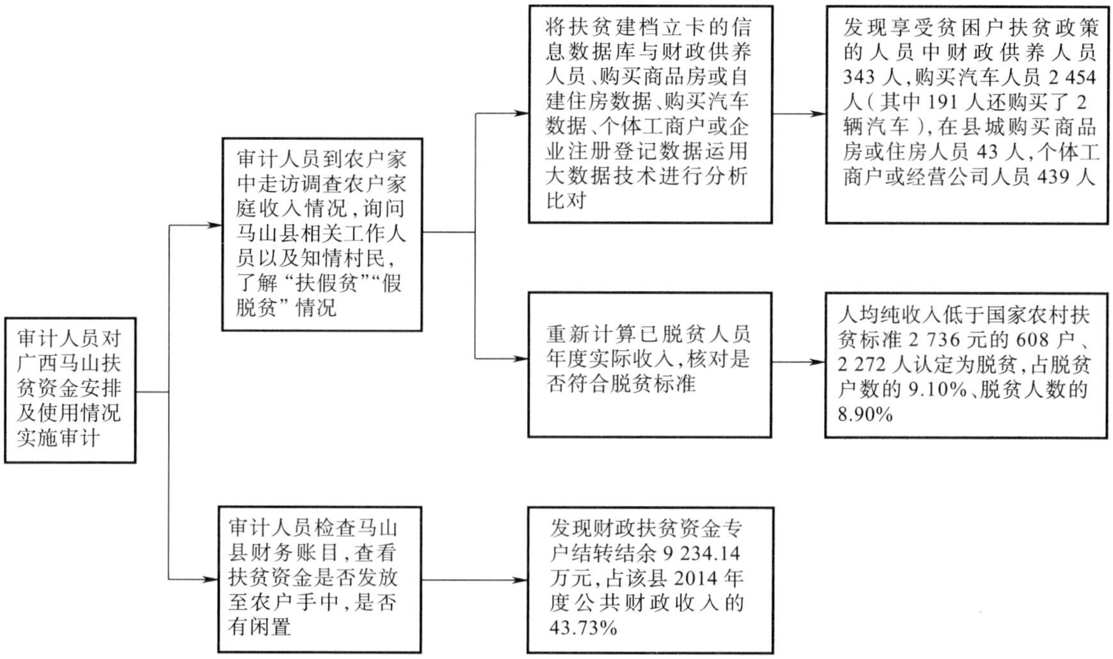

图 16-6　广西马山县扶贫资金审计思路和流程

1. 发现马山县扶贫造假的审计程序

（1）检查广西马山县扶贫资金安排及使用情况分配文件，核定下拨指标，沿此线索查看扶贫资金支出去向。

（2）到农户家中走访调查农户家庭收入情况，实地询问和察看贫困户和脱贫户是否符合国家扶贫标准。

（3）获取扶贫建档立卡的信息数据、财政供养人员数据、车辆登记数据、房产登记数据、工商登记数据以及其他相关数据。

（4）运用大数据技术进行分析比对（见图 16-7），确认享受了贫困户扶贫政策的人员中有财政供养人员 343 人，购买汽车人员 2 454 人（其中 191 人还购买了 2 辆汽车），在县城购买商品房或住房人员 43 人，个体工商户或经营公司人员 439 人。

（5）进一步检查扶贫资金分配与使用情况，查明 3 119 人每人获得的扶贫资金金额。确认不应享受扶贫政策但实际享受了分配政策人员违规获得了扶贫资金的具体金额，以便追缴。

（6）询问马山县相关工作人员以及知情村民，了解相关情况，评价贫困户脱贫情况的合规性、真实性和合理性。

（7）重新计算已脱贫人员年度人均收入，验证是否达到脱贫标准。发现存在未脱贫农户被强制脱贫现象。

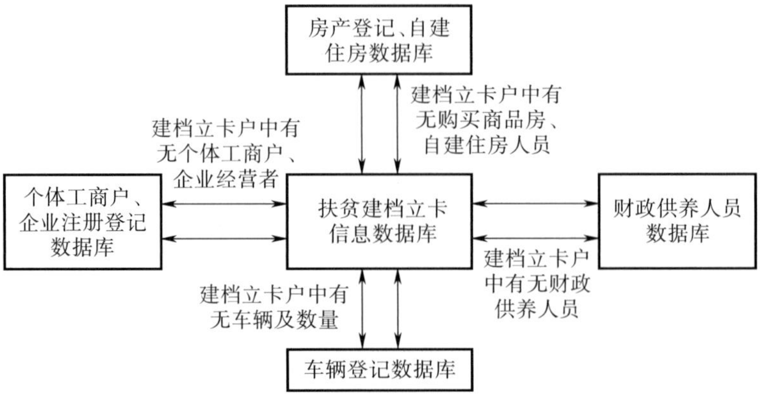

图 16-7　审计发现并查实“扶假贫”的思路

（8）进一步检查扶贫资金分配与使用情况，计算并确认“假脱贫户”每人应获得的扶贫资金金额，以便补发。

（9）检查马山县财务账目，查看扶贫资金是否发放至农户手中、是否有闲置。发现财政扶贫资金专户结转结余 9 234.14 万元，占该县 2014 年度公共财政收入的 43.73%。

其中：审计程序（3）—（5）是发现并查实“扶假贫”问题的程序；审计程序（6）—（8）是发现并查实“假脱贫”的程序。

审计发现：①马山县认定的扶贫对象中，有 3 119 人不符合扶贫建档立卡标准；②为完成上级下达的任务，马山县 2014 年度将人均纯收入低于国家农村扶贫标准 2 736 元的 608 户、2 272 人认定为脱贫，占脱贫户数的 9.10%、脱贫人数的 8.90%；③截至 2015 年 7 月底，马山县财政扶贫资金专户结转结余 9 234.14 万元，占该县 2014 年度公共财政收入的 43.73%，影响了贫困村整村推进和产业扶贫到户等扶贫政策实施效果。

2. 后续进展

关于“3 119 人不符合扶贫建档立卡标准非贫困对象享受扶贫政策”的问题，已于 2015 年 9 月初成立 11 个调查核实工作队，对有关情况进行初步核查。经核查，其中有 71 人因家庭人员残疾、患病、上学等原因仍然符合贫困线标准，仍保留其贫困人口信息；其余 3 048 人已超过贫困线标准，已于 9 月全部暂停其享受扶贫政策。关于“2014 年度将人均收入低于国家农村扶贫标准 2 736 元的 608 户 2 272 人认定为脱贫”的问题，经组织各乡镇、扶贫部门对 608 户 2 272 人进行调查核实，其中 595 户 2 231 人已脱贫；13 户 41 人仍未脱贫，已纳入扶贫对象范围。关于财政扶贫资金结余问题，9 234.14 万元已经按年度、项目、资金额度进行了分类安排和落实，对已经完成或基本完成的项目及时组织验收并支付资金；对实施进度慢的项目强力推进，确保项目、资金尽早发挥效益。

3. 主要启示

广西马山扶贫造假案能够水落石出，源于审计组根据审计经验，精准定位审计重点。

审计人员发现疑点后进一步实施审计程序，通过检查、询问、访谈等方式获取审计证据。审计组实地走访调查农户，摸清脱贫实情；采用大数据分析手段，进行数据关联比对，查明“扶假贫”问题。

［案例 16-12］ 179 个县惠农补贴资金审计案例

（一）案例资料

为贯彻落实《中共中央　国务院关于实施乡村振兴战略的意见》，审计署组织部分特派办与地方审计机关，对 29 个省（自治区、直辖市）的 179 个县（市、区，以下统称县）财政惠农补贴资金分配管理使用情况进行了审计。在“审计结果公告”中披露了惠农补贴政策、惠农补贴“一卡通”管理、补贴发放等方面的问题。其中：审计发现“补贴政策和发放”的问题如表 16-42 所示；审计发现“惠农补贴一卡通管理”的问题如表 16-43 所示。

资料来源：审计署 2019 年第 3 号公告《179 个县惠农补贴资金审计结果》。

（二）讨论与分析题

讨论：审计人员发现并查实这些问题时，可能实施哪些审计程序

分析：

1. 补贴政策和发放审计发现的问题及可能实施的程序（表 16-42）

表 16-42　补贴政策和发放审计发现的问题及可能实施的程序

审计发现的问题	审计人员可能实施的审计程序
多类惠农补贴中的补贴细项散碎交叉情况较为突出	检查相关政府部门惠农补贴资金管理制度，评价其合理性、有效性 检查不同类别惠农补贴资金及相关政策设置情况及执行情况，评价不同政策之间的重复性、协同性等，结合实际情况提出相应改进建议
惠农补贴发放不到位、擅自降低补贴标准、搞平均主义	检查惠农补贴资金明细账，检查耕地地力保护补贴、农村低保补助、扶贫脱贫类补贴等，核实是否及时、足额发放到位，是否存在搞平均主义等情况 实地走访受补贴人群，询问补贴发放时间及金额，听取群众意见和建议，重点关注是否合理，是否搞平均主义，是否足额发放
审核把关不严，向不符合条件人员超范围超标准发放惠农补贴资金	走访调查受补贴人群，观察是否符合补贴条件，对比其申请惠农补贴资金材料，检查是否存在向收入明显不符合补贴规定的对象和范围，如已死亡人员、有退休工作人员等发放

2. 惠农补贴“一卡通”管理审计发现的问题及可能实施的程序（表 16-43）

表 16-43　惠农补贴“一卡通”管理审计发现的问题及可能实施的程序

审计发现的问题	审计人员可能实施的审计程序
“一卡通”发放管理不规范，造成一户多卡的现象	检查相关政府部门发放和管理“一卡通”的制度，评价其合规性、合理性 走访农户，实地调查惠农资金情况，关注发放政策的宣传与执行情况、是否及时、总额发放，有无一户多卡情况，有无不合理、不公平情况，有无贪污和挪用情况等

续表

审计发现的问题	审计人员可能实施的审计程序
卡外发放问题，多个县采取现金兑付或转入他人银行卡代领等方式发放惠农补贴资金，增加补贴资金流失风险	检查惠农补贴资金发放方式是否为转入“一卡通”，检查是否存在现金兑付或转入他人银行卡代领等方式。 核实发放人员名单及其相关信息，通过有效联系方式，亲自核实这类补贴在发放过程中的真实情况，是否是“一卡通”发放，是否按标准发放，同时询问部门发布此项信息的途径和农户了解此类信息的渠道是否一致，是否存在故意隐瞒等
多个县存在财政部门将惠农补贴资金拨付到主管部门和乡镇实体账户、过渡账户发放，或由主管部门再拨付到乡镇甚至村级发放等情况，资金层层转拨，影响群众及时获得补贴	检查政府财政部门收到、下拨惠农补贴资金的方式、时间、金额，重点关注是否存在层层转拨问题。 对比同级财政部门收到、下拨惠农补贴资金的时间、金额，核实是否存在滞拨资金问题

［案例 16-13］ 审计发现滨州公交公司等套取成品油价格补贴

（一）案例资料

（请扫描二维码，观看视频资料。）

视频：审计发现滨州公交
公司等套取成品油价格补贴

（二）讨论与分析题

讨论：滨州公交公司成品油补贴审计中如何发现骗取、套取成品油补贴的问题？如何实施进一步审计程序揭示并查实问题？

分析：对成品油补贴进行审计，需要重点关注是否存在通过造假的方式骗取套取成品油补贴的现象，常见的造假手段有虚增运营车辆和行驶证数量、虚报行驶路线和运营时间；发现疑点后坚持一查到底的态度，设计并执行相应的审计程序，获取审计证据，查明事情真相。滨州公交公司成品油价格补助审计过程如图 16-8 所示。

1. 发现并查实滨州公交公司等套取成品油价格补贴的审计程序

（1）审计发现疑点。

审计人员在分析滨州公交公司 2009—2012 年申报成品油补贴车辆数量表时，发现申报的营运车辆数量增长异常，如滨州公交公司从 2009 年 345 辆、2010 年 638 辆、2011 年 956 辆到 2012 年 1 257 辆，2012 年比 2009 年增加 912 辆。

（2）实施进一步审计程序揭示问题。

①针对可疑问题询问、访谈负责申报和审批成品油价格补贴的相关工作人员，评价审批程序的真实性、合规性、合理性。

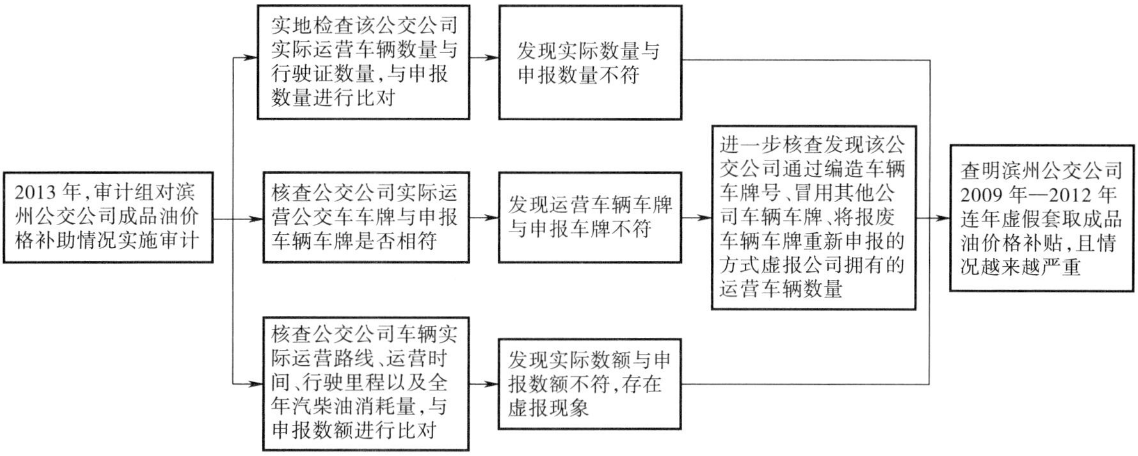

图 16-8　滨州公交公司成品油价格补助审计过程

②实地检查该公交公司实际运营车辆数量与行驶证数量，并与申报数量进行比对，发现实际数量与申报数量不符。

③核对实际运营公交车车牌与申报车辆车牌，并与公安部门车辆管理所车辆数据库进行核对。发现运营车辆车牌与申报车牌不符，进一步核查发现该公交公司通过编造车辆车牌号、冒用其他公司车辆车牌、将报废车辆车牌重新申报的方式虚报公司拥有运营车辆数量。

④检查车辆实际运营路线、运营时间、行驶里程以及全年汽柴油消耗量，与申报数额进行比对。发现实际数额与申报数额不符，存在虚报现象。

通过实施审计程序，发现滨州公交公司 2009—2012 年连年虚假套取成品油价格补贴，且虚假情况越来越疯狂。该公司 2009 年实有车辆为 302 辆，多虚假申报 43 辆；2012 年实有车辆为 548 辆，多虚假申报 709 辆，虚报数额超过 56%。通过走访调查发现，滨州市公交公司为滨州交通运输局下属单位，公司的人、财、物由交通运输局管理，每年油价补贴、虚报车辆数都得到了交通运输局的默许。

2. 后续进展

2014 年 6 月 25 日，经滨州市纪委常委会研究决定给予市交通运输局局长、党组书记李 × 党内警告处分，给予市交通运输局党组成员、副局长、市公交公司党支部书记张 ×× 党内警告处分，给予市运管局局长王 ×× 党内严重警告处分，责成市交通运输局给予市公交公司经理纪 ×× 撤职处分，责成市交通运输局按有关规定对其他相关责任人做出相应处理。

六、国有企业审计案例

国有企业审计，是审计机关依法对国有企业或国有控股企业财务收支及其相关经营管理活动的真实性、合法性和效益性进行的审计监督。国有企业审计的相关理论如表 16-44 所示。

表 16-44 国有企业审计的相关理论

项目	内 容
定义	国有企业审计是指对国有企业或国有控股企业的业务、财务和管理活动的真实性、合法性、效益性进行审计，包括对国有企业落实国家宏观经济政策、履行社会责任情况进行审计，国有企业领导人员经济责任审计
审计对象与主要内容	审计的对象是国有独资或国有控股企业。审计的主要内容是： （1）审查国有企业会计和其他信息的真实性以及经济活动的合法性。重点关注国有企业的损益状况、资产质量、负债情况、治理结构及内部控制制度的建立和执行情况。 （2）审查国有企业经营中的突出问题和绩效状况，加强对重要经营领域和关键环节的监督，加强对重大决策、重大项目、资金使用等相关权力和责任的监督。 （3）审查国有企业落实国家宏观经济政策、履行社会责任情况，重点关注国有企业贯彻执行国家重大决策部署和宏观政策措施的情况，深入分析企业经济活动与国家方针政策之间的内在关联等
审计目标	（1）审查和评价国有企业相关经营管理活动是否真实，关注国有企业治理结构及内部控制制度的建立和执行情况，推动国有企业加强内部管理；揭露和查处弄虚作假等重大违法违规问题，维护国有资产安全。 （2）揭示影响国有企业发展的突出矛盾和重大风险，维护国有企业和国家经济安全。 （3）审查和评价国有企业相关经营管理活动的经济效益、社会效益和环境效益，促进国家方针政策和相关法律法规的贯彻落实
主要评价标准	国有企业审计评价标准包括与国有企业经营管理相关的国家法律法规，如《公司法》《企业国有资产法》《环境保护法》《海关法》《预算法》《企业国有产权转让管理办法》等；中央八项规定和廉洁从业规定等，国务院国资委制定的相关规章制度；企业会计核算与财务管理、内部控制方面的管理办法，如《企业会计准则》《企业内部控制基本规范》及应用指引等；还有各地党委政府、国资委的相关文件规定
高风险审计领域	（1）贯彻落实国有企业改革发展的相关政策不坚决、不落实等。 （2）企业法人治理结构不健全，内部控制存在重大缺陷，重大风险防范与管控不到位等。 （3）“三重一大”决策制度流于形式，在工程项目、物资采购、商品销售、并购重组、对外担保等方面存在违规行为，可能导致国有资产流失。 （4）违规发放职工薪酬，挪用公款，违反中央八项规定精神。 （5）会计核算不规范，会计政策和会计估计存在不当，隐瞒应披露事项，导致会计信息失真

［案例 16-14］ 中国华电集团有限公司 2016 年度财务收支等情况审计案例

（一）案例资料

2017 年审计署对中国华电集团有限公司 2016 年度财务收支等情况进行了审计，重点审计了中国华电总部及所属中国华电科工集团有限公司（以下简称华电科工）等 3 家二级单位，对有关事项进行了延伸和追溯。在“审计结果公告”中披露了财务管理和会计核算、经营管理、落实中央八项规定精神及廉洁从业规定三个方面的问题。其中审计发现“财务管理和会计核算”的问题如表 16-45 所示，审计发现“经营管理”的问题如表 16-46 所示，审计发现“落实中央八项规定精神及廉洁从业规定”的问题如表 16-47 所示。

资料来源：审计署2018年第4号公告《中国华电集团有限公司2016年度财务收支等情况审计结果》。

（二）讨论与分析题

讨论：审计人员发现并查实这些问题时，可能实施哪些审计程序？

分析：

1. 财务管理和会计核算审计发现的问题及可能实施的程序（表16-45）

表16-45　财务管理和会计核算审计发现的问题及可能实施的程序

审计发现的问题	审计人员可能实施的审计程序
总部及下属公司未按规定计提折旧、摊销无形资产、确认投资损失	检查中国华电及其附属公司的折旧制度、无形资产摊销制度、资产减值损失会计政策等，评价其合规性、合理性和有效性，以及是否按规定执行 复核其当年乃至历年固定资产折旧计提、无形资产摊销、投资损失确认、资产减值准备计提等，验证其计提及相关会计处理的准确性，注意有无不计提少计提或多计提的情况，如存在未按规定执行情况，确定其具体金额
编制合并财务报表的合并范围不准确	检查其合并报表范围是否合理合规；重点关注有无将应纳入合并范围的亏损子公司未纳入，不应纳入合并范围的联营公司或参股公司纳入合并范围的情况；注意合并报表的编制是否正确，重点关注内部交易是否进行了充分抵销等。
资产减值准备、存货跌价准备、资产处置净收益等核算不准确	检查企业存货跌价准备、坏账准备以及其他资产减值准备会计政策的合理性、合规性和一贯性 验证存货跌价准备、坏账准备以及其他资产减值准备计提的合规性和准确性，关注有无通过资产减值准备计提来调节利润的情况 检查资产处置相关管理制度的有效性，并复核当年处置资产相关处理的恰当性，关注资产处置净损益会计处理的合规性

2. 经营管理审计发现的问题及可能实施的程序（表16-46）

表16-46　经营管理审计发现的问题及可能实施的程序

审计发现的问题	审计人员可能实施的审计程序
建设用地长期闲置；工程建设项目未及时开工，大额建设资金长期闲置	检查企业投资性房地产等固定资产是否存在长期闲置的情况，并对闲置原因进行分析 检查建设用地是否存在长期闲置的情况，并查明闲置的主要原因 检查工程建设项目进展情况，查明是否存在未及时开工，或未按预期进度完成的情况及原因 检查建设资金是否存在长期闲置的情况及原因
未按规定报经集团审批新开立40个银行账户	检查企业银行账户开立情况，审查是否存在违规开设账户、未经批准开设账户的情况
未对所属4家企业的5项违规决策问题进行问责追责	检查企业违规决策责任追究制度的建立情况和执行情况，特别关注有无对给企业造成重大损失的决策行为未追究责任的情况 检查相关会议记录、红头文件等资料，查看是否对违规决策问题进行问责追责

续表

审计发现的问题	审计人员可能实施的审计程序
违规收购一家煤矿股权；未经集团批准收购3个发电项目，其中两个项目发生大额亏损；未经报备同意下属单位购买股票，造成大额亏损；违规对外提供担保，因承担连带责任面临损失风险；在处置股权过程中违规将在用资产报废；未经批准预付项目收购款，存在损失风险	检查公司资产重组、收购兼并、对外投资、对外担保等内部控制是否完善，相关审批程序是否合理，是否遵照执行 对被审计期间发生或存在的资产重组、收购兼并、对外投资、对外担保等事项进行重点检查，详细审查其决策过程的合规性，关注是否经过集体决策、是否经过充分论证，目前进展情况如何，是否给企业造成重大损失或潜在损失，企业是否采取了相应措施进行恰当处理等

3. “落实中央八项规定精神”审计发现的问题及可能实施的程序（表16–47）

表16–47 “落实中央八项规定精神”审计发现的问题及可能实施的程序

审计发现的问题	审计人员可能实施的审计程序
所属企业列支超集团内部标准的业务招待餐费	检查该单位“三公经费”和中央八项规定及廉洁从业规定是否有效执行 重点审查部门是否接待无公函的公务活动和来访人员；是否超规格组织迎送活动和安排陪同陪餐；是否安排超标准接待
所属公司部分中高层管理人员和职工超标准乘坐交通工具	检查管理人员乘坐交通工具报销单，检查是否存在超标准乘坐交通工具现象。如果存在，确定其具体金额
所属公司违规购买香烟和高档酒水	检查该单位“三公经费”管理制度，审核其合规性和有效性； 检查是否存在违规赠送礼品、礼金，违规购买香烟和高档酒水等问题
所属企业一名管理人员违规持有该企业间接控股的一家公司股权	检查是否存在管理人员违规持有公司或下属公司的股权的情况，如果有，确定其具体金额

[复习思考题]

1. 访问审计署或地方审计机关官网，下载一篇最新的“××预算执行及其他财务收支审计工作报告”，思考：

（1）预算执行及其他财务收支审计的主要内容、目标及常见风险分别是什么？

（2）审计人员发现该审计结果公告中披露的问题的主要审计程序是什么？

2. 访问审计署或地方审计机关官网，下载一篇最新的固定资产投资审计结果公告，思考：

（1）固定资产投资审计的主要内容、目标及常见风险分别是什么？

（2）审计人员发现该审计结果公告中披露的问题的主要审计程序是什么？

3. 访问审计署或地方审计机关官网，下载一篇最新的绩效审计结果公告，思考：

（1）绩效审计的主要内容、目标及常见风险分别是什么？

（2）审计人员发现审计结果公告中披露的问题的主要审计程序是什么？

4. 访问审计署或地方审计机关官网，下载一篇最新的国家重大政策措施落实情况跟踪审计结果公告，思考：

（1）国家重大政策措施落实情况跟踪审计的主要内容、目标及常见风险分别是什么？

（2）审计人员发现审计结果公告中披露的问题的主要审计程序是什么？

5. 访问审计署或地方审计机关官网，下载一篇最新的国有企业审计结果公告，思考：

（1）国有企业审计的主要内容、目标及常见风险分别是什么？

（2）审计人员发现审计结果公告中披露的问题的主要审计程序是什么？

附录 1

阅读与理解上市公司年度报告之思考与讨论题：审计视角

（一）总体要求：阅读——编制——审计

1. 能够阅读和理解年度报告中提供的信息，并能够利用这些信息分析和评价上市公司生产经营情况、公司治理情况、人力资源情况、公司核心竞争力、财务状况和经营成果等情况，并能够做出相应的经济决策；

2. 能够理解如何编制年度报告，其编制标准有哪些？你如何组织公司相关部门和人员来高质量编制年度报告？

3. 如何实施年度报告中的财务报表审计？结合“云南白药 2018 年度报告”中的财务报表和其他相关信息，完成：（1）“云南白药 2018 年度财务报表审计”风险评估案例（填写相应工作底稿，请参见第 5 章）；（2）编制“云南白药 2018 年度财务报表审计总体策略”（请参见第六章）。

（二）思考与讨论：审计视角[①]

1. 关于“第一节　重要提示、目录和释义”

（1）每段内容分别提供了哪些信息？这对信息阅读者和使用者有何意义？

（2）从审计视角分析，每段内容与我们“审计学”中的哪些概念、理论相关？这对我们审计有何意义？

2. 关于“第二节　公司简介和主要财务指标”（本部分与“财务会计”“财务报表分析”等课程相关，请联系起来学习和理解本部分内容）

（1）请重点关注“六、主要会计数据和财务指标”。这就是审计中的分析程序的结果。①你从中可以获得怎样的信息？财务状况、经营成果、现金流量等是变好了？还是变差了？值得购买或继续持有其股票吗？②从审计师视角分析，其财务报表重大错报风险高吗？可能在哪些领域存在重大错报风险？为什么？如何实施进一步分析程序分析其是否存在重大

① 这些思考与讨论题，是基于“云南白药 2018 年度报告”编写的，其目的在于帮助读者联系所学理论进行思考和感悟，增进对上市公司年度报告的阅读和理解，特别是思考如何对年度财务报表进行审计。读者也可以自行下载一份最新的、自己比较关注的上市公司年度报告，在阅读该年度报告时思考和讨论这些问题。

错报风险？如有重大错报风险，应当实施怎样的实质性审计程序进行应对？

（2）关于“八、分季度主要财务指标”。①这提供怎样的信息？为何要提供这样的信息？②从审计师视角来分析，各季度财务数据有无重大错报风险？若有，哪个季度重大错报风险最高？为什么？

（3）关于“九、非经常性损益项目及金额”。认真阅读本表，并对其实施分析程序，识别重大错报风险领域和需要重点审计的项目。

3. 关于“第三节　公司业务概要”

（1）了解云南白药的主要业务、主要资产重大变化和核心竞争力。请与“风险评估程序”之“了解被审计单位及其环境”中需要了解的内容联系起来，识别云南白药财务报表可能存在的重大错报风险。

（2）请编写“风险评估程序”中相关工作底稿，特别是说明识别的高风险领域或者特别风险。

4. 关于“第四节　经营情况讨论与分析”（本部分与“管理学”“企业经营分析”“企业财务分析”等课程相关）

（1）阅读“一、概述”。请结合“风险评估程序”之“了解被审计单位及其环境”中需要了解的内容，识别云南白药财务报表可能存在的重大错报风险，编写“风险评估程序”中相关工作底稿，特别是说明识别的高风险领域或者特别风险。

（2）阅读“二、主营业务分析 ”。从审计师视角来看，这就是在实施分析程序。思考：①采用了哪些分析程序？比较分析？比率分析？结构分析？趋势分析？②可能识别出哪些异常关系或波动？这意味着哪些项目是高风险领域？应当实施怎样的审计程序进行应对？

（3）阅读“三、非主营业务分析”。请结合“风险评估程序”之“了解被审计单位及其环境”中需要了解的内容，识别云南白药财务报表可能存在的重大错报风险，编写“风险评估程序”中相关工作底稿，特别是说明识别的高风险领域或者特别风险。这些项目与财务报表中的哪些项目相关？

（4）阅读“四、资产及负债状况”。从审计师视角来看，这就是在实施分析程序。思考：①采用了哪些分析程序？比较分析？比率分析？结构分析？趋势分析？②可能识别出哪些异常关系或波动？这意味着哪些项目是高风险或重要领域？应当实施怎样的审计程序进行应对？

（5）阅读“五、投资状况”。请结合“风险评估程序”之“了解被审计单位及其环境”中需要了解的内容，识别云南白药财务报表可能存在的重大错报风险，编写“风险评估程序”中相关工作底稿，特别是说明识别的高风险领域或者特别风险。这些项目与财务报表中的哪些项目相关？

（6）阅读“七、主要控股参股公司分析”。这些信息对审计师有何意义？与财务报表哪些项目相关？应当实施怎样的审计程序进行验证？

（7）阅读“九、公司未来发展的展望”。请结合“风险评估程序”之“了解被审计单位及其环境”中需要了解的内容，识别云南白药财务报表可能存在的重大错报风险，编写“风险评估程序”中相关工作底稿，特别是说明识别的高风险领域或者特别风险。这些项目与财务报表中的哪些项目相关？

5. 关于“第五节　重要事项”（与“中级财务会计”“高级财务会计”课程相关。思考：这是财务会计中的哪些内容？应当如何进行会计处理？相关的会计准则有哪些？审计中如何利用这些信息？如何验证这些信息的恰当性？）

（1）阅读“一、公司普通股利润分配及资本公积金转增股本情况”。这些信息对审计师有何意义？与财务报表哪些项目相关？应当实施怎样的审计程序进行验证？

（2）阅读“二、本报告期利润分配及资本公积金转增股本预案”。这些信息对审计师有何意义？与财务报表哪些项目相关？应当实施怎样的审计程序进行验证？

（3）阅读“三、承诺事项履行情况”。这些信息对审计师有何意义？与财务报表哪些项目相关？应当实施怎样的审计程序进行验证？

（4）阅读“四、控股股东及其关联方对上市公司的非经营性占用资金情况”。这些信息对审计师有何意义？与财务报表哪些项目相关？应当实施怎样的审计程序进行验证？

（5）阅读“六、与上年度财务报告相比，会计政策、会计估计和核算方法发生变化的情况说明”。这些信息对审计师有何意义？与财务报表哪些项目相关？应当实施怎样的审计程序进行验证？

（6）阅读“七、报告期内发生重大会计差错更正需追溯重述的情况说明”。这些信息对审计师有何意义？与财务报表哪些项目相关？应当实施怎样的审计程序进行验证？

（7）阅读“八、与上年度财务报告相比，合并报表范围发生变化的情况说明”。这些信息对审计师有何意义？与财务报表哪些项目相关？应当实施怎样的审计程序进行验证？

（8）阅读“十六、重大关联交易”。这些信息对审计师有何意义？与财务报表或财务报表附注哪些项目相关？应当实施怎样的审计程序进行验证？

（9）阅读“十七、重大合同及其履行情况”。这些信息对审计师有何意义？与财务报表哪些项目相关？应当实施怎样的审计程序进行验证？

（10）阅读“十八、社会责任情况”。这些信息对审计师有何意义？与财务报表哪些项目相关？

6. 关于“第六节　股份变动及股东情况”

阅读“一、股份变动情况”和“三、股东和实际控制人情况”。这些信息对审计师有何意义？与财务报表哪些项目相关？应当实施怎样的审计程序进行验证？

7. 关于“第八节　董事、监事、高级管理人员和员工情况”（本部分与“人力资源管理”“业绩评价”等课程相关）

（1）阅读“一、董事、监事和高级管理人员持股变动”和“三、任职情况”。这些信息对审计师有何意义？与财务报表哪些项目相关？

（2）阅读“四、董事、监事、高级管理人员报酬情况”。这些信息对审计师有何意义？与财务报表哪些项目相关？应当实施怎样的审计程序进行验证？

（3）阅读“五、公司员工情况”。这些信息对审计师有何意义？与财务报表哪些项目相关？应当实施怎样的审计程序进行验证？

8. 关于“第九节　公司治理”（本部分与“公司治理”“企业内部控制”等课程相关）

（1）阅读“一、公司治理的基本状况”。评价其公司治理的有效性，并结合“风险评估程序”之“了解被审计单位及其环境”中需要了解的内容，识别云南白药公司治理可能存在的缺陷以及可能导致的财务报表重大错报风险，编写“风险评估程序”中相关工作底稿，特别是说明识别的高风险领域或者特别风险。

（2）阅读“二、公司相对于控股股东在业务、人员、资产、机构、财务等方面的独立情况”。这是陈述上市公司与控股股东之间的独立关系。这些信息对审计师有何意义？与财务报表哪些项目相关？应当实施怎样的审计程序进行验证？

（3）阅读“五、报告期内独立董事履行职责的情况”。这些信息对审计师有何意义？应当实施怎样的审计程序进行验证？

（4）阅读“六、董事会下设专门委员会在报告期内履行职责情况”，特别关注审计委员会的运作情况。思考：①这些信息对审计师有何意义？应当实施怎样的审计程序进行验证？②请说明审计委员会的构成及主要职责，并评价云南白药审计委员会履职的勤勉性和合规性。

（5）阅读“八、高级管理人员的考评及激励情况”。这些信息对审计师有何意义？与财务报表哪些项目相关？应当实施怎样的审计程序进行验证？

（6）阅读“九、内部控制情况”。思考：①这些信息对审计师有何意义？应当实施怎样的审计程序进行验证？②说明内部控制自我评价的主要目的、程序与主要方法。③请说明内部控制缺陷的认定标准，并评价云南白药内部控制评价中所采用的缺陷认定标准是否合规？

（7）阅读“十、内部控制审计报告”。思考：①这是什么意见类型的审计报告？出具这样的意见类型，需要达到哪些条件？内部控制审计意见还有哪些类型？分别在何种情况下出具？②说明内部控制审计的主要目的、程序与主要方法。③请说明内部控制审计与内部控制自我评价的联系与区别。

9. 关于“第十一节　财务报告”（本部分是阅读与理解的重点。涉及“中级财务会计”“高级财务会计”“审计学”课程的相关内容。（5）及之后的思考题，认真细致地做2道题，思考其他问题，考虑其审计思路的异同）

（1）阅读“一、审计报告”。①这是什么意见类型的审计报告？出具这样的意见类型，需要达到哪些条件？财务报表审计意见还有哪些类型？分别在何种情况下出具？②说明财务报表审计报告的基本结构和主要内容，并分析其中所包含的审计理论。③审计报告中提及了“关键审计事项”。请说明：A. 什么是关键审计事项？主要来源有哪些？B. 在审计报告中如何说明“关键审计事项”？C. 请你评价本审计报告中“关键审计事项”的表述是否合规？哪些地方可以进一步改进？④管理层与审计师对财务报表的责任分别是什么？有何不同？

（2）阅读“二、财务报表”。要求：①一整套财务报表由哪些报表组成？分别提供哪些方面的信息？这些报表之间存在哪些勾稽关系？②熟悉财务报表结构与内容，以及编制方法。③对这些财务报表实施分析程序，识别其可能存在的重大错报风险，并考虑相应的审计程序。可参考并填写“分析程序及其审计工作底稿”提示，请参见“第3章　分析程序案例”。

（3）阅读“三、公司基本情况”。这些信息对审计师有何意义？与财务报表哪些项目相关？应当实施怎样的审计程序进行验证？

（4）阅读“五、重要会计政策及会计估计”。①这些信息对审计师有何意义？与财务报表哪些项目相关？应当实施怎样的审计程序进行验证？②如何评价其重要会计政策及会计估计的合规性和合理性？

（5）阅读会计政策“6. 合并会计报表的编制方法”。①如何评价其“合并会计报表的编制方法”会计政策的合规性和合理性？②这项会计政策如何影响财务报表的编制？③这项会计政策与财务报表附注哪些项目相关？如何审计这些财务报表附注项目披露的合规性和充分性？列出其主要的审计程序。

（6）阅读会计政策“10. 金融工具”。①如何评价其“金融工具”会计政策的合规性和合理性？②这项会计政策与财务报表哪些项目相关？如何审计这些财务报表项目？列出其主要的审计程序。③这项会计政策与财务报表附注哪些项目相关？如何审计这些财务报表附注项目披露的合规性和充分性？列出其主要的审计程序。

（7）阅读会计政策“11. 应收票据与应收账款”。①如何评价其“应收账款”会计政策的合规性和合理性？②应收账款会计政策与财务报表哪些项目相关？如何审计这些财务报表项目？列出其主要的审计程序。③这项会计政策与财务报表附注哪些项目相关？如何审计这些财务报表附注项目披露的合规性和充分性？列出其主要的审计程序。

（8）阅读会计政策“12. 存货”。①如何评价其“存货”会计政策的合规性和合理性？②这项会计政策与财务报表哪些项目相关？如何审计这些财务报表项目？列出其主要的审计程序。③这项会计政策与财务报表附注哪些项目相关？如何审计这些财务报表附注项目披露的合规性和充分性？列出其主要的审计程序。

（9）阅读会计政策“14. 长期股权投资”。①如何评价其“长期股权投资”会计政策的合规性和合理性？②这项会计政策与财务报表哪些项目相关？如何审计这些财务报表项目？列出其主要的审计程序。③这项会计政策与财务报表附注哪些项目相关？如何审计这些财务报表附注项目披露的合规性和充分性？列出其主要的审计程序。

（10）阅读会计政策“16. 固定资产”。①如何评价其“固定资产”会计政策的合规性和合理性？②这项会计政策与财务报表哪些项目相关？如何审计这些财务报表项目？列出其主要的审计程序。③这项会计政策与财务报表附注哪些项目相关？如何审计这些财务报表附注项目披露的合规性和充分性？列出其主要的审计程序。

（11）阅读会计政策“18. 借款费用”。①如何评价其“借款费用”会计政策的合规性和合理性？②这项会计政策与财务报表哪些项目相关？如何审计这些财务报表项目？列出其主要的审计程序。③这项会计政策与财务报表附注哪些项目相关？如何审计这些财务报表附注项目披露的合规性和充分性？列出其主要的审计程序。

（12）阅读会计政策“19. 实物资产”。①如何评价其“实物资产”会计政策的合规性和合理性？②这项会计政策与财务报表哪些项目相关？如何审计这些财务报表项目？列出其主要的审计程序。③这项会计政策与财务报表附注哪些项目相关？如何审计这些财务报表附注项目披露的合规性和充分性？列出其主要的审计程序。

（13）阅读会计政策“21. 无形资产”。①如何评价其“无形资产”会计政策的合规性和合理性？②这项会计政策与财务报表哪些项目相关？如何审计这些财务报表项目？列出其主要的审计程序。③这项会计政策与财务报表附注哪些项目相关？如何审计这些财务报表附注项目披露的合规性和充分性？列出其主要的审计程序。

（14）阅读会计政策“22. 长期资产减值”。①如何评价其“长期资产减值”会计政策的合规性和合理性？②这项会计政策与财务报表哪些项目相关？如何审计这些财务报表项目？列出其主要的审计程序。③这项会计政策与财务报表附注哪些项目相关？如何审计这些财务报表附注项目披露的合规性和充分性？列出其主要的审计程序。

（15）阅读会计政策“24. 职工薪酬”。①如何评价其“职工薪酬”会计政策的合规性和合理性？②这项会计政策与财务报表哪些项目相关？如何审计这些财务报表项目？列出其主要的审计程序。③这项会计政策与财务报表附注哪些项目相关？如何审计这些财务报表附注项目披露的合规性和充分性？列出其主要的审计程序。

（16）阅读会计政策“28. 收入”。①如何评价其“收入”会计政策的合规性和合理性？②这项会计政策与财务报表哪些项目相关？如何审计这些财务报表项目？列出其主要的审计程序。③这项会计政策与财务报表附注哪些项目相关？如何审计这些财务报表附注项目披露的合规性和充分性？列出其主要的审计程序。

（17）阅读会计政策“29. 政府补助”。①如何评价其“政府补助”会计政策的合规性和合理性？②这项会计政策与财务报表哪些项目相关？如何审计这些财务报表项目？列出其主要的审计程序。③这项会计政策与财务报表附注哪些项目相关？如何审计这些财务报表附注项目披露的合规性和充分性？列出其主要的审计程序。

（18）阅读会计政策“33. 重要会计政策和会计估计变更”。①如何评价其“重要会计政策变更”的合规性和合理性？②其“重要会计政策变更”与财务报表哪些项目相关？如何审计这些财务报表项目？列出其主要的审计程序。

10. 综合性思考与讨论题（完成附表 1-1）

附表 1-1　财务报表审计中业务循环划分及相关要求

业务循环名称	主要业务	涉及的财务报表项目（会计科目）		可能使用的主要凭证、记录和报告	导致重大错报风险的主要因素	主要审计目标	请选择一个重要审计事项，列出相应的审计程序
		资产负债表项目（分资产类、负债类、权益类）	利润表项目				
销售与收款循环							
采购与付款循环							
人事循环							
生产循环							

续表

业务循环名称	主要业务	涉及的财务报表项目（会计科目）		可能使用的主要凭证、记录和报告	导致重大错报风险的主要因素	主要审计目标	请选择一个重要审计事项，列出相应的审计程序
		资产负债表项目（分资产类、负债类、权益类）	利润表项目				
仓储循环							
投资循环							
筹资循环							
现金收支循环							

说明：本表以制造业为例来划分业务循环，且划分较为细致。读者也可以其他行业，如批发和零售业、交通运输业、房地产开发业等。

附表 1-2　财务报表项目的认定、审计目标及主要审计程序

与交易或事项相关的			与期末账户余额		
管理层认定	对应的审计目标	实现该审计目标的主要审计程序	管理层认定	对应的审计目标	实现该审计目标的主要审计程序
发生			存在		
完整性			完整性		
准确性			权利与义务		
分类			分类		
截止			准确性、计价和分摊		
列报与披露			列报与披露		

说明：对于交易或事项，可以某个具体的交易或事项为例，如销售业务、采购业务或管理费用业务；对于期末账户余额，可以某个具体账户为例，如银行存款、其他应收款、无形资产，短期借款、长期借款，盈余公积等。

附录 2

被中国证监会行政处罚的审计失败案例一览表（2015.01—2020.12）

序号	会计师事务所／注册会计师	被审计单位	审计失败涉及的主要事实	导致的严重后果	涉及的审计年度及相应的审计意见类型	处罚情况	处罚文号及发布日期
1	利安达会计师事务所／温京辉、王伟	华锐风电科技（集团）股份有限公司	（1）识别、评估舞弊风险因素存在缺陷； （2）了解、评价销售与收款循环内部控制设计和有效性测试存在缺陷； （3）执行收入循环审计程序存在缺陷	未能发现华锐风电 2011 年度虚增营业收入 24.3 亿元、营业成本 20 亿元，虚增利润总额 2.7 亿元，占当年利润总额 37.58% 的事实	2011 年 标准无保留意见	责令利安达所改正，没收业务收入 95 万元，并处以 95 万元罚款； 对温京辉、王伟给予警告，并分别处以 10 万元罚款	〔2015〕67 号； 2015 年 11 月 5 日
2	利安达会计师事务所／汪应华、雷波涛	北京赛迪传媒投资股份有限公司	审计过程中，未利用新获取的事实对被审计单位商誉进行减值测试	未能发现赛迪传媒 2012 年度少计提商誉和无形资产减值损失的事实。 2013 年 10 月，赛迪传媒重新对商誉减值进行测试并追溯调整 2012 年年度报告，调减商誉 0.9 亿元，调减无形资产 0.6 亿元，共计调减资产 1.5 亿元；调增资产减值损失 1.5 亿元，净利润由盈利 114.93 万元调减为亏损 1.5 亿元	2012 年 标准无保留意见	没收利安所达业务收入 35 万元，并处以 35 万元罚款； 对汪应华、雷波涛给予警告，并分别处以 5 万元罚款	〔2016〕20 号； 2016 年 2 月 5 日

续表

序号	会计师事务所 / 注册会计师	被审计单位	审计失败涉及的主要事实	导致的严重后果	涉及的审计年度及相应的审计意见类型	处罚情况	处罚文号及发布日期
3	立信会计师事务所 / 姜维杰、葛勤	上海大智慧股份有限公司	（1）未对销售与收款业务中已关注到的异常事项执行必要的审计程序； （2）未对临近资产负债表日非标准价格销售情况执行有效的审计程序； （3）未对抽样获取的异常电子银行回单实施进一步审计程序； （4）对跨期计发年终奖的情况，未根据重要性，按照权责发生制的原则予以调整； （5）未对全资子公司股权收购购买日的确定执行充分适当的审计程序	未能发现大智慧 2013 年 12 月提前确认收入 8 745 万元，虚增收入 287 万元，少计提成本费用 2 495 万元，合并财务报表虚增利润 825 万元，虚增商誉 433 万元的事实	2013 年 标准无保留意见	责令立信所改正违法行为，没收业务收入 70 万元，并处以 210 万元罚款； 对姜维杰、葛勤给予警告，并分别处以 10 万元罚款	〔2016〕89 号； 2016 年 7 月 20 日
4	北京兴华会计师事务所 / 王全洲、杨轶辉	丹东欣泰电气股份有限公司	（1）对应收、应付、预付款项明细账中存在的大量的大额异常红字冲销情况未予以关注； （2）在应收账款、预付账款询证函未回函的情况下，未实施替代程序，未获取充分适当的审计证据； （3）未对银行账户的异常情况予以关注	未能发现欣泰电气在 2011—2014 年冲销巨额应收账款、应付账款与预付账款。欣泰电气 2011 年冲销了应收账款 14 331 万元、应付账款 18 722 万元；2012 年冲销了应收账款 28 495 万元、应付账款 21 265 万元；2013 年上半年冲销了应收账款 10 559 万元、应付账款 20 800 万元、预付账款 3 760 万元；2014 年冲销应收账款 19 521 万元	IPO 审计、 2013、2014 年 标准无保留意见	责令兴华所改正违法行为，没收业务收入 322.44 万元，并处以 967.32 万元罚款； 对王全洲、杨轶辉、王权生给予警告，并分别处以 10 万元罚款	〔2016〕92 号； 2016 年 7 月 27 日

续表

序号	会计师事务所 / 注册会计师	被审计单位	审计失败涉及的主要事实	导致的严重后果	涉及的审计年度及相应的审计意见类型	处罚情况	处罚文号及发布日期
5	利安达会计师事务所 / 王晶、田小珑	福建连城兰花股份有限公司	（1）未执行与前任审计师的沟通程序； （2）对风险评估、应收账款、营业收入的审计未能勤勉尽责，审计程序未执行到位，未能识别和评估财务报表重大错报风险，未能发现应收账款、营业收入的虚构行为	未能发现连城兰花 2012 年度、2013 年度、2014 年 1 月至 9 月分别虚增营业收入 2 826 万元、2 746 万元、2 215 万元，虚增比例为 15.93%、14.76%、13.96% 的事实	2012 至 2014 年 9 月 标准无保留意见	没收利安达所业务收入 205 万元，并处以 205 万元罚款； 对王晶、田小珑给予警告，并分别处以 5 万元罚款	〔2016〕105 号； 2016 年 8 月 31 日
6	瑞华会计师事务所 / 温亭水、秦宝	海南亚太实业发展股份有限公司	（1）未合理考虑已识别的期后事项对长期股权投资减值准备的影响，未对相应错误予以识别和采取适当措施； （2）对已识别的质量索赔款会计差错，未采取适当措施予以处理	未能发现亚太实业 2013 年未计提长期股权投资减值准备，虚增净利润 238 万元，占当期报告净利润的 90.54% 的事实。同时，通过冲减营业外支出，虚增净利润 257 万，占当期报告净利润 97.87%	2013 年 标准无保留意见	对瑞华所责令改正，没收业务收入 39 万元，并处以 78 万元罚款； 对秦宝、温亭水给予警告，并分别处以 5 万元罚款	〔2017〕1 号； 2017 年 1 月 6 日
7	立信会计师事务所 / 王云成、肖常和	浙江步森服饰股份有限公司	（1）虚构核实函证对象收件地址的审计程序，未能发现康华农业销售收入、应收账款造假的事实； （2）未实施恰当的审计程序发现康华农业银行存款造假的事实； （3）未执行与前任审计师的沟通程序	未能发现康华农业在 2011 年至 2014 年 4 月虚构银行存款、销售收入、应收账款的事实。康华农业在 2011 年、2012 年、2013 年、2014 年 1 至 4 月分别虚增银行存 16 395 万元、30 970 万元、41 860 万元、49 803 万元，虚增销售收入 1 207 万元、1 201 万元、1 220 万元、958 万元；在 2012 年、2013 年虚构应收账款 265 万元、278 万元	2011、2012、2013、2014 年 1 月至 4 月 标准无保留意见	没收立信所业务收入 45 万元，并处以 45 万元罚款； 对王云成、肖常和给予警告，并分别处以 6 万元罚款	〔2017〕55 号； 2017 年 5 月 23 日

续表

序号	会计师事务所 / 注册会计师	被审计单位	审计失败涉及的主要事实	导致的严重后果	涉及的审计年度及相应的审计意见类型	处罚情况	处罚文号及发布日期
8	中兴华会计师事务所 / 聂捷慧、张学锋等	珠海市博元投资股份有限公司	（1）风险评估程序存在缺陷，未执行了解内部控制的审计程序，对与票据置换相关业务的风险评估不恰当； （2）实质性程序存在缺陷，未对异常的银行账户实施有效的进一步审计程序，也未对函证保持控制	未能发现博元投资虚构付款 33 482 万元购入面值 34 705 万元的银行承兑汇票的行为。博元投资其后通过票据贴现、票据置换及用票据支付预付款的交易，导致 2012 年虚增资产 36 456 万元，占资产总额的 62%，虚增负债 876 万元，虚增营业收入和利润均为 1 893.2 万元，占营业收入、利润总额的 10%、90%；2013 年年度财务报表中虚增资产 37 800 万元，占资产总额的 62%，虚增营业收入和利润均为 2 364.54 万元，占营业收入、利润总额的 9%、258%	2012、2013 年；标准无保留意见	没收中兴华所业务收入 150 万元，并处以 450 万元罚款； 对聂捷慧、张学锋给予警告，并分别处以 10 万元罚款； 对李尊农给予警告，并处以 5 万元罚款	〔2017〕84 号；2017 年 8 月 16 日
9	利安达会计师事务所 / 蒋淑霞、李杰	浙江九好办公服务集团有限公司	银行存款、函证、收入审计程序不到位，对供应商和客户的现场走访工作存在瑕疵和矛盾	未能发现九好集团 2013 年、2014 年和 2015 年分别虚增收入 1 727 万元、8 756 万元、16 065 元的事实。同时九好集团 2015 年虚构 3 亿元银行存款，且未披露借款 3 亿元并质押的情况	2013、2014、2015 年标准无保留意见	没收利安达所业务收入 150 万元，并处以 750 万元罚款； 对蒋淑霞、李杰给予警告，并分别处以 10 万元罚款	〔2017〕85 号；2017 年 9 月 20 日

续表

序号	会计师事务所／注册会计师	被审计单位	审计失败涉及的主要事实	导致的严重后果	涉及的审计年度及相应的审计意见类型	处罚情况	处罚文号及发布日期
10	信永中和会计师事务所／郭晋龙、夏斌	怀集登云汽配股份有限公司	（1）对三包索赔费用未予以充分关注，未充分追查函证回函差异、执行函证替代程序不充分等，导致函证程序失效，未能发现登云股份少确认贴现费用的情形； （2）对销售收入未执行进行充分的审计程序	未能发现登云股份 2013 年三包索赔费未计入当年销售费用 502 万元的事实，其中信永中和因未勤勉尽责而未能发现的三包索赔费用为 242 万元，同时 2013 年贴现票据产生的利息未计提费用 293 万元	IPO、2013 年、2014 年 标准无保留意见	责令信永中和所改正，没收业务收入 32 万元，没收违法所得 188 万元，并处以 220 万元罚款； 对郭晋龙、夏斌给予警告，并分别处以 5 万元罚款	〔2017〕101 号；2017 年 12 月 6 日
11	大华会计师事务所／张晓义、高德惠、谭荣	哈尔滨电气集团佳木斯电机股份有限公司	（1）未对营业成本结转数据的真实性、准确性执行审计程序； （2）未对自行开发的成本核算信息系统执行相关审计程序； （3）对销售费用的审计程序执行不到位	未能发现佳电股份在 2013 年至 2015 年财务报表虚假记载的情况。其中：佳电股份 2013 年度财务报表披露利润总额 1.92 亿元，虚增金额 1.58 亿元；佳电股份 2014 年度财务报表披露利润总额 895 万元，虚增金额 0.40 亿元；佳电股份 2015 年度财务报表披露利润总额 −4.61 亿元，虚减金额 1.98 亿元	2013 年、2014 年、2015 年 标准无保留意见	没收大华所业务收入 150 万元，并处以 450 万元的罚款； 对张晓义给予警告，并处以 10 万元的罚款；对高德惠、谭荣给予警告，并分别处以 8 万元的罚款	〔2018〕70 号；2018 年 7 月 31 日
12	立信会计师事务所／邹军梅、程进	金亚科技股份有限公司	（1）货币资金、销售与收款循环、采购与付款函证程序不当； （2）未关注重大合同的异常情况，巨额预付工程款的审计程序不当	未能发现金亚科技披露的 2014 年合并财务报表虚增银行存款 2.2 亿元，虚增营业收入 7 364 万元，虚增营业成本 1 925 万元，虚增预付工程款 3.1 亿元的事实	2014 年 标准无保留意见	没收立信所业务收入 90 万元，并处以 270 万元的罚款； 对邹军梅、程进给予警告，并分别处以 10 万元的罚款	〔2018〕78 号；2018 年 8 月 6 日

续表

序号	会计师事务所 / 注册会计师	被审计单位	审计失败涉及的主要事实	导致的严重后果	涉及的审计年度及相应的审计意见类型	处罚情况	处罚文号及发布日期
13	中天运会计师事务所 / 朱晓崴、李朝阳	上海香榭丽传媒股份有限公司	（1）未严格执行风险评估程序，未执行恰当的进一步审计程序； （2）未针对销售收款业务存在的舞弊风险获取充分、适当的审计证据，未保持应有的职业谨慎和职业怀疑	使得粤传媒成功收购香榭丽，至 2017 年 6 月 30 日，香榭丽的净资产为 −5.2 亿元，粤传媒在 2017 年 9 月份以 1 元钱的价格将香榭丽转让出去，亏损 4.95 亿元	2013 年收购业务标准无保留意见	没收中天运所业务收入 66 万元，并处以 198 万元罚款； 对朱晓崴、李朝阳给予警告，并分别处以 5 万元的罚款	〔2018〕115 号；2018 年 12 月 6 日
14	立信会计师事务所 / 周铮文、陶奇	武汉国药科技股份有限公司	（1）关联方审计程序不到位； （2）钢材贸易收入审计程序不到位	未能发现 *ST 国药 2012 年、2013 年财务报表虚假记载的情况。其中：*ST 国药在 2012 年财务报表中虚假记载收入约 4 115 万元，占当年营业收入的 83.66%；在 2013 年财务报表中虚假记载收入约 1.03 亿元，占当年营业收入的 92.49%	2012 年、2013 年标准无保留意见	没收立信所业务收入 95 万元，并处以 95 万元的罚款； 对周铮文、陶奇给予警告，并分别处以 10 万元的罚款	〔2018〕119 号；2018 年 12 月 20 日
15	瑞华会计师事务所 / 王晓江、刘少锋、张富平	成都华泽钴镍材料股份有限公司	（1）未能实施有效程序对公司舞弊风险进行识别； （2）未对应收票据重大异常情况保持必要的职业怀疑，未能及时识别财务报告的重大错报风险； （3）未对询证函回函的异常情况保持应有的关注	未能发现华泽钴镍 2013 年、2014 年伪造的巨额应收票据的情况。华泽钴镍 2013 年应收票据的期末余额为 13.3 亿元，其中 13.2 亿元为无效票据；2014 年应收票据的期末余额为 13.64 亿元，其中 13.62 亿元为无效票据	2013 年、2014 年标准无保留意见	没收瑞华所业务收入 130 万元，并处以 390 万元的罚款； 对王晓江、刘少锋、张富平给予警告，并分别处以 10 万元的罚款	〔2018〕126 号；2018 年 12 月 29 日

续表

序号	会计师事务所 / 注册会计师	被审计单位	审计失败涉及的主要事实	导致的严重后果	涉及的审计年度及相应的审计意见类型	处罚情况	处罚文号及发布日期
16	大信会计师事务所 / 钟永和、孙建伟	五洋建设集团股份有限公司	未对远超财务报表重要性水平的项目获取充分、适当的审计证据	未能发现五洋建设通过将所承接工程项目应收账款和应付账款“对抵”的方式，同时虚减企业应收账款和应付账款的事实。五洋建设 2012 年至 2014 年年度虚增净利润分别不少于 3 052 万元、6 493 万元和 15 505 万元	2012 年至 2014 年标准无保留意见	对大信所责令改正，没收大信所业务收入 60 万元，并处以 180 万元罚款； 对钟永和、孙建伟给予警告，并分别处以 10 万元罚款	〔2019〕6 号；2019 年 1 月 22 日
17	众华会计师事务所 / 孙勇、顾洁	江苏雅百特科技股份有限公司	（1）销售收入的审计程序不到位； （2）提供盈利预测实现情况专项审核服务时未勤勉尽责； （3）财务报告内部控制流于形式	未能发现雅百特公司虚构的木尔坦项目以及通过关联方交易虚增销售收入的事实。 雅百特通过虚构木尔坦项目，虚增营业收入 20 182.50 万元，相应虚增当期营业利润 14 967.52 万元，占当期披露利润总额的 47.09%； 通过安美国际，以虚构出口建筑材料销售的方式虚增营业收入 1 852.94 万元，相应虚增当期营业利润 1 402.93 万元，占当期披露利润总额的 4.41%； 通过李某松控制的关联公司，以虚构国内建材贸易的方式虚增销售收入 26 147.24 万元，相应虚增当期营业利润 6 855.89 万元，占当期披露利润总额的 21.57%	2015 年标准无保留意见	责令众华所改正，没收业务收入 54 万元，没收违法所得 12 万元，并合计处以 174 万元罚款； 对孙勇、顾洁给予警告，并分别处以 8 万元罚款	〔2019〕37 号；2019 年 5 月 24 日

续表

序号	会计师事务所 / 注册会计师	被审计单位	审计失败涉及的主要事实	导致的严重后果	涉及的审计年度及相应的审计意见类型	处罚情况	处罚文号及发布日期
18	众华会计师事务所 / 孙勇、戴光宏	宁波圣莱达电器股份有限公司	（1）众华所在审计影视版权转让违约金收入时未勤勉尽责； （2）众华所在审计财政补助营业外收入时未勤勉尽责	未能发现雅百特在 2015 年通过虚构违约金与政府补助两个项目获得 2 000 万元的营业外收入，虚增年度净利润 1 500 万元的事实	2015 年 标准无保留意见	对众华所责令改正，没收业务收入 35 万元，并处以 105 万元罚款； 对孙勇、戴光宏给予警告，并分别处以 10 万元罚款	〔2019〕110 号； 2019 年 10 月 28 日
19	北京兴华会计师事务所 / 宜军民、刘丹	山东新绿食品股份有限公司	（1）银行存款审计程序不到位； （2）风险评估程序不到位	未能发现新绿股份通过虚构与收入相关的经济利益流入的方式虚增报告期主营业务收入 7.3 亿元，以及虚增银行存款余额 0.5 亿元的事实	2015 年（审计新三板挂牌申报财务报表） 标准无保留意见	对北京兴华所责令改正，没收业务收入 30 万元，并处以 60 万元罚款； 对宜军民、刘丹给予警告，并分别处以 5 万元的罚款	〔2019〕135 号； 2019 年 11 月 20 日
20	中兴财光华会计师事务所 / 孙国伟、许洪磊	山东新绿食品股份有限公司	（1）未按审计准则规定对银行存款实施充分函证程序； （2）未对银行存款账户存在的不符事项执行恰当的审计程序； （3）对应收账款、预付账款、其他应收款的审计程序不当； （4）对存货的审计程序执行不到位； （5）未执行前后任注册会计师的沟通程序	未能发现新绿股份虚增主营业务收入 3.7 亿元，隐瞒关联方资金往来发生额 2.8 亿元的事实	2015 年 标准无保留意见	对中兴财光华所责令改正，没收审计业务收入 25 万元，并处以 25 万元罚款； 对孙国伟和许洪磊给予警告，并分别处以 5 万元罚款	〔2020〕20 号； 2020 年 5 月 9 日

续表

序号	会计师事务所 / 注册会计师	被审计单位	审计失败涉及的主要事实	导致的严重后果	涉及的审计年度及相应的审计意见类型	处罚情况	处罚文号及发布日期
21	兴华会计师事务所 / 肖丽娟、李杰	林州重机集团股份有限公司	（1）审计子公司朗坤科技的在建工程科目时仅获取了未附任何附件的记账凭证，未关注到 1.95 亿元的在建工程尚未取得发票的事实； （2）对朗坤科技在建工程相关设备的监盘程序执行不到位，设备盘点清单上没有盘点人与审计人员的签字及盘点日期； （3）未关注到朗坤科技在建工程中计提的资本化利息与母公司抵减的财务费用未合并抵销	未能发现林州重机 2017 年合并资产负债表虚增在建工程 2.07 亿元，虚减预付账款 1.95 亿元，合并利润表虚减财务费用 1 124 万元的事实	2017 年 标准无保留意见	对兴华所责令改正，没收业务收入 118 万元，并处以 236 万元罚款； 对肖丽娟、李杰给予警告，并分别处以 5 万元罚款	〔2020〕85 号； 2020 年 10 月 19 日

说明：本表根据中国证监会对会计师事务所及注册会计师行政处罚决定整理。行政处罚决定公告可在中国证监会官网查询。网址：http://www.csrc.gov.cn/pub/zjhpublic/index.htm?channel=3300/3313。

附录 3

与审计相关的电视剧、电影名称

（推荐给现在和未来审计师欣赏）

剧名或片名	剧名或片名
[1]《国家审计》(电视剧)	[11]《秘密》(微电影)
[2]《审计报告》(电视剧)	[12]《守望》(微电影)
[3]《审计风云》(日本)(电视剧)	[13]《审计陷阱》(英国)(电影)
[4]《女大学生会计师事件簿》(日本)(电视剧)	[14]《上市疑云》(英国)(电影)
[5]《监察局长》(电视剧)	[15]《会计刺客》(美国)(电影)
[6]《国家监察》(电视专题片)	[16]《肖申克的救赎》(美国)(电影)
[7]《人民的名义》(电视剧)	[17]《美女匪帮》(俄罗斯)(电影)
[8]《山村会计》(电影)	[18]《武士的家计簿》(日本)(电影)
[9]《梦想 AB 面》(微电影)	[19]《黄金猪》(日本)(电视剧)
[10]《较量》(微电影)	

（上表推荐的一些反腐题材的电影或电视剧，其侦破案件、发现疑点、收集证据的思路和方法同样适用于审计。）